사회학 이론, 무엇이 문제인가

진단과 처방

Sociological Theory: What Went Wrong?
Diagnosis and Remedies

by Nicos Mouzelis

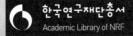
한국연구재단총서 학술명저번역 **539**

사회학 이론, 무엇이 문제인가

진단과 처방

Sociological Theory: What Went Wrong?

Diagnosis and Remedies

니코스 무젤리스 지음 | 정헌주 옮김

아카넷

오늘날 사회과학의 이론화는 심히 혼란스러운 상태에 있다. 이러한 혼란은 이론과 경험적 연구 간의 상대적 단절, 사회학 이론의 철학적 이론화, 사회과학 분과학문과 하위 분과학문 간 경계 소멸, 이들 분과학문의 내적 논리의 융합에서 빚어졌다. 『사회학 이론, 무엇이 문제인가』는 오늘날 사회학 이론이 당면한 중심 문제에 대한 필수 불가결한 분석이자, 이러한 문제를 해결하고자 하는 하나의 방안이다.

저자는 탤컷 파슨스(Talcott Parsons) 이후 전개된 다양한 이론화(다양한 미시사회학 접근 방법, 기든스의 구조화 이론, 엘리아스의 결합태 사회학, 부르디외의 관행 이론, 신기능주의, 포스트구조주의)를 비판적으로 검토하면서 사회학 이론의 전개 과정에서 무엇이 문제인지를 진단하고 동시에 당면한 교착 상태를 극복하는 방안을 제시하고자 했다. 이러한 방안을 제시하기 위해 기능주의적 설명의 성격, '행위/구조' 구분, '미시-거시' 연계, 사회 이론 대 사회학 이론 논쟁 등과 관련하여 현재 진행 중인 논의를 새로운 시각에서 바라보는 데 도움을 주는 일련의 개념을 세련화해 나간다.

『사회학 이론, 무엇이 문제인가』는 오늘날 사회과학 이론화의 실상에 관심을 가진 모든 사람들에게 필독서가 될 것이다.

니코스 무젤리스
런던정경대학(LSE) 사회학교수

차례

감사의 말 | 013
서론 | 015
   1. 도구로서의 이론과 최종 산물로서의 이론 | 016
   2. 현대 사회학 이론의 성쇠 | 019
   3. 개념적 실용주의 | 032

제1부   진단 | 039

1장   미시사회학적 이론화의 곤경: 파슨스에 대한 과잉 반응 | 041
   1. 고프먼의 '상호작용 질서'의 성격에 관한 논쟁 | 045
   2. 사회적 위계의 경시: 집합 또는 표현의 논리를 통한
      미시-거시 간극 잇기 | 049
   3. 미시적 분석과 거시적 분석의 단절 | 061
   4. 결론 | 065

2장   합리적 선택 이론: 미시적 기초에서 환원주의로 | 069
   1. '미시-거시' 연계 | 071
   2. 콜맨의 기여 | 075
   3. 사회 문화적·역사적 맥락의 경시 | 079
   4. 이론적 맥락의 경시 | 082
   5. 규범과 이해관계 | 085
   6. 결론 | 092

3장   포스트구조주의: 경계의 소멸 | 094

  1. 반토대주의 | 096

  2. 주체의 분산 | 103

  3. 표상 및 경험적 준거 개념의 기부 | 110

  4. 탈분화 | 120

  5. 탈분화의 결과 | 123

      1) 정치경제학에서 정치적 담론으로 | 123

      2) 행위-제도적 구조 구분 '초월하기' | 129

      3) 보드리야르: 절충주의에서 환원주의로 | 138

제2부   시험적 처방 | 145

4장   제도적 구조와 결합태적 구조: 파슨스와 엘리아스 | 147

  1. 서론 | 147

  2. 실재적 쟁점: 사회적 상호의존과 문명화 과정 | 150

  3. 이론적 쟁점과 방법론적 쟁점 | 157

  4. 결론 | 166

5장   제도적 구조와 결합태적 구조의 접합에 관하여
        : 파슨스 사회학과 마르크스주의 사회학의 결합 | 168

  1. 파슨스 사회학을 소생시키려는 신기능주의적 시도 | 168

2. 신기능주의 및 신진화 이론 비판 | 177

3. AGIL: AGIL과 결합태적 통일체 및 제도적 통일체와의 관계 | 179

4. AGIL: 주요 제도적 질서의 기술, 전유, 이데올로기 차원 | 184

5. 응용 | 192

6. 결론 | 196

6장 '참여자-사회 통일체' 문제: 파슨스, 부르디외, 기든스 | 199

1. 서론 | 199

2. 부르디외의 아비투스 개념 | 201

　　1) 세미나 게임 | 201

　　2) 부르디외의 아비투스가 가진 여섯 가지 특성 | 206

3. 기든스의 구조의 이중성 | 231

　　1) 간략한 논점 | 232

　　2) 일반적 비판 | 234

　　3) 구조의 이중성 그리고 제도적 분석과 전략적 행위의 구분 | 239

4. 결론 | 243

7장 종합과 응용: 기능주의에 대한 사회학적 재고찰 | 249

1. 정당한 형태의 기능주의와 부당한 형태의 기능주의 | 250

　　1) 사회 통일체→ 참여자 강조: 수용 가능한 기능주의 | 252

2) 수용 불가능한 기능주의 I: 파슨스 | 253

3) 수용 불가능한 기능주의 II: 알튀세 | 255

4. 기능적 요건과 존재 조건 | 256

1) 파슨스의 기능적 요건의 논리 | 257

2) 필요조건에서 충분조건으로의 이행 | 260

3. 기능적 분석과 행위 분석 | 263

1) 게임의 위치, 기질, 상호작용 상황 차원 | 266

2) 이중성과 이원론 | 269

3) 사회적 위계 | 275

4) 위계들 간의 관계 | 282

5) 기술로서의 위계 | 284

결론 | 287

결론의 부록: 시험적 지침 | 296

1. 토대주의, 본질주의, 전체론 | 296

2. 일반성 II와 일반성 III | 296

3. 제도적 통일체와 결합태적 통일체 | 298

4. '미시-거시' | 298

5. '이중성/이원론' | 300

6. 사회적 위계 | 300

7. 게임의 세 가지 차원 특성 | 302

8. 기능주의 | 303

부록: 삶의 궤적의 위계적 측면들 | 305

  1. 위계와 자본 추구 | 305

  2. 지위, 기질, 상황: 일치의 정도 | 309

  3. 상이한 유형의 자본들 간의 연계 | 314

  4. 또 다른 차원의 비교 | 317

    1) 계열체 수준에서의 이중성에서 이원론으로 | 317

    2) 위계적 분절 | 319

    3) 경제 자본과 문화 자본: 유사성과 이질성 | 322

옮긴이 해제 | 327

참고 문헌 | 353

찾아보기 | 369

감사의 말

이 책의 원고를 읽어주거나 여러 가지 이론적 문제를 같이 논의하며 집필에 많은 도움을 준 여러 분들에게 감사드린다. 진-카림 챌러비(Jean-Karim Challaby), 퍼시 코헨(Percy Cohen), 호세 도밍게스(Jose Domingues), 코스타스 두지나스(Costas Douzinas), 알렉시스 크로키다스(Alexis Krokidas), 아키스 렐레다키스(Akis Le1edakis), 조 로베라(Joe Llobera), 아키스 파파탁시아르키스(Akis Papataxiarchis), 레슬리 스클레어(Leslie Sklair), 앤서니 스미스(Anthony Smith), 앨런 스윈지우드(Alain Swingewood), 토니 우디위스(Tony Woodiwiss)에게 감사드린다.

친구인 존 홀(John Hall)에게는 각별히 감사의 뜻을 전한다. 그는 초기 원고를 읽고서 사회학 이론에서 잘못된 점이 무엇인지를 충분하게 보여주지 못하고 있다고 강조했다. 무엇보다도 당면한 교착 상태를 극복하는 방안을 보여주는 것이 더욱 중요하다고 조언해주었다.

끝으로 날카로운 지적과 탁월한 편집을 해준 엘렌 서튼(Ellen Sutton)에게도 감사한다.

일러두기

1. 문맥을 자연스럽게 하기 위해 옮긴이가 추가로 넣은 말은 [   ]으로 표시했다.
2. 각주에서 * 표시를 한 부분은 옮긴이가 이해를 돕기 위해 보충한 내용이다.

서론

　이 책은 전망과 회고를 동시에 보여주기 위해 야누스와 같이 두 얼굴의 모습을 띠고 있다. 이 책은 사회학 이론을 구출해내기 위해 포스트구조주의가 발전시킨 반본질주의적(anti-essentialist)[1]이고 반토대주의적(anti-foundationalist)[2] 통찰과 여타 현대 사회이론의 통찰을 선별하여 활용하고자 한다. 이러한 분석 양식들은 사회학이 알튀세르주의적 마르크스주의의 위력에 휩싸여 있던 1960년대와 1970년대에는 주목을 끌지 못했을뿐더러, 반마르크스주의적 구조주의와 포스트구조주의 사상에 의해 사회학이 최면에 걸린 오늘날에도 그리 인기를 끌지 못하고 있다.

⁚⁚

1) (옮긴이) 본질주의(essentialism)는 세계나 사회는 고정되고 불변적인 본질에 의해 규정되며, 철학이나 과학의 궁극적 목적은 이러한 본질을 규명하는 것이라고 보는 것으로, 주로 마르크스주의와 구조주의가 주장하는 사상이다. 그에 반하여 반본질주의(anti-essentialism)는 세계에는 고정된 것이라고는 존재하지 않으며, 모든 사물은 유동적이거나 임의적이고, 하나의 사물에 고정시켜 세계를 바라볼 수 없다는 것으로, 주로 포스트구조주의가 내세우는 인식론적 토대다. 전자가 구조주의적 마르크스주의자인 알튀세르에 의해 흥성했다면, 후자는 데리다, 푸코 등에 의해 발전했으며, 해체주의의 바탕이 되고 있다.

2) (옮긴이) 토대주의(foundationalism)는 지식을 지식으로 정당화하기 위해서는 궁극적인 토대가 있어야 하고, 이 토대는 그 자체로 정당화되는 것이어야 한다는 관점으로, 모더니즘의 철학적 기초가 된다. 반면 반토대주의(anti-foundationalism)는 이를 거부하고 존재하는 것이 그 자체로 정당화될 수 없다는 관점으로, 포스트모더니즘의 철학적 기초며, 앞의 반본질주의와 인식론적으로 상통한다.

1. 도구로서의 이론과 최종 산물로서의 이론

나는 이 책에서 전개할 논지의 요점을 설명하기 위해 시대에 뒤진 두 가지 유형의 이론을 구분하는 것에서 시작할 것이다. 하나는 우리에게 새로운 것, 즉 사회 세계에 대해 우리가 알고 있지 못하는 어떤 것을 말해주고자 하는 일련의 상호 연관된 실재적 진술로서의 이론(이 진술은 경험적 연구에 의해 시험적으로 논증되거나 반증될 수 있다)이고, 다른 하나는 실재적 이론 구성을 촉진하거나 그 기반을 마련해주기만 하는 도구로서의 이론이다.[3] 비(非)마르크스주의 사회학에서는 후자의 이론을 개념 틀 또는 패러다임, 메타 이론, 발견적 장치 등과 같은 다양한 용어로 지칭한다. 위의 두 유형 중 어느 것도 전적으로 명료하지 않을뿐더러 완전히 겹치지도 않으므로 나는 일반성 II(Generalities II)와 일반성 III(Generalities III)이라는 용어를 더 선호한다. 이것은 알튀세르(Louis Althusser)가 '도구/수단'으로서의 이론(일반성 II)과 잠정적인 최종 산물로서의 이론(일반성 III)을 구분하면서 만들어낸 용어다.[4]

물론 개념 틀과 실재적 이론의 구분, 즉 일반성 II와 일반성 III의 구분은 칼로 자른 것처럼 명확하게 구분할 수 있는 것은 아니다. 모든 실제의 이론에는 두 유형의 이론적 진술이 모두 포함되어 있다. 그런데 대부분의 이론이 이 둘을 혼합하기는 하지만, 어느 특정 저작이 1)의 이론에 가까운지, 아니면 2)의 이론에 가까운지를 결정하는 것은 그리 어렵지가 않다. 한 예로 파슨스의 『사회 체계(The Social System)』는[5] 본인의 요청에 상관없

..

3) 다음을 보라. S. F. Nadel, *The Theory of Social Structure*, vol. 1(London: Routledge, 1962).
4) 다음을 보라. L. Althusser, *For Marx*(London: Allen Lane, 1969), pp. 183~190, p. 251.
5) T. Parsons, *The Social System*(London: Routledge, 1951).

이 명백히 일반성 II에 관한 저작으로 판명된다.[6] 이 저작은 사회 체계에 관한 실재적인 어떤 것을 우리에게 말해주기보다는, 단순히 그것을 조망하는 방법을 제시해주기만 하는 일련의 개념 틀을 정교하게 만들고자 한다. 일례로 그것은 체계를 사회 통일체(작업 집단에서부터 공식적 조직 또는 전체 공동체에 이르는)와 관련하여 비교하는 질문(systematic, comparatively-oriented questions)을 제기해주는 개념적 수단을 제공한다.

한편 닐 요셉 스멜서(Neil Joseph Smelser)의 『산업혁명과 사회 변동(*Social Change in the Industrial Revolution*)』[7]은 대체로 일반성 III에 속하는 저작이다. 이 책은 아주 철저하게 파슨스식 도구(일반성 II)를 이용하기는 하지만, 그 주목적은 영국의 산업혁명이 어떻게 발생하게 되었는지, 그것이 혈연과 작업 배치에 어떤 영향을 미쳤는지에 관한 실재적 이론을 제공하는 것이다.[8]

위에서 언급한 것처럼 두 저작 간에는 차이가 있으므로 그 둘을 평가하

∵

6) 파슨스는 자신의 중후기 저작에서 이미 존재하는 '경험적 발견물'을 기초로 하여 아주 실증주의적이고 토대주의적 방식으로 '과학적' 사회 이론을 구축하고 있다고 천명했다. 또한 그는 자신의 중기 저작에서 사회 변동을 간과한 것은 아직 경험적 연구가 사회 체계의 변동에 관한 일반 이론을 위한 기초가 될 만큼 과학적으로 진전하지 못했다는 사실과 관련이 있다고 주장했다. 실제로 그가 행한 것은 사회 세계에 대한 경험적 탐구에 어느 정도 유용할 일련의 개념 틀(일반성 II)을 사회학자들에게 제공하려는 것이었다. 파슨스의 저작 전체를 통틀어보면 그것은 일반성 III보다는 주로 일반성 II로 구성되어 있다.

7) N. Smelser, *Social Change in the Industrial Revolution: An Application of Theory to the Lancashire Cotton Industry 1770~1840*(London: Routledge & Kegan Paul, 1962).

8) 파슨스와 스멜서 저작의 주된 차이가 추상의 정도나 웅장한 범위에 있는 것이 아니라는 점에 유의하라. 몇몇 실재적 이론(일반성 III)은 파슨스의 『사회 체계』만큼이나 추상적이고 포괄적이다. 사실 스멜서의 『산업혁명과 사회 변동』에는 내가 실재적이고 경험적으로 입증 가능한 이론으로 간주하는 7단계 사회 분화 모델이 제시되어 있는데, 이것은 시대와 장소를 막론하고 모든 유형의 상이한 사회 체계에 적용되는 것으로 상정되어 있다. 초맥락적이고 초역사적인 모든 일반성 III의 진술처럼 스멜서의 이론은 평범하거나 미확정적인 경향이 있다.

는 적합한 양식도 다르기 마련이다. 스멜서 이론에서는 (입수 가능한 1차 자료와 2차 자료에 입각한) 경험적 증거가 중요한 문제가 된다. 파슨스의 『사회체계』에서는 경험적 실험보다 그가 제시하는 도구들의 개념적 적합성이나 발견적 효용성이 더 중요하다. 좀 더 정확하게 말하면, 파슨스(또는 기능주의자들 일반)가 집단이나 공식적 조직을 상호 연관된 부분들의 전체로 간주하고 또 각 부분들의 상호 연관성 정도는 경험적으로 파악할 문제라고 상정할 때, 우리가 경험적으로 검증할 수 있는 것은 별로 없게 된다. 우리가할 수 있는 것은 흥미로운 질문을 유발하고 경험 지향적 조사를 일반적으로 촉진하는 데 이러한 개념화가 갖는 효용성을 평가하는 것이다.

나는 이 두 유형의 이론을 구별하는 것이 매우 필수적이라고 생각한다. 사실 그간 '도구/수단'으로서의 이론과 '최종 산물/논제'로서의 이론의 구분을 매우 자주 무시하거나 거부해온 탓에 사회과학자들끼리도 서로 동문서답하는 결과를 빚었다. 그리하여 법칙적, 보편적, 초역사적 사회 이론에 대한 반토대주의의 공격은 일반성 II보다 일반성 III에 적용할 때 훨씬 더 적절하고 효과적이다. 예를 들어 파슨스의 역할 또는 제도 개념에 대한 분석, 앤서니 기든스(Anthony Giddens)가 발전시킨 '구조의 이중성' 도식,[9] 피에르 부르디외(Pierre Bourdieu)의 아비투스(habitus) 개념[10] 모두 명백히 초

∵

9) (옮긴이) 기든스가 구조주의적 설명과 행위 중심적 설명을 비판적으로 절충하고자 제장한 개념이다. 기든스는 행위자는 구조주의자들의 주장처럼 상황을 기계적으로 받아들여 행동하는 존재가 아니라며 행위자의 '성찰성'에 주목했다. 한편 그는 행위 중심적 설명처럼 행위자는 구조에서 자유로운 존재가 아니며, 행위자의 행위는 특정한 구조에 제약을 받는다고 보았다. 또한 그는 구조는 행위에 영향을 주는 동시에 행위에 의해 영향을 받는 '구조의 이중성'을 주장했다.

10) (옮긴이) 부르디외가 제창한 개념으로, 일정하게 구조화된 개인의 성향 체계를 말한다. 부르디외는 직관성과 객관성, 이론과 실천, 구조와 행위를 통합하기 위한 새로운 사회 이론을 창시했는데, 그 핵심을 이루는 것이 바로 '아비투스'라는 개념이다. 그에 따르면 인간의 행

역사적 개념화다. 이런 것은 시대와 장소에 관계없이 상이한 사회 유형이나 사회적 상황을 분석하는 데 유용한 것으로 여겨진다. 그렇지만 위의 개념 도구가 가진 초맥락적인 보편적 성격은 예를 들어 소통, 창의력, 지적 능력 같은 변수들 간의[11] 또는 성취 욕구와 경제 성장 간의[12] 보편적 연계나 법칙을 (아주 실증주의적 방식으로) 수립하고자 하는 실재적 이론의 성격만큼 문제가 있는 것은 아니다. 전자의 경우 보편적 개념 도구는 사회 전체가 어떻게 구성, 재생산, 변화되는지에 더 많은 관심을 기울이는, 맥락을 중시하는 비교 역사 지향적인 탐구로 이어지기도 한다. 둘째 경우의 이론은 맥락을 결여한 탓에 필히 부질없거나 잘못된 실재적 결론으로 이어진다(이때 '잘못'되었다는 것은 변수들 간의 연계가 이론의 보편적 성격 탓에 세밀하지 못하고 또 그럴 수 없는 특정한 조건에서만 타당하다는 의미다).

2. 현대 사회학 이론의 성쇠

고전 사회학의 중요한 특징은 위에서 개관한 두 유형의 이론이 비교적 분화하지 않았다는 점이다. 고전 사회학 창시자들은 산업혁명과 프랑스

∵

위는 구조주의적 시각에서 본다면 사회의 '객관적 구조'와 아비투스라는 '내재화된 구조'의 통합 과정을 거쳐 나온 것이다. 아비투스는 무의식에 속하며 상속이 가능하다. 또한 아비투스는 구조주의의 구조와 개인을 연결해주는 역할을 하며, 개인 행동의 통계적 규칙성을 예측 가능하게 해준다.

11) 다음을 보라. E. M. Rogers, *Modernization among Peasants: The impact of Communication*(New York: Rinehart & Winston, 1969).

12) 다음을 보라. D. C. McLleland, *The Achieving Society*(Princeton, N. J.: Van Nostrand, 1961).

혁명의 여파 속에서 출현한 독특한 사회질서를 이해하려고 시도했다. 때문에 그들의 저작 속에는 산업사회에 대한 분석과 그들의 '개념적/방법론적' 통찰이 매우 밀접하게 연계되어 있었다. 예컨대 마르크스의 저작은 전체적으로 다른 학자들의 이론(그 이론들은 마르크스에게 주요한 원자료의 일부가 되었다. 알튀세르는 이것을 '일반성 I'이라 불렀다)에 대한 폭넓은 분석, 생산 양식·생산력·생산 관계 등과 같은 기본 개념 도구에 대한 강조(일반성 II), 자본주의적 생산 양식의 기원과 기본적인 '운동 법칙' 등에 관한 충분하게 발달된 실재적 이론(일반성 III)을 포괄하고 있다.

개념 틀과 실재적 이론 간의 이러한 훌륭한 균형은 사회학 이론이 사회학적 탐구의 독립 하위 분야 또는 한 갈래(이것은 일반성 III보다 일반성 II의 구성에 훨씬 더 큰 초점을 둔다)로 성장하던 금세기에 무너졌다. 이러한 유형의 분업에 가장 크게 기여한 사회학자가 파슨스라는 사실은 일반적으로 인정되고 있다.

일부 학자들은 일반성 II와 일반성 III 간의 상대적 절연 또는 약간의 분화를 파슨스의 저작이 예증하고 있는, 고도로 추상적이고 '공허하고' '검증할 수 없는' 이론화로 귀결될 수밖에 없는 불행한 발전으로 본다.[13] (나를 포함한) 다른 일부 학자들은 이러한 발전을 파슨스식 이론에 대한 비판가들이 함의하는 것만큼 개탄스럽게 생각하지 않고, 오히려 그것을 사회학 내의 분업이 증대함에 따라 나타난 불가피하고 불가항력적인 결과로 본다. 여하튼 [어떤 이론이] 검증 가능성이 없다고 비난하는 것은 잘못된 것이다. 왜냐하면 현대 사회학 이론의 주목적은 실재적 이론(일반성 III)을 창안

∴

13) 이와 관련해서는 다음을 보라. C. W. Mills, *The Sociological Imagination*(New York: Oxford University Press, 1959).

하는 것이 아니라, 이러한 일련의 개념들은 흥미로운 질문을 유발하고 상이한 분석 수준 사이에 방법론적으로 적절한 연계를 수립하는 식으로 사회 현상을 조망하기 위한 것이다. 일련의 개념 도구(일반성 II)를 구성하는 것이기 때문이다. 그러므로 일반성 III에서는 경험적 검증 가능성이 중요한 평가 양식이지만, 일반성 II에서는 발견적 효용성이 중요한 평가 양식이다.

그뿐 아니라 현대 사회학 이론의 출현은 거창한 고전적 종합과의 단절을 의미하기는 하지만, 경험적 연구와의 단절로 이어지지는 않았다는 점을 강조할 필요가 있다. 그와는 반대로 1세대 사회학 이론가들(파슨스, 머튼,[14] 굴드너,[15] 로크우드[16] 등)은 경험적 탐구에 개념 도구를 제공해야 한다는 데 분명한 관심을 드러냈다. 이러한 점은 정교해진 개념 틀에서도 뚜렷하게 나타나고, 그런 개념 틀이 (그 이론가들 자신에 의해, 또 그들이 제시한

∴

14) (옮긴이) 로버트 머튼(Robert King Merton, 1910~)은 파슨스와 함께 구조기능주의의 대표적 이론가로 꼽힌다. 파슨스의 구조기능주의가 높은 추상성을 띠는 반면, 현실에 좀 더 구체적으로 적용할 수 있는 중범위 이론(middle range theory)을 발전시켰으며, 적용의 차이에 따른 행위를 구분하며 뒤르케임의 아노미 이론을 현대적으로 적용하여 발전시켰다.

15) (옮긴이) 앨빈 굴드너(Albin Ward Gouldner, 1920~1980)는 뉴욕학파 중 한 사람으로서, 구조기능주의 이론가인 머튼에게 수학했다. 초기의 연구는 막스 베버를 중심으로 한 관료제 분석에 집중하여 현장에 대한 관찰 조사에 의한 이론을 전개하며 『산업에서의 관료제』(1955)를 펴냈다. 1960년대 이후에는 강단 사회학과 기계론적 마르크스주의를 비판하며 '자기반성의 사회학' 확립에 전념하여 사회학의 비판성 회복에 기여했고, 사회과학 전체의 패러다임 논쟁에도 커다란 영향을 미쳤다. 만년에는 자칭 신헤겔파 사회학의 관점에서 이데올로기, 테크놀로지, 지식인, 마르크스주의 등의 문제를 다루었다.

16) (옮긴이) 데이비드 로크우드(David Lockwood)는 미국의 전후(戰後) 1세대 사회학자로, 미국 사회학계에서 보기 드물게 계층 연구에 몰두했다. 그는 시장 상황과 작업 상황을 구분한 베버의 이론적 틀을 이용하여 사무직 노동자의 계층적 지위 변화를 분석했다. 그의 저작 『블랙코트를 입은 노동자』(1958)는 화이트칼라 노동자들이 자신들의 작업 상황이 프롤레타리아와 많은 점을 공유한다고 여김으로써 육체 노동자와 일체감을 갖기 시작한다는 '프롤레타리아화' 논쟁에 크게 기여했다.

원리에 의해) 사회 세계에 대한 경험 지향적 설명을 낳는 수단으로 실재에 체계적으로 적용된 사실에서도 드러난다. 진화론적 어휘를 빌면, 사회학 이론과 경험 지향적 하위 분과학문 간의 분화는 이론과 경험적 연구 간의 최소한의 연계를 확실하게 해준 통합 메커니즘에 의해 이루어졌다고 할 수 있다.

사회학 이론을 전문적인 하위 분과학문으로 확립하는 데 큰 기여를 한 파슨스의 복잡한 저작을 평가하는 데는 전술한 사항을 고려해야 한다. 파슨스의 분석 틀은 심각한 결점(이에 대해서는 아래에서 상세히 논할 것이다)이 있음에도 불구하고 미시적 분석 수준에서나 거시적 분석 수준에서나 상당한 경험적 연구로 이어질 수 있었고 실제로 이어졌다.[17] 그렇지만 파슨스의 사회학 이론이 이론과 조사 간의 연계를 단절하지 않은 채 사회학 내의 지적 분업을 진전시키는 데 성공했다 하더라도, 그가 제시한 개념 도구들에 비추어볼 때 그 분업이 썩 잘된 것은 아니었다. 이런 도구들을 경험적 사항에 적용하면 사회적 삶의 자원주의적(voluntaristic) 차원[18]을 철저히 무

∙∙

17) 사실 정치사회학, 종교사회학, 가족, 소집단, 조직 등에 관한 경험적 저작(실증주의적 성격을 띤 것이든 그렇지 않은 것이든)을 살펴보면 파슨스의 영향력이 전후 초기 미국과 그 밖의 모든 지역에 널리 퍼져 있음을 알 수 있다. 무엇보다도 다음의 저작을 보라. G. Almond and S. Verba, *The Civic Culture*(Princeton: Princeton University Press, 1963); B. Barber, *Science and the Social Order*(New York: Free Press, 1952); R. M. Bellah, *Beyond Belief*(New York: Harper & Row, 1970); K. Deutsch, *The Nerves of Government*(New York: Free Press, 1963); S. N. Eisenstadt, *The Political System of Empires*(New York: Free Press, 1963); M. Levy, *The Family Revolution in China*(Cambridge, Mass.: Harvard University Press, 1949); S. Lipset, *The First New Nation*(New York: Doubleday, 1963).

18) (옮긴이) 자원주의(voluntarism)란 말 그대로 어떤 일을 자기 스스로 하려고 나서는 것을 의미하며, 외부의 간섭이나 개입을 받지 않고 개인이 자발적으로 행위를 하는 것을 진정한 자유로 본다. 이와 다른 견해는 개인의 자발성이 외부에서 형성되는 것으로 보는 것인데, 대표

시하게 되고, 결국에는 사회 현상을 물화시켜, 실증주의적으로, 때로는 목적론적으로 다루게 된다.

수많은 비평가들이 지적했듯이, 파슨스는 (특히 그의 분석이 초기의 사회적 행위에 관한 이론에서 사회 체계와 장기적 진화의 이론화로 진전되었을 때) 행위자를 묵살하고 대신 사회 체계의 '체계적/기능주의적' 차원을 지나치게 강조했다. 그의 이론은 행위자를 핵심적 가치 체계의 수동적 결과로 묘사하거나 아니면 통째로 무시했다.

미시적 행위 수준에서 파슨스는 자신의 분석을 단위 행동 이론화에서 사회 체계 이론화로 비약적으로 옮겨가는 바람에 상호작용 이론의 발전을 저해했다.[19] 이처럼 행위를 등한시한 결과, 핵심적 가치들이 역할 기대로 제도화되고 또 욕구 표출 억제로 내부화되어 파슨스의 역할-수행자는 오직 규범적 사항에 의해서만 인도되는 것으로 비친다.[20] 다른 한편 거시적

∵

적인 것이 공화주의다. 이에 따르면 국가는 적합한 시민을 양성할 목표를 가지고 있으며, 시민은 자율적인 참여를 통해 스스로 자유를 보장한다고 본다. 파슨스의 구조기능주의는 구조를 강조하는 한편, 사회 통합의 원천을 규범적 통합으로 보며 개인의 자발성에 기초한다는 점에서 자원주의적 관점을 취한다.

19) 이러한 비판에 대해 최근에 재정식화한 것으로는 다음을 보라. J. H. Turner, *A Theory of Social Interaction*(Cambridge: Polity Press, 1990).

20) 파슨스 이론에서 미시 행위자가 수동적으로 묘사되고 있는 것은 그가 행위자의 역할 순응, 즉 갈등보다는 합의, 무질서보다는 질서 등을 터무니없이 강조한 탓이 아니다(요컨대 파슨스는 어느 특수한 사회 체계에서나 역할 순응, 질서, 합의의 정도는 경험적 문제라고 반복해서 강조했다). 이러한 수동성의 진짜 근거는 그가 행위자의 행동을 오로지 또는 주로 규범적 기대 측면에서, 즉 행위자의 역할이나 사회적 위치에서 수반되는 권리와 의무 측면에서 설명하고자 시도한 데 있다. 그렇지만 '역할/위치(role/positional)' 차원이 설사 관련이 있다 하더라도 그 자체로는 실제의 게임 행위자들이 서로 상호작용하는 것을 설명하지 못한다(설령 우리가 그 행위자들이 특정한 게임에서 자신들의 역할에 부여된 규칙을 항상 충실하게 지킨다고 가정하더라도 그렇다). (아래에서 주장하듯이, 특히 6장을 보라) 그에 대한 충분한 설명을 하려면 기질과 '상황/상호작용' 차원을 고려해야만 한다.

분석 수준에서 파슨스는 사회를 네 개의 하위 체계로 개념화함으로써 행위자는 완전히 자취를 감추게 된다. 이 각각의 하위 체계는 사회의 네 가지 기능적 문제(적응, 목적 달성, 통합, 잠재성 — 간단히 표현하면 AGIL[21])를 해결하게끔 조정된 일련의 제도화된 규범으로 구성되어 있다. 각각의 하위 체계는 동일한 AGIL 논리에 따라 네 개의 하위 체계로 다시 분리되므로, 사회적 실재는 궁극적으로 체계 안에 체계가 들어 있는 복잡한 체계가 된다. 이러한 양파 같은 구조 속에서 이익 집단, 사회 운동 등과 같은 거시 행위자들은 이론적으로 활동할 여지가 없게 된다(그렇다고 해서 파슨스와 그의 영향을 받은 논자들이 자신들의 경험적 저술 속에서 거시 또는 집합 행위자에 대해 전혀 언급하지 않았다는 것은 아니다. 그것은 단지 그들이 거시 행위자를 상대적으로 자율적인 주체로 묘사한 것은 그들이 제시한 개념 틀 때문이 아니라는 것을 의미한다)[22].

∴

21) (옮긴이) 파슨스는 사회를 하나의 체계로 본다. 이 체계는 기능적으로 분화되어 있으며, 각각은 체계 유지를 위해 기능적 역할을 하는데, 그것은 적응(Adaptation), 목적 달성(Goal Attainment), 통합(Integration), 잠재성(Latency)이라는 네 가지 요건으로 구성되어 있다. 이들 각각은 다시 하나의 하위 체계를 구성한다. 이 도식이 파슨스의 구조기능주의 체계 이론의 기초를 이룬다.

22) 거시 행위자의 수준에서 파슨스의 구조기능주의가 갖는 주요 약점을 명확하게 보여주는 대표적인 저작으로는 다음을 보라. N. Smelser, *Social Change in the Industrial Revolution*, op. cit. (5장에서 논의하는 것처럼 스멜서는 후기 저작에서 집합 행위자에 관한 자신의 관점을 바꾸었다.) 행위를 과도하게 강조하여 동일 주제를 다른 극단으로 몰고 가는 접근 방식에 대해서는 다음을 보라. E. P. Thompson, *The Making of the English Working Class*(London: Allen Lane, Penguin, 1963). 끝으로 앤더슨(P. Anderson)의 저작 *Arguments within Marxism*(London: New Left Books, 1980)은 행위 접근 방법과 체계 접근 방법 간의 균형을 무너뜨리려고 시도한다. 거시사회학 수준에서 행위자에 대한 철저한 묵살은 제도적 구조를 물화하는 것으로 이어지든지('체계-행위' 불균형), 아니면 행위자를 미시적 상호작용의 총합으로 환원하게 된다('행위-체계' 불균형). 다음을 보라. N. Mouzelis, *Back to Sociological Theory: The Construction of Social Orders*(London: Macmillan, 1990).

이 책에서는 '행위-구조'와 '미시-거시' 쟁점에 각별히(비록 오로지는 아니지만) 초점을 맞추고, 파슨스 이후의 사회학 이론이 몇 가지 상이한 방향(이들 방향은 모두 문제의 소지가 있다)을 취한 것에 대해 논의할 것이다.

파슨스의 전통 속에서 존속해온 해석 지향적(interpretatively-oriented)[23] 사회학자들은 구조기능주의의 과도한 체계-중심적 측면과 물화된 측면에 과민 반응하며 행위를 과잉 강조했다. 또한 행위와 상호작용을 이론화하는 데 치중하여 미시적 상황(그들은 유독 이 점에만 초점을 맞춘다)이 '거시적-제도적' 구조 및 행위자와 연계되는 방식에 관한 연구에 심각한 장애를 낳았다.

파슨스식과 마르크스주의적 거시 이론이 모두 가지고 있는 물화와 목적론적 경향에 맞서 싸우고자 한 또 하나의 유력한 접근 방법인 합리적 선택 이론(rational-choice theory)도 ('행위-구조'와 '거시-미시' 문제에 관해서는) 유사한 난관에 부딪혔다. 합리적 선택 이론가들은 무엇보다도 '미시적 기초(micro foundations)'를 제공함으로써, 즉 (국가 제도, 사회 운동, 혁명적 변혁 같은) 거시적 현상의 근원에서 효용을 '극대화하고/최적화하는' 행위자의 구체적인 의사 결정 활동이 어떻게 이루어지는지를 보여줌으로써 '미시-거시' 간의 간극을 연결하고자 노력한다.

그런데 합리적 선택 이론은 논리 연역적 방법을 통해 거시적 분석 수준과 미시적 분석 수준을 연결하려는 경향을 띠는데, 이 방법은 '발현적

∙∙

23) (옮긴이) 인간의 행위를 규범이나 외적 구조에 의한 제약 또는 반영으로 보는 규범적, 구조주의적 패러다임과 달리 개인의 동기를 중시하여 외부 대상을 주관적으로 해석하여 행동한다고 보는 관점으로서, 개인의 사고방식, 시각 등을 연구 대상으로 삼는다. 전자는 뒤르케임, 마르크스, 파슨스 등의 거시사회학과 상통하며, 후자는 상징적 상호작용 이론, 민속방법론, 현상학적 사회학 등의 미시사회학과 상통한다.

(emergent)' 현상과 (합리성을 그 특유의 형태로 취하는) 다양한 사회—역사적 맥락을 간과하는 결과를 낳는다. 이 때문에 합리적 선택 이론은 다음과 같은 딜레마에 직면한다. 그것은 주로 논리 연역적 이론화를 지향하여 '발생', 역사, 맥락을 고려하기를 거부하므로 그것의 진술은 (모든 초역사적인 보편적 진술처럼) 잘못된 방향으로 흐르든지 부질없게 되는 경향이 있다. 다른 한편, 합리적 선택 이론이 제도적 맥락을 진지하게 고려하게 되면 자체의 독특한 성질과 논리 연역적 기풍을 상실하게 된다.[24]

파슨스식의 구조기능주의에 대한 또 다른 주요한 대응은 파슨스가 집합 행동과 집합 투쟁을 간과한 것에 분개한 정치적 급진 사회학자들이 처음으로 주도했다. 이들은 처음에는 갈등 이론으로 관심을 옮겨갔고, 이어서 마르크스주의로 이동했다가, 최종적으로는 1980년대 마르크스주의가 상대적으로 쇠락하면서 사회적인 것에 대한 '포스트구조주의/포스트모더니즘' 접근 방법으로 전환했다. 포스트모더니즘 사회 이론에서 흥미를 끄는 것은 체계와 행위에 대한 파슨스 특유의 개념화를 거부한다는 점이다. 뿐만 아니라 사회학 이론을 사회학의 전문화된 분과학문으로 확립하려 한 (내가 보기에 아주 확고한) 파슨스의 시도, 즉 지적 활동을 철학 특유의 논리나 다른 인접 분과학문의 이론화와는 판이하게 구별되는 특유의 분석 논리로 묘사하려는 시도도 거부한다는 점이다.

포스트구조주의자들은 마르크스주의의 경제주의적 전체론은 물론이고, 파슨스의 영향을 받은 조야한 실증주의와 사회학의 이론적 편협성을 거부하며 언어학, 기호학, 정신분석학 등의 분야에서 제기된 철학적 쟁점과 이론적 발전으로 관심을 돌렸다. 참호로 에워싸인 장벽을 무너뜨리고

∴

24) 다음을 보라. J. Elster, *Rational Choice*(Oxford: Basil Blackwell, 1986).

지금까지 내부 지향적인 분과학문의 지평을 넓히려는 욕망은 푸코(Michel Foucault)와 데리다(Jacques Derrida) 같은 철학자나 라캉(Jacques Lacan) 같은 인접 분과학문의 선구자들이 오늘날 사회 이론의 담론에서 중심적인 인물로 부상했다는 사실에서도 드러난다.

그렇지만 아래에서 보게 되듯이, 이러한 폭넓은 전망은 철학과 다른 분과학문에서 파생한 통찰을 사회학 이론 본연의 틀 속으로 이식하려는, 이론적으로 일관되고 체계적인 시도에 의해 수행된 것은 아니다. 그 대신에 사회학적 이론화는 '존재론적/인식론적' 쟁점에 관한 비전문적 논의나 복잡 사회에 대한 연구를 언어, 담론, 텍스트, 무의식적인 것 등에 관한 연구로 환원하려는 시도에 길을 터주었다. 나아가 포스트구조주의자들은 '행위-구조'와 '미시-거시' 구분을 총체적으로 거부하고 또 불균등하게 권한을 부여받은 행위자들을 통해 담론이나 텍스트가 어떻게 위계화되는지를 보여주지 못함으로써, 복잡 사회의 위계적 특성과 이론과 경험적 연구 간의 단절 또는 매우 빈약한 연계를 철저히 무시하는 결과를 낳게 되었다.[25] 그 같은 단절은 역사 지향적인 마르크스주의 이론이나 파슨스식의 기능주의에서도 발견되지 않으며, 파슨스를 해석학적으로 비판하는 논자들의 미시사회학적 저작에서도 발견되지 않는다.

포스트구조주의가 파슨스식 이론에 의해 생겨난 분업의 실체와 유형을 모두 외면했다면, 포스트구조주의의 기본 가정과는 거리를 두면서도 그것이 기능주의적 이론화의 모든 형태를 거부한 것에는 동의하는 유력한 이

··

25) 진화론적 분화 개념을 계속 사용하면, 파슨스의 기능주의에서는 통합 메커니즘에 의해 이론적인 분과학문 분화와 경험 지향적인 분과학문 분화 간에 분화가 이루어지는 반면, 포스트구조주의에서는 통합에 의해 이루어지지 않는 분화는 역행적 탈분화(regressive dedifferentiation)로 귀결되었다고 말할 수 있다. 이 점에 관해서는 3장 2~3절을 보라.

론가들이 여럿 있다. 기든스, 엘리아스(Nobert Elias), 부르디외 같은 이론가들은 사회학 내의 주관주의 대 객관주의 분리를 넘어서려고 시도했다. 그들은 주체-객체, 행위-체계, 미시-거시 같은 잘못된 이분법에서 넘어서게 하는 개념 틀을 정교화하여 파슨스식의 기능주의를 재구조화하기보다는 그것을 초월하고자 노력했다. 나는 엘리아스(Norbert Elias)의 결합태 사회학(figurational sociology)[26], 기든스의 구조화 이론(structuration theory)[27], 부르디외의 아비투스 개념을 비판적으로 검토하면서, (이러한 개념화가 갖는 유용성을 제쳐두고) 그들이 기능주의 일반을, 특히 파슨스의 기능주의를 초월하는 데 실패했다고 주장해갈 것이다. 그들은 기능주의적 논리는 그대로 간직하면서 (행위-구조, 미시-거시 같은 어휘는 물론이고) 지금은 이미 한물간 기능주의의 어휘를 그저 피해가기만 했다. 그 결과 신비스러운 기능주의적 요소와 그것들과 관련한 특징들이 그들의 저작 속에 은밀하게 재도입되었다.

끝으로, 아주 겸손하게 말하면, 파슨스를 따르는 몇몇 옛 추종자들과 새로운 신봉자들은 파슨스식의 기능주의를 초월하는 것이 아니라, 그것의

∵

26) (옮긴이) 엘리아스가 사회를 설명하기 위해 창안한 개념으로 엘리아스 사회학의 핵심을 이룬다. 엘리아스는 사회를 '인간이 가진 상호 결합 욕구 때문에 생긴 상호의존의 고리'라고 정의했다. 즉 인간은 홀로 있을 수 없으며 둘 이상이 모여 상호의존하게 되는데, 이러한 상호의존 상태를 결합태라고 한다. 이 때문에 가족, 학교, 직장, 국가, 세계 등 모든 인간관계가 결합태다. 그뿐만 아니라 사람들의 만남이나 스포츠 경기 같은 것도 결합태다. 여기서 엘리아스가 주목하는 것은 사회의 동태성이다. 사회가 끊임없이 변하듯이 결합태도 고정된 것이 아니라 끊임없이 변화하는 과정이라는 것이다. 하지만 그러한 과정은 의도한 방향으로 일정하게 움직이거나 필연적인 법칙에 따라 움직이는 것이 아니다. 이런 점에서 엘리아스는 진화론을 부정한다. 그의 주저인 『문명화 과정』, 『궁정 사회』는 이러한 결합태 사회학적 관점에 기초하여 저술한 것이다.
27) (옮긴이) 구조의 이중성 참조(1장 옮긴이 주 9번).

체계 과잉적 특징 중 일부를 극복해나가면서 그것을 재구조화하려고 애썼다. 나의 이론적 전략도 기능주의를 초월하는 것이 아니라, 파슨스식으로 되지 않으면서 그것을 어느 정도 재구조화하는 데 있다. 이런 의미에서 나는 알렉산더(Jeffrey Alexander)나 콜로미(Paul Colomy), 스멜서가 파슨스식의 기능주의와 진화론의 유용한 측면을 구출하려고 노력하면서 제시하는 신기능주의적 분석[28] 유형에 매우 동조한다.

내가 그들의 저작에 대해 반대하는 주요한 측면은 그들이 제시한 재구조화가 그리 충분하지 못해서다. 약간의 예외가 있기는 하지만[29] 파슨스식 이론을 좀 더 동태적으로 만들려고 상정한 개념들(집단 전략이나 계급 갈

..

28) (옮긴이) 신기능주의(neo-functionalism)는 구조기능주의의 과도한 구조 중심적 시각의 경직성을 유연하게 하려는 대안으로 등장했다. 이 용어가 일반화된 것은 1980년대 중반 제프리 알렉산더가 사용하면서부터다. 1950년대와 1960년대의 미국 사회학계를 풍미한 구조 기능 이론은 사회 변동을 설명할 수 없는 몰역사성, 행위자의 주체성에 대한 설명 결여, 사회적 갈등이 없는 항상적 균형의 체계 이론, 목적론적 설명 등으로 인해 다방면에서 공격을 받았다. 그중에서 가장 심각한 도전은 합리적 선택 이론 등의 행위 중심적 미시사회학이었다. 이러한 곤경에서 구조기능주의의 경직성을 수정하려는 시도가 생겼는데, 이것이 신기능주의다. 신기능주의가 구조기능주의에 대해 가한 비판은 크게 두 가지다. 하나는 구조기능주의가 사회 변동을 설명할 수 없다는 것이고, 다른 하나는 몰역사적이라는 점이다. 이에 대해 구조기능주의는 전자에 대해서는 분화를 통한 통합, 재통합으로 맞서지만, 신기능주의는 그러한 통합은 체계의 균형을 위한 반복적 작용이라고 대응한다. 후자와 관련해서 구조기능주의는 체계의 완결성을 강조하므로 체계 내적 작동에 머물고 체계 외적 측면이나 체계 간 관계에 대한 설명을 결여한다. 이처럼 각 사회의 특수한 역사적 상황을 고려하는 것이 신기능주의다.

29) 알렉산더의 저작은 파슨스식 이론을 특별하지 않은 방식으로 재구조화하고자 했다. 이와 관련해서는 그의 저작 *Action and its Environments*(New York: Columbia University Press, 1988), Chapter 10을 보라. 체계 접근 방식과 생활세계 접근을 통합하여 파슨스식 이론을 재구조화하려 한 또 한 명의 주요 이론가는 물론 하버마스다. 그러나 그의 주요 지향점은 사회학적 이론이기보다는 철학적이며, 내가 그의 저작에 나타난 '체계-행위' 측면을 다른 곳에서 비판적으로 다룬 적이 있으므로(N. Mouzelis, *Back to Sociological Theory*, op. cit.와 Appendix I를 보라) 여기서는 그의 저작을 그리 깊게 논의하지는 않을 것이다.

등 같은 개념)이 도리어 파슨스의 몸통으로 투입되고 만 것이다. 즉 이론적 결과를 평가하지 않은 채 이러한 새로운 요소를 파슨스 이론의 기본 특징, 특히 AGIL이라는 그의 기본 도식에 도입한 것이다. 그런 까닭에 이러한 시도는 파슨스 이론 구조의 내용을 바꾼 것이 아니라 겉치장만 한 것으로 보인다.

대체적으로 말하면, 만약 우리가 하버마스(Jürgen Habermas)를 따라[30] 오늘날의 이론 사회학에서 발생하고 있는 것을 파슨스식의 '구성주의적(constitutive)' 공헌과 연관 지어야 한다면, 우리는 최근의 [이론적] 동향이 파슨스 저작에 들어 있는 긍정적이고 유용한 측면을 창조적으로 전용하는 데 실패했다고 주장할 수 있다.

첫째, 파슨스가 창시한 조사 지향적인 전문화된 이론화를 지속하려고 애써온 논자들은 오로지 그리고 일방적으로 파슨스가 미시적 상호작용을 묵과한 점을 다루든지(해석적 미시사회학), 아니면 파슨스식 사유 체계를 온전히 받아들여 그것을 한층 더 윤색하거나 그 안에 자원주의적 요소를 임시방편으로 도입했다(신기능주의).

둘째, 파슨스식 이론이 노정한 (그러나 해결하지는 못한) 행위-구조와 미시-거시 쟁점에 대해 논리 연역적 해법을 취한 논자들은 이들 쟁점에 환원론적 해법만을 제공할 뿐이었다(합리적 선택 이론).

셋째, 파슨스식 기능주의는 물론이고 사회학 이론이 수반하는 모든 유형의 분업뿐만 아니라 사회과학 내와 사회과학 간의 모든 관습적인 구분

..

30) 다음을 보라. J. Habermas, *The Theory of Communicative Action, vol. II, Lifeworld and System*(Cambridge: Polity Press, 1987).

과 경계를 거부하는 포스트구조주의자들은 경험 지향적 사회학자들에게는 별로 유용하지 않은 이론화로 종결되었다.

넷째, 파슨스식 '기능주의/진화론'을 '초월하고자' 한 논자들은 파슨스가 창안한 전문화된 경험 지향적 이론화를 어느 정도 지속하면서 내용보다는 형식 측면에서만 기능주의를 초월하려고 애를 써왔다.

이제 이 책의 구체적인 구성을 살펴보면 제1부에서는 우선 진단에 치중한다. 여기서는 해석사회학(1장)과 합리적 선택 이론(2장)이 어떻게 하여 '미시−거시'와 '행위−구조' 쟁점에 대해 적절한 해법을 발견하지 못했는지를 보여주고자 한다. 또한 포스트구조주의 이론이 이론적 탈분화 전략을 따라(즉 분과학문 간의 경계를 철폐하여) 복잡 사회가 어떻게 구성되고 변모하는지에 대한 경험적 탐구를 촉진하기는커녕 오히려 방해하는 매우 조악한 개념화를 낳게 된 것도 보여주고자 한다(3장).

제2부에서는 진단에서 시험적 치료로 초점을 옮겨간다. 파슨스식 기능주의를 초월하려는 이론(4장의 엘리아스 이론, 6장의 부르디외와 기든스 이론)을 비판적으로 검토하고, 또 기술, 전유, 이데올로기 같은 마르크스주의 개념들이 어떻게 해서 '행위−구조' 쟁점을 더 적절하게 처리하여 파슨스 이론을 효과적으로 재구조화하는 데 기여하는지를 보여주고자 노력한다(5장). 이로써 기능주의적 이론화와 관련한 일정한 난제를 해결하려고 시도하는 동시에, 경험 지향적 사회학자들이 미시적 분석 수준에서 중위적, 거시적 분석 수준으로 옮겨가도록 도와주는 일련의 개념 도구를 마련하고자 노력할 것이다. 그러면서 사회 현상을 환원론적이거나 물화된 방식으로 다루는 것을 모두 피해갈 것이다(7장, 결론의 부록, 전체의 부록).

3. 개념적 실용주의

이 책과 이전에 쓴 두 권의 저작이 바탕으로 하고 있는 기본 지향점을 '개념적 실용주의(conceptual pragmatism)'라 부를 것이다(이보다 더 나은 용어가 없다).[31] 퍼스(Charles Sanders Pierce)[32]는 실용주의[33]를 개념들이 어떻게 사용되는지 또는 어떻게 사용될 수 있는지를 보여줌으로써, 그 개념들을 명료하게 하는 방법으로[34] 본다. 이에 따르면, 사회학 이론의 주요 임무

••

31) N. Mouzelis, *Post-Marxist Alternatives: The Construction of Social Orders*(London: Macmillan, 1990); *Back to Sociological Theory*, op. cit.

32) (옮긴이) 찰스 퍼스(1839~1914)는 미국의 철학자, 논리학자로 실용주의의 창시자다. 칸트(Immanuel Kant)의 『순수 이성 비판』의 범주론에 대한 비판적 검토를 시작으로 논리학 연구를 진행했으며, 수학적 분석을 논리학 연구로 진행하여 형식 논리학과 수학의 관계에 새로운 빛을 던졌다. 이것은 헤겔(Georg Wilhelm Friedrich Hegel)이 칸트의 범주론에 대한 비판에서 출발하면서 변증법을 수학적 방법과 준별하여 후자를 '순수학'으로서의 논리학에 어울리지 않는 것으로 경멸한 것에 대한 비판이었다. 그에 의하면 개념이란 그 개념으로부터 나오는 실제적인 결과에 지나지 않는다. 이것이 곧 실용주의의 기초다.

33) (옮긴이) 실용주의(pragmatism)는 19세기 후반에서 20세기에 걸쳐 공리주의를 응용하여 미국에서 발현하고 성장한 미국적 철학 사조다. 식민 시대 이래 19세기 후반에 이르기까지 미국의 사상계는 주로 독일 관념론에 의해 지배되었다. 그러나 남북전쟁 이후 미국은 정치적, 경제적으로 급속한 발전을 겪으면서 사상적으로도 유럽에서 벗어나 미국 특유의 사상을 확립하게 되었다. 자본주의의 근대적, 과학적 사고방식과 미국의 전통 청교도주의를 조화시키려는 일군의 학자들이 노력한 결과로 나온 것이 실용주의다. 이들은 유럽 고전적 사상의 바탕에 있는 추상적, 관념적인 요소를 탈피하고 현실에 입각한 사유 체계를 세우려는 데 목적을 두었다. 이러한 실용주의 철학은 퍼스가 창안하여, 후일 존 듀이와 윌리엄 제임스가 계승하여 발전시켰다.

34) 다음을 보라. *The Collected Papers of Charles Saunders Pierce*, ed. by C. Hartshorne and P. Weiss(Cambridge, Mass.: Harvard University Press, 1932~1935), vol. V, par. 9. "지적 개념의 의미를 확인하기 위해서는 실제의 결과가 예상대로 반드시 그 개념의 참으로부터 나온다는 점을 고려해야만 한다. 그런 결과의 총합이 그 개념의 전체 의미를 구성하게 될 것이다." 나는 위 인용문의 나중 문장에 대해서는 납득하지 못하지만, 첫째 문장에는 동의한다. 사회학적 개념들(특히 파슨스와 푸코의 이론처럼 뒤얽혀 있거나 모호한 이론 속에서 전개되는

는 현재 통용되는 개념 도구를 명료하게 하고 진리보다는 효용의 기준에 따라 새로운 개념을 구성하는 것이다. 나는 이러한 지향점을 고수하며, '법칙'과 초맥락적인 일반화의 형식에다 또는 사회적인 것의 존재론적 성격에 관한 철학적 분석, 사회적 지식의 가능성, 주체적인 것의 구성 등의 형식에다가 실제적인 보편적 명제(일반성 III)를 제공하려는 야심찬 이론화 유형을 회피해왔다.

지적 분업은 파슨스식 이론에 의해 확립되면서 널리 받아들여졌는데, 나는 사회학 이론을 사회학의 전문화된 분과학문으로 간주한다. 사회학 이론의 주요 목표는 기존의 개념 '도구/틀'과 새로운 개념 '도구/틀'의 구성을 비판적으로 평가하는 것이다. 다시 말하면 그러한 도구의 존재이유는 소극적으로는 사회과학자들 간의 대화에 의한 개방적인 의사소통을 방해하는 난제들을 해결하는 것이다. 좀 더 적극적으로는 하나의 분석 수준에서 다른 분석 수준으로 옮겨가는 등 비교 작업에 개념 수단을 제공하여 이론적으로 흥미를 끄는 질문을 제기함으로써 사회 세계에 대한 경험적 탐구를 촉진하는 것이다.

3장에서 상세히 설명하겠지만, 사회학 이론을 이렇게 다소 편협하게 정의한다고 해서 사회학자들로 하여금 철학과 사회과학 안팎의 다른 관련 분과학문에 등을 돌리도록 해서는 안 된다고 생각한다. 만약 그러한 정의

∴

개념들)의 의미를 이해하는 가장 좋은 방법은 그것들의 실제 결과를 검토하는 것이다. 즉 그 개념들의 창안자와 여타 사람들이 사회 세계에 대한 경험적 탐구 과정에서 그 개념을 어떻게 이용하는지를 보여주는 것이다.
더욱이 몇몇 비평가들이 파슨스나 푸코의 저작에 대한 나의 해석에 의문을 제기하는 효과적인 방식은 파슨스나 푸코가 이러저러한 날짜에 이러저러한 텍스트에서 무엇인가 상이한 점을 말했다고 지적하는 것이 아니라, 그들 또는 그 문하생들이 경험적 탐구에 논의 중인 그 개념들을 이용하는 방식과 내가 서술하는 방식이 다르다는 점을 보여주는 것이다.

가 성공한다면 그것은 고립으로 이어지는 것이 아니라, 오히려 다른 분과학문과 효과적인 친교를 맺게 될 것이다. 이러한 친교는 사회학 이론 특유의 정체성과 논리를 융해하지 않고 또 그것을 철학이나 언어학, 정신분석학의 부속물이 되게 하지도 않는 자율적인 위치를 유지하면서 맺는 친교다. 달리 말하면 여기서 정의한 사회 이론은 탈분화와도 싸우고 구역화와도 싸운다. 또 분과학문 간의 경계를 전면적으로 폐지하려는 것도 싸우고 분과학문들과 하위 분과학문들 간의 무너뜨리기 힘든 장벽을 제거하려는 것과도 맞서 싸운다.

사회학 이론이 오늘날 매우 중대한 전략적 역할을 수행할 수 있는, 또 수행해야 하는 곳이 바로 이 영역이다. 사회학 이론은 전문화된 논리와 지향점을 유지해야 사회학자들로 하여금 서로 경쟁하는 사회과학 패러다임들 간의 가교와 사회학과 여타 분과학문 간의 가교를 수립하도록 도와주는 이론적 공용어(lingua franca[35]: 토대주의로 치장하지 않은 유연한 어휘)로서 작동할 수 있는 일련의 개념 도구를 제공할 수가 있다. 즉 사회학 이론은 획일적인 단일의 통일체 같은 것을 수립하는 것을 목표로 해서는 안 되고, 분화된 분과학문들 또는 패러다임들 간의 개방된 소통을 방해하는 장애물을 제거하여 현재의 다원주의를 강화하는 것을 목표로 해야 한다는 것이다. 사회학 이론은 각종 경계와 구분을 독단적이거나 분별없이 거부해서는 안 되고, 그 경계들이 확고부동한 장벽이 되지 않도록, 그리고 그 구분이 이분법적 본질이 되지 않도록 확고히 해야 한다.

마지막으로 이 연구가 가진 한계에 대해 몇 마디 하고자 한다. 이 책은

∵

[35] (옮긴이) 원래 뜻은 공통 언어가 없는 집단이 서로 의사를 전달하기 위해 쓰는 보조 언어를 말하는데, 여기서는 분과학문 간 소통을 위한 공동의 언어를 말한다.

역사에 관한 저작도, 사회학 이론에 관한 저작도 아니다. 나는 내가 검토하고 있는 다양한 접근 방법이나 이론들 간의 역사적 연계나 그것들의 영향력을 수립할 생각이 없을뿐더러, 그것을 쓴 저자들의 저술을 그것이 터를 두고 있는 광범한 사회문화적 맥락에 연관 지을 생각도 없다. 나는 이론적 전통은 광범한 사회정치적, 문화적 발전에 비해 내적 논리와 상대적 자율성을 가진다는 전제 아래, 나 자신을 이른바 '내면'으로부터 비판하고 재구조화하는 데 국한했다. 그러므로 (예를 들어) 포스트구조주의가 앵글로색슨계의 이론적 지향을 가진 사회학자들 사이에서 왜 그리 심대한 영향을 미쳐왔고 또 여전히 영향을 미치고 있는지 하는 것은 매우 흥미를 끌긴 하지만, 그 문제는 이 책의 범역을 넘어서는 것이다. 이 책이 다루는 범위는 포스트구조주의의 주요한 개념 도구들이 경험적 조사를 발전시키고 사회 세계에 대한 우리의 지식을 진전시키는 것을 얼마나 돕는지, 아니면 방해하는지를 고찰하는 것이다. 여기에는 의심할 바 없이 두 개의 문제가 관련된다. 즉 '사회적 맥락'에 대한 더 나은 지식이 '내적 논리'의 탐색을 돕는다는 것이다. 그러나 사회적 맥락과 내적 논리 사이에도 단절이나 불연속이 있으며, 목적상 그중 하나는 조사하면서 다른 하나는 제쳐둘 수 있다는 것 역시 마찬가지로 의문의 여지가 없다.

이 책이 지닌 또 하나의 특징은 사회학 이론의 주요 접근 방법이나 쟁점에 대해 주제넘게 체계적이거나 철저하게 분석하려 하지 않는다는 점이다. 일례로 그런 접근 방법이나 쟁점이 지난 10년간 경이로운 발전을 했음에도 불구하고 문화 연구나 페미니즘 이론에서는 반드시 그렇게 체계적으로 발전했다고 생각하지 않는다.[36] 이 책은 주요 학자들에 대해 특별히 현학적

36) 예를 들어 페미니즘 이론과 관련해서 보면, 그 이론이 이전에 젠더를 무시한 채 연구한 실

이거나 학구적으로 다루지 않는다. 대신에 나는 '미시—거시'와 '행위—구조' 쟁점에 초점을 맞추어 다양한 이론가들이 그 문제를 수사적으로가 아니라 실제로 어떻게 사용했는지를 보여주는 데 주력했다. 나는 그들이 자신들

∷

제의 사회학 분야는 물론, 젠더에 관한 우리의 지식에도 중대한 기여를 했다는 데는 의심의 여지가 없다. 그러나 본연의 **사회학 이론**과 관련해서 보면(만약 내가 여기에서 제안하는 협의의 정의를 받아들인다면), 나는 페미니즘 이론의 영향이 그리 특출했다고 생각하지는 않는다. 페미니즘 이론은 (무엇보다도) 젠더 차이의 사회적 구성을 연구하기 위해 여러 이론적 전통(현상학, 민속방법론, 포스트구조주의 등)을 다방면으로 끌어들였지만, 그 주요 영향력은 이론에서 페미니즘으로 이어진 것이지 페미니즘에서 이론으로 이어진 것이 아니었다. 나는 주요한 이론적 패러다임의 파라미터가 페미니즘 이론의 발전을 통해 유의미하게 변형된 것은 그 어떤 것도 존재하지 않는다고 생각한다.

일반성 II 수준에서 개념적 '도구/틀'은 젠더나 인종에 관한 한 아주 중립적인 경향을 띠기 때문에 이것은 그리 놀랄 일이 아니다. 그 예로 나는 이 책 제2부에서 엘리아스의 결합태 개념과 기든스의 구조의 이중성 개념을 검토한다. 이 두 개념 중 어느 것도 '남성' 지향적이거나 '여성' 지향적이지 않으며, 나는 그 개념들이 터를 두고 있는 좀 더 포괄적인 개념 틀(결합태적 분석, 구조화 이론)에 대해서도 동일하게 적용된다고 주장하려 한다. 그 같은 개념들이 강점을 가졌든 약점을 가졌든 간에 그것들은 분명 페미니즘 신임장의 기반 위에 서 있지도 내려와 있지도 않다. 그것들은 높은 수준의 '추상성/일반성'을 가지고 있어서 인간(남성이든 여성이든, 흑인이든 백인이든)이 어떻게 서로 관계를 맺고 좀 더 큰 사회적 전체를 형성하는지에 관한 질문을 하는 데 도움을 줄 것이다. 그 자체로 그것들은 페미니스트들에게나 반(反)페미니스트들에게나, 즉 가부장제적 현상(現狀)을 급진적으로 변화시키기를 원하는 사람에게나 그것을 유지하기를 원하는 사람에게나 어느 정도 유용할 수 있다.

그렇다고 해서 개념 도구들이 실재적 관심사에 실제로 다양한 방식으로 관련되어 있다는 것을 부정하는 것은 아니다. 그 개념 도구들은 실제의 경험적 탐구를 준비하는 것으로 상정되어 있다. 그러나 그 둘의 연계가 복잡하고 또 이론 구성이 대단히 추상적이어서 그것이 페미니즘적 관점과 구조화 이론 또는 결합태 사회학 같은 것을 직접 연결한다는 것을 확신하기가 쉽지 않다. 물론 일부 급진적 페미니스트들은 어떤 사회 이론도 그 목표와 일반성 정도가 어떠하든 페미니즘적 쟁점과 관심사에 대해 중립적일 수 없다고 생각하는 경향이 있다. 불과 몇십 년 전에 교조적 마르크스주의자들이 모든 사회 이론가들을 마르크스주의적(즉 '과학적') 이론가와 부르주아적(즉 '이데올로기적') 이론가로 나눈 것과 같은 식으로, 오늘날에는 그와 마찬가지로 마니교* 식으로 모든 사회과학을 페미니즘과 반(反)페미니즘으로 구분하는 페미니스트들이 있다. 나로서는 이 같은 식의 프로크루스테스적인 이분법적 구분을 받아들이지 않는다.

이 행한다고 주장한 것을 밝히기보다는 그들이 자신들의 개념 도구를 가지고 실제로 행한 바를 밝혀내고자 했다.[37] 나아가 행위 지향적 접근 방식과 체계 지향적 접근 방식을, 그리고 미시사회학과 거시사회학을 더욱 가깝게 하려는 몇 가지 새로운 방법을 제시하기 위해 그들의 문헌에서 입수한 개념들 중 일부를 개작하고자 노력했다.

달리 말하면, 이 책에서는 사회학 이론이 발전해 오는 과정에서 무엇이 잘못되었는지에 대해, 그리고 오늘날 우리가 할 수 있는 것이 무엇인지에 대해 (오랜 기간에 걸친 강의와 연구를 이론에 접목시켜) 몇 가지 시험적인 견해를 다소 절충적이고 특이한 방식으로 밝히려고 한다는 점을 보여줄 것이다.

끝으로 문체 문제에 관해서 나는 (일부 포스트구조주의자들과는 반대로) 해설의 명료화를 강조하는 것이 지적 테러리즘의 한 형태라고 생각하지 않는다. 따라서 나는 신조어를 만들어내는 것을 피하고, 추상적인 논지를 예증하기 위해 구체적이고 직접적인 사례를 제공한다. 또 몇몇 군데에서 주요 테마를 요약하고, 좀 더 기술적인 논점은 각주에 붙임으로써 주요 굴곡점을 가능한 한 명료하게 하는 데 주력했다.

∴

그리하여 나는 사회학 이론의 몇 가지 근본적인 문제(구조-행위와 미시-거시 같은 문제)를 다루면서 젠더 차이의 사회학에 각별한 관심을 기울일 필요는 없다고 생각한다. 내가 다른 사회학 분야(사회운동사회학, 노년사회학, 인종사회학, 종교사회학 등)에서 최근 이룩한 발전을 각별히 다루어야 할 의무가 없다고 생각하는 것처럼 말이다.

* 마니교는 고대 페르시아에서 성립한 종교로, 3세기에서 7세기까지 융성했으며 그 절정기에는 로마 제국에서 중국으로까지 전파되었다. 마니교에 의하면, 우주는 선하고 영적인 빛의 세계와 악하고 물질적인 어둠의 세계 간의 투쟁으로 이루어지며, 인간의 역사도 선과 악의 투쟁으로 본다. 그 과정에서 영적인 선의 세계가 물질적인 악의 세계를 극복하여 빛의 세계에 도달한다는 것이다. 따라서 마니교적이라는 것은 선과 악, 영성과 물질로 세계를 규정하는 이분법적 사고를 말한다.

37) 이 점에 관해서는 위의 각주 6)에 나타난 파슨스의 수사학과 실제 실행 간의 차이를 보라.

제1부

진단

1장
미시사회학적 이론화의 곤경: 파슨스에 대한 과잉 반응

파슨스는 중후반기 저작에서 미시 행위자와 거시 행위자 모두를 묵살하다시피 했다. 이에 따라, 1960년대 이후 급격하게 성장한 다양한 상호작용 사회학은 거의 전적으로 미시 행위자에 초점을 맞추게 되었다. 이와 같이 거시 행위자를 경시한 것이 한편으로 사회학 이론을 한층 더 발전시키는 결과를 낳았다.

여러 이론가들이 거시 행위자를 놀라울 정도로 경시한 까닭에 대해서는 몇 가지 설명이 있는데, 그들이 내세운 목적은 파슨스의 지나친 체계 편향적 분석을 바로잡고 사회학적 연구로 '사람을 끌어들이려는 것'이었다.

하나의 명백한 이유는 물화에 대한 과도한 우려이다. 이러한 우려는 해석 사회학자들과 민속방법론 사회학자들에게 자주 나타난다. 어떤 조직이나 대규모 집합체가 목표를 가지고 의사 결정을 하고 방책을 수행한다고 언급하는 것은 그것들을 의인화하는 것으로, 즉 인간 행위자만 갖고 있는 특성을 그 같은 집합체에 부여하는 것으로 보인다. 물화에 대한 이러한 과도한 우려는 몇 가지 이유에서 매우 온당하지 못하다(이러한 우려는 거시사회학자들, 특히 마르크스주의자들이 단일의 계급이 목표, 전략 등을 가진 것으로 언급하는 조악한 방식에 의해 종종 악화된다). 공식적 조직과 여타의 집합체가 의인화된 의사결정 능력을 가지고 있다고 보는 것은, 복잡한 표현 과정과 집단 의사결정에 대한 장황한 서술을 피하기 위해 편의적으로 작성한 속기록이나 다름없다. 언어 축약을 세밀한 행위 용어들로 쉽게 번역할 수 있다면 물화란 것은 존재하지 않는다. 예컨대 노동조합 운동이 이러저러한 방침을 채택했다는 속기록 식의 주장은 물화를 수반하지 않는다. 왜냐하면 누가 질문을 받을 때 노동조합 지도자와 간부 등이 관여한 실제의 상호작용적 의사결정 과정에 대해 아주 상세하게 설명할 수 있기 때문이다.[1]

상호작용 사회학자들이 거시 행위자를 다루기를 꺼려하는 것을 부분적으로 설명해주는 또 하나의 근거는, 그들이 '평민', '보통의 사회 구성원', '평범한' 조우 등에 대해 민중적 편을 든다는 것이다. 미시사회학자들은 왕이나 '위인'의 행동 같은 장기적 발전에 대한 통상적인 역사학자들의 설명에 일면 과잉 반응하며 사회 현실을 구성하는 데 미시 행위자들이 끼친 공헌에 정력을 쏟아부어왔다. 그 결과 그들은 집합 행위자는 물론 편의상 '메가(mega)' 행위자(상당한 자원을 통제하는 개별 행위자로서, 이들의 결정은 시공간적으로 널리 영향을 미친다)라고도 불리는 것까지도 간과한다.

달리 말해 미시사회학자들은 개별 행위자들은 경제적, 정치적, 문화적 생산수단[2]에 대한 접근이 매우 불균등하기 때문에 사회 실재를 구성하는 데도 당연히 불균등하게 기여한다는 점을 망각하는 경향이 있다. 그렇지만 오로지 '평민'이나 '보통의' 구성원에만 의지하여 사회 통일체의 상징적 구성을 설명하려는 시도는 건축가, 관리자, 감독, 회계사, 변호사 등의 기

∴

1) 조직 목표라는 개념이 물화를 수반하는지 그렇지 않은지에 관한 초기의 논의로는 다음을 보라. N. Mouzelis, "Silverman on Organizations", *Sociology*, vol. 3, no. 1, Jan. 1969.
2) 정치적, 문화적 생산수단 개념에 대해 이론적으로 정교하게 밝힌 것으로는 다음을 보라. N. Mouzelis, *Post-Marxist Alternatives: The Construction of Social Orders*(London: Macmillan, 1990), Chapter 4.

여를 무시하고 오직 벽돌공에게만 의지하여 복잡한 건물의 구성을 설명하고자 하는 것과 같다.[3]

상호작용 사회학자들이 거시 행위자를 간과하는 셋째 이유는 널리 인정되고 있는 '개인-사회(individual-society)' 도식에서 연유한다. 이것은 뒤르케임-파슨스 전통에서 발견된다. 이 도식은 미시사회학자들에 의해 상당히 변모했음에도 불구하고 아주 최근까지도 그 기본 논리 속에 잔존하고 있다. 그것은 아주 잘못 인도되어 미시사회학적 이론화를 교착 상태로 몰고 가는 불행을 초래했다. 물론 오늘날에는 개별 행위자의 주관적 지향에 주안점을 둔 베버의 이론에서 상호주관성(intersubjectivity)[4]을 기본 분석 단위로 삼는 현상학으로 이동함에 따라, 사람들은 더는 '개인(individual)'을 가지고 말하지 않는다. 더구나 미시사회학자들은 물화를 우려하여 사회(Society: 대문자 S)마저도 매우 미심쩍은 개념으로 간주한다. 그러나 거시-사회 대 미시-개인 구분은 새롭고 다양한 외관 속에, 즉 제도적 또는 사회적 구조와 상호작용 또는 조우(encounter)의 대비 같은 것 속에 잔존해 있다. 전자는 항상 거시적 분석 수준과 연계되어 있고, 후자는 미시적 분석 수준과 연계되어 있다.

∵

3) 이 점의 전개에 대해서는 다음을 보라. N. Mouzelis, *Back to Sociological Theory*(London: Macmillan, 1991).

4) (옮긴이) 상호주관성이란 많은 주관 사이에서 서로 공동으로 인정하는 것을 가리키는 말이다. 주관과 객관의 분리를 기초로 한 전통적 관념과, 개인을 고립된 존재로 보는 베버의 개인주의 사회학을 비롯한 주관주의에 대한 대안으로 등장했다. 현대에 와서는 후설(Edmund Husserl)의 현상학적 철학을 사회학에 적용하여 현상학적 사회학을 발전시킨 알프레드 슈츠(Alfred Schutz) 등에 의해 계승되었다. 현상학적 방법에 따르면, 개인 대 사회와 같은 자연적 태도를 괄호에 넣고, 상호주관성, 즉 자아의 의식 체험 속에서 그 본질적 계기를 이루는 타자와의 관계나 사회성을 바탕으로 사회적 상호작용 형태에 대한 비역사적 분석을 시도한다. 이러한 현상학적 사회학은 상호작용 접근 방식의 한 맥을 이룬다.

행위와 미시 간의 이러한 연계는 대면적 상호작용의 측면에서 유달리 강하게 감지되는데, 이 상호작용은 변함없이 미시적 현상으로, 즉 거시적인 제도적 질서를 구축하고 있는 건물의 벽돌로 간주된다. 가핑클(Harold Garfinkel)[5], 시쿠렐(Aaron Victor Cicourel)[6], 고프먼(Erving Goffman)[7], 그리고 그들의 수많은 문하생들 그 누구의 저작을 살펴보더라도 항상 대면적 상호작용을 연구하는 것은 미시적 현상을 연구하는 것이라는 편재하는 관념에 맞서게 된다. 이 때문에 이것은 이제 미시적 수준의 대면적 조우와 거시적 수준의 사회적 또는 제도적 구조를 연결하는 문제가 된다.

∴

5) (옮긴이) 해럴드 가핑클(1917~)은 미국의 사회학자로, 후설, 파슨스, 슈츠 등에게 영향을 받았다. 그는 사회질서는 어떻게 하여 유지되는가 하는 사회학의 기본 문제에 대하여 사회 성원의 극히 일상적인 의미부여 활동에 대한 고찰로부터 접근하며, 민속방법론적 방법론을 창안했다. 민속방법론은 사회의 구조를 그 자명성(自明性)을 깨뜨리는 실험적 방법으로 밝히려는 것이다.

6) (옮긴이) 아롱 시쿠렐(1928~)은 현재 캘리포니아 대학 명예교수로 있으며, 주요 전공 분야는 사회언어학, 의료 커뮤니케이션, 아동 사회화다. 알프레드 슈츠, 어빙 고프먼, 해럴드 가핑클 등에게 상당한 지적 영향을 받았다. 그는 저서 『사회학의 방법과 측정』에서 수학과 통계 같은 것은 사건들을 제대로 묘사하지 못한다고 주장했다. 왜냐하면 수학은 하나의 언어이기 때문에 그것이 묘사하고자 하는 바는 현상과 반드시 상응하지 않으며, 심지어 왜곡까지 하기 때문이며, 사건들을 셈하여 평균을 내는 통계는 사회학적 묘사를 부정확하게 만들며, 사회학적 분석을 통계적 논리 지시로 변형하기 때문이다. 그에 따르면 인간은 상황의 상호작용을 위하여 '복합적인 양식'을 사용한다. 이러한 인식에 기초하여 그는 인지사회학을 창안했다.

7) (옮긴이) 어빙 고프먼(1922~1982)은 캐나다에서 출생하여 미국에서 활동한 상징적 상호작용 이론 계열의 사회학자로 연극학적 이론을 창안했다. 그는 세상을 연극에 빗대어 사람들의 상호작용을 연기와 같은 것으로 보았다. 즉 주변 환경은 배경이며 무대처럼 전면과 후면으로 나누어져 있으며, 상호작용하는 사람들은 배우와 같다는 것이다. 배우가 무대의 전면에서 행동하는 것과 후면에서 행동하는 것이 다르듯이, 일상생활 속에서 나타나는 사람들의 상호작용도 배우의 행동처럼 전면에서는 격식을 차리고 행동하지만 후면에서는 쉬는 것처럼 행동한다는 것이다. 따라서 고프먼이 중시하는 것은 전면에서의 상호작용이며, 이러한 상호작용의 질서를 유지하기 위해 그가 제시한 개념이 '인상 관리(impression management)'다.

1. 고프먼의 '상호작용 질서'의 성격에 관한 논쟁

"상호작용은 개별 행위자와도 거시적 사회구조와도 완전히 구별되는 독특한 질서다"라고 한 고프먼의 관념이 지닌 성격을 둘러싸고 최근 발생한 논쟁을 살펴봄으로써 위에서 말한 논점을 좀 더 구체적으로 밝혀 보도록 하자.[8] 이 논쟁에 관여한 주요 논자들은 상호작용 질서는 미시적이며 거시적 현상과는 판이하게 구별된다는 점을 당연한 것으로 받아들인다. 그들 사이에서 심각하게 의견을 달리하는 점은 상호작용 질서가 지칭하는 것이 어떤 측면의 미시적 사회 실재인가 하는 것뿐이다. 그래서 앤 롤스(Ann Rawls)는 상호작용 상황 자체에서 나오는, 특히 사회적 자아의 '표출적인(presentational)' 욕구에서 나오는 도덕적 '기본 규칙(ground rules)'에 의거하여 상호작용 질서의 특이성을 수립하고자 했다.[9] 스티븐 푹스(Stephen Fuchs)는 이것을 거부하고, 루만(Niklas Luhmann)에 의한 '상호작용 체계-조직 체계-사회 체계' 구분법에 기초하여 상호작용 질서를 정의하고자 시도했다. 상호작용 체계는 조직 체계와 사회 체계보다 덜 포괄적이다(상호작용 체계는 "공존하는 상호작용자들이 상호적 인식을 지각하고 그에 따라 자신

••

8) 다음을 보라. A. W. Rawls, "The interaction order sui generis Goffman's contribution to social theory", *Sociological Theory*, vol. 5(1987); S. Fuchs, "The constitution of emergent interaction order. A comment on Rawls", *Sociological Theory*, vol. 6(1988); A. W. Rawls, "Interaction vs interaction order. Reply to Fuchs", *Sociological Theory*, vol. 6(1988); S. Fuchs, "Second thoughts on emergent interaction order", *Sociological Theory*, vol. 7(1989). 다음 글들도 보라. D. Levine, "Parsons' structure (and Simmel) revisited", *Sociological Theory*, vol. 7(1989); J. Alexander, "Against historicism/for theory: A reply to Levine", *Sociological Theory*, vol. 7(1989). 나중의 두 논문은 상호작용 질서의 성격에 관한 논쟁에 간접적으로만 관련된다.
9) 다음을 보라. A. W. Rawls, "The interaction order sui generis", op. cit.

들의 소통 수단을 선택하자마자" 출현한다).[10]

롤스와 푹스의 논지에서 흥미를 끄는 것은 두 사람 다 상호작용 질서를 미시적으로 이해하고 있다는 점인데, 롤스는 조우의 논리와 연계되어 있는 미시적 규칙에 주안점을 두고, 푹스는 미시적 사회 체계에 초점을 둔다. 더욱이 그들은 모두 상호작용을 거시적 사태에 대비했는데, 롤스는 거시적 상태를 '사회구조' 또는 '제도적 질서'로 보고, 푹스는 좀 더 포괄적인 조직 체계와 사회 체계로 본다.[11]

제도적, 사회적 구조를 거시적 수준으로 이해하고 상호작용하는 '자유로운' 행위자를 미시적 수준으로 이해하는 것은 비단 미시사회학자들에게만 한정되지는 않는다. 이러한 구분은 실증적으로든 비실증적으로든 거시적 현상을 분석하는 데 관심을 가진 사람들도 마찬가지로 받아들였다. 그래서 피터 블라우(Peter Blau)는 미시사회학과 거시사회학의 구분을 시도하는 가운데에서 거시 구조적 접근 방법은 '개인들 간의 사회적 상호작용'에 관심을 가지지 않는다고 말하고, 대신에 '사회적 위치들 간 사회적 상호작용의 비율'을 분석했다. 그는 다음과 같이 주장했다.

거시사회학적 초점은 전체 사회나 여타의 대규모 집합체를 연구하는 데 적합하다. 왜냐하면 수천 수백만 사람들 간의 관계를 추적하거나 샅샅이 살펴보는 것은 불가능하며, 그것을 모두 서술하더라도 의미가 없기 때문이다.[12]

∵

10) S. Fuchs, "Second thoughts on emergent interaction order", op. cit., p. 121.
11) 이에 대해서는 다음을 보라. N. Mouzelis, "The interaction order and the micro-macro distinction", *Sociological Theory*, vol. 9, no. 2(Nov. 1991).
12) 다음을 보라. P. Blau, "Microprocesses and macrostructures", *Social Exchange Theory*, ed. by K. S. Cook(London: Sage, 1987), p. 97.

그러나 만약 거시사회학이 대규모 집합체에 중점을 두고 미시사회학이 '개인들 간 관계'에 중점을 둔다면, 국가 지도자의 일을 맡고 전 세계에 영향을 미치는 결정을 하는 소수의 개인들(메가 행위자들) 사이의 상호작용은 어디쯤에 적합할까?

하나의 명백한 예를 들어보자. 1945년 얄타에서 처칠, 루스벨트, 스탈린의 대면적 조우는 무엇보다도 전후(戰後) 유럽 지도를 결정하고 수백만 사람들의 삶에 심대한 영향을 준 중대한 결정을 이끌었다. 어떤 점에서 이들 세 사람의 상호작용을 미시적 사건으로 볼 수 있을까?

롤스, 푹스, 블라우, 고프먼의 도식에는 이런 종류의 상호작용을 설명할, 즉 그 의도하거나 의도하지 않은 결과가 (기든스의 정식을 사용하면) 시공간적으로 매우 널리 확산되는 대면적 조우를 설명할 여지가 없어 보인다. 대면적 상호작용이 거시적으로 널리 영향을 미치는 것은 (위에서 든 예처럼) 상호작용하는 개인들이 강력하게 제도화된 사회적 지위를 점하고 있는 사실에서 연유하거나, 기질 요인(예컨대 개인의 카리스마) 또는 상황 요인(예컨대 국가 지도자를 암살하는 자객)에서 연유한다.

사회적 게임에서 지위, 기질, 상호작용 상황 차원들 간의 주요한 구분에 대해서는 6장에서 폭넓게 전개할 것이다. 여기에서는 이유야 어떻든 대면적 상호작용이 항상 미시적 현상인 것만은 아니라는 점을 강조해두는 것으로 충분하다. 소수의 개인들 간 대면적 상호작용은 지위나 기질적, 상황적 이유에서 종종 상당히 큰 위력을 가지고 있으며, 전체 사회질서가 어떻게 구성, 재생산, 변형되는지를 이해하는 데 엄청나게 중대하다. 되풀이하자면, 사회학자들이 이러한 명백한 사실을 진지하게 받아들이지 않고 있는 것은 '미시적 상호작용/거시적 구조'를 구분하는 데서 연유한다.

거시-제도적 구조와 미시적 상호작용이라는 잘못된 구분은 대면적 상호작용이 거시적일 수 있다는 사실을 경시할뿐만 아니라, 제도적 구조가 '미시적' 형태를 취할 수도 있다는 사실을 경시한다. 현지에 수많은 지사를 두고 있는 전국적 기업 같은 평범한 예를 들어보자. 우리는 현지의 기업을 전국적 수준에서 좀 더 포괄적인 사회 체계와 관계 맺고 있는 하나의 사회 체계로 볼 수 있다. 전국적 기업처럼 현지의 기업도 (기든스의 용어법을 사용하여) '전략적 행위'와 '제도적 분석' 양 측면에서 볼 수 있다(6장 2절을 보라). 즉 우리는 그것을 제도화된 '규칙/규범'들의 상호 연관된 종합으로 볼 수도 있고, 상호 연관된 행위자들(경영자, 종업원, 블루칼라 노동자 등)의 결합태로 볼 수도 있다. 전자에 초점을 맞추어서 파슨스식 용어법을 활용하면, 현지 기업의 사회구조는 네 개의 제도적 하위 체계 측면 — 적응(adaptation: A), 목표 달성(goal achievement: G), 통합(integration: I), 잠재성(latency: L) — 에서 볼 수 있다. 5장에서 설명하듯이, 이것들은 행위자를 직접 지칭하는 것이 아니라 제도(우리의 예에서는 미시적 제도)를 지칭한다. 예컨대 적응 하위 체계(A)는 인력 충원 방식, 원료 구입 방식, 금전 대출 방식 등에 관한 규칙 같은 '경제적인' 것, 즉 현지 기업의 '자원 획득' 문제를 다루는 모든 제도화된 규범을 일컫는다. 그 같은 제도화된 규칙은 엄격하게 현지적일 수도 있고(즉 그것들은 오직 이러한 현지 체계에서만 또는 현지의 사회 체계에서만 발견할 수 있다), 또는 좀 더 널리 활용되는 규칙(예컨대 재산, 계약 등에 관한 기본 규칙)일 수도 있다. 그러나 후자의 규칙이 우리의 현지 사회 체계의 사회적 위치 내에서 구체적으로 표출된다는 점에서, 그 규칙들이 '현지의' 규칙들과 함께 어울려 현지의 미시적 게임의 형성과 재생산에 기여한다는 점에서, 그런 규칙을 현지 기업의 미시적 경제 제도로 볼 수도 있다. 그리고 현지 기업의 경제 제도에 관해 말할 수 있는 것처럼 현지의 정치 제도(G), 입법 제도(I) 등에 대해서도 똑같이 말할 수 있다. 파슨스의 AGIL 도식이 심각한 난점을 노정하고 있음에도 불구하고(5장을 보라), 그것은 우리로 하여금 사회 전체뿐만 아니라 공식 조직처럼 덜 포괄적인 사회 체계도 제도화된 하위 전체의 측면에서 분석할 수 있다는 것을 일깨워주는 데 유용하다고 생각한다.[13]

2. 사회적 위계의 경시: 집합 또는 표현의 논리를 통한 미시-거시 간극 잇기

여기서 강조하고자 하는 또 하나의 논점은, 상호작용을 미시적인 것으로 이해하고 제도를 거시적인 것으로 이해하는 것은 사회적 위계, 즉 제도화된 '위치/역할'과 행위자들이 수평적으로만이 아니라 종종 수직적으로도 관계 맺는다는 사실을 간과하는 결과를 낳는다는 점이다. 예컨대 행위자들은 위계적으로 조직된 갖가지 통일체(회사, 노동조합, 정당 등)의 부분인 까닭에 위계상 부하이거나 상사인 다른 행위자들을 늘 관행적으로 대면한다(물론 행위자와 상호작용에 초점을 맞추지 않고 위계적으로 조직된 위치에 초점

∴

13) 좀 더 정확히 말하면, 제도화된 구조가 미시적일 수 있는 데는 두 가지 방식이 있다. 하나는 위에서 언급한 것처럼 제도화된 '규칙/규범'이 미시적 사회 체계의 역할 구조 속에서 구체적으로 표출될 때다. 이 경우에는 그 같은 규칙이 상이한 또는 보다 넓은 사회 체계에서 발견되기도 한다는 사실에도 불구하고 그것들이 미시적 사회 체계의 역할 구조를 구성하는 요소라는 점에서 미시적이다.
어떤 제도가 미시적일 수 있는 또 하나의 방식은 그것이 매우 한정된 지리적 지대에 스스로 국한될 때다. 한 예로 몇몇 특수한 촌락의 사회구조를 생각해보라. 만약 이러한 특이한 사회 체계가 그 지역 특유의 일정하게 제도화된 관행(다른 지역에서는 발견되지 않는 결혼식이나 장례식)을 가지고 있고 그것이 공간적으로 널리 퍼져나가지 않으면 이런 의례들이 미시적 제도라고 간주하는 것은 정당하다.

을 맞출 때도 똑같이 말할 수 있다).

위에서 언급한 것은, 의심할 나위도 없이 국가 사회가 발달한 이래로 각종 위계가 인간을 권위적으로 조직된 사회 체계에 '구속하는(caging)'[14] 데 결정적인 역할을 수행한 점을 고려할 때 그 중요성이 가장 두드러지게 나타난다(이러한 구속은 근대적 삶의 대부분 영역에서 관료제적 조직 형태가 확산되면서 급격하게 강화되었다). '탈근대' 또는 탈산업사회에서 탈관료제화가 비록 일정 정도 진행되기는 했어도 장기적으로 관료제적 구조는 (약간 유연한 성질을 띠고 있지만) 사회 구성원들을 점점 중앙 집중화되고 있는 국민국가의 경제적, 정치적, 문화적 각축장과 관계를 맺게 하는 주요한 양식으로 남아 있을 것이다.

위의 내용에 근거할 때 우리는 근대 사회가 어떻게 위계적으로 조직되는지, 특히 미시 행위자들이 어떻게 (공식 조직 또는 그 밖의 다른 조직을 통해) 중위(meso)[15]와 거시 행위자들과 위계적으로 관계를 맺는지를 진지하게 고려하지 않고서는 미시적 분석 수준에서 중위적, 거시적인 분석 수준으로 나아가는 경로를 제대로 고찰할 수가 없다.

미시사회학은 행위자와 대면적 상호작용이 미시 수준에 속하고 제도적 구조는 거시 수준에 속한다는 점을 고집함으로써 이 모든 것을 무시한다. 이러한 터무니없으면서도 강하게 뿌리내린 그릇된 관념은 미시, 중위, 거시 행위자들이 위계적으로 조직된 특정한 맥락 안에서 서로 관계를 맺는

••

14) 구속 개념에 대해서는 다음을 보라. Michael Mann, *The Sources of Social Power, vol. I: A History of Social Power from the Beginning to A.D. 1760*(Cambridge: Cambridge University Press, 1986), pp. 93 이하.

15) 미시-거시 구분이 이분법적인 어느 한쪽의 상황을 지칭하지 않는다는 점을 강조하기 위해 여기서 중위라는 용어를 도입한다.

방식에 관한 그 어떤 연구도 저해한다. 그러므로 방법론적 개체주의[16] 대 방법론적 전체주의[17]에 관한 종래의 논쟁은 물론이고, 미시사회학과 거시 사회학의 연계에 관한 현재의 논쟁조차 아무 진전도 하지 못한 것은 전혀 놀랄 일이 아니다. 이들 논쟁은 사회적 위계 개념을 이론화하지 않을뿐더러, 두 논쟁 모두 마치 그런 개념이 존재하지 않는 양 아예 설명에서 제외해버린다.[18] 그렇지만 사회 통일체의 위계적 측면을 고려하지 않고서 미시 행위자와 조우가 대규모 집합체의 형성, 재생산, 변화에 어떻게 관계 맺는지를 탐구하려는 것은 물 빠진 저수지에서 수영을 하는 꼴이다.

거시적 상호작용 개념 없이, 그리고 미시, 중위, 거시 행위자를 연결하

∙∙

16) (옮긴이) 사회 현상을 개인 행동의 결과로 설명하는 사회과학 방법론으로서, 방법론적 전체주의에 대응하는 개념이다. 사회 현상을 설명한다는 것은 그 현상이 항상 개인 행동의 결과라는 점을 보여주는 것으로서, 어떠한 사회 현상의 존재나 사회 현상 간의 관계는 그 사회 현상과 관련된 개인들의 행동 논리의 결과로 분석하는 것이 방법론적 개체주의. 즉 모든 사회 현상은 개인들의 기본적인 사회적 행위의 결합에 의한 구성 효과 또는 결속 효과로 이해해야 한다는 것이다. 이는 인간의 행동을 조정하는 어떤 예정된 계획이나 전반적인 법칙이나 구조가 있다고 믿는 방법론적 전체주의와 대비된다. 이러한 방법론적 개체주의는 고전 사회학에서는 베버의 행위사회학에서 이론적 기초가 마련되었으며, 현대 사회학에서는 상호작용론, 합리적 선택 이론 등 미시사회학 방법론의 바탕이 되고 있고, 마르크스주의 이론에서는 분석 철학과 마르크스주의의 결합을 시도한 분석마르크스주의에 적용되고 있다.

17) (옮긴이) 사회를 하나의 전체, 구조, 체계로 보고 전체 사회의 동학에 초점을 맞추어 거시적 수준의 사회 현상 간의 인과적 연관만을 문제 삼으며, 사회가 법칙이나 구조에 종속되는 것으로 파악하는 방법론이다. 콩트에서 스펜서로 이어지는 사회학 태동기부터 마르크스, 뒤르케임 등 진보, 보수 할 것 없이 초기 사회학은 물론이고 20세기 중반 파슨스의 구조기능주의, 알튀세르류의 구조주의에 이르기까지 대체로 주류를 이루었다. 그러나 20세기 후반부터 각종 포스트 이론과 미시사회학이 활발하게 등장하면서 방법론적 개체주의로부터 도전을 받게 되었다.

18) 두드러진 예를 들면, 방법론적 개체주의 대 방법론적 전체주의에 관한 아주 중요한 저술들을 집대성해놓은 한 저작에는 사회적 위계 개념이 주제 찾아보기에 전혀 나타나 있지 않다. 다음을 보라. *Modes of Individualism and Collectivism*, ed. by J. O'Neil(London: Heinemann, 1973).

는 위계적으로 조직된 위치 개념도 없이 미시사회학자들은 미시적 현상을 어떻게 거시적 현상과 연계할 것인가? 이에 대한 간단한 답변은, 그들은 집합(aggregation)의 논리를 직접 또는 간접적으로 활용하여 그 둘을 연계하려 한다는 것이다. 근래에 이런 식으로 미시-거시 간극을 잇고자 한 대표적인 시도가 랜달 콜린스(Randall Collins)의 '방법론적 상황주의(methodological situationalism)' 이론이다. [19]

콜린스에 따르면, 민속방법론(ethnomethodology)[20], 대화 분석(conversational analysis), [21] 인지사회학(cognitive sociology)[22] 같은 미시사회학의 경

∙∙

19) R. Collins, "Micro-translation as a theory-building strategy", *Advances in Social Theory and Methodology: Towards an Integration of Micro- and Macro-Sociologies*, eds. by K. Knorr-Cetina and A. V. Cicourel(Boston and London: Routledge & Kegan Paul, 1981); R. Collins, "On the micro-foundations of micro-sociology", *American Journal of Sociology*, vol. 86(1981).

20) (옮긴이) 민속방법론은 보통 사람들이 일상적 생활세계의 의미를 구성하는 데 사용하는 상식적 실천과 상식적 방법론을 연구하는 것으로서, 1960년대 말 가핑클이 상징적 상호작용론과 현상학을 종합하여 발전시켰다. 체계 이론, 갈등 이론, 상호작용론, 교환 이론 등 기존의 사회학 이론은 상징, 의미, 규범, 가치관까지 포함한 사회문화적 세계가 인간의 지각 여부와 관계없이 이미 존재하는 실체라는 가정을 사회 연구의 암시적인 전제로 공유하고 있는 데 비해, 민속방법론은 이처럼 자명한 것으로 받아들여지던 사회의 실재성이라는 전제를 의문시하고 그것 자체를 쟁점으로 삼는다. 민속방법론은 사회학에서 후설의 현상학을 인식론적 관점에서 사회학적 관점으로 옮겨놓은 슈츠의 공로에 크게 힘입었으며, 인류학에서 기츠(Clifford Geetz)에 의해 더욱 정교화되었다.

21) (옮긴이) 대화 분석은 상호작용 속에서 오가는 말(talk)을 연구하는 것이다. 이것은 일반적으로 상호작용의 질서, 구조, 연쇄 유형을 묘사하고자 시도하는 것으로, 민속방법론과 고프면의 연극학적 이론에 영감을 받아 1960~1970년대에 하비 색스(Harvey Sacks)와 이매뉴얼 셰골로프(Emanuel Schegloff), 게일 제퍼슨(Gail Jefferson) 등에 의해 발전했다. 오늘날에는 사회학, 언어학, 심리학, 인류학 등에서 확립되었으며, 주로 상호작용 사회언어학, 담론 분석, 담론 심리학에서 주요한 방법론으로 자리 잡았다.

22) (옮긴이) 인지사회학은 심리학에서 발달한 인지과학적 접근 방법을 사회학에 접목한 것으로, 시쿠렐 등에 의해 발전했다. 인지과학은 인간의 여러 가지 고차원적 정신 과정의 성질과 작용 방식을 해명하는 것을 목표로 하며, 인간이 지식을 획득하는 방법, 획득한 지식을

험 지향적 분파가 현대 사회학의 미시-거시 논쟁에 활기를 불어넣었다. 철학적이고 다소 추상적인 초기 거시사회학의 논쟁은 이론적으로 정교해지는(이를테면 민속방법론은 후설의 현상학에 바탕을 두고 있다) 동시에, 세밀한 경험적 조사에 근거한 관점에 비판의 길을 터주었다. 새로운 접근 방식의 취지는 거시사회학이 행하고 있는 것을 거부하는 것이 아니라, 그와 반대로 거시사회학을 경험적인 미시적 기초 위에서 근원적으로 재구성하여 설명적 잠재력을 증진하려는 것이다. 오직 이런 방식을 통해서만 "더욱 성공적인 사회학적 과학을 향하여" 이동할 수 있을 것으로 믿은 것이다.[23]

콜린스의 주목적은 사회, 공동체, 계급, 국가 같은 거시적 개념들을 실제 사람들 간의 경험적으로 관찰 가능하거나 접근 가능한 상호작용으로 번역하기 위한 개념적 장치를 만들어내는 것이다. 이런 취지에서, 그리고 주류 방법론적 개체주의와는 반대로, 그의 기본 분석 단위는 개별 행위자가 아니라 조우 또는 미시적 상호작용 상황이다(그는 이것을 '방법론적 상황주의'라 명명했다). 방법론적 상황주의는 교회에 적용하든 아니면 학교나 공장, 사회운동 그 어디에 적용하든 항상 인간을 그러한 현상의 근원에서 본다. 즉 인간은 특정 상황 속에서 서로 상호작용하며, 자신들이 겪는 조우에 서로 다른 정도의 감정적 에너지와 문화적 원천을 부여한다.

∴

구조화하여 축적하는 메커니즘을 주된 연구 대상으로 한다. 인지사회학은 인공 지능, 언어학과 함께 최근의 새로운 학제적 기초 과학인 인지과학의 주요한 분야를 이룬다. 심리학에서는 1920년대 이후 객관적으로 관찰할 수 있는 행동만을 다루려는 행동주의 심리학이 발달하면서 정신적인 현상에 대한 관심은 무시되어 왔으나, 1950년대로 접어들어 정보 개념이 도입되고 이에 따라 통신 공학, 정보 처리 공학, 언어학 등이 발달하면서 마음의 내부 구조와 과정을 직접 논하려는 인지심리학이 다시 대두되었다. 이런 배경 아래에서 사회학, 경제학 등에서도 인지과학적 패러다임이 도입되었다.

23) R. Collins, "Micro-translation as a theory-building strategy", op. cit., pp. 81 이하.

콜린스의 방법론적 상황주의는 비록 아주 복잡하고, 사회 세계를 구성하는 데 대화와 상호작용 의례 사슬이 중요한 역할을 한다는 사실에 기초하고 있다. 하지만 그의 이론은 모든 거시적 현상은 "많은 유사한 미시적 사건들의 집합과 반복으로 이루어진다"는 가정에 바탕을 두고 있다.[24] 예컨대 우리가 통상적으로 사회구조라 부르는 것(즉 조직이나 전체 사회라고 부르는 것)은 "행위자의 공간 속에서 계속 반복되는(또는 변화하는) 무수한 미시적 조우와 다르지 않다."[25]

물론 콜린스의 접근 방법이 지닌 결함은 미시적 현상이 단순히 미시적 조우들의 집합이라고 주장하는 데 있다. 집합 개념은 한 미시적 상황(또는 미시적 조우)과 다른 미시적 상황 간의 실질적 관계에 대한 어떤 분석도 수반하지 못한다. 콜린스는 미시적 조우나 게임과 거시적 조우나 게임 간의 위계적 관계를 고려하지 않는다. 예를 들면, 특정 기업의 하급 관리자들 간 중위의 조우나 게임은, 상층부에 있는 상급 관리자의 거시적 게임과는 물론이고 조직 위계에서 아래에 있는 종업원들의 게임이나 조우와도 위계적으로 연결되어 있다. 상급 관리자의 게임(다시 말하자면, 다수의 행위자들이 참여하지 않고 유력한 몇몇 행위자들만이 참여하는 게임)은 확실히 조직 위계 아래에서 행해지는 게임들을 단순히 집합(aggregation)해 놓은 것이 아니다. 미시적 게임, 중위의 게임, 거시적 게임들 간의 관계는 집합의 관계가 아니라 포섭(subsumption)의 관계다. 즉 상층부에서 취한 결정은, 하층부에 있는 사람들이 제한적인 결정을 내릴 때 고려해야 하는 귀중한 전제

··

24) R. Collins, "On the micro-foundations of macro-sociology", op. cit., p. 988.
25) R. Collins, "Interaction ritual chains, power and property: The micro-macro connection as an empirically-based theoretical problem", *The micro-macro Link*, eds. by J. Alexander et al.(Berkeley: University of California Press, 1987), p. 195.

가 되는 경향이 있다.[26]

콜린스는 조우들 간의 수평적 관계도 수직적 관계도 간과한 탓에 사회 전체의 '집합'만을 다룰 수 있을 뿐이다. 그 '집합'은 비교적 불연속적인 무수한 미시적 사건들의 단순한 합(合)으로 이루어진 것이다. 그는 피아제(Jean Piaget)[27]가 형식(Gestalt)[28] 또는 전체 사회의 결합(이것의 각 부분은 특정한 방식으로 수평적으로 그리고 수직적으로 관계를 맺고 있다)이라고 부른 것을 진지하게 다룰 수가 없다.[29] 방법론적 상황주의가 미시적 상황을 '분절

∴·

26) 조직 위계의 의사결정 차원에 주안점을 두는 이러한 접근 방법의 전개에 대해서는 다음을 보라. J. G. March and H. A. Simon, *Organizations*(New York: John Wiley, 1958); H. A. Simon, *Administrative Behaviour*(New York: Macmillan, 1961). 다음 글도 보라. N. Mouzelis, *Organization and Bureaucracy: All Analysis of Modern Theories*(London: Routledge & Kegan Paul, 1975), pp. 123~145.

27) (옮긴이) 장 피아제(1896~1980)는 스위스의 철학자이자 자연과학자, 발달심리학자로서, 어린이의 학습에 대한 연구인 인지발달 이론과 자신의 인식론적 관점인 '발생적 인식론'으로 잘 알려져 있다. 1955년 제네바에 발생적 인식론 국제 센터를 창립했고, 1980년까지 지도적 위치를 맡았다. 피아제는 원래 연체동물을 연구하는 생물학자였으나, 제네바 대학에서 심리학 교수로 재직하면서 인지발달 이론을 단계별로 나누어 재정립한 것으로 유명해졌다. 피아제에 따르면 인지발달 단계는 감각 운동기, 전(前) 조작기, 구체적 조작기, 형식적 조작기로 나누어진다. 새로운 단계로 나아가기까지는 일정한 양의 시간이 흐른다. 학습과 경험의 한 단계에서 얻은 지식이 신속하고 급진적으로 통찰의 새로운 단계로 나아가면 이를 게슈탈트가 나타난 것이라 한다. 또한 피아제는 구성주의 인식론으로 특히 유명하다.

28) (옮긴이) 게슈탈트(Gestalt)는 독일어로 '형태', '형성'를 뜻하는 것으로, 형태심리학의 중추 개념이다. 형태심리학자들은 심리 현상을 각 요소를 합한 총화로는 설명할 수 없고, 전체성을 갖는 동시에 구조화되어 있다고 주장하면서 그러한 성질을 게슈탈트라 했다. 사회학에서는 내용보다는 형식을 강조한 게오르크 지멜(Georg Simmel)에 의해 도입되어 현재에는 민속방법론 등의 기초가 되고 있다.

29) 피아제에 따르면 사회 전체는 두 가지 유형이 있다. 하나는 별개의 상호작용들의 집합으로 형성되고, 다른 하나는 "이들 상호작용의 수학적 총합을 나타내는 것이 아니라 심리학적 또는 물리적 형식(Gestalt: 나의 번역)에 유사한 전체 구조를 나타낸다." 그녀의 다음 글을 보라. *Introduction á l'épistemologie genetique*, vol. III(Paris: Presses Universitaires de France, 1950), p. 210. 피아제의 관계사회학(relational sociology)에 대해서는 다음

되어 있고 통합할 수 있는 단위'로 간주하고 또 수없이 많은 이들 단위를 단순히 집합하는 것으로써 미시적 수준에서 거시적 수준으로 쉽게 건너갈 수 있다고 생각한다는 점에서 그것의 관점은 방법론적 개체주의와 별반 다르지 않다. 방법론적 개체주의가 그 극단적인 형태에서는 거시적 현상을 고립된 개체들의 더미로 환원하는 것과 마찬가지로 방법론적 상황주의도 거시적 현상을 조우들의 조립으로 환원한다. 전자의 경우에 단일체(monad) 가 개인이라면, 후자의 경우에는 미시적 조우다.

콜린스가 단순한 집합의 논리를 가지고 미시에서 거시로 옮겨가려고 시도하는 반면, 카린 크노르 세티나(Karin Knorr-Cetina)[30]는 다소 다른 전략을 채택했는데, 이것 역시 거시적 행위자와 사회적 위계에 관심을 가지지 않기는 마찬가지다.

크노르 세티나는 콜린스의 방법론적 상황주의를 그것에 선행하는 방법론적 개체주의에 비해 상당히 개선되었다고 보기는 하나, 그의 집합 테제(aggregation thesis)에는 동의하지 않는다. 그녀는 더욱 철저한 민속방법론의 통찰(특히 시쿠렐의 통찰)을 활용하여 [콜린스를] 비판한다. 그녀는 거시적 구조를 미시적 사건들의 집합으로 간주하지도 않고, (통상적인 사회학이 함의하는 바와 같이) 미시적 상황과 조우들의 집합 위에 쌓아 올려놓은 별

⁛

을 보라. R. F. Kitchener, "Holistic structuralism, elementarism, and Piaget's theory of relationalism", *Human Development*, vol. 28(1985). 물론 형성체나 결합태 개념은 엘리아스의 역사사회학과 발전사회학에서도 정교화되었다(4장을 보라).

30) (옮긴이) 카린 크노르 세티나(1944~)는 오스트리아 태생의 사회학자로 독일 빌레펠트 대학 교수로 있으며, 인식론과 사회 구성주의에 관한 저작으로 잘 알려져 있다. 주요 저작으로는 『지식의 생산』(1981), 『인식론적 문화』(1999)가 있다. 그녀는 현대 사회를 '지식 사회'라고 지칭하며, '학문'은 이제 단일체로서 존재하지 않고 여러 장소에서 생산되는 '지식'으로 대체되고 있다고 주장한다. 즉 지식이 연구실에만 있는 것이 아니라 사회구조의 일부가 되고 있다고 주장한다.

개의 단층으로 간주하지도 않는다. 그녀에게 거시적 현상은 미시적 사건들의 요약적 표현(summary representations)이며, 이런 표현은 "미시적 상황 내에서 활발하게 구축되고 있으며 또 추구하고 있다."[31]

달리 말하면, 크노르 세티나는 행위자들이 자신이 처한 복잡한 거시적 상황을 이해하려고 할 때, 그들은 알기 쉬운 사회 세계 모델을 스스로 구축하기 위해 추론, 해석, 요약적 표현 등과 같은 다양한 기법을 활용한다고 주장한다. 그 같은 추상적인 상징적 표현들은 있는 그대로의 미시적 상황에 대한 요약적 표현으로 인식되기는커녕 (그런 요약적 표현의 창조자 또는 그것을 탐구하는 사회과학자들에 의해) 미시적 상황을 포섭하거나 통제, 창출하는 실제의 거시적 구조로 종종 잘못 이해되고 있다. 달리 말해, 역사가나 과학자나 단순 참여자들은 (전쟁이나 혁명 같은) 복잡한 거시적 사건을 이해하려고 애쓰는 과정에서 해당 사건을 요약적으로 표현하고 그런 다음 특정의 인과적 힘을 그 같은 표현으로 귀착시킨다.

크노르 세티나가 보기에, 미시적 사건이 어떻게 하여 거시적 표현과 연계되는지를 종종 잘못 인식하게 이끄는 것은 '보증되지 않은 가정의 오류' 탓이다. 즉 미시적 현상이 거시적 구조에 의해 포섭, 통제되는 동질적인 사회적 공간에 대한 엄청난 믿음 때문이다. 그녀는 자신의 논지를 옹호하며 산업화 이전 유럽의 발달에 관한 브로델(Paul Achille Fernand Braudel)[32]의

••

31) K. Knorr-Cetina, "The micro social order. Towards a reconceptualisation", *Actions and Structure: Research Methods and Social Theory*, ed. by N. C. Fielding(London: Sage, 1988), p. 39. 그녀가 쓴 다음의 글도 보라. "The micro-sociological challenge to macro-sociology", *Advances in Social Theory and Methodology*, op. cit. eds. by K. Knorr-Cetina and A. V. Cicourel.
32) (옮긴이) 페르낭 브로델(1902~1985)은 프랑스의 역사가이자 교육자다. 1940년 전쟁 중 프랑스군 중위로 싸우다 독일군에게 사로잡혀 1945년까지 뤼베크의 전쟁포로수용소에 있으

저작과, 좀 더 특수하게는 브로델이 규명한 경제적 거래의 세 가지 유형 또는 체계를 인용한다. 1) 전국 시장에 의해 규제받는 거래. 2) 대규모 자급 경제 내에서 일어나는 거래. 3) 국제 시장과 관련된 거래.

그런데 크노르 세티나는 국제 시장이 (포섭을 통해) 전국 시장과 관계를 맺고 그 다음에는 자급 경제와 관계를 맺는 것(이는 가장 포괄적인(즉 국제적인) 거래가 전국 시장 수준의 거래를 통제하거나 영향을 미치기 때문이다)으로 바라보게끔 하는 유혹을 충분히 감지하고 있다. 그러나 브로델은 세 가지 경제가 비록 상호 연계되어 있기는 하지만 포섭 관계에 있지는 않다는 점에 의문을 품지 않았다. 국제 시장은 전국 시장을 완전히 통제하지 못했으며, 전국 시장도 자급 경제와 상대적으로 독립해서 발달해왔다. 이 세 가지 유형의 경제는 하나가 다른 하나를 포섭한 것이 아니라, 완전히 별개의 거래 영역으로서 진화해왔다. 단지 그것들은 공존했을 따름이다.[33]

크노르 세티나의 표현 테제(representation thesis)를 비판적으로 평가하려면, 랜달 콜린스에게는 실례지만, 모든 조우를 미시적 사건으로 보려는 그녀의 경향을 곧바로 지적해야 한다. 혁명이나 전쟁 같은 거시적 사건은 미

∙∙

면서 순전히 기억에 의거하여 16세기 지중해 지역 역사에 대한 논문을 썼고, 이 논문으로 소르본 대학교에서 박사 학위를 받았다. 이 논문은 후에 『필리프 2세 시대의 지중해와 지중해 세계』로 출판되었다. 이 책은 16세기 지중해에서 벌어진 스페인과 오스만 제국 사이의 분쟁에 초점을 맞추고, 지중해 지역의 지리, 역사, 종교, 농업, 기술, 지적 풍토 등에 대한 광범위한 서술을 담고 있다. 이 저작은 오랜 기간의 흐름과 변화를 상세히 분석하고 나서 더 자세한 역사적 사건들을 묘사하는 서술 방법을 취하며, '장기 지속의 역사'라는 독특한 개념을 창안하여 역사사회학의 새로운 지평을 열었다. 그 후 1956~1968년 프랑스 학자 뤼시앵 페브르(Lucien Febvre)와 마르크 블로크(Marc Bloch)가 만든 역사 잡지인 『아날(Annales)』 편집인으로 있으며, 이들과 함께 '아날학파'의 지도적 인물이 되었다. 주요 저작으로는 세 권으로 된 『15~18세기 물질문명, 경제, 자본주의』, 『일상생활』, 『상업 유통』 등이 있다.
33) K. Knorr-Cetina, "The micro social order", op. cit., pp. 41~44.

시적 조우의 집합으로 간주해야 한다. 그것을 집합 이상으로 간주할 경우 그것은 단지 참여자나 관찰자에 의한 표현일 뿐이며, 그것도 부정확한 표현이다. 그것은 참여자의 1차 이론화와 행위를 잘못 표현한 2차 이론이다.

그래서 그 유명한 보로디노 전투(Battle of Borodino)[34]가 쿠투조프 (Kutuzov)[35]와 나폴레옹의 거시적 전략에 의해 일차적으로 결정되었다는 역사가들의 견해는 발생한 사실을 잘못 표현한 것이다. 그것은 실제 전투를 벌인 사람들 간의 무수한 미시적 조우들이 지닌 상호작용적 복잡성을 간과한다. 이 조우는 그 자체로 자율적인 동학을 가졌으며, 군사 지도자가 내린 명령과는 빈약하게만 연관된 것이다.[36] 그러므로 (역사가들의 거시적 표현 같은) 2차 이론화는 1차 이론화나 행위를 정확하게 반영하지 못했다. 또는 달리 말하면, 보로디노에서의 1차 거시적 전략과 결정은 비효과적이었고, 궁극적으로는 초점을 벗어난 것이다. 유일한 실제 사건은 전투를 하는 미시 행위자들의 조우였다.

크노르 세티나가 언급한 종류의 명목론(nominalism)이 발생한다는 데는, 그것도 빈번히 발생한다는 데는 의심의 여지가 없다. 한편, 모든 거시적 현상이 미시적 사건의 요약적 표현만으로 이루어진다고 주장하는 것은 얼토당토않다. 예컨대 보로디노 전투와 관련해서는 톨스토이 식 사건 해석[37]을

∴

---

34) (옮긴이) 보로디노 전투는 1812년 나폴레옹이 러시아를 침공하여 모스크바 서쪽 110킬로 미터 지점의 모스크바 강 근처 보로디노에서 벌인 싸움이다. 나폴레옹 전쟁 기간 중 최대의 병력인 25만 명 이상이 투입되었으며, 7만 명의 사상자가 발생하여 가장 치열한 전투로 평가받는다. 당시 프랑스군의 3분의 1이 숨지거나 부상했으며, 러시아군은 더 큰 피해를 입고 후퇴했으나 곧 전력을 회복해 프랑스군을 몰아내는 데 성공했다.

35) (옮긴이) 쿠투조프는 보로디노 전투에서 나폴레옹 군대를 격퇴한 러시아 장군.

36) 앞의 책, pp. 46~47.

37) (옮긴이) 러시아의 대문호 레프 톨스토이((Lev Nikolaevich Tolstoi, 1828~1910)의 작품은 대부분 시대적이다. 대표작 『전쟁과 평화』는 나폴레옹 전쟁을 배경으로 삼아 러시아 귀족층

채택한 크노르 세티나가 옳다고 하는 편이 맞을 것이다. 즉 프랑스의 지도자도 러시아의 지도자도 미시적 사건을 조정할 수도 효과적으로 감시할 수도 없었던 것이다. 그러나 이것을 일반적 원리로 평가하기는 힘들다. 예컨대 히로시마에 투하된 최초의 원자 폭탄(제2차 세계 대전을 종결하는 데 결정적인 역할을 한 사건)은 조정되지 않은 미시적 사건들에 대한 역사가들의 그릇된 표현이 아니었다. 그것은 거시 행위자들(주로 미국의 지배와 강제 수단을 장악하고 있는 사람들)이 채택하여 위계적으로 조직된 의사 결정자들의 네트워크를 통해 효과적으로 아래로 전달한 중대한 결정에 의한 것이었다.

유사한 맥락에서, 브로델의 예를 들어, 만약 산업화 이전의 유럽에서 전국 시장 수준의 경제적 거래가 지역 단위의 자급경제 수준의 거래를 포섭하지 않았다면(이들 두 유형의 거래가 발생한 공간이 동질적이지 않았기 때문에), 이것은 이 같은 통찰을 모든 거시-미시 연계를 통괄하는 일반적 원리로 격상하는 것을 정당화하지 못한다. 16세기 유럽에서는 전국 시장의 거래가 현지 자급경제의 거래를 포섭하지 않고 둘이 병행하여 운영되었지만, 20세기 유럽에서는 실상이 그렇지가 않다. 국민 국가의 발달과 공고화, 현지와 지역 자급경제의 상대적 쇠퇴, 전국적 경제, 정치, 문화 활동 무대의 확립은, 오늘날의 전국 시장 거래와 현지 시장 거래 간의 관계는 포섭의 문제이지 병행적 발전의 문제가 아님을 의미한다. 포섭의 실제 정도는 (거

∵

의 다양한 인물들을 복잡한 사건들과 연관시켜 등장시킨다. 이 책은 어디까지가 가공이고 어디까지가 사실인지 구분이 잘 되지 않는다. 그만큼 사건이 자연스럽게 유기적으로 전개된다. 즉 작가의 의도에 따라 혹은 한 영웅에 의존하여 사건이 전개되지 않는다. 여기에 등장하는 러시아 장군 쿠투조프도 영웅으로 묘사되지 않는다. 역사가 인물과 사건을 만드는 것이지 인물이 역사를 만들지는 않는다. 사회의 여러 요소들이 모여서 시대 흐름을 만들고 이 흐름이 역사를 만든다. 위대한 인물들은 그 흐름을 이용할 뿐 만들지는 못한다. 이것이 톨스토이 식 사건 해석이다.

시적 표현의 허위의 정도처럼) 항상 경험적 탐구의 문제라는 점은 굳이 부언할 필요가 없다.

3. 미시적 분석과 거시적 분석의 단절

사회학에서 미시-거시 사이의 간극을 연결하려는 콜린스와 크노르 세티나의 시도는 이론 지향적 미시사회학이 파슨스의 중후기 저작에서 나타난 주요 결함(특히 미시 행위자에 대한 간과)을 만족스러울 만큼 다루지 못한 총체적 실패를 여실히 드러냈다고 생각한다. 위의 분석에서 보여주었듯이, 이러한 실패는 본래 정치적 보수주의나 부적절한 '인식론적/존재론적' 전제들에 기인하는 것이 아니다. 그보다는 ① 거시 행위자와 ② 복잡한 사회적 위계를 진지하게 고려하지 않은 탓이다. 거시 행위자는 의사 결정을 시공간적으로 매우 널리 뻗쳐나가게 할 수 있는, 사회를 구성하는 주요한 경제적, 정치적, 문화적 수단에 대해 불균등하게 접근한다. 복잡한 사회적 위계는 공식 조직이나 그 밖의 조직을 통해 미시, 중위, 거시의 행위자와 조우들을 연결한다.[38]

∴

38) 미시사회학적 접근 방법에 대한 거시사회학의 표준적 비판은, 전자가 미시적 현상이 착근하고 있는 '대규모 제도적 구조'를 고려하지 않고 간과한다는 점을 강조한다. 나는 이러한 비판이 두 가지 점에서 불충분하다고 본다. 첫째, 그것은 제도적 구조가 거시적이라는 점을 함축하며, 그래서 거시적 구조 대 미시적 상호작용의 이분법을 영속화한다. 둘째, 그것은 미시사회학이 왜, 그리고 정확히 어떻게 미시와 거시를 연결하지 못하는지를 설명하지 못한다. 따라서 그것은 거시사회학과 미시사회학 사이에 존재하는 간극을 어떻게 연결할지에 대한 세부적인 방도를 제시할 수가 없다.

미시사회학자들은 거시 행위자와 복잡한 사회적 위계에 대해 아무런 관심을 가지고 있지 않은 탓에 집합이나 '표현' 기법을 통해 미시—거시 간극을 연결하려고 시도하든지, 아니면 사회의 재생산과 변화 같은 거시적 쟁점을 아예 백안시하는 다소 패배주의적 전략을 택한다. 그들이 거시적 쟁점을 간과하는 근본 이유는 거시적 쟁점은 너무 복잡하여 어떤 식으로도 효과적인 분석을 할 수 없다고 보기 때문이거나, 거시사회학과 미시사회학은 근본적으로 상이한 관심을 가지고 있으며 그 둘을 통합하려는 시도는 시기상조라고 보기 때문이다. 터너(Jonathan Turner)가 사회적 상호작용에 관한 다양한 접근 방법을 종합하려고 시도한 최근의 저작에서 주장하듯이,

아마도 많은 사람들이 우리가 적절한 모델과 이론을 만들기도 전에 이미 미시와 거시를 조화시키려고 숱한 시도를 하고 관심을 기울여왔다.[39]

잠시 터너의 관점에 초점을 맞추면, 그가 미시사회학과 거시사회학 간의 엄격한 분리를 옹호하는 것은 상호작용이 미시적임을 함의하는 전형적인 오류에 기반을 두고 있다.

미시사회학은 사회적 상호작용의 속성을 고찰하는 반면, 거시사회학은 개인이 속한 모집단의 속성을 연구한다.[40]

39) J. Turner, *A Theory of Social Interaction*(Cambridge: Polity Press, 1990), p. 12.
40) 앞의 책., p. 14.

이런 관점을 받아들이면, 사회적 상호작용의 일반 이론을 구축하고자 하는 터너의 시도가, 자신이 애써 이론화하려는 미시적 상호작용이 미시, 중위, 거시 행위자들을 매우 얽히고설키게 연결하고 있는 복잡한 위계적 네트워크 속에 불변적으로 자리 잡고 있으며, 그런 네트워크가 미시적 상호작용 게임의 특수한 의미, 논리, 동학을 파악하는 데 불가피하다는 점을 진지하게 고려하지 못하고 있다는 것은 놀랄 일이 아니다. 예컨대 화이트칼라 노동자들이 다국적 기업의 위계 맨 아래에서 수행하는 게임이 (자신들보다 높은 위계적 위치에 있는 행위자들이 벌이는 게임에 자신들을 연결하지 않은 채) 시공간적으로 널리 확산되어 그 다국적 기업 안팎에 있는 수많은 사람들의 운명과 결정에 영향을 미치게 하는 의사결정을 가능하게 하는 것을 도대체 어떻게 이해할 수 있을까?[41]

미시 행위자들 간의 상호작용을 위계적 공백 속에서 연구한다면, 즉 위계적 맥락을 무시한다면, 모든 시공간 속에서 초역사적, 초문화적으로 적용되는 것으로 간주되는 상호작용의 '법칙'을 찾고자 하는 실증주의적 유혹에 빠져들기 십상이다. 이러한 점은 터너가 상호작용 과정의 본성과 구조에 관한 단일의 보편적인 일반화를 구축하여 가진다는 식으로 베버, 슈츠, 미드(George Herbert Mead), 가핑클, 고프먼, 콜린스 등의 통찰을 한꺼번에 아우르고자 한 야심찬 시도에서 정확히 드러난다. 모든 보편적인, 즉 초맥락적인 일반화가 그렇듯이, 터너의 제안도 부질없게 되거나 잘못된 것

∙∙

41) 만약 대면적 상호작용이 미시적 사건을 수반하기도 하고 거시적 사건을 수반하기도 한다는 사실에 대해 내가 옳다면, 그리고 만약 미시적 접근 방법과 거시적 접근 방법을 (적어도 잠시라도) 별개로 놔두어야 한다는 터너의 충고를 따른다면, 이것은 기업의 위계 상층부에서 행하는 게임에 관한 이론이 동일한 위계 맨 아래에서 수행하는 게임에 관한 이론과는 독립적으로 전개될 수밖에 없다는 터무니없는 결론에 이르게 될 것이다.

(그 제안이 특정한 조건에서만 참이 된다는 점에서 잘못된)으로 결말이 났다. 그것은 일반적으로는 사회적 맥락을, 특수하게는 위계적 맥락을 간과하는 이론으로는 밝혀지지 않고 밝힐 수도 없는 것이다.[42]

4. 결론

결론적으로 미시-거시 연계를 간과하는 전략과 집합 기법을 통해 미시-거시 간극을 연결하려는 전략은 모두 방법은 다르지만 미시사회학과

∷

---

42) 예를 들어 다음 명제를 고려해보자.

첫째, "상호작용하는 개인들을 집단으로 포섭하고자 하는 욕구가 클수록 집단 관여와 활동을 부각시키고자 하는 예견 가능한 반응에 대한 욕구가 커진다."

둘째, "상호작용에서 상징적이고 물질적 만족에 대한 욕구의 수준은 집단 포섭과 타자의 반응에 대한 예견 가능성을 부각하고자 하는 욕구를 강화하는 부분적이고 추가적인 기능이다"(J. Turner, *A Theory of Social Interaction*, op. cit., p. 206).

첫째 진술은 별다른 언급이 필요 없다. 그것은 진부하지만 완벽하게 참이다. 둘째 진술은 일정한 조건에서만 참인데, 그 조건은 구체화되지 않는다. 이를테면 어떤 사람은 상호작용에서 상징적이거나 물질적 만족이 없어도 "집단 포섭과 타자의 반응에 대한 예견 가능성을 부각하고자 하는 욕구"를 가질 수 있다. 이것은 실제의 상호작용에서 파생되는 만족을 위해서가 아니라, 순수한 '도구적/전략적' 이유에서 (말하자면 적의 영토에 있는 교량을 폭파하기 위해) 집단을 형성하는 개인들이 그런 경우다.

터너의 명제들은 대부분 실증주의적 전문 용어를 벗겨내는 순간 부질없거나 잘못된 진술의 범주에 빠져든다고 생각한다. 그러므로 이러한 유형의 일반화(한때 '검증되고' 정련된)가 다른 과학자들이 새로운 명제를 누적적으로 가져다 붙일 수 있는 견고한 몸통의 지식을 구성할 수 있다는 관념은 명백히 망상이다. 즉 전혀 실현되지 않았고, 앞으로도 절대로 실현될 수 없는 꿈이다. 그 같은 '법칙'을 세우려는 실증주의 지향적 사회과학자들의 숱한 시도는 확실히 무위로 끝났다. 사회학의 역사는 결국 인류 역사를 초역사적이고 초맥락적으로 설명하는 것으로 결말이 난 법칙 체계를 형성하려는 헛된 시도로 점철되었다. 그런 시도의 전반적인 결과는 누적적으로 연결되지도 않고, 또 우리가 이미 알고 있는 사회적 행위에 대해 별로 말해주는 것도 없는 명제 체계들의 모자이크다.

거시사회학을 둘 다 허약하게 만드는 데 기여했다. 특히 후자와 관련하여, 미시사회학자들이 미시, 중위, 거시 행위자를 연결하는 사회적 위계를 무시하고 또 거시적 현상을 미시적 사건의 단순한 합으로 보는 한, 그들은 미시적 기초를 제공하는 것이 아니라 단순히 사회 세계의 그릇된 축소판을 제공하게 될 것이다. 그뿐 아니라 체계 지향적 거시사회학자들이 행위자를 간과하는 한, 그들 역시 똑같이 사회 세계의 물화되고 그릇된 축소판을 제공하게 될 것이다. 왜냐하면 행위자와 연결하지 않은 채 아무리 거시적 구조를 논급해봐야 그것은 단순히 제도화된 규칙이라는 가상의 질서를 현실적이라고 가정하는 것이기 때문이다.[43] 달리 말하면, **물화 또는 환원주의**, 이것이야말로 현재의 사회학이 거시 행위자에 대한 파슨스의 묵살을 적절히 다루는 데 실패하면서 치른 대가다.

이러한 '물화-환원주의'의 궁지에서 벗어나는 길은 제도적 구조와 상호작용을 미시적, 중위의, 거시적 분석 수준에서 바라볼 수 있다는 것을 강조하며 거시-제도 대 미시-상호작용의 구분을 단호하게 거부하는 것이다. 탐구 대상이 소규모 집단이든 공동체 조직이든, 혹은 다국적 기업이든 국민 국가 전체든, 네 개의 사회적 단일체는 모두 제도 관점에서도 고찰할 수 있고 행위 관점에서도 고찰할 수 있다. 이렇게 함으로써 그토록 오랫동안 사회학적 담론을 괴롭혀온 미시-거시 불균형을 피할 수 있다. 인간의 상호작용이 위계적 공백 속에서 지속적으로 개념화되는 한 상호작용의 주제와 성격의 존재론에 대한 그 어떤 이론적 또는 하물며 철학적 설명도 미

43) 미시적 사건이나 미시 행위자에 대한 언급(즉 '미시적 기초' 마련)은 비록 필요하기는 하지만 물화를 피하기에는 충분하지 않다. 제도적 구조의 구성이나 재생산, 변화를 설명하는 데는 거시 행위자(개별 행위자와 집합 행위자)에 대한 언급도 역시(또는 심지어 우선적으로) 필요하다.

시-거시 간극을 연결하는 데 도움을 줄 수 없다는 점을 마침내 깨달아야 한다. 미시-거시 문제는 위계적이고 양파처럼 체계 안에 체계가 있는 복잡하게 분화된 모든 사회 체계를 진지하게 고려함으로써만 해결할 수 있다.

이 주제를 좀 더 자세히 살펴보면, 위계화된 형성체를 '미시-거시' 문제와 관련지어 연구하는 방법에는 두 개의 기본 규칙이 있다.

첫째, 거시적이든 미시적이든 모든 위계화된 사회적 실체는 '체계/제도' 관점과 행위자 관점 모두에서 살펴보아야 한다. 체계 관점에서 보면, 또는 로크우드의 표현으로 체계 통합 관점에서 보면,[44] 그 같은 통일체(whole)는 서로 어느 정도 양립할 수 있는, 위계적으로 조직된 일련의 역할이나 위치로 이해할 수 있다. 그 같은 역할과 사회적 위치는 그것들이 구성하고 있는 제도화된 규칙과 규범이 행위자들이 서로 관계를 맺고 게임을 수행하는 과정에서 그것들을 끌어들일 때만 '현시화된다는' 점에서 실질적이다. 행위 또는 사회 통합 관점에서 보면, 사회적 위계는 갈등적 성격을 띠기도 하고 협동적 성격을 띠기도 하는 복잡한 게임에 관여하는, 위계적으로 관계를 맺고 있는 행위자들로 이루어진다.[45]

∵

44) 체계 통합과 사회 통합 개념에 대해서는 다음 글을 보라. D. Lockwood, "'Social integration and system integration", *Explorations in Social Change*, eds. by G. K. Zollschan and W. Hirsch(London: Routledge & Kegan Paul, 1964). N. Mouzelis, "System and social integration: A reconsideration of a fundamental distinction", *British Journal of Sociology*, vol. 25, no. 4(Dec. 1974).

45) 체계 통합과 사회 통합을 근본적으로 구분하는 또 하나의 방법은, 체계 통합은 언어학에서의 랑그(langue)처럼 계열체(paradigmatic)* 수준에서 가상의 규칙 '체계/규범적' 기대를 지칭하고, 반면에 사회 통합은 언어학에서의 파롤(parole)처럼 시공간 속에 통합체적으로(syntagmatically)* 위치한 행위자들 간의 관계를 지칭한다고 주장하는 것이다.

＊ 패러디그마(paradigma)와 신태그마(syntagmat)라는 용어는 소쉬르(Ferdinand de Saussure)의 언어학에서 처음 제기된 것으로, 패러디그마는 보통 '계열 관계'나 '연합 관계'로, 신태그마는 '통합 관계'나 '결합 관계'로 번역된다. 패러디그마는 신호의 집합으로,

둘째, 위계화된 사회 통일체를 체계 통합의 관점과 사회 통합의 관점 모두에서 보아야 할 뿐만 아니라, 그것을 균형 있게 보는 것도 마찬가지로 매우 중요하다. 그래서 만약 사회의 거시적-제도적 구조의 구성, 재생산, 변화가 중요한 문제라면, 우리는 거시 행위자와 그들이 그런 구조와 연계되는 양식을 조망하는 것에서 시작해야만 한다. 그럴 경우에만 우리는 중위 행위자와 미시 행위자를 고찰하기 위해 '아래로' 이동할 수 있다. 이를 달리 말하면(그리고 하나의 사회적 사실은 다른 사회적 사실에 의해 설명되어야 한다는 뒤르케임의 법칙을 바꾸어 표현하면), 하나의 '거시적 사실'은 다른 '거시적 사실'에 의해 가장 먼저 설명되어야 한다.

예를 들어, 만약 전체 정치적 질서의 구성이나 재생산, 변형을 이해하기를 바란다면, 일체의 지배와 강제 수단에 대한 특권적인 접근권을 가지고 있어 정체(政體)를 구성하는 데 상당한 기여를 할 수 있는 거시 행위자(정당, 노동조합, 여타 압력 집단, 정치 지도자 등)를 먼저 탐구해야 한다. 물론 이것이 거시-미시를 연결하고 미시적 기초를 제공하는 것이 무익한 활동이라는 것을 뜻하는 것은 아니다. 이것은 다만 '아래를 향해' 이동하기 전에

∴

그 집합에 속한 원소들은 공통적인 면을 가지고 있으면서도 각 원소들은 구별되어 있어서 서로 구분된다. 즉 패러다그마는 기본적으로 요구하는 특성을 유지하는 범위 내에서 다양하게 존재하는 하나의 체계를 의미한다. 신태그마는 서로 다른 패러다그마 속에 존재하는 신호들을 조합하는 코드를 말한다. 여러 가지 품사를 조합해 하나의 문장을 만드는 경우나 여러 요소들을 결합해 하나의 통일체를 형성하는 경우를 말한다. 패러다그마는 통시적이고, 신태그마는 공시적이다. 즉 패러다그마는 구조를 지칭하고, 신태그마는 사건(요소)을 지칭한다. 무젤리스는 이러한 언어학적 개념을 사회학의 구조-행위 구분에 관한 논쟁과 결부해서 이해하려고 했다. 구조와 행위를 이원론적으로 보는 경향과 이중성으로 통합해서 보는 경향을 구분하기 위해 언어학적 개념을 차용한다. 통상적으로 원어를 그대로 쓰는 경향이 있으나, 우리 번역에서는 우리말 뜻을 살려 패러다그마는 '계열체'로, 신태그마는 '통합체'로 통일하여 표기한다.

거시적 제도와 거시 행위자 간의 변증법적 관계를 탐구하는 것에서 시작한다면 그런 설명이 한층 효과적이고 미시적 기초를 더 성공적으로 제공하게 된다는 점을 의미한다.

2장
합리적 선택 이론: 미시적 기초에서 환원주의로

각종 해석사회학이 기능주의의 전체론적 지향에 대응하기 위해 행위자들이 다양한 사회적 기법을 적용하여 일상적 상호작용을 이루어내는 복잡한 방식을 강조했다면, 합리적 선택(또는 게임 이론) 접근 방법은 마찬가지로 반(反)기능주의적 풍조 속에서 현실적인 합목적적 행위자는 모든 사회 현상에 기초하여 자신의 이익을 다소 합리적으로 추구한다는 것을 보여주고자 한다. 이 두 이론적 지향은 모두 '체계적/외재적' 개념에 노골적으로 반대하며, 다소 조야하거나 정교한 형태의 방법론적 개체주의에 의거하여 물화에 맞서고자 한다. 두 이론적 지향 모두 사회 분석은 체계 전체와 그것이 요구하는 기능적 필요나 요건에 초점을 두는 것이 아니라, 행위자와 그들의 전략에 초점을 두어야 한다고 역설한다. 두 접근 방법의 근본적 차이는 행위자와 그들의 상호작용을 연구하는 방식에 있다. 합리적 선택 이론가들은 해석사회학자들과 달리 사회 현상을 설명하고 또 미시적 분석 수준과 거시적 분석 수준을 연계하는 데 '탁상공론식의' 논리 연역적 지향을 채택하는 경향이 있다.

합리적 선택 이론은 지난 10년 동안 마르크스주의 사회 이론가들[1] 사이

··

1) 이와 관련해서는 다음을 보라. G. A. Cohen, *Karl Marx's Theory of History: A*

에서도, 비(非)마르크스주의 사회 이론가들[2] 사이에서도 상당한 기반을 구축해왔다.[3] 마르크스주의와 비(非)마르크스주의 양측 모두 파슨스식 기능주의와 알튀세르식 기능주의가 노정한 목적론적 분석을 분명히 종식시키기를 바란다. 또한 마르크스주의와 비(非)마르크스주의는 모두 최대 효용의 전략을 추구하는 행위자에 견고하게 기초한 일단의 일반화를 구축하고자 시도한다. 그 과정에서 그들은 사회, 사회 체계, 사회구조 같은 거시적 개념이 특정 행위자들, 즉 일정한 한계 내에서 여러 대안적 행위 경로들을 합리적으로 선택할 수 있는 존재들과 어떻게 연계되는지를 보여주기 위해 아무런 진지한 시도를 하지 않은 채 단지 그런 거시적 개념들에만 전적으

∴

Defence(Oxford: Clarendon Press, 1978); J. Elster, *Making Sense of Marx*(Cambridge: Cambridge University Press, 1985); *Analytic Marxism* ed. by J. E. Roeme(Cambridge: Cambridge University Press, 1986); *Free to Lose*(Cambridge, Mass.: Harvard University Press, 1988).

2) 다음을 보라. M. Olson, *The Logic of Collective Action*(Cambridge, Mass.: Harvard University Press, 1965); S. Popkin, *The Rational Peasant*(Berkeley: University of California Press, 1979); R. Boudon, "The individualistic tradition in sociology", *The Micro-Macro Link*, eds. by J. Alexander et al.(Berkeley: University of California Press, 1987); J. H. Coleman, *The Foundations of Social Theory*(Cambridge, Mass.: Harvard University Press, 1990).

3) (옮긴이) 합리적 선택 이론은 20세기 초까지 사회학 이론에서 경시해오던 공리주의 사고를 부활시켜 개인을 개인주의적이고 합리적이며 자기 이익의 극대화를 추구하는 행위자로 상정하며, 이러한 개인이 어떻게 연결되어 사회질서를 구성하는지에 초점을 맞춘다. 이러한 관점은 1970년대에 비용-보상 관념에 기초한 교환 이론에 의해 주목을 받기 시작한 이래, 이를 좀 더 체계화하여 합리적 선택 이론으로 발전했다. 이러한 합리적 선택 이론은 공공재와 무임 승차자 딜레마를 주요 개념으로 하여 맨커 올슨(Mancur Olson), 마이클 헥터(Michael Hechter), 제임스 콜맨(James Coleman) 등 주로 비마르크스주의 이론가들 사이에서 발전했으나, 1980년대 마르크스주의 내에서도 분석 철학의 영향을 받은 존 로머(John Roemer), 욘 엘스터(Jon Elster), 아담 쉐보르스키(Adam Przeworski) 등 분석마르크스주의 계열의 학자들 사이에서도 이론적으로 발전했다. 특히 아담 쉐보르스키는 혁명 현상을 인간의 합리적 행위로 설명하여 합리적 선택 마르크스주의자라고 불리기도 한다.

로 의지하기만 하는 모호한 총체적 이론화에 대항하는 데 몰두했다.

1. '미시-거시' 연계

게임 이론 접근 방법은 일반적으로 체계 통일체를 출발점으로 삼지 않고 어떤 선택을 할 때 '최대/최적' 효용의 합리적 기준을 따르고자 하는 특정의 의사 결정자를 출발점으로 삼는다. 게임 이론 접근 방법은 '죄수의 딜레마' 같은 유형의 게임에 관여하는 행위자에 초점을 두든, 아니면 '무임승차' 문제나 자유시장 상황에 참여하는 행위자에 초점을 두든 그 기본 논리는 거의 동일하다. 합리적 선택 이론가들은 사회적 행위의 합목적성과 합리성에 관한 수많은 기본 가정을 제시하는 데서 출발한다. 이를테면 행위자들은 명백한 공식화된 목표를 가지고 있다. 행위자들은 그런 목표에 맞는 행위 경로의 대안들을 평가한다. 그들은 궁극적 목표에 도달하기 위한 행위 경로를 선택할 때 합리적 기준을 적용한다. 이 같은 가정들에 기초하여 미시적인 합리적 의사결정 모델을 수립하고, 그런 다음 집합적인 절차나 여타의 논리 연역적 수단을 통해 사회 현상을 좀 더 구체적인 거시-역사적 분석 수준에서 설명을 전개해나간다.

이러한 분석에 대한 표준적 비판은, 게임 모델의 바탕에 있는 그 같은 기본 가정들이 비현실적이라는 것이다.[4] 실제 삶의 상황에서 미시 행위자들은 합리적 선택 이론가들이 상정하는 식으로 행동하지 않는다. 그러므

⋮

4) 이와 관련해서는 다음을 보라. A. Giddens, "Commentary on the debate", *Theory, Culture and Society*, vol. 2(1982), pp, 527~539.

로 구체적인 거시 현상을 행위자들의 이념형적인 합리적 행동을 가지고 설명하려는 이론은 불가피하게 결함을 지닐 수밖에 없다. 예컨대 거시경제학 이론이 개별 소비자나 기업가를 경제적 인간(homo economicus)으로 보는 모델에서 파생한 가정들에 기초하고 있다는 것은, 그들이 완벽하게 합리적으로 작동하지 않는다는 것을 보여주며, 또한 적절하게 합리적으로 행동하는 그들의 능력을 약화하거나 철저하게 파괴하는 요인들이 엄청나게 많다는 것을 보여준다.

이에 대해 합리적 선택 이론가들은 미시경제의 합리적 행위 모델은 이념형이며, 그 자체는 실제의 미시적 상황에서는 결코 순수한 형태로는 존재하지 않는다는 것을 충분히 잘 알고 있다고 답변한다.[5] 그러나 미시 수준에서 엄청나게 왜곡되어 나타나는 현실이, 누군가 이념형적 모델의 도움으로 집합적인 거시 수준에서 어떤 현상을 의문시하여 설명하고자 할 때는 덜 왜곡된 것으로 보일 수도 있다. 소비자나 기업가의 합리성에 관한 가정들은 특정의 기업가나 소비자의 실제 행위를 연구하는 사회심리학자들에게는 전적으로 비현실적인 것으로 보일 수 있다. 그러나 국가가 법인세를 올릴 때 기업가들이 투자를 철회하려 하는 이유[6]나, 완벽한 완전 경쟁 시장에서 상품 수요가 늘면 가격이 올라가고 수요가 줄면 내려가는 이유를 설명하고자 하는 거시경제학자들에게는 대단히 유용할 수도 있다.[7]

전형적인 이념형 모델인 합리적 선택을 옹호하는 위의 논지는 내가 보

••

5) 이와 관련해서는 다음을 보라. *Rational Choice*, ed. by J. Elster(Oxford: Blackwell, 1986), Introduction.
6) 쉐보르스키는 다음 저작에서 이러한 논지를 진전시켰다. A. Przeworski, *Capitalism and Social Democracy*(Cambridge: Cambridge University Press, 1986), chs. 4~5.
7) 물론 이것은 대부분의 신고전파 경제학 이론의 기초를 이루고 있는 논리의 일종이다.

기에는 전적으로 수용할 만한 아주 결정적인 하나의 단서를 가지고 있다. 그것은 위계적으로 조직된 결합태적(figurationa1)[8] 통일체가 아니라 집합적(aggregate) 통일체의 경우에만 타당하다는 것이다. 위의 사례와 관련해서 보면, 실제로 많은 경우에 법인세가 인상해도 국제 투자 환경이 매우 우호적일 때는 생산 투자가 줄지 않고 늘기도 한다.[9] 더 나아가 강력한 소비자 단체가 가격 통제를 실시하도록 정부를 설득하는 데 성공할 경우 상품 수요가 늘어나도 가격이 오르지 않을 수 있다. 그 경우 시장 경쟁의 명제는 설득력을 잃게 되고, 소비자나 기업가의 이념형적 행위에 기초한 순수한 논리 연역적 조작을 통해서는 가격 변동을 예측하는 것이 불가능해진다. 이런 경우에는 탁상공론식 추론으로는 충분하지 못하며, 생성적(emergent) 결합태, 위계적 관계, 경쟁 집단 간 권력 투쟁 등에 대한 검토가 필요하게 된다.

물론 결합태적 통일체의 경우에도 합리적 선택 유형의 이념형적 구성물은 계속 유용하며, 그 구성물은 철칙이 아니라 일정한 경향을 나타낸다고 주장할 수도 있다. 다만 실제 상황에서는 그 같은 경향이 그 모델에 부합하지 않은 반대 경향(예컨대 국가 개입을 초래하는 이익 집단들 간의 투쟁)에 의해 중화될 수도 있다는 사실은, 합리적 선택 이론이 기초로 삼고 있는 논리 연역적 방법론은 특정 맥락의 특수성을 파악하는 데 적합한 '역사 발생적(historico-genetic)' 접근 방법에 의해 보완되어야 한다는 점을 암시한다.[10] 그런데 합리적 선택 이론가들은 두 접근 방법이 이론 수준과 경험적

••

8) 나는 결합태 개념을 노베르트 엘리아스가 발전시킨 대로 활용한다. 4장을 보라.
9) 이 점에 관해서는 다음을 보라. D. S. King and M. Wickham-Jones, "Social democracy and rational workers", *British Journal of Political Science* vol. 20(Oct. 1990).
10) 마르크스의 저작에 나타나 있는 논리 연역적 접근 방법과 역사 발생적 접근 방법에 관한

분석 수준에서 어떻게 조화를 이루는지를 보여주는 데 실패했다는 데서 이러한 논지의 난맥을 드러낸다.[11] 합리적 선택 이론가들은 그 같은 통합(물

··

논의로는 다음을 보라. C. Luporini, "Reality and historicity: Economy and dialectics in Marxism", *Economy and Society* vol. IV. no. 2(May 1975).

11) 그 반대 방향으로 기운 이론들 — 마르크스주의 내의 '자본논리(capital logic)'학파*처럼 행위를 묵살하고 제도적 구조를 과잉 강조하는 이론들 — 도 논리 연역적 접근 방법과 역사 지향적이고 경험 지향적 접근 방법을 통합하는 데서 동일한 난점에 직면한다는 점을 여기서 지적해두는 것은 흥미로운 일이다. 이와 관련해서는 다음을 보라. *State and Capital: A Marxist Debate*, eds. by J. Holloway and S. Piciotto(London: E. Arnold, 1978). 여기서도 주요 방법론은 역시 논리 연역적인 것이다. 그것은 자본주의적 국가의 존재 조건과 확대재생산의 한계, 그리고 그것의 근본적 모순을 탁상공론식으로 추론하려는 시도로 구성되어 있다. 합리적 선택 마르크스주의**에서처럼 논리 연역적 지향을 역사 발생적 지향으로 보완할 필요가 있다는 선언은 빈번히 제기되었지만(이와 관련해서는 다음을 보라. T. Hirsch, "The state apparatus and social reproduction: Elements of a theory of the bourgeois state", *State and Capital*, eds. by J. Holloway and S. Piciotto, op. cit., pp. 81 이하), 그러한 선언은 여전히 그저 수사(修辭)에만 머물러 왔다. 자본논리학파에 대한 비판으로는 다음을 보라. N. Mouzelis, "Types of reductionism in Marxist theory", *Telos*(Fall, 1980).

* 1950년대 마르크스주의가 스탈린주의의 등장으로 창의성을 잃고 교조화되면서 이를 비판하고 마르크스주의의 비판적 기능을 복원하고 그것의 설명력을 높이려는 경향이 일게 된다. 그리하여 실천적으로는 마르크스 이론의 인간 해방 이념을 구현하려는 신좌파(New Left) 운동과 결합하고, 다른 한편으로는 마르크스의 『자본』이 제시한 방법을 충실히 따르면서 이론의 현실 적합성을 높이려는 경향이 나타났다. 후자의 경향 중 하나가 로스돌스키(Roman Rosdolsky), 라이헬트(Helmut Reichelt) 등이 주창한 자본논리론이다. 이들은 당시 독일에서 유행하던 국가독점 자본주의론과 자본주의 국가론의 한 갈래인 국가 도출론의 한계를 지적하며, 이러한 한계의 근원을 레닌에 기인한 것으로 보고 이를 바로잡기 위해 마르크스의 저작 『자본』에서 나타난 변증법으로 돌아갈 것을 주장했다. 그 때문에 근본주의적이라는 평가를 받기도 한다.

** 합리적 선택 이론을 마르크스주의와 결부한 쉐보르스키(Adam Przeworski)의 이론을 일컫는다. 쉐보르스키는 1979년 영국 총선에서 보수당이 승리한 것을 보고 노동자들이 혁명과 자본주의 사이에서 후자를 선택하게 된 경위를 '노동자 계급의 토리화'*라는 테제로 설명하면서, 노동자를 집합적 선을 추구하는 존재가 아니라 눈앞의 이익을 두고 행위를 하는 존재로 파악하며, 혁명을 보편적 이념 실현이 아닌 합리적 선택의 문제로 이해했다.

* 토리(Tory)는 아일랜드어의 'toraidhe'에서 유래되었으며 불량 혹은 도적이라는 뜻이다. 토리당(Tory Party)은 한때 잉글랜드의 정당이었다. 현재 '보수당'의 전신에 해당

론 이것은 합리적 선택 접근 방법의 독특성을 희석한다)을 시도하는 대신 자신들의 논리 연역적 방식을 일관되게 추구하며, 경험적 반박에 대해서는 '다른 조건이 동일하다면'이라는 면책 단서('다른 조건이 동일하다면 x의 변화가 y의 변화를 가져올 것이다'라는 단서)를 가지고 자신들을 방어한다. 그러나 현실 상황에서는 다른 조건들이 동일하지 않기 때문에 그 같은 실행의 최종 결과가 낳는 일반화는 미확정적이다. 이러한 일반화는 (논리 연역적 추론의 몰역사적, 무맥락적 성질 탓에) 확정되지 않은 상태의 특정한 조건에서만 타당하기 때문에 참일 수도 있고, 그저 그렇거나 거짓일 수도 있다.

2. 콜맨의 기여

합리적 선택 이론 가운데 위에서 언급한 난점들 중 일부(특히 자동적으로 단계를 뛰어넘으려는 난점)를 극복하려고 시도한 것이 바로 제임스 콜맨(James Coleman)의 『사회 이론의 기초(*Foundations of Social Theory*)』(1990)다.

콜맨은 이 방대한 저작에서 효용 극대화를 위해 분투하는 합목적적 행위자에 기초한 사회 행위 이론과 사회 이론을 구축했는데, 그것은 조야한 형태의 방법론적 개체주의에서 발견되는 유형의 환원주의를 피해간 것이다. 콜맨은 책 서두에서 거시적 현상은 미시적 현상의 단순한 합이 아니

∙∙

한다. 찰스 2세 시대인 1678년부터 1681년 사이에 왕위 계승 문제를 둘러싸고 가톨릭 교도였던 왕의 아우 요크 공작 제임스의 즉위를 인정하는 입장을 취한 사람들을 가리켜 '토리(Tory)'라고 말했던 것이 시작이다. 토리는 현재 보수주의(Conservatism) 또는 보수주의자(Conservative)라고 하는 의미도 가지고 있는데, 원래 그런 뜻은 없었으나, 토리당이 보수주의를 취하는 태도 때문에 보수주의라는 의미가 추가된 것이다.

며, 미시에서 거시로 이행하는 것은 실체적 문제뿐만 아니라 복잡한 방법론적 문제도 수반한다고 진술했다. 이러한 문제점들은 개별 의사결정자 연구에서 사회 체계 연구로 옮기게 되면 거시적 현상은 서로 고립되어 있는 것으로 보이는 합목적적 활동 또는 상호작용들의 단순한 추가가 아닌 것으로 드러난다는 사실과 연관되어 있다.[12] 나아가 콜맨은 저서의 상당 부분을 집합 행위자(기업, 노동조합, 정당 등)에 할애했는데, 이 집합 행위자들은 원초적 무리와는 달리 고도로 합목적적으로 구성되며, 근대적 인간들이 살아가면서 '건조(建造)한' 환경의 대부분을 형성한다.[13]

그렇지만 이 모든 것에도 불구하고 콜맨이 강조한 생성적 현상도, 그가 중점적으로 다룬 집합 행위자도 합리적 선택 접근 방법의 주요 결점을 교정하는 방향으로 나아가지는 못했다. 환원주의와 관련하여 콜맨은 특정의 문제 영역에 대해 실재적인 분석을 하기 위해 자신의 일반적인 강령적 진술을 버리는 과정에서 미시에서 거시로 옮겨가는 '생성(emergence)' 개념을 전혀 진지하게 고려하지 않았다. 한 예로 콜맨이 혁명이라는 거시적 현상에 대해 어떻게 말했는지를 살펴보자.

그는 자신이 명명한 '좌절' 혁명 이론이 지닌 고도의 환원론적 성격을 비판하는 것에서 시작했다. '좌절' 혁명 이론은 거시적 수준에서 물질적 조건이 향상하면 (과도한 기대나 상대적 박탈감을 유발하여) 미시적 수준에서 개인들은 좌절을 하게 되고, 좌절한 개인들은 곧바로 혁명에 가담하게 된다고

‥

12) Coleman, *Foundations of Social Theory*, p. 5에서 인용. 콜맨은 다음과 같이 서술했다(강조는 필자).
"아무도 체계 행동에 대한 설명이 개별 행위와 지향점의 합으로 이루어진다고 가정하지는 않는다. 개인들 사이의 상호작용은 체계 수준에서 생성되는 현상들, 즉 개인이 의도한 것도 아니고 예견한 것도 아닌 현상으로 보인다."
13) 앞의 책, Part IV, V.

단언함으로써, 한 사회의 경제적 조건이 향상하고 있을 때 혁명이 발발하는 경향이 있다는 익히 알려진 사실을 설명하려는 목적을 띤 이론이다. 콜맨은 이 이론은 특정 사회에서 다수의 좌절된 개인이 존재하면 다소 자동적으로 혁명이 발발한다고 상정하고 있으므로 그 이론에서 나타난 미시에서 거시로의 이행은 대단히 환원론적이라고 직설적으로 지적했다. 이것은 거시적 사태(혁명의 발발)를 특정한 마음 상태를 표출하는 개인들의 합과 동일시하고 있음을 의미한다.

> 개인들의 행위가 단순히 표출적인 것이라면 거시적 수준의 목적은 존재하지 않는다. 정부 기관을 전복하는 것은 이러한 행위들이 한꺼번에 일어난 결과일 따름이지 그 이상 어떤 것도 아니다.[14]

콜맨에 따르면, 혁명 현상에 대한 비환원론적 설명은 표출적 행위가 아닌 합목적적 행위를 강조하는 데서 출발해야 한다. 그러한 설명은 개인들이 혁명적 운동에 가담할지 말지, 또는 (좀 더 신중하게) '권위를 박탈'할지 말지, 즉 정부로부터 받은 지원을 철회할지 말지를 결정할 때 내리는 '비용/보상' 분석에 관한 질문을 제기하는 데서 출발해야 한다.

이런 각도에서 그 질문을 바라보게 되면, 경제적 여건의 향상이 종종 반대 세력을 강력하게 하고, 그래서 개인들로 하여금 이때가 체제를 전복할 절호의 기회이고 혁명적 활동에 참여하거나 정부 기관을 전복하는 데서 나오는 이득이 상당할 것이라고 생각하게 할 수도 있다는 것을 보여준다. 콜맨은 이 이론의 핵심을 두 개의 중대한 결정(혁명 운동에 참여하는 것과 권위

14) 앞의 책., p. 483.

를 박탈하는 것)에 집중되어 있다고 보고, 다양한 거시적 요인들(반정부 세력의 사회적, 경제적 힘의 증대, 그러한 반대에 대한 정부 정책의 동요, 유토피아적 이데올로기의 존재)이 개인들이 자신이 선택한 결정에 도달하는 방식에 어떻게 영향을 미치는지를 계속해서 고려한다.

『사회 이론의 기초』의 저자(콜맨 — 옮긴이)는 그 같은 접근 방법이 거시와 미시를 효과적으로 연계해준다고 보는데, 왜냐하면

혁명 참여에 관한 결정과 권위 박탈에 관한 결정에 영향을 미치는 몇몇 요인들이 체계 수준에서 존재하는 조건들이기 때문이다.

그 접근 방법은 미시에서 거시로 옮겨가는 데도 도움을 준다. 왜냐하면 표출적 행위가 아닌 합목적적 행위를 강조하게 되면 "다수 행위자들의 행위가 다른 행위자들의 행위에 미치는 효과"를 추적할 수 있기 때문이다.[15]

이것은 모두 아주 그럴싸해 보이지만, 내가 보기에는 환원주의를 극복하는 데 별로 유용한 것 같지는 않다. 다수의 좌절한 개인이 존재하는 것이 혁명을 일으키기에 충분하지 않다면, 다수의 합목적적 행위자가 존재한다고 해서 그들이 혁명에 참여하거나 권위를 박탈하려 한다고 볼 수 없다. 이러한 결정(혁명 참여 또는 권위 박탈)이 혁명 발발로 이어지는지 여부는 그런 결정이 다양한 거시적 현상, 이를테면 혁명 운동의 조직 구조, 정부와 주민에 대한 그 조직의 광범한 전략, 각종 제재 수단에 대한 정부 엘리트의 장악력, 무장 세력의 내부 조직 편제, 그리고 좀 더 일반적으로는 정치, 경제, 문화 엘리트나 거시 행위자가 지방, 지역, 전국 수준, 심지어는 국제

15) 앞의 책., p. 500.

수준에서 행하는 복잡한 파워 게임 등에 어떻게 연관되는지에 달려 있다. 위의 모든 사항을 고려하려면 다양한 거시적 요인들이 단일 개인의 결정 환경에 어떤 영향을 미치는지를 보여주는 사회심리학적 실험보다 훨씬 더 많은 것이 필요하다.

구체적으로 말하면, 사회심리학적 실험은 '혁명적/유토피아적' 이데올로 기가 혁명 운동에 참여하기로 한 개인의 결정에 어떻게 영향을 미치는지를 보여주는 실험 중 하나다. 그것은 이데올로기 자체를 연구하는 것, 특정 사회에서 그 이데올로기가 다른 신념 체계와 접합하는 방식을 이해하는 것, 다양한 제도적 맥락에서 여러 적대적인 집단들이 벌이는 복잡한 게임 속에서 그 주제를 이용하는 방식을 이해하는 것과는 전혀 다른 실험이다. 모든 거시 구조적 분석을 개별 의사 결정자에 의한 '비용/이익'이라는 좁은 깔때기를 통해 여과하려고 시도하는 것은 별 효과가 없다.

3. 사회 문화적·역사적 맥락의 경시

콜맨이 (표출적 행위가 아닌) 합목적적 행위가 평범한 시민의 결정과 혁명 지도자, 정부 당국 등의 결정을 연계하여 미시에서 거시로의 이동을 촉진 한다고 강조한 데도 마찬가지의 난점이 있다. 콜맨은 자신의 저작 어디에 서도 이러한 연계가 실제로 어떻게 구성되고 재생산되는지를 보여주지 않 는다. 그런 연계를 보여주는 데 실패한 이유는 명백하다. 단순 참여자와 엘리트 또는 거시 행위자의 행위와 '비용/이익' 분석을 여러 분석 수준(지 방, 지역, 전국, 국제 수준)과 여러 제도적 맥락(정치적, 경제적, 종교적, 교육적 맥락 등)에서 진지하고 체계적으로 연계하자마자 콜맨의 '비용/이익' 분석이 갖는 교묘한 무맥락성은 실종되고 만다. 상이한 수준과 상이한 제도적 환경에서 전개되는 다양한 이익 집단의 합리적인 전략을 이해하기 위해서는 콜맨의 접근 방법에서 특징적으로 나타나는, 맥락을 결여한 논리 연역적 이론화를 벗어나야 한다. 즉 시공간 측면에서 맥락을 진지하게 고려하는 것이 필요하다.

예컨대 혁명 활동가가 농민을 동원하는 데 어떤 합리성이 유용한지, 그리고 그 같은 합리성이 다른 관련 행위자들(지주, 상인, 찬탈자, 적, 국가 관료 등)의 특수한 합리성과 어떤 관계에 있는지를 찾아내려면 해당 역사와 문화를 신중하게 검토해야 한다. 즉 '혁명 일반'에 관한 초역사적 명제를 추구하는 헛된 노력을 맥락에 기초한 일반화로 대체해야 한다. 콜맨이 맥락을 진지하게 고려했더라면 그의 혁명 분석은 배링턴 무어(Barrington Moore), 테다 스카치폴(Theda Skocpol), 에릭 울프(Eric Wolf)의 저작들에서 발견되는 혁명 현상 분석과 흡사한 것으로 보였을 것이다.[16] 이들의 독창적이고 계몽적인 저작은 합리성과 이해관계를 매우 진지하게 고려했다.

그런데 그들은 콜맨의 테제와는 달리 무맥락적이고 초역사적으로 연구하지 않았다. 그들의 저작은 역사적으로 특수한 제도적 맥락 속에 확고하게 자리 잡고 있다. 그러므로 콜맨의 이론이 지닌 지대한 엄격성과 보편성

∵

16) B. Moore, *Social Origins of Dictatorship and Democracy: Lords and Peasants in the Making of the Modern World*(London: Allen Lane, Penguin, 1967); Theda Skocpol, *State and Social Revolution: A Comparative Analysis of France, Russia and China*(London and New York: Cambridge University Press, 1979); Eric Wolf, *Peasant Wars of the Twentieth Century*(London: Faber & Faber, 1971).*

* 위에서 열거한 배링턴 무어의 『독재와 민주주의의 사회적 기원』, 테다 스카치폴의 『국가와 사회 혁명』, 에릭 울프의 『20세기 농민 전쟁』은 사회 변동을 역사적 관점에서 설명한 대표적인 저서로서, 역사적 맥락을 결여한 이해사회학과 대비되는 역사사회학이라는 학문적 장르를 구축하는 데 중요한 기여를 했다.

은 우리에게 실제로 흥미를 자아내는 것을 희생한 대가로 얻은 것이다. 사회과학의 모든 보편적 일반화가 그렇듯이, 혁명과 관련한 보편적 일반화도 미확정적이거나(즉 그 이론에 의해 구체화되지 않은 특정한 조건에서만 유효하거나) 별 의미가 없게 되는 경향이 있다. 이러한 무의미함(triviality)은 전문 용어를 사용하거나 공식화를 통해 감출 수는 있어도 없앨 수는 없다.

　물론 방금 말한 것은 사회과학에서 일반화를 구성하는 데 반대한다는 뜻이 아니다. 그 말은 초역사적, 초문화적인 보편적 일반화를 반대한다는 것이다. 우리가 말하고자 하는 것은 탁월한 발견적 특성을 지닌 개념 도구가 아니라, 사회 세계에서 아직 알려지지 않은 무엇에 대해 말해주는 실재적 일반화이므로, 사회학에서 흥미를 끄는 일반화는 반드시 맥락을 적절하게 고려한 것이다. 이러한 일반화는 단일 사례에 대한 심층 분석과 너무 널리 알려져서 공허하게 된 분석 간의 균형을 잘 유지한다. 맥락과 일반성 간의 아주 유지하기 어려운 균형이 비교역사사회학 저작들 속에서는 드물지 않게 발견된다. 사회학을 무의미함과 거창한 의사(擬似) 과학적 '법칙'을 산출해내는 전문화된 분과학문으로 바라보는 것을 정당화하는 속인들의 관점에서 사회학을 구출해내는 것은 바로 이러한 종류의 일반화다.

　간단히 말하면, **집합적 통일체**가 아닌 **결합태적 통일체**와 관련한 문제를 다룰 때는 순수한 논리 연역적 이론화를 통해서 미시에서 거시로 옮겨가는 것은 불가능하다. 거시적 현상에 대한 의미 있는 실체적 진술을 얻기 위해서는, 실제로 활동하는 미시 행위자가 자신들을 중위와 거시 행위자와 연계하는 갖가지 사회적 위계 속에서 작동할 때 생겨나는 '인간 합리성'을 검토하는 데 노력을 게을리해서는 안 된다. 그러한 점에 초점을 맞춘 일반화는 초역사적 특성을 상실하고 반드시 시공간적 맥락에 구속된다. 이러한 일반화(이것은 갖가지 미시사회학에서도 찾아볼 수 없고 합리적 선택 이론에서도 찾아볼 수 없다)는 각 사회의 특수한 역사적 궤적과 거시 행위자의 기획을 충분히 고려한다. 또 미시적 분석에서 거시적 분석으로 옮겨갈 때 새로운 결합태가 출현한다는 사실까지도 충분하게 고려한다(이러한 결합태는 낮은 분석 수준의 사회 현상으로부터는 이끌어낼 수 없고, 또는 오로지 거기에만 초점을 맞추어서는 설명할 수가 없다).

4. 이론적 맥락의 경시

합리적 선택 이론은 1차 사회 현상(평범한 사람들이 일상적 상호작용 속에서 이끌어내는 사회 구성물과 이론화)을 직접 다룰 때는 물론, 2차 구성물이나 이론을 다룰 때도 맥락을 경시한다. 합리적 선택 이론은 다른 이론가의 저작을 다루면서 그 저작에서 끄집어낸 몇몇 고립된 논점과 진술이 서로 간에 또는 저작 전체의 구조와 목표와 어떻게 연관되는지 살펴보려고 진지하게 시도하지 않는다. 즉 합리적 선택 이론은 사회 전체를 개별 결정들의 합(aggregates)으로 보는 경향이 있듯이 이론 전체를 그 이론이 터하고 있는 이론적 틀과는 별개로 '검증될' 수 있는 진술이나 명제들의 합으로 보는 경향이 있다.

이러한 사례는 합리적 선택 이론가들이 고전 텍스트, 특히 마르크스와 베버의 텍스트를 다루는 방식에서 나타난다. 베버 저작을 콜맨이 엉터리로 다룬 것이 하나의 좋은 예다. 예를 들면 콜맨은 프로테스탄트 윤리 테제를 비판하면서 베버의 이론은 결함투성이라고 주장했다. 그 이유는 베버의 이론이 거시에서 미시로의 연계(프로테스탄트 교리가 특수한 메커니즘을 통해 개별 신도의 일상적 관행에 영향을 미쳤다고 보는 것)도 미시에서 거시로의 연계

(신도 개인이 가진 관행의 변화가 어떻게 해서 자본주의적 기업의 형성과 자본주의 경제의 전반적 발전으로 이어지게 된 것)도 탐색하지 않은 채 프로테스탄티즘과 서구 자본주의의 발달을 인과적으로 연계하려 했기 때문이다.[17]

그런데 베버의 테제가 '거시-미시' 연계나 '미시-거시' 연계를 체계적으로 다루지 않은 것은 명백한 사실이지만, 그의 저작을 면밀히 살펴보면 그가 프로테스탄티즘과 서구 자본주의 간의 인과적 연계를 수립할 의도가 전혀 없었음이 명백하게 드러난다. 베버의 의도는 1) 칼뱅교 윤리와 서구 자본주의 정신(둘 다 이념형으로 개념화한 것이다) 사이에 모종의 '선택적 친화력(elective affinity)'을 수립하고 2) 서구 자본주의가 (독특한 합리적 요소를 드러내고 있다는 점에서) 왜 중국과 인도나 그 밖의 지역이 아닌 서유럽에서 발생했는지를 묻는 것이다. 베버는 자신의 해박한 비교 연구의 도움을 받아 서유럽 사회의 몇몇 다른 특성들(일부 서유럽 도시의 상대적 자율성, 상업적 지향, 초기 게젤샤프트 성격 등)은 물론 프로테스탄트 노동 윤리의 독특성까지도 논증함으로써 이 질문에 답변할 수 있다고 생각했다.[18] 베버를 비판할 수도 있고, '서구의 독특성'과 관련하여 그가 발견한 것에 여전히 의구심을 가질 수도 있지만, 베버가 자신이 설정한 것이 아니라 제법 세월이 지난 후 콜맨이 설정한 문제를 다루지 않았거나 서투르게 다루었다고 비난할 수도 없고 비난해서도 안 된다.

콜맨은 베버의 관료제 이념형을 다루면서 베버의 저작을 환원론적으로 처리하는 데 빠져 그것을 잘못 이해하게 되었다. 콜맨은 이념형은 이론이 아니라 이론 형성에 다소 유용하게 쓰일 수 있는 구성물이라는 베버의 방

‥

---

17) 다음을 보라. J. Coleman, *Foundations of Social Theory*, op. cit., pp. 21 이하.

18) 서유럽 도시의 '독특성'에 관해서는 다음을 보라. M. Weber, *The City*(London: Macmillan, 1958).

법론적 논점을 무시하고, 이념형으로서의 관료제를 실제 관료제 조직의 구조와 작동에 직접 의거하여 검증되는 실재적 이론으로 취급했다. 콜맨은 그 점에서 베버의 구성물이 부족하다고 보았다. 왜냐하면 베버의 이론에서는

> 주요 권위자만 합목적적 행위자로 취급하기 때문이다. 조직에서 자리를 채우기 위해 고용되는 사람도 역시 합목적적 행위자라는 사실을 간과하고 있다. 그러한 간과가 시정된 적이 전혀 없다.[19]

프로테스탄트 윤리 비판의 경우에서처럼, 여기서도 다시 콜맨은 베버의 방법론적 지향은 아예 무시하고 베버가 관료제라는 이념형을 실제로 어떻게 이용했는지를 이해하려고 전혀 시도하지 않았다. 만약 콜맨이 많은 노력을 기울였더라면 베버의 의도는 근대 관료제 조직에 관한 실재적 이론을 구성하는 것이 아니라, 관료제의 이념형을 개념 도구 — 무엇보다도 특정한 행정 기구(세습적, 봉건적, 법적—관료제적 등)로 특징지어지는 상이한 통치 유형에 대한 거시적 비교 분석에 유용한 — 로 활용하려는 것이었음을 알게 되었을 것이다. 관료제의 이념형을 이러한 보다 큰 이론적 맥락 내에 위치시킬 때만 효과적인 비판을 전개할 수 있다. 왜냐하면 경험주의자들의 신념과는 반대로 한 이론에 대한 논박이나 경험적 검증의 양식은 그 이론 자체에 의해 제시되기 때문이다. 한 이론을 온전하게 파악한 연후에만 특정한 진술의 의미를 제대로 이해할 수 있고, 그것의 경험적 타당성의 양식을 적절하게 수립할 수 있다.[20]

∙∙

19) J. Coleman, op. cit., p. 453, pp.170 이하.

20) 이러한 테제에 대해 일찍이 명쾌하게 설명해놓은 것으로는 다음을 보라. R. B. Braithwaite, *Scientific Explanation*(London: Cambridge University Press, 1964).

5. 규범과 이해관계

합리적 선택 이론가들이 고전 텍스트를 환원론적으로 다룬 것이 엄격함과 공식화를 지향하는 그들의 지나친 열정이 낳은 의도하지 않은 결과라 하더라도, 그들의 핵심 논점 중 일부는 아주 엉성하고 임시방편적인 경험주의적 개념화에 기초하고 있다. 실례를 통해 콜맨과 엘스터가 자신들 저작의 핵심적인 두 개념인 이해관계(interest)와 규범(norm)을 어떻게 이용하고 있는지를 검토해 보자.

콜맨에게 사회질서 이론의 기초를 이루는 벽돌은 행위자와 자원(resources) 또는 사건(events) 두 가지이다. 행위자는 이해관계를 가지고 있으며, 이러한 이해관계에 견주어 사건 또는 자원을 통제하려고 한다.[21] 규범은 이해관계에서 파생된다. '규범에 구애받지 않고 자기 이해관계에 기초한' 합목적적 행위가 분석의 출발점이 되어야 하는 반면, 규범은 행위자가 타인에게 자신의 행위에 대한 통제권을 일정 부분 포기할 때 발생한다.[22]

이해관계와 규범 간의 연계에 관한 콜맨의 개념화에 대해 제기되고 있는 반박은 그가 이해관계를 당연하고 '자연적이며' 미리 구성된 것으로 묘사한 데 따른 것이다. 그래서 그는 이해관계와 달리 개인이 규범을 따른다는 것은 선험적으로 상정할 수 없기 때문에 규범은 당연한 것이 될 수 없다고 주장한다.

∴

21) J. Coleman, op. cit., p. 29.
22) 앞의 책, p. 243.

규범을 꼭 지켜야 하는 것으로 상정하게 되면 그 이론은 인간을 자발적 행위를 하는 존재가 아니라 자동 장치로 묘사하는 꼴이 될 것이다. 인간을 도덕적 법규로 무장한 존재로 상정하게 되면 모든 사회화 과정은 이론적 검증을 받지 않아도 될 것이다.[23]

그런데 이해관계에 대해서도 동일한 논지를 펼 수 있다. 왜냐하면 인간을 일련의 이해관계로 무장한 존재로 상정하게 되면(그리고 콜맨 자신의 구절을 이용하면) 그 같은 이해관계의 사회적 구성, 재생산, 변화와 관련한 모든 과정(물론 콜맨은 이것을 이론적 검증에서 제외한다)이 이론적 검증에서 벗어나게 되기 때문이다.

이해관계가 그의 이론 전반에 걸쳐 중심적 요소를 이루고 있음에도 불구하고 그는 이해관계가 어떻게 구성되는지, 그리고 그것이 사회의 다른 주요 특성들(제도, 사회구조, 역할 등)과 어떻게 연관되는지에 대해서는 별 논급이 없다. 콜맨은 그와 관련한 이론화를 제시하지 않았기 때문에 이해관계도 역시 그것을 구성하는 데 중심을 이루는 규범과 규범적 지향과 함께 사회적으로 구성된다는 반박에 대해 아무런 현실적인 답변을 내놓지 않는다는 점은 놀랄 일이 아니다.

사실 행위자들이 자신의 이해관계에 대해 가지고 있는 생각은 시공간적으로 시시각각 달라진다는 점을 고려하면 '규범에 구애받지 않는' 이해관계라는 개념은 어불성설이라는 것이 명백하게 드러난다. 직접 농업 생산자를 예로 들어보자. 페루의 농민이 자기 이해관계에 대해 가지고 있는 생각은 베트남의 농장 노동자나 가나의 소상품 생산자나 미국의 농부가 가

⁑

23) 앞의 책, p. 32.

진 생각과는 확연히 다르다. 스파르타나 로마의 노예, 중세의 농노와 비교하면 그 차이는 더욱 커진다. 그렇기 때문에 직접 농업 노동자가 활동하고 있는 특정의 제도적 맥락, 즉 일련의 제도화된 규범과 역할을 고려하지 않고서 그 같은 엄청난 편차를 설명하는 것은 지극히 불가능하다. 달리 말하면 이해관계의 의미를 적절하게 개념화하기 위해서는 개념 도구와 1차 사회 현상 양 수준에서 맥락을 진지하게 검토해야만 한다(개념 도구 수준에서는 민감한 개념으로서 '이해관계'가 다른 민감한 개념과 어떻게 연관되는지를 살펴보아야 하며, 1차 사회현상 수준에서는 이해관계를 특정의 역사적, 사회 문화적 맥락에 연관시켜야 한다). 그 같은 맥락을 무시하게 되면 이해관계의 의미는 임시방편적이 되거나 무의미한 것이 되고 만다.

콜맨은 규범을 이해관계로 환원했는데, 엘스터는 그렇게 하는 데 반대했다. 엘스터에게

사회 규범은 행위에 모종의 중요한 동기 부여를 제공하는데, 이때 행위는 합리성으로 환원되지 않고 다른 어떤 형태의 최적화 메커니즘으로도 환원되지 않는다.[24]

합리성은 최소의 의미로는 "일관되고 미래 지향적이며 제도적으로 효율적인 행동"으로 간주되지만, "규범의 작동은 대체로 맹목적이거나 강제적 또는 기계적이며, 심지어 무의식적이다."[25] 엘스터에게서 이해관계와 관련

••

24) J. Elster, *The Cement of Society: A Study of Social Order*(Cambridge: Cambridge University Press, 1989), p. 15.

25) 앞의 책, p. 100. 엘스터는 합리성은 어떻게든 "규범이 인도하는 행동이 갖는 무분별한 성질을 지나치게 강조한다"고 말하는 것으로 그러한 진술을 한정한다. 하지만 이런 식으로 진술

한 동기 부여와 규범과 관련한 동기 부여는 제로섬 식으로 연관된다. 두 동기 부여가 다양하게 혼합되는 것은 실제의 행동에 기초하지만, 행위자는 자기 이해관계를 더 많이 따를수록 사회 규범을 덜 따르게 되고, 자기 이해관계를 덜 따를수록 사회 규범을 더 많이 따르게 된다.

나는 이것이 잘못되었다고 본다. 왜냐하면 이해관계를 더 많이 지향하는 활동이라고 해서 반드시 규범적 사항을 줄이거나 일부를 대체하는 것은 아니며, 제도적 행위는 물론 비제도적 행위도 규범에 의해 강하게 동기를 부여받기 때문이다.

한 예로 전문직 규범을 위반하고 순전히 '상업적으로' 환자를 대하는 개업의를 사례로 들어보자. 그런데 자기 이해관계에 기초한 이러한 효용 극대화 행동은 규범을 결여한 것이 아니다. 그것은 파슨스의 유형 변수[26](이것은 상황에 맞게 적절하게 이론화된 것이지 임시방편적인 개념이 아니다[27])를 활용하면 단지 역할 보급보다는 역할 전문성을, 즉 공동체 지향보다는 자기 지향을 강조하는 규범에 기초하고 있다. 그러한 규범은 의사-환자 맥락에서 보면 매우 부적절하고 비난받을 만하지만, 상거래의 맥락에서 보면 아

:·

을 한정하는 것은 순전히 장식적이다. 엘스터는 규범과 이해관계에 관한 자신의 이론 전체를 전개하면서 그것을 진지하게 염두에 두지 않는다.

[26] (옮긴이) 유형 변수(pattern variables)란 파슨스 행위 이론의 바탕을 이루는 것으로, 파슨스가 개인의 행위 형태를 분류하기 위해 제안한 다섯 쌍의 변수다. 다섯 쌍의 유형 변수는 ① '보편성-특수성', ② '감정성-감정 중립성', ③ '귀속성-성취성', ④ '광범성-한정성', ⑤ '집합 지향성-자기 지향성'을 말하는데, 개인은 어떤 사회적 상황에서도 각 유형 변수의 한쪽을 택하게 된다. 파슨스에 따르면 이러한 선택은 개인의 자율성에 의한 것이기보다는 그 사회의 규범적 요소, 사회적 위치에 따른 역할 기대 등에 의거한다.

[27] 여기서 의미하는 바는, 파슨스의 유형 변수는 사회 체계의 다른 특성들(적응, 목표 달성, 통합, 잠재성, 제도적 질서 등)과 체계적이고 논리적으로 엄격하게 연계되는 반면, 콜맨과 엘스터의 규범과 이해관계 개념은 그렇지 못하다는 것이다.

주 적절하다. 여기서 규범 자체를 의료 전문직에 적용하는 것은 조롱거리이자 상당한 벌칙이 되고 만다.

심지어 엘스터가 예로 든 시칠리아 응징(Sicilian vendetta)[28]이라는 극단적 사례의 경우에도 해당 행위자가 어떤 선택을 하든지 규범은 항상 존재한다. 엘스터는 응징에 참여한 행위자는 (자신의 명예를 지키는 수단으로) 복수를 강요하는 사회 규범을 따를지, 목숨을 잃을 위험을 피하기 위해 아무런 행위도 취하지 않을지를 놓고 선택을 해야 한다고 제안한다.[29] 내가 보기에는 도구적 행위 경로나 자기 이해관계에 기초한 행위 경로인 후자를 선택하는 것도 전자를 선택하는 것만큼이나 규범적이다. 시칠리아 응징의 사례에서 도구적이거나 자기 이해관계적이라고 하는 것은, 단지 자기 보호의 규범(또는 가족 보호의 규범)을 그 규범을 유예하여 '명예를 지키는' 규범으로 대체하게 되어 있는 맥락 속에 적용한다는 것을 의미할 뿐이다.[30]

엘스터는 이해관계는 규범으로 환원할 수 없다는 점을 강조함으로써 스스로를 옹호한다. 그는 합리성은 단지 서구식 규범일 뿐이라는 주장에 대

⁙

28) (옮긴이) 시칠리아 응징이란 시칠리아의 마피아 집단이 가지고 있는 규율로서, 외부 집단에게 침탈을 당할 경우 '피는 피로 갚는다'는 마피아 특유의 복수 행위를 지칭하는 것이다. 마피아는 원래 지주의 재산을 보호하는 역할을 하기 위한 집단이었으나, 지중해 교역의 중심인 시칠리아 섬에 외부 세력이 자주 침략하자 이들로부터 섬을 지키며 외부 세력에 대해 철저한 응징을 하는 것을 규율로 삼았다.

29) J. Elster, *The Cement of Society*, 앞의 책, pp. 119~121, 129~130, 134~135, 136~137.

30) 규범 대 이해관계 이분법이 가진 잘못은 규범에 대한 지향이 맹목적이고 강제적으로 되는 경향이 있다는 엘스터의 한정된 주장에서 한층 노골적으로 드러난다. 역할 수행자에 대한 파슨스의 수동적 묘사, 그리고 모든 사회적 게임의 '역할/지위', 기질, 상호작용 차원에 대해 이미 언급한 것들에 대해 해석사회학자들이 장구하게 개진한 비판을 고려하면, 행위자는 사회 규범을 도구적으로도 수용하고 비도구적으로도 수용한다는 것, 즉 '맹목적'으로도 수용하고, 고도로 성찰적으로도 지향하려 한다는 점이 명확해진다.

해 좀 더 일반적인 측면에서 합리성은 보편적이라는 반대 명제를 가지고 응수한다.

사람들이 대개 자기 목표를 실현하는 최선의 수단 선택하기를 알면서도 그 것을 거부하는 그런 사회는 있을 수 없다.[31]

그런데 이것은 한편으로는 합리성과 이해관계가 문화적으로 특수한 규 범으로 환원할 수 없다는 것이고, 다른 한편으로는 그와 완전히 다르게 합 리성은 전혀 규범을 수반하지 않는다는 것이다. 왜냐하면 엘스터가 제시 한 최소한도의 합리성이 모든 사회에 존재하는 것이 사실이라면, 마찬가 지로 사회마다 그리고 특정 사회 내의 제도적 맥락마다 규범이 다른 형태 를 띠는 것도 사실이기 때문이다. 앞에서 언급한 농업 생산자의 예를 다시 들면, 합리성이 '최적화 메커니즘'을 수반한다면 그러한 메커니즘은 중세의 농노, 페루의 농민, 미국의 농부마다 각각 다른 형태를 취한다. 규범을 끌 어들이지 않고서는 그 같은 차이를 설명할 방도가 거의 없다. 다른 한편, 만약 합리성에 관한 '보편적' 명제를 발전시키려 시도하면서 이러한 차이를 묵과한다면, (이미 지적한 것처럼) 이것은 필시 잘못되거나 무의미한 일반화 로 귀결될 것이다(모든 사회의 사람들이 자기 목표를 실현하기 위해 대체로 최상 의 수단을 선택하는 통상적인 경우처럼).

간단히 말하면, '규범-이해관계' 이분법은 잘못된 것이다. 이해관계는 사회적으로 구성되므로[32] 그것은 항상 규범을 수반한다. 콜맨과 엘스터 모

∙∙

31) J. Elster, *The Cement of Society*, 앞의 책, p. 98.
32) 이해관계가 사회적으로 구성된다는 것은 당연히 '객관적' 이해관계와 '주관적' 이해관계를 구별하는 가능성에 관한 질문을 끈질기게 제기한다. 즉 그것은 허위의식 문제를 제기하기

두 자신들의 저작에서 중심을 이루고 있는 이 두 개념이 어떻게 서로 연관되어 있는지를 만족스러울 정도로 보여주지 못한 이유는, 그들의 분석이 전반적으로 엄격함에도 불구하고 그 기본 개념 틀이 비현실적 가정에 기초할 뿐 아니라, 임시방편적인 경험적 즉흥물에 기초하고 있기 때문이다.

실제로 (합리적 선택 이론의 저작에서 나타나는 것과 같이) 여타 이론가들의 저작과 주요 사회학적 개념이 심각하게 몰이론적으로 다루어졌다는 사

∷

도 한다. 이 문제가 여러 난관에 봉착하게 된 것은 그와 관련한 논쟁이 '사회학적/이론적' 수준이 아닌 순전히 철학적 수준에서 전개되어온 데서 크게 연유한다고 말하고 싶다.

여기서는 객관적 이해관계의 의미를 둘러싼 장구하고 복잡한 논쟁을 세밀하게 검토하는 장 (場)이 아니므로 두 가지 특징적인 점만 논의하는 것으로 한정하고자 한다.

첫째, 우리는 이해관계는 관찰자가 자신의 진화 '법칙'에 관한 지식이나 여타의 '과학적 통찰'에 기초하여 명확하게 규명해낼 수 있는, 다소 자연적이거나 명백한 미리 구성된 실체라는 본질주의적 관념을 거부하는 데서 출발해야 한다.

둘째, 본질주의를 거부한다고 해서 실재적 이해관계의 구성과 잠재적 이해관계의 구성을 구분하는 가능성을 배제하지는 않는다.

준봉건적 소유와 통제 제도 아래에 있는 특정의 제3세계 나라의 직접 농업 생산자들이 자신의 이해관계와 지주의 이해관계 사이에 아무런 갈등이 없다고 생각하는 상황을 가정해보자. 외부 관찰자가 (그 지역은 비자본주의적 관계가 약화하는 추세에 있어서) 대안적인(이를테면 좀 더 갈등적인) 자기 이해관계 개념이 발달할 잠재성이 있다고 평가하는 것은 전적으로 온당하다. 그 같은 상황에서 외부 관찰자는 이해관계의 잠재적 지각과 실재적 지각을 아주 온당하게 구분할 수 있다. 외부 관찰자는 (매스컴의 성장, 일에 대한 세속적이고 도구적 지향의 발달, 기업형 농업의 확산, 농업 개량을 요구하는 도시 엘리트의 부상 등과 같은) 일정한 '객관적' 발전으로 인해 자기 이해관계에 대한 농업 생산자의 지각에 급격한 변화가 생길 것으로 예측한다.

좀 더 구체적인 예를 들어보자. 페이지(Jeffrey. M. Paige)의 『농민 혁명(Agrarian Revolution)』(New York: Free Press, 1975)은 경작자와 비경작자 간 관계 유형의 편차 또는 현장 작업 환경 양상의 편차가 제3세계 나라마다 농업 수출 부문에서 농촌 동원의 종류를 어떻게 다르게 하고, 또 그에 따라 '이해관계 구성'을 어떻게 다르게 하는지를 확고하게 보여준다. 달리 말해, 만약 누가 이해관계 구성과 관련하여 주관적-객관적 구분을 실재적-잠재적 구분으로 대체한다면, 그리고 거기에 덧붙여 잠재성이 실현되면 그것들은 다양한 형태를 띠게 된다는 점을 강조하게 되면, 그 사람은 본질주의는 피하지만 마르크스와 그 밖의 분석가들의 저작에서 나타나는 심대한 발견적 효용성을 가진 구별은 그대로 간직하게 된다.

실은 사회학 이론 자체의 필요성을 여실히 보여준다. 지금껏 잘못된 개념화를 척결하여 사회학도들에게 흥미를 끄는 질문을 하도록 하고 경험적인 연구 프로젝트를 추구하는 데 도움을 주는, 논리적으로 일관성 있는 개념 도구를 세련하여 발전시키는 것을 겨냥한 활동이 요청된다.

6. 결론

합리적 선택 이론가들은 기능주의가 종종 수반하는 물화와 목적론을 피하는 시도를 하면서 논리 연역적 전략을 즐겨 사용해왔다. 이러한 전략에는 처음부터 사회 현상의 기저에는 효용 극대화를 추구하는 특정의 행위자들이 존재한다는 가정이 깔려 있다. 이 접근 방법은 이념형적인 미시적 의사 결정 모델과 집합적인(aggregate) 성격을 띤 거시적 현상을 연계할 때는 유용할지 모르지만, 결합태적 특성을 띤 거시적 현상에 적용할 때는 별로 유용하지가 않다. 결합태적 통일체는 관계적이며 종종 위계화되어 있어 그 구성 요소들로 환원될 수 없는 생성적 현상을 수반하므로, 논리 연역적 과정을 통해 미시에서 거시로 이동하는 것은 실로 불가능하다.

나아가 합리적 선택 이론가들은 ('미시-거시' 연계가 아닌) 거시 행위자에 직접 초점을 맞출 때도 형식주의적이고 몰역사적이고 통(通)문화적인 경향에 치우쳐 시공간적 맥락을 간과하는 일반화를 구성하게 된다. 사회과학에서 맥락을 결여한 모든 일반화가 그렇듯이, 그들의 명제는 그저 부질없

..

만일 경험적 연구를 할 때 유용한 개념 도구에 관심을 기울인다면 '주관적-객관적' 이해관계 문제를 붙들고 파헤치는 '존재론적/인식론적' 방식보다는, 이러한 '사회학적/이론적' 방식이 더할 나위 없을 것이라고 생각한다.

게 되거나 잘못되는 경향에 빠진다.

끝으로 합리적 선택 이론가들은 자신들의 논리 연역적 접근 방법은 맥락을 반영하는 '역사 발생적인' 지향으로 보완해야 한다고 주장하면서 맥락을 진지하게 고려하려고 애쓰지만, 그 둘을 제대로 연계하지는 못하고 있다. 그리하여 그들은 환원론적 일반화를 산출하는 것을 그만두고 자신들의 형식주의적 품격을 지키든지, 아니면 발생과 맥락을 진지하게 고려해야 하는 딜레마에 직면하게 된다. 후자를 선택할 경우 그들은 자신들의 독특한 논리 연역적 엄밀성을 상실하게 된다.

결론적으로 다른 이유에서도 게임 이론 접근 방법은 미시적 분석 수준과 거시적 분석 수준을 효과적으로 연계하는 데 해석적 미시사회학만큼이나 성공적이지 못했다. 해석사회학이 (앞 장에서 내가 설명한 이유에서) 집합 행위자를 간과하는 경향이 있다면, 게임 이론 접근 방법은 인간 합리성이 특정한 형태를 취하게 되는 다양한 역사적, 사회 문화적 맥락을 경시한 채 '거시/집합' 행위자를 다룬다.

3장
포스트구조주의: 경계의 소멸

앞에서 우리는 사회학 이론이 파슨스식 패러다임의 주요 약점을 극복하고 미시적 접근 방법과 거시적 접근 방법 간에, 또는 행위를 강조하는 접근 방법과 제도적 구조를 강조하는 접근 방법 간에 더 효과적인 연계를 수립하는 데 성공하지 못하게 된 몇 가지 이유에 대해 살펴보았다. 이러한 실패로 인해 사회학 이론 자체에 공백이 생겨나게 되었는데, 이 공간의 일부가 언어학과 정신분석학 같은 분과학문의 철학적 쟁점과 이론적 발전에 의해 채워지게 되었다.[1]

사회과학에서 '포스트구조주의/포스트모더니즘'의 영향을 받은 이론적 접근 방법이 특히 그러했다. 사회학 이론에 대한 이들의 대응은 행위-구조 또는 '미시-거시' 같은 구분은 물론이고, 사회과학의 분과학문들과 하위 분과학문들 간의 통상적인 모든 경계를 거부한다는 점에서 상당히 급진적이다. 진화론적 용어법을 다시 빌려 말하면, 사회학 이론이 전문화된

∵

---

1) (옮긴이) 1960년대 사회학에서 구조기능주의가 퇴조하고 또 알튀세르에 의해 부흥한 마르크스주의가 위기를 맞으면서 1970년대에 횡행한 포스트모더니즘이 사회과학계에 유행을 하기 시작했다. 모든 학문적 경계 타파를 주장한 포스트모더니즘의 열풍은 마침내 학문적 장벽을 무너뜨리고, 료타르(Jean-François Lyotard), 데리다, 라캉 등에 의해 철학, 심리학, 정신분석학이 사회학 내에 침투하여 사회학의 본토를 잠식했다.

하위 분과학문으로서 출현한 것이 사회적 지식의 분화 과정을 나타내는 것이라면, 새로운 경향의 이론은 **탈분화**(dedifferentiation) 과정으로서, 철학, 언어학, 정신분석학과 사회과학의 다양한 분과 학문과 하위 분과학문 간에 세워진 경계를 의도적으로 뒤흔들거나 허물어버리려는 시도다.

요즘 프랑스에서는 포스트구조주의가 쇠락하고 있기는 하지만, 앵글로색슨계 나라의 사회학 이론 교수들은 사회학의 여러 연구 영역에서 포스트구조주의의 기본 지향점이 여전히 상당한 영향을 미치고 있다는 것을 잘 알고 있다. 이런 까닭에 이 장에서는 포스트구조주의가 통상적인 사회학 이론[2)]에 대해 가한 특수한 형태의 비판에 초점을 맞추어 논의할 것이다. 특히 '미시-거시'와 '행위-구조'에 대한 포스트구조주의의 비판이 갖는 함의에 대해 집중적으로 다룰 것이다. 대체로 포스트구조주의는 세 가지 측

∴

2) 이런 관점 때문에 나는 알랭 투렌(Alain Tourraine)*이나 다니엘 벨(Daniel Bell)** 같은 포스트모던 이론가들에 대해서는 다루지 않을 작정이다. 이들은 근대 이론의 위상보다는 탈산업사회의 성격에 초점을 맞추기 때문이다. 일반 문헌에서는 전자를 지칭할 때는 '포스트구조주의'라는 용어를 사용하고, 후자를 지칭할 때는 '포스트모던'이라는 용어를 사용하는 일정한 경향이 있다. 그렇지만 두 용어는 개념상 상당 부분 겹치므로 이 책에서는 두 용어를 혼용할 것이다.

　* 알랭 투렌(1925~　)은 탈산업사회 이론의 주창자 중 대표적인 학자로서, 사회 통합과 질서를 전제하는 사회 체계 이론이나 진화 이론을 거부하고 내재적 갈등과 창조적 행위자에 의한 역사적 변화를 강조한다. 또 지식과 지식인의 역할에 주목하면서 지식인은 사회의 지배 담론을 분석하고 해석하여 탈산업사회의 새로운 사회 운동을 주도하는 데 중요한 기여를 한다고 본다. 주요 저서로는 『현대성 비판』, 『탈산업사회의 사회 이론』 등이 있다.

　** 다니엘 벨(1919~2011)은 탈산업사회 이론을 대중화한 대표적인 학자로서, 『탈산업사회의 도래』(1973)로 익히 알려졌다. 그는 자본주의 사회에 내재하는 모순을 조정하기 위해 사회학 이론을 적용하는 데 주력했으며, 다양한 사회 문제에 대해 많은 글을 썼다. 그에 따르면 탈산업사회에서는 물질보다는 지식, 공장보다는 대학, 연구소가 중요하며, 인간관계도 이러한 비물질적 요소에 의해 형성된다고 보았다. 그 밖의 주요 저서로 『미국의 마르크스 사회주의』(1952), 『자본주의의 문화적 모순』(1976) 등이 있다.

면에서, 즉 토대주의, 주체의 중심, 표상과 경험적 준거와 관련하여 통상적인 이론에 반대한다.

1. 반토대주의

포스트모던 저자들은 사회적인 것에 관한 이론에 확고한 토대를 제공하는 보편적 기준을 찾고자 하는 그 어떤 이론적 시도도 거부한다. 그들은 인식론적 기반에 관한 시도, 즉 최우선의 원리를 수립하려는 노력이라면 모두 공상적인 것으로 간주하며, 사회나 사회 발전에 관한 역사적 설명에 도움을 줄 만한 일반적 법칙이나 명제를 공식화하려고 애쓰는 그 어떤 이론도 마찬가지로 공상적인 것으로 간주한다. 그들은 사회적인 것은 유약하고 혼돈 상태에 있으며, 일시적이고 불연속적인 특성을 띠는데, 전체론적 이론은 사회 세계(그들에 따르면 이것은 사회과학자들의 혼란한 마음속에만 존재한다)에 하나의 질서와 체계성을 부과한다고 주장한다.[3]

그런데 반토대주의 테제를 비판적으로 살펴보면, 우리는 사회과학에 확고한 토대를 제공해줄 최우선의 원리를 정교하게 하려는 사회과학자들의 지속적인 노력이 별 성과를 거두지 못했다는 포스트모더니스트들의 주장에 동의하는 데서 시작할 수 있다. 또한 혹자는 진화 '법칙'을 추구하는 것뿐만 아니라 (앞의 장에서 주장했듯이) 초역사적인 보편적 일반화를 구성하려는 그 어떤 시도도 결코 성공하지 못할 것이라는 데 찬동할 수도 있다. 왜냐하면 그런 보편적 일반화는 사회 현상의 역사적, 문화적 맥락을 진지

∵

---

3) 다음을 보라. F. Lyotard, *La condition postmoderne*(Paris: Minuit, 1974).

하게 고려하지 못하므로 그것들은 잘못되든지 아니면 부질없게 될 수밖에 없기 때문이다.

그렇다고 해서 위에서 말한 것이 반드시 모든 전체론적 접근을 완전히 거부하는 것은 아니다. 되풀이해서 말하자면, 우리는 실재적 일반화와 '방법론적/발견적' 특성이 두드러진 일반화를 구별해야 하기 때문이다(후자의 목표는 사회적인 것에 대해 우리가 알지 못하는 사실을 알려주기 위한 것이기보다는, 사회 세계에 대해 흥미로운 질문을 하고 사회 세계에 대한 경험적 탐구를 위한 기반을 마련해주는 개념 도구를 제공하려는 것이다). 이러한 구분을 염두에 두고 있어야 전체론적 개념 틀을 구성하는 데 우를 범하지 않게 되며, 그러한 개념 틀의 도움으로 우리는 사회 통일체의 구성, 재생산, 변화에 관한 질문을 온전히 제기할 수 있다.

내가 직접 연구한 바를 예로 들어보자. 나는 그리스 근대 사회를 연구하면서 19세기 말 그리스의 경제, 정치, 사회 변동 각각이 서로 어떻게 연계되는지, 그리고 그러한 변동이 국제 규모의 글로벌 변동과 어떻게 연계되는지에 대해 검토한 바 있다.[4] 이것은 19세기 그리스의 병원이나 감옥에서 있었던 훈육적 관행 같은 것에 초점을 맞춘 다소 제한적인 탐구만큼이나 정당한 문제라고 생각한다. 그런데 첫째 문제에 대한 고찰이 둘째 문제에 대한 고찰만큼 정당하고 유용하다면, (미리 만들어진 답변을 제시하지 않은 채 내가 글로벌 변동을 이론적으로 흥미를 끄는 동시에 경험적으로 개방된 방식으로 탐구하는 데 도움을 주는) 전체론적 틀을 방법론적으로 구성하는 것은 전적으로 수용할 만하고 보람 있는 작업이다. 물론 몇몇 전체론적 방법론은

••

4) 다음을 보라. N. Mouzelis, *Modern Greece: Facets of Underdevelopment*(London: Macmillan, 1978); *Politics in the Semi-periphery: Early Parliamentarism and Late Industrialization in the Balkans and Latin America*(London: Macmillan, 1986).

(특정 유형의 마르크스주의처럼) 자동적으로 폐쇄된 실재적 이론으로 이어지기도 하고 권위주의적 도그마로 귀결하기도 한다. 그러나 모든 전체론적 개념 틀이 이 같은 유형을 띠는 것은 아니다.

예컨대 브로델처럼 사회학적 성향의 역사학자들이나 배링턴 무어처럼 역사학적 성향의 사회과학자들이 활용한 유연하고 매우 지각적인 전체론적 '정치경제학' 도구들은, 자본주의 사회의 형성과 변화를 깊이 있게 조명하는 이론을 산출하는 데 도움을 주었다. 왜 우리는 그 같은 이론을 모조리 거부해야 하는가? 만약 우리가 그렇게 한다면 그 자리에 무엇을 들어서게 할 것인가? 포스트모더니스트들은 그것을 대신하는 것을 아무것도 가지고 있지 않으며, 이런 상황이 계속되면 그들의 조야한 반(反)전체론은 잘해봐야 단순한 수사만 늘어놓을 뿐이다. 또 최악의 경우에는 사회적 삶의 위계적 측면을 연구하고 미시적 조우와 게임들이 중위적이고 거시적인 조우와 게임들과 어떻게 체계적으로 연계되는지(그리고 그와 반대의 경우)를 보여주려는 피땀 어린 작업에 심대한 장애가 된다.

포스트모더니스트들은 통상적인 정치경제학 접근 방법에 대해 다소 부정적인 태도를 견지할 뿐만 아니라, 모든 전체론적 이론에 대해 단호하게 공박하여 자신들이 주장하는 반토대주의적 개방성과는 모순되는 경직성을 드러낸다. 나아가 그들의 반토대주의는 한편으로는 신중하고 제한적이며 시험적인 '국지적' 이론화의 중요성을 강조하지만 다른 한편으로 그들 자신의 관점과 도구는 총체적이고 과도한 일반화의 특성을 띤 이론화로 귀결된다.

한 예로 포스트모던 사회과학자들에게 심대한 영향을 미친 푸코의 저작을 살펴보자. 수사적 수준에서 푸코는 신중함과 겸손함을 보이며, 일반적 지식이 아닌 특수한 지식, 보편적 지식이 아닌 '국지적' 유형의 지식을 따른다. 그러나 이 모든 것은 가장된 겸양이다. 푸코의 수사적인 강령식 진술들은 과도한 일반화에 치우친 자신의 이론화와는 빈번히 모순된다. 한 특수한 예를 들면, 르네상스 학문에 대한 그의 지나치게 단순화한 설명은 다양한 유형의 분과학문들 간의 중요한 차이를 철저히 무시한다. 주체와 시대에 관해 해박한 지식을 가진 역사가들은 두 가지 점에서 푸코가 오류를 범했다고 지적한다. 하나는 푸코가 현저하게 '마법적인' 세계관을 가진 다소 주변적인 사상가 집단을 중심에 놓은 것이다. 다른 하나는 마법적 사유와 원시 과학적 사유의 평화적 공존을 강조하여 그 둘 간의 깊은 불화가 있다는 것을 간과하고 자연과학자들이 마법사에 대해 깊은 적대감을 가지고 있다는 점을 완전히 간과한 것이다. 다른 비판가들도 마찬가지로 고전적 인식과 근대적 지식에 관한 푸코의 이론은 지나치게 조악한 단순화와 왜곡에 빠져 있다고 지적해왔다.[5]

푸코는 "『사물의 질서(The order of things)』에서 방법론적 방향 표시의 부재 때문에 나의 분석이 문화적 총체성 측면에서 실행되고 있다는 인상을 주었다"[6]고 주장하며 위의 지적에 대해 응수했다. 그러나 실제로 그는 자신의 목표는 '국지적인' 것, 즉 '지엽적인' 것을 강조하기 위한 것이라고 말했다.

푸코 스스로 인정하는 것처럼 방법론적 '방향 표시'가 완전히 부재할 때, 즉 경계를 구체화하는 것, 그리고 그가 참이라고 말하는 조건들을 명시하는 것을 거부할 때, 왜 우리는 르네상스 학문에 관한 푸코의 담론을 '국지적'이라고 간주해야 하는가? 어쨌든 방법론적 이정표를 세우는 것은 아무

5) 다음을 보라. G. Gutting, *Michel Foucault's Archeology of Scientific Reason*(Cambridge: Cambridge University Press, 1986), p. 177.
6) M. Foucault, *The Archeology of Knowledge*(New York: Pantheon, 1972), p. 161.

나 할 수 있는 일상적이고 사소한 일이 아니다. 그것은 특정 주제와 관련 문헌에 관한 심오한 지식을 요하는 매우 중대한 일이다(푸코는 이러한 지식을 획득하려고 결코 고심한 적이 없다).[7]

실제적 측면보다는 '방법론적/발견적' 성격이 강한 푸코의 일반화에서도 동일한 모호함과 과잉 일반화가 엿보인다. 이 영역에서도 역시 관련 문헌에 대한 그의 철저한 무시는 포괄적 진술에 대한 그의 집착과 결합되어 신중하지도 국지적이지도 반토대주의적이지도 않은 결과를 낳았다.

푸코의 핵심 개념인 권력을 예로 들어보자. 우리가 곧바로 마주치는 것은 그가 이 주제에 관한 이전의 모든 접근 방법을 기각하거나 희화화한다는 점이다. 푸코는 후속적인 이론적 발전이 지금까지 완전히 회피해온 일부 초기 저술들에 근거하여 현대 정신의학을 기각하고 그것을 무차별적으로 비판했다.[8] 이와 동일한 방식으로, 권력 관계 영역에서도 그가 다른 논자들의 저작에 대해 언급한 것을 보면 자신의 주제와 직접 관련된 저술들을 아예 무시하거나 간과하는 것(아니면 둘 다)이 명확하게 드러난다. 그래서 그는 1968년 사태 전에는 권력을 '지배자'와 그의 권리 측면에서 분석하거나, 일부 마르크스주의 텍스트에서처럼 국가 측면에서 분석했다는 믿기 어려운 진술을 내놓게 되었다(이 두 접근 방법은 모두 푸코가 분석하는 바처럼 사회질서를 아래에서 위로 진행하는 것으로 보지 않고 그 반대의 방향으로 진행하는 것으로 본다).[9]

∵

7) 나아가 자신의 진술이 '지엽적' 성격을 띤다는 그의 주장은 "어느 특정 문화나 어느 특정 순간에도 모든 지식의 가능성의 조건을 한정하는 유일한 하나의 학문이 항상 존재한다"는 포괄적 일반화와 정면으로 모순된다[*The Order of Things*(New York: Random House, 1970), p. 168].
8) 이 점에 관해서는 다음을 보라. G. Gutting, 앞의 책.
9) 다음을 보라. M. Foucault, "Truth and power", *Power and Knowledge, in*, ed. by C.

푸코가 제시한 생체권력(bio-power)[10] 개념과 관련해서 보면, 이 개념은 너무 모호하고 포괄적이며 '배타주의적'으로 구성되어 있어서 푸코가 검토하는 미시적 권력의 배치 과정이 다른 유형의 권력,[11] 즉 국가 또는 베버가 연구한 거시적 유형의 기술(행정 기구, 군사적 파괴 수단, 대규모 징집, 조세 제도 등)과 연계되는 방식이 드러나지 않는다. 미시-거시 연계에 대해 푸코가 보여주는 유일한 단서는, 권력은 위에서 아래로도 연구하고 그 반대 방향도 연구해야 한다는 지극히 모호한 명제뿐이다. 이러한 명제는 잘해봐

∵

Gordon(Brighton: Harvester Press, 1980), pp. 114 이하. 푸코는 권력에 관한 방대한 영어권 문헌을 전부 무시하는 것은 고사하고, 자신보다 수십 년 전에 자신과 매우 유사하게 근대 권력에 관한 테제를 매우 깊이 파고들어 발전시킨 베버까지도 무시했다. 실제로 베버는 서구 사회에서 공공 행정뿐만 아니라 근대적 삶의 모든 영역에서 합리화가 증대하고 관료제적 조직 형태가 급속하게 확산하고 있음을 강조했으며, 근대적 인간을 영혼을 파괴하여 "불구화된 인격체"를 만들어내는 거대한 관료제적 기계 속에서 돌아가는 톱니바퀴의 날로 묘사했다. 이 같은 논지는 모두 (비록 푸코가 받아들이지는 않았지만) 근대 시대의 미시적 '감시/훈육' 기술의 확산에 관한 푸코의 저작에 중심을 이룬다. 베버와 푸코를 비교해보면, 베버에서 나타난 프로테스탄트 신도들의 금욕주의, 내적 고독, 내적으로 강요된 규율은 푸코의 후기 저작에서 나타나는 자아 형성, 금욕주의, 영적 권위와 놀라울 만큼 유사하다[다음을 보라. M. Foucault, *The Use of Reason*(New York: Pantheon, 1985); *The Care of the Self: History and Sexuality*, vol. 3(New York: Pantheon, 1986); *The Final Foucault*, eds. by Bernauer and D. Rasmussen(Cambridge, Mass.: MIT Press, 1988)].

끝으로 또 하나 눈에 띄는 것은 푸코가 영어권 문헌에 대해 관심이 없어서 그것에 대해 언급하지 않았다면, 영국 등지에서 사회학을 전공한 푸코의 많은 제자들도 그렇게 하는 것이 유행에 뒤떨어진 것이기 때문에 언급하지 않는다는 점이다. 마르크스주의 사회학자들이 '부르주아적' 저작에 대한 언급을 철저히 기피하던 1960년대를 돌이켜보면, 오늘날에도 전통적 사회 이론과 '탈전통적(post-conventional)' 사회 이론 사이에 그와 유사한 간극이 있는 듯하다.

10) (옮긴이) 생체권력 개념은 푸코가 권력이 우리의 몸의 구석구석을 미시적으로 지배한다는 점을 부각하기 위해 사용한 것이다. 푸코에 따르면, 권력은 거시적 정치 영역에서만 작동하는 것이 아니라, 일상적인 미시 영역에서도 작동한다고 보았다.

11) 그 같은 논지를 따른 푸코의 권력 개념에 대한 초기의 비판으로는 다음을 보라. N. Poulantzas, *L'Etat, le pouvoir, le socialism*(Paris: Presses Universitaires de France 1978), pp. 180 이하.

야 절반만 참이고, 잘못하면 (푸코는 미시적 분석 양식에서 거시적 분석 양식으로 옮겨가는 것에 대해 전혀 고심한 적이 없기에) 푸코가 말하는 미시적 기술(micro technologies)[12]에 대한 연구에서 자동적으로 거시적 권력 구조가 나올 수 있다는 환원론적 사고로 빠질 수 있다.

요컨대 푸코는 반론에 대해 부단한 진술을 했음에도 불구하고 그의 분석은 자신의 테제를 진짜 '반토대주의적'으로 만들고자 하는 이정표를 세우는 데 실패했다. 그는 자신의 관심사와 직접 관련된 저작들을 철저하게 무시하거나 희화화한데다가, 그의 문체는 심히 난해하고 행위마저 무시하여(아래를 보라), 모든 경계 타파, 주체에 관해 지금까지 이야기되고 있는 모든 것에 대한 근본적인 의문 제기, 이전의 모든 접근 방법 초월 등을 끊임없이 주장하는 야심찬 총체적인 묵시록적 유형의 담론과 결별하기가 어렵게 되었다. 이처럼 다소 과장되고 과대망상적인 스타일은 푸코가 다양한 분야에서 제시한 더할 나위 없이 총명한 통찰을 가끔 모호하게 만드는가 하면, 근대 사회의 형성, 생산, 재생산을 경험적으로 탐구하기 위한 도구들 같은 통찰을 체계적으로 활용하기 어렵게 만든다.

∴

12) (옮긴이) 푸코에게 권력은 두 가지로 나누어진다. 하나는 공식적 관계에서 작동하는 권력이고, 다른 하나는 일상적 관계에서 작동하는 권력이다. 일상적 권력이란 사회의 어느 한곳에 집중되어 있는 것이 아니라, 모세 혈관처럼 사회 곳곳에 퍼져 있으며, 위에서 아래로가 아니라 아래에서 위로 작동하며, 공식적 채널을 통해서가 아니라 비공식으로 행사된다. 공식적 관계의 권력은 사법적, 명시적 권력으로 잘 보이나, 일상적 관계의 권력은 사법적, 명시적 권력이 아니며 보이지 않게 작동한다. 푸코가 말하는 권력은 이처럼 일상적 관계에서 작동하는 그것이며, 이러한 권력은 감시와 훈육에 의해 학교, 병원, 감옥 등 모든 일상생활 영역에서 재생산되는데, 그러한 기술을 미시적 기술이라 한다. 사회 발달과 함께 이러한 미시적 기술을 더욱 발전하여 인간의 일거수일투족을 감시한다.

2. 주체의 분산

포스트모더니즘이 두 번째로 몹시 싫어하는 것은 통상적인 사회 이론은 주체를 모든 분석의 토대로 간주하거나 사회 현상을 개인 및 집합 행위자의 기획 및 전략과 관련하여 설명하는 경향이다. 포스트모더니즘은 여러 현상학적 접근 방식과 달리 개별 주체가 아니라 사회적 관행을 분석의 중심에 놓는다(그들에 따르면, 사회적 관행은 이것을 형성시킨 행위자로부터 분리되어 있다). 즉 관행은 (계급이든 엘리트든 이익 집단이든) 그 어떤 특정의 창조자도 가지지 않는다는 뜻이다. 달리 말하면, 포스트모더니즘에서 사회적 배열은 그 어떤 총체적 창조자도 궁극적 목표도 갖지 않는다. 사회적인 것은 차이의 체계(systems of differences)로 이루어져 있으며, 이 때문에 전반적 일관성이 없으며, 또 사회적인 것에 지침과 전반적 목표를 부여하는 중심이나 통합 의지가 없다. 이로써 근대문화가 우리에게 '신의 죽음'을 가져다주었다면, 포스트모더니즘은 '인간의 죽음' 또는 더 나아가 현상학과 칸트의 정신 철학이 이해하는 바와 같이 '주체의 죽음'을 가져다주었다.

그런데 '주체의 분산(decentring the subject)' 개념을 비판적으로 바라보면, 다음과 같은 점에 동의할 수 있다. 행위자의 실천은 물론 의도하지 않은 결과를 가져올 수도 있고, 또 사회적 현상은 종종 비의식적으로 구성될 수도 있다. 즉 개별 또는 집합 건설자로서 정체성을 가지지 않은 채로 구성될 수도 있다. 이 모든 것은 전적으로 수용 가능하다. 사람들의 정체성은 (적어도 부분적으로는) 상이한 사회 영역들 속에서 작동하고 있는 다양한 실천의 의도하지 않은 결과라고 하는 주장도 마찬가지로 수용 가능하다.

그렇다고 해서 우리는 이러한 사실 때문에 개인과 사회 발전의 능동적인 의식적 차원을 간과해서는 안 된다. 푸코는 말년에 이르러서 자신이 설정한 미시적 권력기술의 수동적 산물로서의 개인 주체성이라는 개념이 가진 일면성을 깨닫게 되었다. 그 결과 그는 『성의 역사(*History of Sexuality*)』마지막 두 권에서 '예속의 실행(practices of subjugation)'뿐 아니라 '자유의 실행(practices of freedom)'에 대해서도 논급하기 시작했다(그에게 있어서 자유의 실행은 자아 소통 및 자아 형성의 내부 능동적 실행을 의미한다).[13] 유감스럽게도 푸코는 자신이 말년에 강조한 '주체의 상대적 자율성'을 집합 행위의 수준으로 확장하지는 않았다. 그에게서 사회적 실천은 여전히 분산적이고 '주체 없이' 표출되는 것이었다.

그리하여 이러한 측면에서 그리고 본인의 단호한 부인에도 불구하고 푸코의 사상은 파슨스와 알튀세르의 저작에서 발견될 법한 기능주의적 사고 유형과 매우 가깝다. 왜냐하면 행위자를 적어도 자기 세계의 부분적 창조자로 간주하기를 그만두게 되면 사회적 필요나 숨은 규약에 목적론적으로 의거하지 않고서는 사회의 지속 또는 변동을 설명할 방도가 없기 때문이다. 그 결과 푸코는 주체의 분산이라는 개념으로 자신이 애초에 날카롭게 제시한 것과 동일한 목적론 지향적 설명을 뒷문으로 단순히 재도입한다.

푸코가 제시한 '주체의 분산' 및 그것과 기능주의와의 연계는 이 책의 관점에 비추어볼 때 아주 근원적인 논점이다. 따라서 이 점에 대해 좀 더 논의를 진행할 필요가 있다.

푸코가 예속의 실행이 주체 없이 육체에서 분리되어(disembodied) 특정의 목적을 완수한다고 강조한 점은 사회 체계에 관한 파슨스의 중기 저작(여기서 체계 분석은 행위를 고려 사항에서 완전히 몰아낸다)의 내용과 매우 흡

••

13) 이 점에 관해서는 다음을 보라. Bernauer and D. Rasmussen (eds), *The Final Foucault*, op. cit.

사하다. 푸코가 프랑스 노동 계급의 훈육 과정에 대해 분석한 것을 예로
들어보자.

노동 계급이 도덕을 준수하게 된 것은 기조(François Pierre-Guillaume
Guizot)[14]가 자신이 세운 학교입법을 통해서 부과한 것도 아니고 뒤팽(Louis
Ellies Dupin)[15]이 자신의 저서를 통해서 부과한 것도 아니었다. 게다가 그
것은 사용자 단체가 부과한 것도 아니었다. 그런데도 노동 계급의 도덕 준
수가 성취된 것은 그것이 부랑하는 떠돌이 노동력을 다스려야 하는 긴급
한 **욕구**(need)를 충족했기 때문이다. 그처럼 목표가 존재하여 전략이 점점
일관되게 개발되었지만 주체에게 그것을 부과할 필요는 없었다(강조는 필
자).[16]

∙∙

14) (옮긴이) 기조(1787~1874)는 프랑스 정치학자이자 역사가로서 프랑스혁명 후 7월 왕정
   (1830~1848) 때 보수적인 입헌왕당파의 지도자로서 중요한 장관직을 맡았다. 1812년 파리
   대학교 역사학 교수로 있다가 제1차 왕정복고(1814)에 가담해 입헌군주제의 유력한 지지자
   가 되어 프랑스 정치를 좌우했다. 1820~1830년에는 역사 연구에 몰두하여 『유럽 문명사』(3
   권, 1828), 『프랑스 문명사』(5권, 1829~1832))를 저술했으며, 1832~1837년 교육부 장관을
   지내면서 모든 시민에게 초등 교육 실시를 주장하는 교육입법을 제정했다. 1848년 2월 혁명
   때 왕정이 무너지면서 사임했다.
15) (옮긴이) 뒤팽(1657~1719)은 프랑스의 교회사가로 종래의 스콜라 철학에서 벗어나 근대
   언어를 사용하여 전기, 문학, 교리비평, 서지학을 망라한 『교회작가 신총서(新叢書)』(58권,
   1686~1704)를 저술했다. 이 책에서 밝힌 그의 견해는 당시 교계에서 강력한 비난을 받았고
   1696년 마침내 판매 금지가 되었다(이 책은 1757년 가톨릭 금서 목록에 올랐다). 교황권의
   제한을 옹호하는 교리를 변호하며 교황 클레멘스 11세에 반대하여 파리에서 추방되었으나
   자기 견해를 철회하고 풀려났다. 그는 로마 가톨릭과 영국 성공회의 재결합을 구상했으며,
   러시아의 표트르 대제로부터는 동방 정교회와 로마 교회를 재결합하는 방안을 의뢰 받기도
   했다. 『역사학자 총서』(1707, 2권), 『교회 약사(略史)』(4권, 1712) 등의 저서를 남겼다.
16) M. Foucault, "The confessions of the flesh", in C. Gordon (ed.), *Power and
   Knowledge*, op. cit.

내가 보기에는 이러한 목적론 지향적인 기능주의적 분석은 파슨스가 사회 과정 그리고 특정 하위 체계 내에서 그것의 작동을 다루는 방식과 흡사하다. 예컨대 파슨스에 따르면, 통합 하위 체계는 사회 체계의 통합 목적과 요건에 기여하는 규범적으로 조절된 모든 사회 과정으로 이루어진다. 이러한 모든 과정들을 연결시켜주는 것은 그 과정들과 특정 주체 또는 집단과의 연계가 아니라 그 과정들이 체계의 목적(즉 통합)에 기여하는 바다. '긴장 관리'와 '유형 유지'라는 기본적인 문제를 수반하는 잠재성 하위 체계의 경우도 마찬가지다. 사회를 하나의 통일체로 볼 때, 이 두 요건은 목표 달성과 전반적인 '적응/생존'을 보장하기 위해 사회 구성원들에게 자신들의 역할을 수행해나가도록 동기를 부여하는 사회 체계의 욕구를 말한다. 긴장 관리와 유형 유지에 기여하는 모든 사회 과정들(예컨대 아동의 사회화, 종교적 관행, 교육 훈련 등)은 모두 동일한 사회적 필요에 기여하기 때문에 그 과정들 속에 위치한 집단들과 상관없이 잠재성이라는 명칭으로 불린다.

'주체 없는 실천'을 '주체 없는 사회 과정'으로, '목표'를 '체계 요건'으로, '주체성의 구성'을 사회화로 바꾸어놓으면, 푸코와 파슨스는 방법론적으로 아주 놀랄 만큼 유사해진다. 두 사람은 모두 행위를 과잉 강조하여, 모두 목적론을 지향하는 기능주의적 설명에 의지할 수밖에 없게 된다.[17]

∵

17) 나아가 일정한 유형의 지식의 존재 조건을 탐색하려는 푸코의 지속적인 노력조차도 파슨스와 유사한 기능주의적인 함의를 수반한다. '존재 조건'은 자주 기능적 요건으로 작동한다. 이 두 개념 모두 필수적이면서 그 자체로 충분하지 않은 조건을 적시한다. 말하자면 그것은 그것 없이 연구한 사회 현상은 존재할 수 없거나 분해되고 마는 요인들이다. 어떤 경우든 존재 조건들을 단순히 확인하는 것만으로는 고려 중인 사회 현상을 적절하게 설명할 수 없다.
예컨대 푸코가 그런 것처럼 병원에 의학 기록 보관소를 설립하는 것이 오늘날 의학 지식의 존재 조건의 하나였다고 주장하는 것은 이 새로운 지식이 발생하게 된 정확한 메커니즘에 관해 아무것도 말해주는 바가 없다. 이와 유사하게 파슨스가 특정의 사회 체계가 생존을 위두 접근 방식 사이에는 물론 주요한 차이점들이 있다. 파슨스의 분석은 사람들로 하여금 자신들의 역할에 부여된 규범적 기대를 따르게끔 동기를 부여하는 자비로운 사회 체계를 상정하고 있다는 점에서 다소 '중립적'이다. 다른 한편 푸코는 사회화보다는 예속화를 그리고 일탈보다는 저항을 강조하는 등 사회, 특히 근대 사회를 보다 비판적이고 부정적으로 바라본다. 이러한 상당한 차이점에도 불구하고 기본적인 설명 양식에서는 놀라우리만큼 유사한 점이 있다. 푸코는 기능주의에 적대적임을 공언하고 있음에도 불구하고 '지배/예속', '목적'을 수행하고 있는 그의 핵심 개념인 주체 없는 실천은 불가피하게 그를 목적론적 형태의 기능주의적 설명으로 이끌고 있기 때문이다.

푸코가 설사 기능주의적 설명을 피해간다 하더라도 그는 필시 구조주의적 설명에 빠질 수밖에 없게 된다. 물론 그는 기능주의의 경우에서처럼 수사적 수준에서 자신이 구조주의적 방법론을 사용하고 있음을 부인한다. 그렇지만 이러한 그의 언명에도 불구하고 상당수의 그의 저작은 담론의 구성 및 변화의 규칙, 즉 행위자들이 인식하지 못하는 규칙에 초점을 맞추고 있다.[18]

∙∙

해 해결해야 하는 네 가지 기능적 요건(즉 존재 조건)에 대해 언급한 것은 그 체계를 형성하고 재생산하고 변화시킨 실제 과정들에 대해 아무것도 말해주는 바가 없다.

이 말은 존재 조건도 기능적 요건도 바로 그 논리상 인과적 설명을 제시할 수 없다는 것을 뜻한다. 두 용어 간에 유일한 차이가 있다면, 존재 조건이라는 용어는 자신들이 기능주의적 논리를 사용하고 있으면서도 그것을 부정하고 있는 (푸코나 기든스 같은) 인물들이 즐겨 사용하고 있다는 점이다.

18) 한 예로 다음 구절을 살펴보자.

"그 같은 연구가 얼마나 '사람들로부터 환영받지 못하는지', 즉 담론을 통해서 자신을 표현하는 상냥하고 조용하고 친밀한 의식의 방법에 의해서가 아니라 알려지지 않은 일련의 모호한 모든 규칙에 의해서 담론에 접근하는 것이 얼마나 사람들을 불쾌하게 하는지 나는 물론 어느 누구든 알

말할 나위도 없이, 이처럼 기능주의적—목적론적 설명과 구조주의적 설명 사이를 오가며 동요하게 되는 것은 사회적 인과 관계 문제를 다룰 때 행위를 무시 또는 분산시킨 것에 대해 치러야 하는 대가다.[19] 행위자를 주변화하게 되면, 사회 현상과 사회 변동을 설명하는 유일한 방식은 체계 요구나 숨은 규약에 의거하는 것뿐이다.

나아가 푸코는 주체를 분산시킴으로써 스스로 목적론으로 치달을 뿐 아니라 상이한 관행들이 가진 상이한 비중 또는 영향(특정의 주체성을 구성 또는 변화하는 데 일정한 관행이 다른 관행보다 더 많이 기여한다는 사실)을 평가하지 못하게 된다.

한 예로 신경이 과민하고 의기소침한 성격의 빅토리아 시대 숙녀[20]라는 구성물에 대해 살펴보자. 푸코에 따르면, 이러한 유형의 사회적 구성물은 분산된 여러 사회 영역들 속에 위치한 무수한 담론적 및 비(非)담론적 관행(의료 담론, '여성성'에 관한 문학 담론, 사회예절 교본, 신앙 고백 관행, 기숙 학교 훈련 등)의 의도하지 않은 결과이다. 그 영향력이 미치는 폭은 대단히 넓은데, '빅토리아 시대 숙녀'를 구성하는 데 어느 관행이 더 많은 영향을 미치고 어느 관행이 덜 영향을 미쳤을까? 의료 전문직의 담론보다 문학 담론이 더 중요했을까? 푸코는 그러한 질문에 답변을 할 수가 없다. 왜냐하면 그는

∵

고 있다. …… 나는 이러한 고민거리를 느끼는 사람들을 이해할 수 있다. 그들은 분명 자신의 역사, 자신의 경제, 자신의 사회적 관행, 자신이 말하는 언어, 자신들 선조의 신화 그리고 어린 시절 들려주던 동화까지도 자신들이 의식하지 못하는 규칙들을 따른다는 것을 충분히 인식하는 데 어려움을 가진다."(G. Burchell, C. Gordon and P. Miller (eds), *The Foucault Effect*(London: Harvester Press, 1991), p. 71에서 인용. 강조는 원문)

19) 사회적 인과 관계에서 행위가 갖는 중심적 위치의 불가피성을 강조하고 있는 초기의 저작으로는 다음을 보라. R. M. McIver, *Social Causation*(New York: Harper, 1942).

20) (옮긴이) 말과 행동이 정숙하고 자태가 기품이 있으며, 자부심이 강한 여자를 지칭하는 것으로 말괄량이와 대비되는 말이다.

행위를 주변화해서 복잡한 통일체를 형성하는 데 여러 관행들 또는 담론들이 어떻게 접합되는지를 탐구할 수 없게 되었기 때문이다.

행위 개념은 누구에 관한 질문 또는 경제적, 정치적, 문화적 기술이 차별적으로 통제받는 방식에 관한 질문을 상정한다. 행위 개념이 부재하다는 것은 여러 관행들(자유의 관행이든 부자유의 관행이든)의 상대적 비중을 평가하고 이익 집단들 간의 투쟁이 의도적 또는 비의도적으로 특정 분석 수준에서 여러 관행들의 접합에 영향을 미치는 방식을 평가할 방도가 전혀 없음을 뜻한다.

한 번 더 되풀이하면, 여러 담론들이 접합되어 위계적으로 구조화된 통일체를 형성하는 방식을 보여주는 방도 또는 특정한 담론이 왜 그리고 어떻게 해서 다른 담론보다 더 강력한지를 보여주는 유일한 방도는 개별 및 집합 행위자를 분석의 중심에 놓는 것이다. 이렇게 하지 않으면 사회 세계는 비(非)위계적인 '평평한' 장소로 축소되고, 그렇게 되면 사회 세계를 적절하게 서술할 수도 설명할 수도 없게 된다.[21]

●●

21) '주체의 분산' 문제에 관한 지속적인 논쟁에 대한 위의 비판과 관련된 내용을 보여주기 위해 나는 행위에 관한 푸코의 견해를 맹렬하게 방어하고 있는 로이 보인(Roy Boyne)의 입장을 간략히 논의하고자 한다(Roy Boyne, "Power-knowledge and social theory: The systematic misrepresentation of contemporary social theory in the work of Anthony Giddens", in C. G. A. Bryant and D. Jary (eds), *Giddens' Theory of Structuration*(London: Routledge, 1991). 프랑스 포스트구조주의에 관해 방대한 저술을 한 보인은 푸코의 저작에 대한 기든스의 접근 방법에 비판적이다. 기든스는 포스트구조주의 일반, 특히 푸코의 저작은 행위를 이론화하지 못하거나 경시하고 있으며, 이러한 점이 근대 세계를 분석하는 데 구조주의적 또는 포스트구조주의적 통찰을 활용하고자 하는 모든 사람에게 심각한 문제점을 낳는다고 지적한다(내가 생각하기에 아주 옳다).
보인은 기든스가 푸코의 사고를 잘못 이해했으며, 특히 권력-지식 개념이 제시하고 있는 근본적인 통찰을 제대로 파악하지 못했다고 위의 내용에 대해 반박한다. 또한 보인은 푸코를 옹호하면서 모든 프랑스 이론가들은 다음과 같이 주장한다고 지적한다.

3. 표상 및 경험적 준거 개념의 거부

포스트모더니즘은 전체론적 이론을 거부할 뿐 아니라 표상 및 경험적 준거 개념에도 마찬가지로 반대한다. 포스트모더니즘은 사회 이론이 사회 현실을 '외부에' 존재하는 것으로 직접 또는 간접적으로 표현할 수 있다거나 그렇게 해야 한다는 관념을 경멸한다. 즉 현실은 이론과는 별개로 또는 이론과 무관하게 때때로 구성되고 지속되는 것으로 본다.

이러한 입장의 배경을 이해하기 위한 한 가지 방법이 소쉬르(Saussure)

∴

"우리 사회의 풍부하고 복잡한 각종 작용들은 주권적 주체(sovereign subject) 없이 일어나는 역사적 과정의 유산이다(그리고 정신병 사례는 그러한 점을 만들기 위해 사용되어온 많은 사례들 중 그저 하나일 뿐이다). 여기서 우리가 다루고 있는 것은 역사의 조건이다."(앞의 책., p. 54)

물론 기든스는 근대 사회의 복잡한 작용의 배후에는 '주권적 주체'란 것이 존재하지 않는다는 점에 별 어려움 없이 동의한다(그가 강조한 의도하지 않은 결과는 이러한 상황을 다루는 개념들 중 하나이다). 그러나 그는 포스트구조주의자 일반 그리고 특히 푸코가 역사는 주권적 주체를 가지지 않는다는 전적으로 수용 가능한 개념을, 역사는 인식 능력을 가진 인간 주체를 가지지 않는다는 전혀 수용할 수 없는 개념과 융합시킨다고 지적한다.

위의 내용에 대해 보인은 푸코의 저작은 행위 및 인식 능력 개념을 부정하지 않는다고 응수한다.

"푸코가 '권력의 경제'에서 벌을 주는 것보다 예속시키는 것이 더 효과적이고 유익하다는 것을 이해하게 되는 순간이 있다고 말했을 때, 역사 변동의 바람이 어느 방향으로 부는지를 알게 된 권력 보유자가 인식력 있는 행위를 한다는 것을 결단코 부정하지 않았다."(앞의 책., p. 60)

그러나 요점은 푸코가 (위의 사례에서처럼) 행위에 대해 말할 때는 그의 기본 개념 틀 때문이 아니라, 바로 그것에도 불구하고 그렇게 한다는 것이다. 왜냐하면 그의 권력―지식 개념에는 예속화 과정이 어떻게 해서 미시 또는 거시 행위자와 연관되는지를 검토하도록 해주는 것이 전혀 없기 때문이다. 예컨대 푸코가 지속적으로 말하는 권력의 미시적 기술이 "역사 변동의 바람이 어느 방향으로 부는지를 알게 된 권력 보유자"와 정확히 어떤 식으로 관계를 맺는가? 신비스런 권력 보유자는 누구인가? 그들은 어떻게 다른 사회 행위자와 관계를 맺는가? 그들은 서로 어떤 종류의 게임을 수행하는가? 그 게임의 의도하지 않은 결과는 무엇인가? 푸코는 이런 질문들 ― 그가 관심을 가지려고 하는 역사적 맥락과 행위를 훨씬 더 진지하게 살펴볼 수 있게 하는 질문들 ― 을 진지하고 체계적으로 제기하는 법이 전혀 없다.

의 '기호의 임의성(the arbitrariness of the sign)' 개념을 상기하는 것이다. 소쉬르는 한 단어를 이해하는 데는 육성으로서의 단어(기표)와 개념으로서의 단어(기의)의 관계가 특정한 언어 규칙의 맥락 내의 이런저런 기표들 간의 관계보다 덜 중요하다고 주장했다. 그리하여 소쉬르와 함께 관심의 초점이 경험적 준거 및 기의에서 기표들 사이에 존재하는 연결고리 그리고 그 둘 간의 차이를 조절하는 언어 규칙으로 옮겨 갔다. 잘 알려진 바와 같이, 데리다[22]는 이러한 이동 과정을 더욱 진척시켜 기표에 대해, 아니 오히려 기표들 간의 차이를 지나치게 강조하여 기의와 그 경험적 준거는 주변으로 밀려나거나 아예 사라지게 되었다.

이 같은 종류의 논리를 따르면, 사회 현실은 기표들의 무한한 사슬로 이루어지며, 특정 기표는 각각 자체의 의미를 다른 기표들에 대한 공시적 및

∴

푸코는 오로지 권력의 미시적 기술이 어떻게 주체성을 구성하는지만 보여주고, 권력의 미시적 기술이 어떻게 구성되는지는 전혀 보여주지 않는다. 기술의 구성이 전혀 의도하지 않은 것이라는 사실 그리고 단일의 '주권적' 행위자란 것은 존재하지 않는다는 사실이 그러한 구성에 아주 중요한 기여를 하는 특정의 이익 집단 같은 것을 규명할 수 없다는 것을 의미하지는 않는다. 포스트구조주의는 주체의 분산, 미리 구성된 주체의 부재 등을 강조하여 행위 주체를 그들의 사회 세계의 산물로 보려는 것은 물론 그 세계의 생산자로 보려는 그 어떤 질문도 단호하게 가로막는다.

22) (옮긴이) 데리다(1930~2004)는 서양 철학이 대부분 궁극적인 형이상학적 확실성이나 의미의 근원을 모색해온 것에 대한 비판을 토대로 삼고 있다. 서양 철학에 대한 데리다의 비판은 문학, 언어학, 정신분석학을 망라하고 있다. 그는 후설의 현상학을 배운 후, 구조주의의 방법을 철학에 도입하여 언어의 기호 체계가 자의적인 것이라는 인식에서 언어 위에 조립된 논리학을 재검토하였다. 데리다는 어떤 확립된 철학 이론을 갖는 것을 피하고, 그 대신 언어를 분석함으로써 어떤 철학적 테제의 기본 개념을 문제로 만드는 근본적인 대안을 제시하려고 했다. 또한 데리다는 해체의 방법을 통해 형이상학을 가장 많이 비판하는 철학자들까지도 형이상학적 가설과 선험적 가정을 사용하고 있음을 밝히고 있다. 그가 남긴 해체주의는 그간 정체된 서양사상사의 닫힌 체계에 새로운 사유의 영역을 열었다는 평가를 얻고 있다. 그러나 새로운 사회 건설의 방향성조차 허물었다는 점에서 허무주의적이고 무기력하다는 비판도 함께 얻고 있다.

통시적 차이로부터 이끌어내게 된다. 이로써 포스트모더니즘은 사회를 언어 또는 텍스트로 나아가 텍스트들의 네트워크(이것의 유일한 준거는 다른 텍스트들이다)로 보게 된다. 그 같은 상황에서 기표 또는 텍스트 각각의 의미는 본질상 불안정하며, 텍스트 밖에 있는 경험적 실재에 대한 견고한 정박지는 존재할 수 없기 때문이다.

데리다의 접근 방법에 영향을 받은 라클라우(Ernesto Laclau)[23]와 보드리야르(Jean Baudrillard)[24] 같은 사회이론가들은 그 같은 원리에서 출발하여, 전체론적 주장들을 담고 있거나 (우리가 사회 현실이라고 부르는) 경험적 준거(사회학자들은 이것을 이른바 '외부에' 있는 것으로 순진하게 간주한다)를 '표상적으로' 서술하여 설명하려는 이론이라면 모두 '해체하는(deconstruct)' 데 착수했다.

포스트모더니스트들에 따르면, '외부에는' 사회 이론이 서술하거나 설명할 아무것도 존재하지 않는다. 어떤 사회 현상이든 상징적 구성물(즉 이론적 구성물)이기 때문에 이론과 '경험적 실재' 사이에는 아무런 이원론도 어떤 종류의 간극도 존재하지 않는다. 통상적인 사회사상은 본질주의, 물질적인 것에 대한 소박한 신앙, 사회 현상의 이론 외적 존재 등에 물들어 있다. 실재에 있어 모든 사회 현상은 사회적 행위자들이 상호작용을 해가면서 타자와 자신에 대한 이론들을 끊임없이 수립해간다는 사실에서 파생되는 상징적 구성물에 다름 아니다.

∵

23) E. Ladau and C. Mouffe, *The Hegemony and Socialist Strategy: Towards a Radical Democratic Politics*(London: Verso, 1985) ; and E. LacIau, *New Reflections on the Revolution of Our Time*(London: Verso, 1990).

24) J. Baudrillard, *The Mirror of Production*(St Louis: Telos, 1981) ; *Simulacres et simlliation*(Paris: Ed. Galileo, 1981).

그런데 '표상(representation)'에 대한 포스트모더니스트들의 공박을 비판적으로 살펴보면, 여기서도 역시 그들의 분석은 (비록 흥미로운 요소를 담고 있기는 하나) 너무 과장되어 받아들이기가 힘들다. 일부 통상적인 사회과학에서 발견되는 본질주의와 경험주의에 대한 포스트모더니스트들의 공박은 극단적인 상대주의로 빠져 경험적 연구를 돕기는커녕 오히려 방해한다. 사회 현상을 상징적 구성물로 보는 관념(물론 이러한 관념은 포스트모더니즘이 창안한 것은 아니다) 그리고 '외부에는' 사회학 이론이 반영하거나 표현할 것이 아무것도 존재하지 않는다는 관념이 반드시 상대주의로 빠지거나, 아니면 이론과 그 경험적 준거 간의 모든 구별의 폐기로 귀결되는 것은 아니다. 이론의 정확성을 결정하도록 도와주는 '물질적' 준거가 존재하지 않더라도 상징적 담론 형태의 준거는 존재하며, 이것은 물질적 준거만큼이나 경험적이고 확정적일 수 있다.

이 점에 대해 명확히 살펴보자. 이론이란 것이 보통의 사람들이 사회 현상에 기초하여 서로 의사소통하려고 시도하는 가운데서 생겨난다고 가정하게 되면, 사회학 이론은 그저 2차 이론적 구성물일 따름이다. 그것은 이론에 관한 이론이다.[25] 이러한 정식화는 상대주의로도 빠지지 않고, 포스트모더니즘과 같이 경험적 준거에 관련된 모든 관념의 전면적 거부로 이어지지도 않는다. 통상적인 사회과학자들이 외부의 '물질적 실재'를 준거로 삼아 자신의 이론을 검증하려는 것과 동일한 방식으로 비본질주의적 접근 방식도 1차 이론에 의거하여 2차 이론을 경험적으로 확증해나가야 한다. 어휘가 바뀌어도 기본 논리는 동일하게 유지되어야 한다.

∴

25) 이 점에 관해서는 다음을 보라. A. Giddens, *The Constitution of Society*(Oxford: Polity Press, 1984), pp. 284~374.

구체적인 예를 들면, 대처 집권기 동안 영국에서 사회 불평등이 심화되었다는 진술은 그것이 얼마나 정확하게 "외부의 현실을 표현하고" 있는지를 평가함으로써 경험적으로 검증할 수 있다. 이러한 '현실'이 물질적으로 구성, 재생산되는 것이 아니라 담론적으로 구성되고 재생산된 것이라는 사실은 그 진술(2차 이론적 구성물)이 1차 이론적 구성물의 수준에서 사태의 진상을 정확하게 '표현할' 수 없다는 것을 의미하지 않는다. 또한 이것은 (담론적으로 생산된 주체들 간의 실질적 관계 — 1차 구성물 — 를 검토하여 어느 진술이 경험적으로 사실에 더 가까운지를 결정할 목적으로) 불평등 심화에 관한 진술과 그에 상충하는 진술을 비교할 수 없다는 것을 의미하는 것도 아니다.

'물질적 실재' 대신 '1차 이론적 구성물' 또는 '담론적으로 생산된 사회적 실재'라는 용어를 사용하게 되면, 이것은 본질주의는 물론이고 사회학 이론이 서술 또는 설명하려는 '외부에는 아무것도' 없다는 극단적 상대주의도 피할 수 있다.

뿐만 아니라 만약 내가 이 책(3차 이론적 구성물)에서 지식(2차 이론적 구성물)의 발전에 관한 푸코의 견해를 설명해낸다면, 프랑스 철학자의 이론에 대한 이러한 설명을 경험적으로 검증할 수 있게 된다. '외부의 실재'(즉 푸코의 저작 『지식의 고고학(*The Archeology of Knowledge*)』)는 실제로 존재하며, 이러한 실재에 기초하여 여기서 내가 푸코의 이론을 해석 또는 '표현하고' 있는 것이 얼마나 올바른지, 혹은 그른지를 평가할 수 있다. 만약 내가 푸코의 인격이나 스타일 또는 정치적 신념을 싫어해서 그의 이론을 폄하하게 되었다고 생각한다면, 나의 설명을 기각하여 (나 스스로 또는 나의 비판을 통해) 보다 정확한 이론으로 그것을 대체할 수 있도록 논쟁할 수 있는 여지는 항상 열려 있다.

물론 정말로 객관적인 또는 '정확한' 해석은 불가능하다고 주장할 수도 있다. 2차 이론적 구성물은 1차 이론적 구성물에 근접할 수 있고, 3차 구성물과 2차 구성물의 관계도 마찬가지다. 그러나 이것은 두 해석 중 어느 것이 특정 텍스트를 보다 정확히 '표현하는지'를 평가하기 위해 그 둘을 비교하는 것은 불가능하다는 터무니없는 주장과는 매우 다르다.

설령 우리가 해석의 과정에서 가다머(Hans Georg Gadamer)[26]의 '지평융합'[27]을 받아들인다 해도, 이것은 상충하는 두 개의 해석들이 텍스트의 의미에 근접하는 데 얼마나 성공하는지를 두고 두 해석을 평가, 비교할 여지를 여전히 남겨둔다. 하나의 명백한 예를 들어보자. 마르크스 역사유물론의 선동적인 설명과 코헨(Gerald Allen Cohen)[28]의 설명[29] 또는 기든스의

∴∴

26) (옮긴이) 가다머(1900~2002)는 마르틴 하이데거(Martin Heidegger)의 제자로서 당시 세계 철학계를 주도하던 하르트만(Nicolai Hartmann), 후설 등의 수업을 받으며 플라톤, 아우구스티누스, 헤겔 등 서양 철학의 다양한 전통을 결합하여 자신의 독특한 철학적 해석학을 완성했다. 그는 자신의 철학을 집대성한 『진리와 방법(Wahrheit und Methode)』(1960)에서 데카르트 이래 객관적 진리를 추구해온 서양 철학이 가지고 있는 형이상학적 오류를 통렬히 비판했다. 가다머는 하이데거의 존재론적 해석학의 관점을 받아들이면서 근대 미학과 역사 이해 이론의 주관주의 위험성을 비판적으로 조명하고 언어 존재론에 기반을 한 새로운 철학적 해석학을 제시한다. 가다머의 철학적 해석학은 20세기 철학, 미학, 신학 등 인문과학 전반에 심대한 영향을 끼쳤다.

27) (옮긴이) '지평융합(fusion of horizons)'은 가다머 해석학의 핵심 개념의 하나로, 텍스트나 역사적 사건에 대한 이해를 우리의 현대 상황에 대해 그것들이 갖는 의의와 통합하는 것이다. 가다머에 따르면 우리의 이해는 우리를 지탱하는 전통에서 나온다. 지평은 고정된 것이 아니며 역사적으로 항상 변화한다. 따라서 현재의 지평은 과거의 지평과 단절된 것이 아니라 서로 통합되어 있으면서 역동적으로 움직이며, 지평은 현재는 물론 과거에 대해서도 열려 있다.

28) (옮긴이) 코헨(1941~2009)은 캐나다 출신 정치 철학자로 마르크스주의와 분석 철학을 결합시켜 '분석마르크스주의'를 창시한 주도적 인물이다. 분석마르크스주의는 마르크스 이론이 과학적 이론으로서 인정받지 못하는 이유를 추상성과 이데올로기적 요소에서 찾고 마르크스 이론의 과학적 명료화를 위해 실증주의적 방법, 기능적 설명 등을 도입한다. 이로써 거시적 역사 이론에서 미시적 기초에 의거한 방법론적 개체주의로 환원하여 마르크스 이론의 개념을 실증적으로 증명하는 논리실증주의로 귀착시킨다는 비판을 받고 있다. 이러한 논리를 체계화한 대표적 저작이 『카를 마르크스의 역사 이론: 역사유물론 옹호』이다.

설명[30] 간에 (해석의 정확성과 관련하여) 차이를 수립하는 것은 불가능한가? 코헨과 기든스는 서로 의견이 다름에도 불구하고 두 사람 모두 스탈린주의나 파시스트적 해석보다는 마르크스의 이론을 더 올바르게 설명하고 있다는 것(그리고 그런 측면에서 마르크스가 주체에 대해 생각한 바를 더 올바르게 '표현하고' 있다는 것)은 거짓인가?

여기서 논의해야 할 또 하나의 난점이 있다. 이것은 사회적 실재의 '담론성(discursivity)'은 경험적 준거 및 표상 개념에 대한 또 하나의 도전이라는 주장이다. 그에 따르면 인문과학은 비물질적인 소재를 연구하며 그것 역시 적어도 부분적으로는 인문과학자들 자신에 의해 구성된 것이다. 그럴 경우 사회 이론과 '외부의' 사회적 실재 간의 구분, 또는 반본질주의적으로 말하자면, 1차 이론적 담론과 2차 이론적 담론 간의 구분은 희석된다.

푸코를 다시 예로 들어보자. 푸코가 보기에 정신분석학자는 근대의 성(sexuality)을 '외부의' 소재로 탐구하는데, 그것은 엄연히 존재하는 것이며 정신분석학이라는 분과학문이 발견, 해독하고자 하는 규칙성을 가지고 있다. 이러한 본질주의적 오류는 정신분석학적 관행 자체가 자신들의 연구대상(예컨대 근대적 리비도)을 구성하는 데 상당한 정도로 기여했다는 것을 은폐한다. 나아가 주체성은 정신분석가가 한꺼번에 드러낼 수 있는 내적 본성이나 진실을 가진 미리 구성된 실체가 아니라는 사실을 은폐한다. 주체성은 특정한 건설가나 발명가가 없는 계속 진행 중에 있는 구성물 또는

••

29) G. A. Cohen, *Karl Marx's Theory of History: A Defence*(Oxford: Clarendon Press, 1978).

30) A. Giddens, *A Contemporary Critique of Historic Materialism*(London: Macmillan/ Berkeley: University of California Press, 1987).

발명품이다.[31]

여기서 다시 한번 푸코는 엄청난 과잉 일반화에 빠져 중요한 통찰을 상실할 위험에 처한다. 그의 포괄적인 주장은 이러한 현상들이 확산되는 조건 또는 확산되지 않는 조건을 구체적으로 밝혀내지 못한다. 예컨대 정신분석학이 자체의 관행이 그 구성에 상당한 기여를 한 중심 소재를 탐구하는 것은 지극히 당연하다. 그리고 정도는 덜 하지만 정신의학, 범죄학 등의 경우도 마찬가지다. 그러나 모든 사회적 지식이 자체의 중심 소재에 아주 밀접하게 연관되어 있는 것은 아니다. 극단적인 예로, 고대 또는 근대 중국의 인류 정착 유형을 연구하고 있는 인문 지리학에서 과학자의 담론적, 비담론적 관행이 그러한 인류정착 유형의 발생 또는 구성과 강하게 연관되어 있다고 주장하는 것은 솔직히 이치에 맞지 않는다.

푸코의 '지식/권력' 개념은 분명 인문지리학과 중국의 인류정착 유형 간의 관계를 검토하는 데보다는 정신분석학 또는 정신의학이 부분적으로 근대적 정신을 형상화한 방식을 연구하는 데 더 적절하고 유용하다. 후자의 경우 지식 소유자와 인식 대상 간의 관계는 전자보다 훨씬 더 밀접하고 더 '내부화되어' 있다. 물론 두 경우 모두 인식의 대상은 사회적으로 구성되지만 그 구성 양식은 근본적으로 다르다.

나아가 (정신분석학에서처럼) 1차 담론과 2차 담론 간의 상호작용이 밀접할 때조차도 상호의존의 정도를 과장해서는 안 된다. 사회과학이 근대 세

∴

31) 바로 이러한 이유에서 푸코는 착취 또는 정치적 지배에 항거하는 과거의 투쟁과 달리 예속화에 대항하는 오늘날의 투쟁에서는 '적'을 식별하기가 불가능하다고 주장한다. (한때 사회 전체에 퍼져 있던) 미시적 '훈육/감시' 기술은 특정 엘리트에 의해 위로부터 통제되지 않는다. 예속화 과정은 전부 완전히 비인격적이고 육체에서 분리되어 작동한다. 그것은 특정의 목표가 있음에도 '주체 없는' 과정이다.

계와 탈근대 세계를 형상화하는 데 심히 영향을 미쳤다는 관념은, 자신들의 분과학문의 중요성을 지나치게 부풀리고 심지어 편애하기까지 하는 특정 사회과학자나 철학자들의 견해보다 사회 현실과 사회적 지식 간 연계의 성격에 대해 말해주는 바가 더 적다.

끝으로, 표상 개념에 대한 포스트구조주의의 공박은 정치 영역으로 확장되기 때문에 이 문제에 대해서도 약간 언급해둘 필요가 있다.

일부 포스트구조주의자들[32)]은 정당이 계급의 이해관계를 '표상할' 수 있다는 사고는 다시 본질주의로 귀결된다고 본다. 표상 개념은 외부의 물질적 실재 때문에 그 같은 이해관계를 평가하기 위한 '객관적' 방식이 존재한다고 가정하며, 또 관찰자는 그것을 사용하여 정치인들이 자신들이 대표하는 계급의 이해관계를 얼마나 정확히 또는 성공적으로 표현하는지를 평가할 수 있다고 가정한다. 포스트구조주의는 그 같은 가정이 그릇되었다고 본다. 왜냐하면 포스트구조주의는 그 같은 사물의 존재를 관찰자가 정치 대표자의 성과를 평가하기 위한 수단으로 활용할 수 있는 물질적 또는 객관적 이해관계로 인정하지 않기 때문이다.

여기서도 역시 포스트구조주의자들은 객관적 이해관계라는 개념에 과도하게 반응하여 또 하나의 수용 불가능한 입장으로 건너뛴다. 포스트구조주의는 철칙이란 것도 존재하지 않고 완전히 초연한 '형식주의적' 입장에서 한 사회적 범주 또는 집단의 객관적 이해관계를 평가할 수 있는 기초가 되는 다른 어떤 수단도 존재하지 않는다고 여긴다. 또한 각종 이해관계의 '형성/접합'은 담론적 구성물로서, 이것은 부분적으로는 집단 구성원들

32) 이와 관련해서는 다음을 보라. E. Ladau and C. Mouffe, *The Hegemony and Socialist Strategy*, op. cit.

이 자신들의 이해관계를 어떻게 지각하느냐에 기초한다고 여긴다.[33] 이러한 반본질주의적 논점들은 표상 개념을 침식하지 않는다. 우리가 물질적 또는 객관적 이해관계를 담론적으로 구성된 이해관계로 대체하기만 하면 표상 개념은 여전히 유용하다. 외부의 실재는 여전히 존재하며, 정치 대표자들이 정치적 각축장에서 어느 정도 성공적으로 접합할 수 있는 이해관계들도 여전히 존재한다.

결론적으로, 포스트구조주의가 사회과학에서 상당한 혼란을 야기한 물질-관념 구분을 기각한 것은 잘한 일이다. 활력 없는 문화적 객체(예컨대 기계)를 빼놓고 물질적 이해관계, 물질적 토대, 물질적 생산관계에 대해 말하는 것은 잘못된 것이다. 그러나 이러한 잘못된 이분법을 기각한 것이 표상 및 경험적 준거 개념을 기각하는 것으로 이어질 필요는 없다. 사회적인 것이 담론적으로 구성된다면, 우리는 '물질'을 담론적으로 구성되고 재생산된 현상(이것은 매우 지속적이고 행위자의 조작에 저항한다)으로 바꾸어 표현하여 베버의 객관성 개념을 계속 안전하게 지킬 수 있다.[34] 내가 지금 말

∴

33) 다음을 보라. D. Lockwood, *Solidarity and Schism: 'The Problem of Disorder' in Durkheimian and Marxist Sociology*(Oxford: Oxford University Press, 1992).

34) 한 예로 마르크스주의자들이 이데올로기적 담론은 물질적 토대보다 인과적 비중이 작다고 주장하는 경우, 이것은 다음과 같이 비본질주의적 방식으로 바꾸어 표현할 수 있다. 자본주의적 소유의 성격과 관련해서 말하자면, 2차 담론은 주기적으로 되풀이되는 자본주의적 생산관계의 재생산과 관련된 1차 담론보다 더 유연하다. 보다 구체적으로 말하면, 자본주의적 생산관계에 관한 한 우리는 두 개의 담론 수준을 쉽게 구분할 수 있다.
수준 A (1차 담론적 구성물): 영국의 수백만 노동 인구가 소유권에 관한 규칙을 관행적으로 따른다. 이러한 규칙들은 일일이 구체화되어 재생산된다. 이러한 측면에서 사적 소유 제도는 담론적으로 생산, 재생산된다.
수준 B (2차 담론적 구성물): 학자들, 정치인들, 선동가들 등이 영국의 자본주의적 생산 관계의 성격과 정당성에 관한 2차 담론을 구성한다.
마르크스주의자들이 수준 A가 수준 B보다 더 근본적 또는 더 '물질적'이라고 주장할 때 그들

하고자 하는 바는 '물질성' 대 '담론성'의 논지는 경험적 '준거/표상'의 논지와는 명백히 구별된다는 점이다. 포스트구조주의자들은 이 둘을 '융합하는' 경향이 있으며, 이 때문에 그들은 자신들이 내세운 얼마든지 수용 가능한 반본질주의에서 전혀 수용 불가능한 '상대주의/소극주의'로 나아간다.

4. 탈분화

앞에서 살펴본 포스트구조주의의 세 가지 이론적 지향은, 사회적인 것을 위계적 측면에서도 개념화할 수 없고 미시-거시, 행위-구조 같은 통상적인 구분으로도 개념화할 수 없으며, 끝으로 근대 사회의 경제, 정치, 문화 영역들 간의 제도적 분화 측면에서도 개념화할 수 없는 일련의 담론으로 보는 견해로 이어진다. 그 같은 모든 구분은 기각되든가 아니면 '초월한다.' 그러므로 포스트구조주의자들이 사회과학의 분과학문들 간 및 하위 분과학문들 간의 경계를 완전히 무시하는 것은 놀랄 일이 아니다.

여기서 포스트모던 이론은 다시 한 극단에서 다른 극단으로 건너뛴다. 그것은 하나의 바람직하지 않은 상황을 교체한 것일 따름이다. 즉 미시-거시 및 행위-제도적 구조 구분이 서로 적대적인 이론적 전통들(예컨대 거시사회학 대 미시사회학, 해석 사회학 대 실증주의 접근 방법)로 이어지는 상황을 두 전통들 사이에 가교를 수립하는 대신 각 전통이 수반하는 부정적인 측면은 물론이고 긍정적인 측면까지도 아예 무시해버리는 상황으로 교체

∵

이 실제로 의미하는 바는, 수준 A에서의 담론적 관행이 수준 B에서의 담론적 관행보다 더 지속적이고 덜 유연하다는 것이다.

한 것이다.

분과학문들 및 하위 분과학문들 간 경계의 경우에도 마찬가지로 수용 불가능한 한 극단에서 다른 극단으로 이동한다. 포스트구조주의는 사회과학들 간의 소통을 결여한 바람직하지 않은 상황을 각 하위 분과학문들의 내적 논리를 완전히 무시하는 마찬가지의 바람직하지 않은 상황으로 교체한다. 구체적으로 말하면, 경제학, 정치학, 사회학, 인류학 간의 경계가 사회 현상에 대한 학제적 연구를 방해하는 견고한 차단막이 되고 있는 현 상황은 그리 만족스럽지 못하다. 그러나 그 같은 구획화는 분과학문들 간의 현존하는 분업을 경솔하게 막무가내로 폐기한다고 초월하게 되는 것이 아니다. 그것은 다양한 전문 영역들 사이에 가교를 놓기 위한 피땀 어린 이론적 노고의 과정을 거쳐야만 극복될 수 있다. 그 같은 전략은 사회과학의 경계를 폐기하는 것이 아니다. 그것은 그것을 단순히 난공불락의 철벽으로부터 학제적 연구를 촉진시키는 전달 벨트로 변형하는 것을 목적으로 한다. 달리 말하면, 당면한 현실적 쟁점은 분화 대 탈분화가 아니다. 실재의 지적 분업은 비가역적이기 때문에 현실적 쟁점은 구획화된 분화와 구획화되지 않은 개방된 '대화적(dialogical)' 분화 사이에 있다.

이런 관점에서 볼 때, 오늘날 절실히 요구되는 것은 한 분과학문의 언어를 다른 분과학문의 언어로 번역할 수 있는 이론적 담론을 창출하기 위한 보다 철저한 노력이다. 그 같은 학제적 언어는 사회과학의 분과학문들 사이의 소통을 촉진할 뿐만 아니라 철학, 정신분석학, 기호학 등에서 이루어진 사회과학적 통찰 속으로 그것을 효과적으로 편입시킬 수 있을 것이다.

포스트구조주의는 이처럼 어려우면서도 필수적인 이론적 작업을 완전히 회피하면서 단순히 철학, 문학, 사회학, 정신분석학, 기호학 등등에서 파생된 개념들과 아이디어들을 자유롭게 무차별적으로 혼합한다. 이와 같은 각종 경계들의 기각은 미시, 중위, 거시 분석 수준의 무시, 사회적 위계의 무시, 행위-구조 구분의 무시와 결합되어 필시 좋은 철학도 좋은 문학도 아닌, 그렇다고 좋은 사회학이나 정신분석학 또는 기호학도 아닌 잡탕으로 이어질 것이 뻔하다. 아무렇게 해도 좋은 상황 그리고 복잡한 거시적 현상을 기호, 텍스트, 무의식적인 것 또는 기타 등등의 것과 관련하여 환원적으로 설명하는 현재의 불확실한 상황으로 이끈 것은 바로 이러한 자유자재의 탈분화 전략 그리고 각종 구분과 경계의 타파이다. 내가 보는 한에서 그 같은 조야한 실행은 본능이나 인종, 기후, 지리 등의 측면에서 사회 현상을 설명하려는 뒤르케임 이전의 시도로 거슬러 올라가는 것이다. 유일한 차이가 있다면 그것은 오늘날의 포스트모더니스트들이 자신들의 환원론적 설명을 생물학과 지리학에서 끌어오지 않고 정신분석학과 언어학에서 끌어온다는 점이다.

이러한 사정에 비추어볼 때, 포스트모던 이론화가 어떤 이론적 구성물이 (아무리 기묘하든 조야하든 간에) 단지 다른 이론적 구성물만큼 참이거나 거짓이라는 점만을 설득시키려는 상대주의의 특징을 띤다는 것은 놀랄 일이 아니다. 또한 포스트모던 이론이 깊이와 실체적 분석이 결여된 것을 모호함과 애매함 그리고 단어의 유희와 유사한 속임수를 찬양하는 시적 언어 같은 것으로 감춘 문체를 즐겨 쓰는 경향을 보이는 것도 놀랄 것이 못 된다.

결론적으로, 분과학문들 간의 경계가 때로는 '합리적/과학적' 고려에 기초하기보다는 행정상의 권력 투쟁이나 역사적 사건들에 더 많이 기초하고 있음을 부인할 수는 없다. 그러나 만약 모든 학문적 분할이 합리적이라고 (즉 자율적 논리를 묘사한다고) 용인하는 것이 부당하다면, 분과학문들 및 하위 분과학문들 간의 모든 경계를 선험적으로 거부하는 것 또한 부당하다.

5. 탈분화의 결과

나는 사회과학자들이나 역사학자들이 실재의 사회적 상황을 분석하면서 포스트구조주의적 개념을 어떻게 활용해왔는지를 살펴봄으로써 앞의 절에서 제시한 몇 가지 점들을 예시하고자 한다.

1) 정치경제학에서 정치적 담론으로

포스트구조주의의 용어법을 순전히 장식적으로 이용하는 수많은 사회분석을 제쳐놓으면,[35] 포스트구조주의의 반(反)전체론적 지향을 취하는 논

---

35) 경험적 연구에서 푸코를 장식적으로 사용하는 예로 비교적 최근에 발간된 다음의 편집서를 들 수 있다: Stephen Ball (ed.), *Foucault and Education: Discipline and Knowledge*(ed. by London and New York: Routledge, 1990). 이 저작에서는 교육사회학 또는 지식사회학의 통상적인 용어법으로 번역될 수 있는 그리고 의미를 전혀 손상하지 않고 번역될 수 있는 글들을 발견하기가 거의 불가능하다.
한 예로 리처드 존스(Richard Jones)는 푸코의 계보학적 방법*을 이용하여 혁명 전과 혁명 후 프랑스에서의 생리학의 발전과 사회·정치질서 변화 사이에 나타난 흥미로운 몇 가지 상동성을 설명하려고 시도한다("Educational practices and scientific knowledge: A genealogical reinterpretation of the emergence of physiology in post-revolutionary France", in S. Ball (ed.), op. cit.). 그는 푸코의 논법 스타일을 매우 충실하게 따르면서 우선 '사회학적 방법'을 희화화하여 묘사하고 그런 다음 푸코의 '계보학적' 접근 방법의 특이성과 풍부함을 수립한다. 리처드 존스는 사회학은 네오마르크스주의적으로든(즉 광범한 사회경제적 환경의 변화와 관련해서든) 아니면 '인식력 있는 주체의 의식적 의도'와 관련해서든 생리학 같은 분과학문과 사회정치 조직 간의 상동성을 설명하고자 하는 것이라고 본다(앞의 책., p. 100). 첫 번째의 경우에는 사회 경제적 하부구조에 특권을 부여하고 생물학적 또는 생리학적 담론을 단순히 사회의 유기체 모델에 기초한 이데올로기의 존재 조건으로 간주한다. 두 번째의 경우에는 행위의 예상하지 못한 결과를, 즉 푸코의 표현대로 하면 "사람들은 자신이 할 일을 알지만 자신이 행한 바가 무엇인지는 알지 못한다"[원문 그대로]는 사실을 간과한다(앞의 책, p. 93).
존스는 그처럼 엄청나게 피상적인 방식으로 사회학적 분석을 기각하며 푸코의 계보학적 방

자들은 지금은 의심을 받고 있는 마르크스주의적 또는 마르크스 아류의 정치경제학 접근 방법으로부터 대체로 단절하려고 매우 애쓰고 있다. 키스

∴

법을 생리학 분야에 적용해나간다. 그가 여기서 제시한 주요 논점은 프랑스 교육 제도의 발전이 생리학의 발전과 프랑스혁명 이후의 사회·정치질서 사이에 존재하는 연계의 유형을 조명해줄 수 있다는 것이다. 프랑스는 혁명 전과 후에 (무엇보다도) 의료의 전문 직업화를 추구하는 고도로 중앙 집중적인 국립교육 제도를 수립하여 다양한 교육 관행(관료제적 규율, 위계 제도, 공식 시험 제도)이 생리학에서 새로운 담론의 조건이 되어 구성 조직, 기관, 유기체를 수반하는 조직과 위계적 분업을 강조했고(앞의 책. p. 87) 총재 정부** 시기 동안 관료제적 조합주의의 성격을 띤 새로운 권력 양식을 강조했다. 달리 말하면, "행정 관료와 생리학자는 모두 갈수록 중앙 집중화, 관료제화와 전문 직업화의 성격을 강하게 띤 새로운 교육 체제하에서 훈련을 받고"(앞의 책., p. 95) 있었기에, 그들 각자의 행정적 담론과 과학적 담론은 새로운 교육 훈육 기술에 의해 부분적으로 틀 지어지거나 영향을 받았다.

그런데 이러한 포괄적인 주장이 그럴듯하다고 가정하면(실제로는 문제투성이의 가정이다), 왜 존스는 자신의 접근 방법을 사회학적이라고 명명하지 않고 계보학적이라는 이름을 붙였을까 질문하지 않을 수 없다. 또 왜 사회학적 방법을 마르크스주의적인 경제주의적 설명 또는 행위자의 의도에만 유달리 집착하는 접근 방법에 한정했을까 질문하지 않을 수 없다. 요컨대 행위의 예상하지 못한 결과라는 개념은 지금까지 수십 년 동안 사회학자들의 중심 관심사였다. 뿐만 아니라 과학적 담론 및 관행과 초과학적 담론 및 관행 간의 연계에 대한 탐구는 애초부터 과학사회학의 주요 관심사였다. 존스의 분석은 어떤 의미에서 다른가? 그가 자신의 방법을 과학사회학이나 지식사회학이라 부르지 않고 계보학이라 칭한 이유는 무엇일까? 만약 그것이 존스가 푸코의 '권력/지식' 개념을 사용하고 있기 때문이라면, 이러한 특수한 경우에 그 개념은 순전히 장식적으로 보인다 — 존스는 자신이 그 용어들을 사용하지 않고서 말했어야 할 것을 아주 잘 그리고 더 좋게 표현하고 있다는 점에서 장식적이다. '권력/지식'이 두 개념이 서로 연관되어 있다는 평범한 생각 이상을 의미한다면, 즉 그것이 지식 소유자가 자신의 담론을 통해 자신이 가진 지식의 중심 소재를 상당한 정도로 형상화하는 그런 상황을 함의한다면, '권력/지식'은 생리학보다는 정신의학이나 정신분석학에 훨씬 더 관련된다. 왜냐하면 인간의 세포 조직에 관한 이론들은 정신분석학 이론이 인간의 정신이나 리비도의 구성에 영향을 미치는 것과 같은 방식으로 세포 조직과 유기체를 형상화하거나 영향을 미치지 않기 때문이다.

* 계보학적 방법: 푸코는 합리적인 근대적 인간의 출현을 인간 자신의 자율적 주체성에 의한 것으로 보지 않고 권력의 작용이나 조종에 의해 그리고 그 시대 지식의 배치에 의해 만들어진 것으로 보며, 인간 주체를 이성의 담당자, 자신과 세계의 본질로 보는 사고 틀이 지닌 보편적이고 초역사적인 성격에 의문을 제기한다. 그래서 푸코는 그런 인간이 특정한 시기에 특정한 지식의 배치나 권력의 작용에 의해 어떻게 '주체'로 만들어지는지를

베이커(Keith Baker)의 저작 『프랑스혁명 고안해내기(*Inventing the French Revolution*)』[36]가 이러한 경향을 보여주는 좋은 본보기다. 베이커는 프랑스혁명이 '물질적인' 사회 경제적 힘에 의한 불가피한 결과가 아니라 주로 정치적·행정적 영역 내의 세 가지 담론에 기초한 상황적 구성 또는 고안에 의한 것임을 보여주기 위해 푸코의 통찰을 활용하고자 시도한다. 이 세 가지 담론은 군주 통치권의 세 가지 측면, 즉 정의, 이성, 의지와 관련된다. 첫째, 사법적 담론은 왕권과 최고 법원[37] 간의 관계, 즉 절대적 군주를 옹호하고 사법 기관의 자율성을 상당히 축소하기를 바라는 세력과 왕의 재량권을 제한하고 최고 법원을 절대 왕정 이전의 권력과 특권을 가지도록 복원하기를 바라는 자유주의적 반대 세력 간의 관계를 둘러싸고 전개되었다.

둘째 담론은 왕과 사법 귀족 간의 권력 배분보다는 타락하고 비능률적

‥

분석하고자 한다. 이처럼 사회와 역사의 모든 존재를 인간의 정신이나 노동의 객관화로 설명하려는 주체 형이상학 대신에 주체가 생산될 수 있는 일련의 조건들을 분석하는 것이 계보학적 방법이다. 이러한 분석 방법은 주체의 자율성을 부정하여 주체의 죽음으로 이끈다.

** 총재 정부: 로베스피에르(Maximilien François Marie Isidore de Robespierre)의 공포 정치가 몰락한 뒤 1795년 8월 부르주아공화주의에 입각한 제한 선거에 따라 의안 제출권을 가지는 500인회(중의원)와 의안 선택권을 가지는 원로원으로 이루어진 2원제 의회가 구성되고, 행정부에는 5명의 총재가 취임한 정치 체제를 가리킨다. 총재 정부는 출범 초부터 좌파 자코뱅당과 우익 왕당파 양 진영의 공세를 받은 데다가 최악의 인플레이션으로 정치적 기반이 흔들렸다. 1797년 나폴레옹이 등장하여 의회 내 반대파를 몰아내고 통령 정부를 구성함으로써 막을 내렸다.

36) K. M. Baker, *Inventing the French Revolution*(Cambridge: Cambridge University Press, 1990).

37) 최고 법원(parlements): 고등 법원이라고도 함. 프랑스혁명 이전 절대 왕정 시대의 최고 법원. 12~13세기 국왕이 봉토 문제와 정치 사안을 논의하기 위해 제후. 성직자, 각 분야 전문가들을 소집하여 구성한 의사 결정체에서 비롯된 것으로 처음에는 왕권을 강화하기 위한 역할을 했다. 중세 후기에 들어서는 제후들의 독립 기관으로 왕권을 견제하는 역할을 하여 왕권과 지속적으로 대립했다. 그러나 고등법원의 특권성 때문에 프랑스혁명 후 곧 폐지되었다.

인 국가 기구의 합리화에 더 관련된다. 이러한 행정적 담론을 활용한 튀르고(Anne R. J. Turgot)[38] 같은 학자들은 과학과 기술은 기술적 문제뿐만 아니라 정치적, 행정적 문제를 해결하는 데도 무한한 가능성을 가진다고 확신했다. 그들은 공공 행정의 부패 양상을 시정하는 데 과학자와 기술 관료, 정치가, 행정가가 긴밀하게 협력하여 노력할 것을 주장했다.

셋째는 의지에 관한 담론이다. 이는 주로 루소(Jean Jacques Rousseau)와 마블리(Gabriel Bonnet De Mably)[39]의 저술에서 나타나는 것으로, 정치적 정당화는 왕의 신성한 권리나 법률 기관 및 법적 판례에 기초해서는 안 되고, 인민의 의지에 기초해야 한다는 혁명적 이념에 중점을 두었다.

그런데 베이커는 세 가지 담론에 관한 자신의 분석이 주로 사회 사상가

∙∙

38) (옮긴이) 튀르고(1727~1781)는 프랑스 절대 왕정 말기 정치가이자 중농주의 경제학자. 그는 신학을 전공하여 22세에 수도원장직에 올랐으나 콩도르세 등 당시 유명 사회 철학자들과 교류하며 차츰 당대에 풍미하던 지적 사조인 자유주의, 과학적 호기심, 관용, 사회 진화론 등의 영향을 받았다. 이후 관계로 진로를 바꿔 25세부터 약 8년 동안 파리고등법원 소원관(訴願官)으로 일했다. 그동안 중농주의자인 케네(François Quesnay)와 교제하며 경제학을 공부하고 1761년 리모 주의 지방 감찰관으로 발탁되어 여러 가지 개혁과 농업 공사를 시행하여, 1774년 8월 국왕 루이 16세로부터 재정총감에 임명되었다. 이때부터 생산제일주의를 제창하여 국가 경제 개혁을 추진하며, 왕실 재정 감축, 신분제 폐지 등 개혁을 주도하다 귀족의 반발로 1776년 사임했다. 그러나 그의 사상은 중농주의 경제학의 발전에 지대한 영향을 미쳤다.

39) (옮긴이) 마블리(1709~1785)는 프랑스혁명 직전의 역사가이자 계몽주의 사상가로 한때 외교관으로서 근무했으며 『유럽의 공법』(1746)을 저술하며 국제법의 권위자가 되었다. 그는 1785년 『시민의 권리와 의무』를 저술했으나 혁명이 일어난 1789년에 발행되었다. 『입법과 법의 원칙』(1776), 『프랑스 역사의 고찰』(1765) 등을 저술하여 입헌 군주제를 주장하여 시민 주권론을 제창한 루소와 쌍벽을 이루었다. 외교관을 사직한 후 저술 활동을 하며 로크, 콩디야크(Étienne Bonnot de Condillac), 루소 등의 자연법 및 모렐리(Morelly)의 영향을 받아 사적 소유제 폐지를 주장하는 등 평등주의 사상에 고취되었다. 그의 사상은 로베스피에르에게 영향을 미쳤고, 후일 푸리에(François Marie Charles Fourier), 생시몽(Claude Henri de Rouvroy, Comte de Saint-Simon), 오웬(Robert Owen) 등 유토피아 사회주의자의 기초가 되었다.

와 영향력 있는 공적 인물의 텍스트에 기초하고 있긴 하나 자신의 의도는 유명한 인물과 그들의 사상에 기초하여 사회 정치적 발전을 설명하는 관념론적 역사의 형태로 되돌아가려는 것은 아니라고 힘주어 강조한다. 그는 자신을 '루소가 저지른 오류의' 접근 방법으로부터 단절하기를 바라며 자신의 지향점은 혁명적 이념의 끝없는 계보학과 무관하다고 강조한다.

그와 반대로 우리는 특정한 단일 이념의 역사를 서술하는 것을 목표로 삼지 말고 정치적 담론의 영역, 즉 가능한 행위와 발언을 규정짓고 그것들에 의미를 부여한 일련의 언어 유형 및 관계들을 규명하는 것을 목표로 삼아야 한다. 간단히 말해, 우리는 1789년의 혁명적 언어의 창조를 가능하게 한 정치 문화를 재구성할 필요가 있다.[40]

그러나 설령 이것 — 즉 정치 문화의 재구성 — 이 우리 스스로가 착수할 과업이라 하더라도 베이커가 우리에게 제시한 것과 같은 종류의 텍스트에 의거하는 것만으로는 아무리 해도 그것을 달성할 수 없다. 우선 베이커가 주장하듯이, 세 가지 담론이 단순히 중요한 인물들의 사상이 아니라 '보다 광범한 내용'을 나타내고 있더라도, 그는 자신의 저작 어디에서도 그 담론들이 정확하게 얼마나 널리 확산되었는지를 진지하게 보여주지 않고 있다. 한 예로 그는 세련된 사상과 정치 엘리트와 지식인 엘리트의 이론화를 대중의 무의식적 집단심리, 즉 보통 사람들의 1차 담론과 연결시키려는 아무런 시도도 하지 않고 있다.

이를테면, 전국, 지역, 지방 엘리트들의 담론과 농민들의 담론은 어떻게

∵

40) 앞의 책, p. 24.

연결되는가? 달리 말해, 여러 담론들이 사회적 공간에서 어떻게 위계적으로 조직되는가? 베이커는 그런 문제를 제기하려고 전혀 고심하지 않는다. 그리고 만약 그의 분석이 1차 담론과 2차 담론 간의 수직적 연계, 또는 거시, 중위, 미시 행위자 간의 담론을 간과하고 있다면, 그는 또한 정치적 담론을 다른 제도적 영역, 특히 경제 영역 내에서 발생하는 담론들과 수평적으로 연계시키는 것도 간과하고 있는 것이다. 그러나 만약 베이커가 주장하듯이 모든 사회 현상이 상징적으로 구성된다면, 프랑스혁명이 어떻게 구성 또는 '의도되었는지'를 적절하게 이해하는 데는 정치적 담론만큼이나 경제적 담론이 아주 중요하다. 더욱이 1차 담론과 2차 담론이 특정의 제도적 영역 내에서 또는 여러 영역들 내에서 서로 접합되는 방식을 이해하려면, 푸코가 고집하고 있는 '주체 없는' 실천을 떨쳐내야 한다. 집합 행위자들(정치적, 경제적, 종교적 행위자 등등) 그리고 그들이 자원 분배와 경제적, 정치적, 문화적 기술의 장악을 둘러싸고 벌이는 복잡하게 얽힌 게임과 투쟁에 대해 베이커가 분석한 것보다 훨씬 더 진지하게 고려할 필요가 있다.

베이커는 이러한 것들은 하나도 고려하지 않았으며, 자신의 언명에도 불구하고 그의 분석은 중요한 인물의 정치적 이념을 이념형적으로 설명하는 데 치중했다. '루소가 저지른 오류의' 접근 방법으로부터 정말로 단절하는 데는 상투적으로 말하는 '관념론적' 지향을 단순히 담론의 용어법으로 꾸미는 것 이상으로 훨씬 많은 것을 필요로 한다. 그런 용어법은 단지 베이커의 분석에서 나타나는 아주 천박한 경험적 토대를 감추는 연막 구실을 할 뿐이다. 경제주의를 벗어나는 것도 한 가지 방도이지만, 경제적 현상을 전혀 고려하지 않는 것은 전혀 다른 문제다. 반경제주의적인 반본질주의적 지향이라고 해서 반드시 보다 포괄적인 전체론적 접근 방법을 배제하는 것은 아니다. 이 접근 방식은

① 정치 영역의 1차 및 2차 담론이 다른 제도적 영역의 1차 및 2차 담론과 어떻게 연결되는지를 파악하고자 한다.

② 경제적, 정치적, 종교적, 교육적 담론들이 (그것들을 상대적 자율성을 가진 행위자들이 서로 벌이는 복잡하게 얽힌 게임에 연결시켜) 여러 위계적 수준(지방, 지역, 전국 수준)에서 접합되는 방식을 설명하고자 한다.

위에서 언급한 유형의 '전체론적' 담론 분석은 사회학적 성향의 역사학자와 역사학적 성향의 다소 통속적인 사회과학자들이 지금껏 해왔고 또 지금도 행하고 있는 난해하고 시간만 낭비하는 그런 종류의 연구로 이어질 수밖에 없다.[41] 즉 담론의 용어법을 공들인 경험적 연구를 기피하고 '힘들이지 않은' 해결책(즉 약간의 텍스트를 인과적으로 분석하여 엄청나게 복잡한 거시적 역사 변동을 대충 얼버무리는 것)을 택하는 구실로 이용해서는 안 된다.

2) 행위−제도적 구조 구분 '초월하기'

베이커의 접근 방법이 정치적 담론이 경제적 담론과 연계되는 방식은 물론이고 각종 담론의 복잡한 위계화까지도 완전히 간과하고 있다면, 현

⁝

41) 콜린 존스(Colin Jones)가 베이커의 저작을 탁월하게 개관하면서 지적했듯이,

"베이커의 접근 방법은 사회적 요인들이 산뜻한 담론적 관행 속에 포장되어 있는 곳 말고는 어떤 장소에서도 발견할 수 없는 정치 변동을 설명하고 또 무엇보다도 지위가 낮은 엘리트의 저술과 연설에 집중하고 있어서 자신과 함께 활동하고 있는 역사가들의 많은 발견물을 고려하기 어렵게 한다." ("The return of the banished bourgeoisie", in *Times Literary Supplement*(29 March 1991), p. 7)

대 자본주의에 대한 라클라우와 무페(Chantal Mouffe)의 포스트구조주의적 분석은 (무엇보다도) 행위와 제도적 구조의 근본적인 구분을 폐기하고 있다는 점에서 탈분화 측면에서 한 걸음 더 나아가고 있다.[42] 그들의 저작 『헤게모니와 사회주의 전략(Hegemony and Socialist Strategy)』은 푸코의 영향을 받긴 했으나 데리다와 라캉에 더 많이 기초하고 있다. 푸코에게 '방향 설정'은 (실천에서는 아니지만 이론에서는) 필수적인 이론적 활동이다. 다른 한편, 데리다의 해체주의[43]에 영향을 받은 사회과학자들에게는 그것이 별 필요가 없게 된다. 푸코는 담론적 관행과 비담론적 관행을 구분하고 또 비록 문제가 있긴 하나 각종 담론을 다양한 '제도적 맥락'에 연결시키려 시도함으로써 담론적 관행과 비담론적 관행의 이분법을 철저하게 거부하고, 사회를 담론들이나 텍스트들 또는 기표들의 무한한 비위계적 사슬로 보는 논자들의 저술에서는 전혀 찾아볼 수 없는 일정한 정도의 견고함과 확고함을 자신의 분석에 부여했다.

이러한 유형의 접근 방법이 문학 텍스트의 분석에 국한되지 않고 복잡

∴

42) 다음을 보라. E. Laclau and C. Mouffe, *Hegemony and Socialist Strategy*, op. cit.

43) (옮긴이) 해체주의(deconstructionism): 포스트구조주의의 문학 이론으로 1960년대에 프랑스의 비평가 데리다(1930-2004)가 제창한 비평 이론을 말한다. 주어진 것으로서의 전체성, 즉 신(神)이나 이성 등 질서의 기초에 있는 것을 비판하고 사물과 언어, 존재와 표상, 중심과 주변, 이원론을 부정하고 다원론을 내세운다. 포스트구조주의가 학계 전반에 영향을 미치면서, 모든 분과학문들의 경계 타파, 행위-구조 이분법을 해체하려는 경향을 출현시켰다. 철학의 해체 이론은 서양 형이상학이 근거로 하는 암암리의 가치 판단 또는 편견을 밝히기 위해 많은 위계적 대립 관계, 예를 들면 원인과 결과, 존재와 부재, 말하기와 글쓰기 등을 탐구한다. 해체 이론은 작자들이 그들의 주장을 펴는 데 사용하는 언어의 논리를 분석함으로써, 모든 글은 그것이 주장하려는 것과 정반대의 다른 견해들의 '흔적'을 무의식중에 지니는 경향이 있으며, 그로 말미암아 자신의 주장을 훼손하게 됨을 밝혀낸다. 그렇게 하여 해체이론은 '말 중심주의(logocentrism)'의 허실을 파헤친다. 해체 비평이 가져온 결과 중 한 가지는 언어를 개념과 대상으로부터 해방시킨 것이다.

한 사회 및 사회 변동에 대한 분석으로 확대될 때, 그 결과는 언어학에서 끌어낸 방법론을 친족 및 여타 제도의 숨은 문법과 통사법을 발견하는 데 적용하려 한 레비스트로스의 고전적 시도보다 훨씬 더 불만족스럽다. 적어도 레비스트로스의 경우 '규약으로의 퇴각(the retreat to the code)'은 전면적이지 않았다. 그는 자신의 구조주의적 접근 방법이 사회 현상에 대한 다른 접근 방법을 대체하는 것이 아니라 **보완하는** 것으로 보았다. 그는 비록 이러한 보완적 관계의 성격을 만족스럽게 설명하지는 못했으나 신화나 친족 체계에 대한 구조주의적 분석이 동일한 현상에 대한 사회학적, 심리학적 또는 역사학적 분석을 배제하지는 않는다고 명시했다. 분과학문의 경계에 대한 이 같은 깊은 관심과 존중이 텍스트나 담론을 그것들이 착근하고 있는 제도적 맥락에 연결시킬 수 있는 가능성에 전혀 관심을 가지지 않는 포스트구조주의자들의 저술에서는 모습을 감췄다. 이런 식으로 포스트구조주의자들은 언어와 사회를, 즉 언어적인 것과 사회적인 것을 완전히 혼합한다.

그렇지만, 거칠게 은유적으로 말하지 않는 한(이 경우 어떤 것끼리도 상동 관계를 수립할 수 있다), 언어와 사회는 융합될 수 없다. 거기에는 두 가지 이유가 있다. 첫째, 랑그에서 파롤로의 이행을 언어에만 의거해서는 이해할 수가 없다. 보통 사람들이 서로 의사소통하면서 이용하는 사회적 기교와 기법은 언어 규칙의 관행적 지식뿐 아니라 가핑클과 그의 제자들이 '민속방법'이라 부른 것까지도 수반한다. 둘째, 담론 또는 담론적 관행이 사회적 공간 속에서 접합되는 방식은 언어적으로 이끌어낼 수 없다. 이러한 접합은 비록 항상 언어를 수반하긴 하나 (예를 들어) 담론이 위계화되는 방식은 주로 권력 게임, 즉 단순히 언어규칙에 관한 연구만으로는 파악할 수 없는 상대적으로 자율적인 논리와 관련된다.

그러므로 언어와 사회의 구분을 무시하면 환원주의나 절충주의로 빠지게 된다. 첫째 경우에는 거시적 현상을 언어학이나 언어학적인 정보에 기초한 정신분석학에서 파생된 단순화한 개념들에 의거하여 매우 조야하게 설명하는 것으로 귀착된다. 이러한 설명은 매우 복잡하게 얽힌 제도적 배열을 해명하지 못할뿐더러 다양한 위계적 수준에서 행위자들이 행하는 복잡한 게임도 밝혀내지 못한다. 절충주의의 경우에는 개념 도구로서 담론이 부적절하기 때문에 통상적인 사회학적 도구들을 그때그때 몰이론적으로 분석에 도입하게 된다.

위의 내용에 견주어 라클라우와 무페의 저작을 자세히 살펴보자. 라클라우와 무페는 마르크스주의의 자리에 주로 언어학, 기호학, 정신분석학에 기초한 개념 틀을 도입하여 '마르크스주의 이론의 위기'에 대응했다. 그들은 마르크스주의 이론을 비판하면서, 마르크스주의 이론은 결정론적 법칙을 중시하는 숙명론적 논리, 선형적 진화론에 의거한 사회 발전관, 인류 구세주로서 프롤레타리아에 대한 메시아적 신념에 기초하고 있어서 근본적으로 본질주의적이라고 천명한다. 마르크스와 그의 제자들은 위의 내용에서 수반되는 목적론과 본질주의를 무마하려고 시도할 때마다 개념적 '이원론' 또는 절충주의의 대가를 치러야만 본질주의를 피하게 되는 혼종의 이론적 구성으로 귀착되고 만다는 것이다.

라클라우와 무페는 이것을 출발점으로 삼아 자신들의 알튀세르적 유산을 가능한 한 떨쳐버리려고 애쓰면서,[44] 본유의 불연속성을 강조하는 일

··

44) 라클라우의 초기 저작에서 타나타는 알튀세르의 영향에 대해서는 다음을 보라. E. Laclau, *Politics and Ideology in Marxist Theory*(London: New Left Books, 1977). 라클라우의 구조주의에 대한 비판으로는 다음을 보라. N. Mouzelis, "Ideology and class politics: A critique of Ernesto Laclau", *New Left Review*, no. 112(Nov.–Dec. 1978).

련의 개념들, 즉 사회적인 것의 개방성, 유약함, 순응성을 제시한다. 동시에 그들은 행위자들의 행위를 결정하거나 제약하는 것으로 여겨지는 '외부의' 항구적인 제도적 구조 개념이 허구적이라고 강조한다. 라클라우와 무페는 사회 통합과 체계 통합의 구분, 즉 주체의 실천과 제도적 구조의 구분은 그 자체로 잘못된 것으로 보며. 유일한 실재는 담론적 관행 속에 있다고 주장한다. 담론과 담론적 관행은 자아 정체성, 주체의 위치, '결절'점, 사회적 공간 등을 부단히 구성하고 해체한다. 라클라우와 무페는 사회적 배열은 고정적이지도 필연적이지도 않다고 보기에 본질주의에 활력을 불어넣는 항구적인 제도적 구조에 의거하는 것이라면 모두 거부한다. 이리하여 그들은 담론적 관행과 그것이 제도적 공백 속에서 구성하는 주체를 논의에 중심에 놓는다. 그러므로 그들은 자신들이 알튀세르주의에 빠져 있던 시절에는 행위자를 '구조적/제도적' 결정의 수동적인 산물로 보았다면, 포스트마르크스주의[45]로 아니 반마르크스주의로 경도한 시절에는 행위자의 실천을 모든 것이 끊임없는 흐름 속에 있고 비교적 항구적인 사회적 배

∴

45) (옮긴이) 라클라우와 무페가 주장한 급진민주주의 전략을 일컫는다. 이들은 1985년 『헤게모니와 사회주의 전략』에서 사회의 고정성과 필연성에 대한 모든 관념을 거부하고 담론으로 구성되어 있는 '사회적인 것(the social)'에서 출발하며, 마르크스주의의 기본 가정들을 모두 기각한다. 이들에 따르면, 사회는 비고정적이므로 사회를 규정하는 어떤 단일의 요소도 존재하지 않으며 한 요소를 다른 요소로 환원할 수 없다고 주장하며 본질주의와 환원주의를 거부한다. 즉 사회는 다양한 주체로 구성되며 이 사회 속에 놓인 주체는 복수적인 담론으로 구성되며, 따라서 주체의 위치는 차이들의 폐쇄된 체계 속에서 고정될 수 없다. 따라서 주체는 하나의 단일한 고정된 정체성을 갖는 것이 아니라 다양한 복수의 정체성을 갖는다. 즉한 개인은 복수의 정체성을 가지며 그것들은 모두 등가성을 갖는다. 따라서 노동자만이 유일한 주체가 될 수 없다고 주장하며 노동자 계급의 주체로서의 특권성을 부정한다. 이로써 노동자 계급의 혁명에 의한 사회주의 전략에 의문을 제기하고 모든 주체들이 담론을 통해 자유롭게 소통하는 것을 모든 주체들의 해방으로 보는 급진민주주의 전략을 내세운다. 이러한 급진민주주의의 실천적 장을 이들은 신사회운동으로 본다.

열이 뒷전으로 물러서거나 모조리 사라지는 사회적 공간 속에서 작동하는 것으로 보고 있다.

라클라우와 무페는 행위−제도적 구조의 구분을 거부하고 항구적인 제도적 구조에 의거하는 것이라면 모두 상징적 구성물을 사물로 전환시키려는 본질주의적 시도로 간주함으로써 마침내 그들은 사회 세계를 담론적 관행들(이것의 의미는 늘 변화하는 '차이들'의 실연으로 구성된다)의 무한한 사슬로 구성된 것으로 보는 것으로 귀착되고 만다. 그들은 그 같은 담론적 관행이 다소 영속적인 제도적 배열(이것은 특정한 담론적 관행의 존재 조건으로 간주된다)과 연계되는 방식은 전혀 이론화하지 않는다.

이러한 단차원적 사회관의 배후에는, 사회적인 것은 담론적으로 구성되고 또 담론은 일시적이고 유약한 구성물이기 때문에 항구적인 제도적 구조를 행위자와 그의 실천에 활력을 불어넣거나 제약하는 것으로 보는 어떤 견해도 불가피하게 본질주의로 귀결될 수밖에 없다는 논거가 자리하고 있다.

여기서 혼동이 생기는 것은 제도적 경직성과 내구성 개념이 물상적 본질주의를 수반한다는, 즉 상징적 구성물은 그 속성상 무한히 확장될 수 있다는 라클라우와 무페의 잘못된 가정 탓이다.

이 같은 가정에 대해 혹자는 본질주의의 과실을 범하지 않은 채 항구적인 제도적 구조에 대해 말할 수 있다고 지적하는 것으로 반박할 수도 있다. 담론적 관행의 뿌리가 사회현상에 있다는 사실은 일정한 제도적 배열(사적 소유제 또는 법인 자본주의에서 소유와 경영의 분리 등)이 지극히 항구적이지도 않으며 행위자의 기획을 가능하게 하지도 제약하지도 않는다는 것을 의미하는 것은 아니다. 제도적 배열의 변화를 아주 장기적 측면에서만 파악할 수 있는 것은 바로 그것의 항구성 때문이다. 그러므로 핵심 제도들은 종종 개별 주체의 사회적 공간 속으로 들어가는데, 그 공간은 자유자재로 협상하고 조작할 수 있는 것이 아니라 특정의 관행(의도한 또는 의도하지 않은 결과가 덜 항구적인 제도적 배열에 심대한 영향을 미치는 관행들)을 제한 또는 가능하게 하는 명확하게 주어진, 즉 비교적 변화가 없는 영역이다.

제도적 배열의 고정성 또는 유순성의 정도는 단번에 주어지는 것이 아니라 역사적 시간과 지리적 공간 속에서 각양각색으로 변화한다. 그러나 행위와 제도적 구조는 명백히 상호 연결되어 있음에도 하나를 다른 하나로 온전히 환원하는 것이 불가능하다는 사실은 '행위–제도적' 구조의 근본적인 구분을 유지할 때에만, 즉 행위자와 제도 간의 돌이킬 수 없는 긴장을 인정할 때에만 제대로 평가할 수 있다.[46]

한 예로 교육 영역의 제도적 배열을 살펴보자. 특정 교실에서 이루어지는 학생들과 교사의 담론적 관행을 자세히 살펴보면, 학급 조직에 적합한 '지방의' 제도화된 규칙(이것은 교사와 학생들의 상호작용을 통해 만들어진다)은 교사의 관점에서 보면 국가와 교원단체 간의 단체 협약을 규제하는 제도화된 규칙보다 훨씬 더 융통성이 있다. 한편, 교육부 장관이나 교원단체 회장 같은 유력한 '거시' 행위자의 관점에서 보면 이 후자의 규칙이 훨씬 더 융통성 있는 것으로 보일 수도 있다.

마지막으로 훨씬 더 항구적인 제도적 배열이 있는데, 이것은 미시 행위자도 거시 행위자도 아무리 애를 써도 변화시키지 못한다. 교사 전문직이 되기 위한 전제 조건으로서 최소 수준의 요건인 공식 자격증을 예로 들어

∴

---

46) 이러한 근본적인 논점에 대해서는 다음을 보라. R. Bhaskar, *The Possibility if Naturalism: A Philosophical Critique if the Contemporary Human Science*, Brighton(Harvester Press, 1979), pp. 31 이하., 다음 글도 보라. A. Callinicos, *Making History: Agency, Structure and Change in Social Theory*(Cambridge: Polity Press, 1987).

보자. 이러한 요건을 강화하거나 약간 완화할 수는 있어도 공식 자격증 획득에 필요한 일반적인 관료제 원리는 변경하기가 어렵다. 물론 그러한 '확고부동한' 제도화된 규제는 담론적으로 생산, 재생산된다. 수많은 주체들이 전문직 경력을 쌓아가는 동안 각종 자격증을 획득하고 활용하려고 애쓰면서 관행적으로 그런 자격증에 관한 규칙을 담론적으로 생산, 재생산한다. 그러나 다시 말하면, '담론성(discursivity)'은 항상 유약하거나 유연하지는 않다. 그것은 고도로 불변적인 제도화된 배열과 양립할 수 있다.

이러한 점을 받아들이게 되면, 담론적으로 구성된 어느 한 제도가 어째서 다른 제도보다 더 항구적인가 하는 문제를 다룰 필요가 있게 된다. 그같은 근본적인 질문에 답하려면 주체를 단순히 담론적 실천의 의도하지 않은 결과로 묘사해서는 안 되고 상대적 자율성을 가진 행위자로 묘사해야 한다. 이러한 행위자가 가진 갖가지 자원 통제권은 일정한 핵심적인 제도적 배열의 항구성 또는 유약함과 직접 관련된다. 달리 말하면, 행위-제도적 구조 구분을 이용하지 않고는 상이한 유형의 담론적 관행을 (항구성 또는 유약함 정도와 관련하여) 효과적으로 구분하는 것이 불가능하다.

되풀이해서 말하자면, 우리가 관점주의적 지향을 채택하여 권력의 유형과 정도가 상이한 행위자들의 관점에서 제도화된 규칙의 항구성을 평가할 수 있는 경우는 제도 분석과 전략적 행위 분석이 균형을 유지할 때뿐이다. 행위와 제도적 구조 간의 균형을 무시하고 그 구분을 거부하게 되면, 복잡한 거시적인 제도적 구조를 (여러 해석적 미시사회학처럼) 미시 행위자들의 상호 주관적 이해로 환원하든가 아니면 라클라우와 무페처럼 제도를 담론적 관행의 '순간적' 창출로 묘사하는 결과를 낳는다. 후자의 경우 사회 세계는 담론적 관행들의 무한한 사슬로 이루어진 동질화되고 비위계적인 '평평한' 공간이 된다.

위의 내용을 요약하면, 라클라우와 무페는 담론적 관행 개념에 사로잡혀 행위-제도적 구조 구분을 거부함으로써 그러한 관행을 고도로 분화된 현대 사회의 복잡한 제도적 틀 속에서 파악하지 못하게 되었다. 고도로 추상적인 철학적 개념이나 담론적 관행 및 그것에서 파생된 담론 구성체, 담론성 영역, '결절'점 등과 같은 개념들을 마음대로 기본 도구로 사용하게 되면 그 같은 복잡한 제도적 틀을 진지하게 분석할 수 없게 된다. 이 같은 철학적-언어학적 어휘로는 자본주의 사회의 발전 실상을 전혀 설명할 수가 없다.

그래서 담론 지향적인 포스트구조주의 이론가들이 대체로 사회 및 사회 변동에 대한 분석을 기피하고 자신들의 개념적 기교를 텍스트와 이데올로기 및 여타 2차 담론에 대한 분석으로 한정하고 있는 것은 놀랄 일이 못 된다. 라클라우와 무페의 경우에서 예외적인 것은, 시험적이긴 하나 현대 자본주의사회를 거시적으로 분석하려고 시도한 점인데, 결과적으로 그들은 '환원주의/절충주의' 딜레마에 직면하게 되었다. 그들이 자신들의 틀을 고집할 때마다 그들의 분석은 환원주의로 치닫게 된다. 그 이유는 제도적 구조가 가진 엄청난 복잡성 그리고 시간과 공간에 따라 그 구조가 분화된다는 것을 제대로 다루지 않았기 때문이다. 한편, 그들은 자신들의 방법론이 가진 단순화된 확실성보다 자신들의 중심 소재가 가진 복잡성에 더 많은 주의를 기울일 때마다 그들이 본질주의적이라는 이유로 자신들의 분석에서 내던져버린 노동 과정, 시민 사회, 상품화, 자본 축적 등등의 다소 전통적인 마르크스주의적 또는 마르크스 아류의 개념들을 다시 사용하게 된다.[47] 이렇게 하여 그들은 개념적 절충주의로 귀착되고 마는데, 이것은 자

47) 이 점에 관해서는 다음을 보라. N. Geras, "Post-Marxism?", *New Left Review*, no.

신들이 그토록 열렬히 거부했던 역사유물론의 비결정론적 형태보다 훨씬 더 임시방편적이다.

3) 보드리야르: 절충주의에서 환원주의로

이제 라클라우와 무페의 포스트구조주의에서 보드리야르의 포스트구조주의로 옮겨가보면, 탈분화의 추세는 터무니없을 정도로 극치에 이르게 된다. 보드리야르는 모든 통상적인 개념들을 초월해야겠다는 강박 관념에 빠져 극단적인 형태의 환원론적 설명으로 치닫게 되었다. 그의 저작을 면밀히 살펴보도록 하자.

초기 저작에서 보드리야르는 생산에서 소비로, 즉 경제에서 문화로 강조점을 이동함으로써 자본주의에 대한 마르크스의 분석을 확대, 보완해나간다. 상품의 생산이 아닌 상품의 소비가 현대 자본주의사회를 이해하는 핵심적 관건이 된다는 것이 그의 주된 본질적 테제다. 보드리야르는 후기 자본주의에서 재화는 시공간 속에 착근되지 않고 전통 사회에서 그것들이 가진 상징적 의미와 양면성을 상실하기 때문에 순전히 상호 교환 가능하고 비인격적이며 단차원적인 것이 된다고 본다. 그것들은 효용성이나 상징적 중요성의 논리보다 등가의 논리(가격 메커니즘을 통한 상호 교환 가능성의 측면) 또는 차이의 논리(상품은 지위와 위세로 소비자를 구분한다는 점)를 더 따른다. 그래서 소비가 지배 체계를 구성하게 되면, 이러한 체계가 소비자를 조작하고 완전히 수동적인 상태로 몰고 간다.[48]

∴

163(May–June 1987), p. 74; N. Mouzelis, "Marxism versus Post-Marxism", *New Left Review*, no. 167(Jan.–Feb. 1988).
48) J. Baudrillard, *La Société de consommation*(Paris, Gallimard, 1970); *Pour une critique*

그런데 보드리야르는 상품화 및 자본주의적 소비의 해악에 대한 이러한 다소 진부한 내용들을 당시 유행하던 구조주의적 용어법으로 꾸민다. 즉 전통적 재화에서 근대적 상품으로의 이동을 상징에서 기호로의 '기호학적' 환원과 연결시킨다(보드리야르는 상징은 기호에서 발견되지 않는 양면성과 깊이를 수반한다고 본다[49]). 더욱이 상품은 등가성 또는 교환의 논리를 수반하므로 그것은 기표와 기의가 연관되는 것과 동일한 방식으로 (효용성의 논리를 수반하는) 전통적 재화와 연관된다. 기표로서의 상품은 등가성과 차이의 논리를 따라 후기 자본주의에서는 그것이 표시하는 것(즉 그것의 사용가치)으로부터 분리, 단절된다. 상품은 보드리야르가 그 숨은 규약을 밝혀내려고 노력한 '의미화 체계'(systems of signification)를 구성하는데, 바로 소비의 이러한 숨은 규약 또는 문법이 현대 소비자의 수동성과 무감각을 결정한다.[50]

이처럼 보드리야르의 초기 저작을 아주 간략하게 들추어보기만 해도 그의 언어 지향적 방법론과 이 단계에서 그가 여전히 수용하고 있는 마르크스주의적 정치경제학 접근 방법 사이에 개념상 불일치한다는 것이 충분히 드러난다. 보드리야르의 목표가 마르크스주의에 소비 이론을 제공하려는 것이라면 이 이론은 말 그대로 허공에 매달린 채 있게 된다. 그의 '기호의 정치경제학'은 전체론을 표방하고 있음에도 불구하고 소비를 생산 과정에 연결시키지 못하고 있다. 즉 마르크스주의적 경제 분석에서 다룬 여러

••

de l'économie politique du signe(Paris: Gallimard, 1972).

49) 예컨대 하나의 상징으로서 태양은 전통적으로 유익한 것으로 간주되기도 하고 위험한 것으로 간주되는 양면성을 지닌다. 이러한 양면성이 휴양지에 있는 광고물의 '합성' 태양에서는 사라진다. 거기서 태양은 하나의 상품, 즉 시장에서 사고팔 수 있는 명백한 장점을 지닌 하나의 품목이다.

50) 다음을 보라. J. Baudrillard, *Pour une critique*, op. cit., pp. 110 이하.

쟁점들(노동과정, 잉여가치, 생산력과 생산관계 등)에 연계시키지 못하고 있다.[51] 달리 말하면, 보드리야르는 초기 저작에서 마르크스의 생산 이론을 기각하지도 못했을뿐더러 그것을 구조적 언어학에 기초한 소비 이론과 효과적으로 접합하는 식으로 재정식화하지도 못했다. 이러한 개념적 이원론은 보드리야르가 후기 저작에서 마르크스주의를 모조리 기각하고 자신의 기호 논리학을 시뮬레이션과 시뮬라크라 개념에 합체하여 그것을 한층 발전시키면서 후기 자본주의를 이해하려고 시도했을 때에야 비로소 해소된다.[52]

후기 단계의 저작에서는 기호가 소비는 물론 사회적 삶의 모든 영역을 조절한다. 즉 보드리야르는 모든 사회적 배열을 자체의 생명과 논리를 가진 기호들의 무한한 실연(實演)으로 이해하며, 그 기호들과 '현실적인' 것, 즉 경험적 준거와의 연계는 희박할 뿐 아니라 존재하지 않는 것으로 이해한다.

지금부터는 기호가 현실적인 것과 상호작용하지 않은 채 오로지 자기들끼리만 교류할 것이다(그리고 그것은 자기들끼리만 서로 원활하게 교류하고 더 이상 현실적인 것과는 교류하지 않는 상태에서 온전히 자기들끼리만 교류한다). 기호의 해방: 기호는 다른 무언가를 지시해야만 했던 '고래(古來)의' 의무로부터 벗어나 마침내 무관심에 따른 구조적 또는 결합적 연출로부터 자

..

51) 이 점에 관해서는 다음을 보라. D. Kellner, *Jean Baudrillard: From Marxism to Postmodernism and Beyond*(Cambridge: Polity Press, 1989), p. 31.
52) 이와 관련해서는 다음을 보라 J. Baudrillard, *The Mirror of Production*, op. cit.; *Simulacres et simulation*, op. cit.; *L'Echange symbolique et la mort*(Paris: Gallimard, 1976).

유로워지고 결정론적 등가성의 뒤를 이은 총체적 비결정성으로부터 자유로워진다.[53]

이러한 아주 기묘한 기호 물신주의(sign fetishism)는 보드리야르가 시뮬레이션 이론을 발전시켜 나가면서 한층 고양된다. 이 이론에 따르면, 후기 자본주의에서는 시뮬라크라(특히 디지털 시뮬라크라)가 끔찍할 정도로 번창하고 확산되어 사람들이 시뮬라크라(기표)와 그것을 모사하는 것(기의)을 더 이상 구분할 수 없는 지경에 이르렀다. 그리하여 '현실적인' 것은 물론 '사회적인' 것, '정치적인' 것도 '내파(implosion)'되었다.

그때 이래로 보드리야르의 저작은 시뮬라크라에서 그와 연관된 다른 쟁점들(유혹, 객체의 '숙명적 전략' 등등)로 관심이 옮겨가긴 했어도,[54] 그의 저작 전체를 관류하고 있는 것은 기호에 대한 집착 그리고 현대 사회에서의 제도 및 행위자의 전략의 엄청난 복잡성을 일종의 언어학에서 이끌어낸 단순화된 정식들(부호, 기호, 기표들의 무한한 연출 — 이것들이 후기 자본주의의 내적 본질을 다소 마법적으로 드러낼 것이다)로 환원하려는 일편단심의 시도다. 보드리야르와 더불어 포스트모더니즘의 문화적 탈분화 추세[55]는 극단적 형태로 치닫는다. 즉 분과학문들 간의 모든 경계와 통상적인 모든 구분(행위-구조, 표상하는 것-표상되는 것, 주체-객체)이 기각되고 기호와 주마등 같은 시뮬라크라의 광경으로 대체된다.

••

53) 다음에서 인용. D. Kellner, *Jean Baudrillard*, op. cit., p. 63.

54) J. Baudrillard, *De la seduction*(Paris: Denoel-Gouthier, 1979); *Les Strateges fatales*(Paris: Grasset, 1983).

55) 포스트모더니즘을 문화적 탈분화 측면에서 분석한 것으로는 다음을 보라. Scott Lash, *The Sociology of Postmodernism*(London: Routledge, 1990).

말할 나위도 없이, 이처럼 사회학적 분석의 복잡성에서 부호의 단순성으로의 퇴각은[56] 불가피하게 환원주의의 극단적 형태로 빠지게 된다. 이것은 사회 현상을 기후, 지리, 본능, 죄악 등과 같은 개념으로 설명한 뒤르케임 이전의 상태와 다를 바 없다.[57]

보드리야르는 현대 자본주의 사회의 중요한 추세(시뮬라크라의 중요성 증대)를 규명하면서 그것이 추세이기를 포기하고 모든 것을 포괄하고 모든 것을 지배하는 현실이 된다고 할 정도로 그것을 과장한다는 비판을 받아 왔다.[58] 이러한 사실은 의심의 여지가 없으며, 통상적이고 기성적인 것이라면 모두 타격을 가하고 '초월하고자' 하는 보드리야르의 지나친 의욕에서 부분적으로 설명된다. 하지만 환원론적 과잉 단순화의 경향은 비단 보드리야르 저작에만 국한되는 것이 아니라, 자신들의 방법론을 복잡한 사회 제도의 분석에 적용하고자 한 (프랑스의 욕망 이론가[59]에서 해체주의자[60]에 이르는) 모든 포스트구조주의자들에게 공통된 양상이다.[61] 그러므로 그들이 사회적 복잡성을 대범하게 다룬 것에 대해서는 보다 일반적인 설명이

••

56) '기호로의 퇴각' 측면에서 구조주의와 포스트구조주의를 비판한 것으로는 다음을 보라. A. Giddens, "Structuralism, post-structuralism and the production of culture", in A. Giddens and J. Turner (eds), *Social Theory Today*(Cambridge: Polity Press, 1987).

57) '포스트모더니즘적/포스트구조주의적' 분석의 일원론적 성격에 관해서는 다음을 보라. Stephen Crook, "The end of radical social theory? Radicalism, modernism and postmodernism", in R. Boyne and A. Rattansi (eds), *Postmodernism in Society*(London: Macmillan, 1990).

58) 다음을 보라. D. Kellner, *Jean Baudrillard*, op. cit., p. 203.

59) 옮긴이) 욕망 이론은 인간을 욕망의 주체로 이해하고 욕망 분석을 심리학의 기초로 삼는 정신분석학으로 주로 프랑스 정신분석학자 라캉, 들뢰즈 등에 의해 발전되었다.

60) 이 장 각주 43) 참조

61) 욕망 이론가와 해체주의자들 간의 기본적인 차이에 대해서는 다음을 보라. Scott Lash, *Sociology of Postmodernism*, op. cit.

있다. 이것은 행위 주체와 제도적 구조를 분석에서 제외하자마자 방향 설정(즉 일반화가 참이 되는 조건과 그렇지 않은 조건을 밝혀내려는 시도)이 불가능하게 된다는 사실과 관계가 있다. 그래서 이를테면 시뮬라크라가 한 제도적 영역보다 다른 제도적 영역에서 더 중요한지를 검증하는 것이 불가능해진다. 그렇게 된다면 왜 시뮬라크라의 중요성이 달라지는지 또는 한 사회적 삶의 영역에서의 시뮬레이션의 지배적 우위가 어떻게 행위자의 전략 및 투쟁과 연관되는지(그리고 그 같은 전략과 투쟁의 의도하지 않은 결과와 어떻게 연관되는지)를 검증하는 것이 불가능해진다.

상대적 자율성을 가진 행위 주체로서의 행위자를 (오로지 실체 없는 또는 주체 없는 실천, 또는 부호, 기호, 시뮬라크라, 욕망, 또는 당신이 가진 것을 통해) 분석에서 제외하게 되면, 필히 부질없게 되거나(이러한 부질없음은 종종 구조주의적 전문 용어로 감춰진다) 맥락 없는 잘못된 일반화로 빠지게 된다(이때 잘못되었다는 것은 구체적으로 밝혀지지 않고 또 밝혀질 수 없는 일정한 조건에만 적용된다는 것을 의미한다).

결론적으로, 통상적인 사회 이론에 대한 포스트모더니즘의 비판은 수많은 신화를 분쇄했으며, 사회과학자들로 하여금 몇몇 기본 전제를 재고하지 않을 수 없게 했다. 한편, 이론적 탈분화에 대한 그리고 현대 문화의 다소 상대주의적 및 부정적 측면에 대한 포스트모더니즘의 강조는 사회적 지식의 진전을 촉진하기는커녕 방해하는 이론적 궁지에 불가피하게 빠지게 된다.

제2부

시험적 처방

4장
제도적 구조와 결합태적 구조: 파슨스와 엘리아스

1. 서론

    제2부에서는 진단에서 처방으로 넘어가고자 한다. 이론적 실용주의에 관해 위에서 주장한 내용에 비추어볼 때, 단순히 어떤 종류의 방법론적 관행을 따르고 어떤 종류를 피해야 할지에 관한 규칙의 목록을 작성하는 것만으로는 문제를 해결할 수가 없다. 설사 이러한 목록을 작성하는 것이 유용하다 하더라도, 보다 중요한 것은 사회학적으로 관련된 경험적 연구를 증진하는 데 기여할 수 있는 개념 도구(일반성 II)를 창안하여 특정한 규칙이 실제로 유용한지를 보여주는 것이다. 이미 되풀이하여 언급했듯이, 이것은 패러다임 간 소통을 가로막는 장애물을 만들어내는 난제들을 해결하든가, 아니면 관심을 불러일으키는 질문을 제기하여 사회가 어떻게 구성되고 재생산되고 변화되는지를 조망하는 새로운 방식을 제시함으로써 이루어질 수 있다.

    그래서 이하의 장들에서는 주로 사회학 이론의 발달에 중대한 역할을 한 행위와 구조의 구분에 초점을 맞출 것이다. 이러한 근본적 이분법은 많은 논쟁에서 표출되었는데, 하나는 행위를 묵살하고 제도적 구조를 강조한 기능주의(파슨스의 형태와 마르크스주의 형태 모두)이고 다른 하나는 그 반대로 행위를 강조한 갖가지 해석 사회학이다. 레비스트로스 같은 구조주의적 분석에서는 주체를 분산시키며 동시에 구조 개념을 구조기능주의와는 전혀 다른 의미로 사용한다. 그러므로 사회학의 이론적 패러다임들을 서로 크게 구별시켜주는 것이 행위와 구조 개념 그리고 그 둘 간의 연계를 다루는 방식이라고 말하는 것은 전적으로 부당하지가 않다.

동시에 행위-구조 구분은 잘못된 것이며 문제를 해결하기보다는 더 많은 문제를 낳는다고 그것을 기각하려는 여러 시도들도 있어왔다. 나는 포스트구조주의를 비판하면서 분명히 밝혔듯이 이런 입장에 동의하지 않는다. 두 개념을 융합하든가 아니면 하나를 다른 하나로부터 다소 자동적으로 이끌어내서 그 같은 구분을 기각 또는 '초월하려는' 그 어떤 시도도 이론적 궁지에 빠질 수밖에 없다고 생각한다. 즉 그러한 시도는 환원주의로 귀착되든가 아니면 (행위-구조 이분법의 논리를 간직하면서 다른 용어법을 통해 그것을 표현함으로써) 이른바 뒷문으로 그 구분을 다시 도입하게 된다.

물론 이것은 현재의 상황이 모두 잘 되고 있다는 것을 의미하는 것은 아니다. 많은 이론 지향적인 사회학자들이 행위-구조 구분에 대해 점점 의심을 품거나 격노하면서 바라보고 있는 이유는 (요즘 유행하고 있는 전문 용어에 대한 태도와는 별개로) 두 용어의 의미를 엄청나게 혼동하고 있는 데 연유한다. 예컨대 구조는 확실히 그 용어가 사용되고 있는 이론적 맥락에 따라 매우 상이한 사실을 의미할 수가 있다. 그렇지만 이러한 혼동을 벗어나는 길은 그러한 구분을 배척하는 것이 아니다. 도리어 그 길은

① 행위-구조 구분이 여러 패러다임들 속에서 사용되는 주요한 방식을 보여주고,

② 두 개념 간의 복잡한 연계를 보여주는 것이다.

달리 말하면, 행위-구조 이분법이 낳은 난점들을 해결하는 방법은 그것을 철저히 거부하거나 위장된 형태로 그것을 이용하는 것이 아니다. 그러는 대신에 내가 제시하는 방법은 그러한 구분이 사용되는 상이한 방식들을 규명한 다음 이러한 상이한 용법에 내재하는 논리의 다양한 유형들 사이에 가교를 수립하는 것이다. 또는 진화론적 용어법을 다시 사용해서 말하면, 그 해법은 탈분화에 있는 것이 아니라 행위 및 구조 의미의 개념적 분화를 진전시켜 그 둘을 한층 복잡하게 이론적으로 통합하는 것이다.

다음 세 개의 장에서는 행위-구조 구분의 사용에 대해 체계적이고 종합적으로 탐구하고 비판해 나가지는 않을 것이다. 이론 지향적인 사회학자들 중 몇 명만을 대단히 조심스럽게 취사선택하여 그들이 (포스트구조주의의 주요 가정들을 공유하지는 않지만) 포스트구조주의자들처럼 행위-구조 구분을 '초월하고자' 하는 방식을 살펴볼 것이다. 그중에서 특히 노베르트 엘리아스의 결합태 사회학, 앤서니 기든스의 구조화 이론, 피에르 부르디외의 저작에서 행위-구조를 어떻게 다루고 있는지를 검토할 것이다. 그들의 저작 속에 나타난 이러한 측면을 비판적으로 조망하고 파슨스 식 패러다임을 확고한 준거 틀로 사용하여 (그리고 그것을 마르크스주의와 비교하여) 다음과 같은 노력을 기울일 것이다.

① 행위-구조 구분을 초월하려는 전략이 사회 세계를 편향적으로 설명하게 되거나 그러한 구분을 뒷문으로 재도입하는 결과를 가져온다는 것을 보여준다.

② 행위-구조 구분이 수반하는 몇몇 주요 쟁점들(특히 기능주의적 설명의
쟁점들— 7장을 보라)에 대해 내가 설명하고자 하는 일련의 상호 연관
된 개념들을 (엘리아스, 부르디외, 기든스, 파슨스에 대한 비판을 통해) 세
밀하게 밝혀 나간다.

③ 이와 동일한 개념들이 경험적 연구에서 가지는 효용성을 보여준다(결
론의 부록과 전체의 부록을 보라).

구조 개념의 탐색을 시작하는 좋은 방법은 엘리아스의 결합태 사회학에
초점을 맞추는 것인데, 결합태 사회학은 몇 가지 측면에서 파슨스 식 개념
화의 영상 이미지라 할 수 있는 개념화를 제공해준다. 엘리아스와 점점 늘
어나고 있는 그의 제자들이 구조의 의미를 어떻게 생각하고 있는지를 보여
주기 위해[1] 엘리아스의 독창적인 저작, 특히 문명화 과정에 관한 그의 고
전적 이론에 대해 몇 마디 언급해둘 필요가 있다.[2]

2. 실재적 쟁점: 사회적 상호의존과 문명화 과정

문명화 과정[3]에 관한 두 권으로 이루어진 엘리아스의 저작은 (중세에서

∴∴

1) 영국은 물론 해외에서도 엘리아스의 저작에 대한 인기가 증대하고 있는 점에 대해서는 다음
저작을 보라. S. Mennell, *Norbert Elias: Civilizations and the Human Self-Image*(Oxford:
Blackwell, 1989).
2) N. Elias, *The Civilizing Process* (2 vols)(Oxford: Blackwell, 1978, 1982).
3) (옮긴이) 엘리아스는 서구의 문명화 과정을 사회구조의 변화와 행위 양식의 변화 간의 연관
관계 속에서 연구한 독창적인 문명화 이론을 확립했다. 즉 그의 문명화 이론은 문명의 출현

현재까지) 서유럽 사회에서 사회적 행동의 세련화로 나아가는 장기적 추세를 규명한다. 엘리아스는 이러한 추세를 주로 분업 및 사회적 분화의 증대, 국가 형성 및 상층부로의 폭력 수단의 집중, 개인들 간 상호의존의 진전(이것은 다양한 집단들 간 권력 차별의 평준화 증대로 이어진다) 등의 과정들을 통해 설명한다. 상호의존 사슬이 더 길어지고 더 복잡해짐에 따라 그리고 국가 권력의 집중이 광대한 지역을 평정하게 됨에 따라 광포한 또는 조야한 사회적 행동은 점차 보다 절제되고 '문명화된' 품행으로 나아가게 된다. 이와 더불어 감정을 억제하고 즉각적인 만족을 연기하기 위해 개인화가 더욱 확장되고, 감정 이입이 풍부해지며, 내적 절제가 강화되고, 전반적 자기조절 능력이 배양되는 퍼스낼러티(personality) 유형이 생겨난다.[4]

엘리아스의 테제에 대한 표준적 비판은 그 테제가 사회 변동을 선형적이고 결정론적으로 묘사하여 설명한 19세기의 진화 이론과 매우 흡사하다는 점이다. 결합태 사회학자들은 엘리아스의 이론은 고전 진화 이론의 결점에 의해 손상되지 않는다고 지적하며 그러한 비난을 일축한다(내가 보기에 아주 올바르다). 왜냐하면 엘리아스의 이론은 도덕적 의미에서 진보를 함의하지도 않을뿐더러 문명화 추세를 선형적이거나 비가역적이라고 주장하지도 않기 때문이라는 것이다.

∵

과 발전에 관한 역사적 설명이 아니라 인간 세계의 세밀한 행위 양식의 변화에 대한 설명에 기초하여 사회학의 오랜 쟁점인 거시와 미시를 연결하려는 시도로서 그의 결합태 사회학의 기반이 되고 있다. 그의 문명화 이론은 몇 가지 독특한 특징을 가지고 있다. 첫째, 그는 문명을 야만이나 미개에서 발전된 것으로 보지 않고, 즉 양자를 대립적으로 보지 않고 중립적인 개념으로 사용한다. 둘째, 문명을 과정으로 이해한다. 그에게 문명은 '인간 행동의 특수한 변화'이며 장기적으로 변동하는 과정이다. 따라서 문명은 '정태적 구조'가 아니라 '동태적 관계'로서 사회는 인간 행위를 통해 연결되는 '결합태'로 이해된다.

4) 특히 다음을 보라. *The Civilizing Process*, vol. 2, op. cit.

크리스 로젝(Chris Rojek)이 지적했듯이, 엘리아스의 이론은 나치의 잔혹함 같은 엄청난 만행과 함께 최근 몇 년 사이에 확산된 축구장 난동(hooliganism) 같은 '야만적 분출'을 예로 들고 있다.[5] 이 같은 변론에 대해 나는 엘리아스가 신진화론적 근대화 이론(이것도 역시 어떤 의미에서 보면 비결정론적이다)과는 반대로 분화 및 국가 형성 과정의 근저에 있는 것은 행위자의 결합태와 집단 투쟁이라고 강조한 점을 덧붙이고자 한다. 이러한 통찰 덕분에 엘리아스는 파슨스의 영향을 받은 저자들(구조 기능적 분화를 역할이나 제도적 '긴장'과 관련하여 설명하거나 더 나쁘게는 사회 체계 변동의 기능적 요건과 관련하여 설명하는 저자들)이 자주 마주치는 물화를 피할 수 있게 된다.[6]

위의 사실에도 불구하고 문명화 테제는 몇 가지 심각한 난점을 드러낸다. 문명화 테제는 진화론보다는 그것의 포괄적인 일반화와 더 관련이 있다. 문명화 테제는 사회과학의 모든 거대 이론들처럼 부질없게 되든가 잘못된 것이 되는 딜레마에 봉착하게 된다. 미미한 전도와 주요한 전도를 고려하는 것으로, 또는 한 분야에서의 문명화 과정(예컨대 식탁 예절)이 다른 분야에서의 탈문명화 과정(예컨대 축구장 난동)을 배제하지 않는다는 점을 지적하는 것으로 그 포괄적 테제를 확고부동하게 만들 수는 있다. 하지만 그런 대가를 치르더라도 그것은 우리에게 아무런 새로운 것도, 흥미로운 것도 말해주지 않는다. 엘리아스와 그의 옹호자들이 도입한 다양한 단서 조항들을 받아들이면, 그 이론 전체는 분업과 상호의존의 증대가 때로는 자기조절을 증대시키고 때로는 그렇게 하지 않는다는 명제로 압축된다.

∵∵

5) 다음을 보라. E. Dunning and C. Rojek (eds), *Sport and Leisure in the Civilizing Process: Critique and Counter-Critique*(London: Macmillan, 1992), Introduction.
6) 이러한 비판에 해당하는 것으로는 이 책 5장 1절을 보라.

그 진술은 장기적으로는 대항 추세(야만적 분출 또는 급진적 만행)가 약화되고 전반적인 추세가 상호의존과 감정 억제가 증대하는 방향으로 흘러간다는 논지에 의해 강화될 수도 있다. 그렇지만 이러한 형식의 진술에서조차도 '전통' 사회에서 '근대' 사회로 이행하는 장기적 추세(도시화, 상업화, 합리화, 개인화, 감정 이입, 성취 욕구 등의 증대)를 정확히 기술하려는 숱한 시도들과 마찬가지로 별로 밝혀주는 바가 없다. 특수한 진화가 아닌 일반적 진화에 관련해서는[7] 이러한 '전반적' 추세들이 실제로 입증될 수 있지만, 그것들은 우리가 알지 못하는 것에 대해서는 별로 말해주는 바가 없다.

위의 내용에서 볼 때, 내가 보기에 엘리아스의 추종자들을 능가하는 길은 서유럽 또는 일반 세계에서 '전반적인' 문명화 추세의 발생 여부에 관한 문제를 집어던지고 대신에 분업과 상호의존의 증대가 엘리아스가 말하고 있는 자기조절의 유형과 어떤 조건에서는 관련이 있고, 어떤 조건에서는 관련이 없는가 하는 훨씬 흥미로운 질문을 던지는 것이다.

이 같은 맥락 구속적인 제한적 질문에 답하는 데는 두 가지 노력이 요구된다. 첫째, 상호의존과 '문명화된' 품행을 보다 의미 있게 연계시키기 위해서는 이 두 범주를 상당히 세련하는 것이 필요하다는 점을 인정해야 한다. 예컨대 일정한 유형의 상호의존이 무엇보다도 엘리아스가 말한 감정 조절에 많은 영향을 미친다는 것은 자명하다. 이런 점에 비추어볼 때, 에릭 더닝(Eric Dunning)이 기능적 상호의존과 분절적 상호의존을 구분하여 영국의 축구장 난동을 설명하려고 시도한 것은 올바른 방향으로 진일보한

..

7) 특수한 진화와 일반적 진화를 구분한 것으로는 다음을 보라. M. D. Sahlins and E. R. Service (eds), *Evolution and Culture*(Ann Arbor, Mich, University of Michigan Press, 1960).

것이다.[8]

'전반적 추세'가 지닌 곤경을 넘어서기 위한 두 번째 요건은, 그 이론이 자체의 보편화 진술들을 포기하고 시공간적 맥락을 세세하게 살펴보는 것이다. 이것은 분명 엘리아스가 프랑스의 문명화 과정을 중점적으로 다룰 때 행하고 있던 것처럼 보인다. 그러나 그때 그는 상호의존과 문명화된 품행의 연계는 오직 프랑스에만 또는 나아가 서유럽에만 적용되는 것이 아니라 사회분화 과정이 발생하는 곳이라면 언제 어디서나 적용된다고 주장했다(그래서 그는 인도나 중국에도 그 이론을 '검증해야' 한다고 생각했다). 그 이론의 목표가 그만큼 모든 것을 포괄하는 것이라면, 사회과학의 모든 보편적 이론들처럼 그것도 마땅히 부질없거나 잘못된 명제로 마감할 것이라고 예상할 수 있다. 그 명제는 그 이론 자체가 포괄적 지향을 고수하고 있어서 도저히 구체화될 수 없는 조건에서만 참이기 때문이다.

그러므로 결합태 사회학자들이 (자신들이 그렇게 한다고 주장하듯이) 역사를 진지하게 고찰하려면, 문명화 및 탈문명화 과정 모두를 고려하는 맥락 구속적인 하위 이론을 구축해야 한다. 그러한 하위 이론은 구체적인 제도적 영역들(스포츠나 여가는 물론 경제, 정치, 종교, 가족 영역 등등) 내의 그리고 그것들 사이의 '문명화/탈문명화' 변증법과 연관되어야 한다. 한 가지 예만 들어보자. 가톨릭 미사와 엄격한 캘빈교 집회는 둘 다 무절제와 감정 억제의 부재를 강조하는 오순절파[9] 집회보다 훨씬 '문명화된' 품행을 가지긴

:.

8) 다음을 보라. E. Dunning, P. Murphy and J. Williams, *The Roots of Football Hooliganism* (London: Routledge, 1988).

9) (옮긴이) 오순절은 부활절로부터 50일째에 오는 일요일을 말한다. 예수 그리스도가 죽은 뒤 부활하여 승천한 다음 강림하는 것을 기념하는 날이다. 오순절파의 특징은 '성령 세례'라는 회개 후의 신앙 체험을 모든 그리스도교인들이 추구해야 한다는 믿음에 있다. 오순절파의 확산 배경은 미국 남북전쟁 후 산업화가 가속화되면서 기존의 개신교 교회들이 대형화되어

하지만 각각의 종교적 결합태는 판이하게 다르다. 이러한 예는 엘리아스가 문명화 과정과 탈문명화 과정을 설명하기 위해 도입한 개념 도구는 (비록 유용하고 적합하긴 하나) 더 세련될 필요가 있으며, 그의 결합태 접근 방법에서 철저하게 경시되고 있는 개념들로 보완되어야 한다는 점을 명확히 해준다.

포괄적인 결합태 개념이 갖고 있는 방법론적 문제점에 대해서는 나중에 논의할 것이다. 여기서는 엘리아스와 그의 제자들이 사회의 문화적 차원들을 묵살하고 사회의 '구조적/결합태적' 측면을 지나치게 강조한다고 진술하는 것만으로 충분하다. 그들은 분업, 상호의존, 경쟁, 독점화를 강조하면서도, 특정한 가치와 신념 체계에 대해 그리고 '문명화/탈문명화' 과정에 그것들이 미치는 중대한 영향에 대해서는 거의 언급하지 않고 있다. 앞의 예를 다시 들면, 엄격한 캘빈교도의 도덕적 기질의 영향을 받고 자란 사람들의 품행이 가톨릭이나 오순절파 교도의 환경에서 자란 사람들의 도덕적 기질과는 (예컨대 자기조절 측면에서) 근본적으로 다른 이유를 설명할 수 있는 것은 상호의존의 정도 차이도 아니고, 엘리아스가 논의하는 다른 그 어떤 '구조적/결합태적' 차원의 정도 차이도 아니다.

내가 말하고자 하는 바는 사회적 분화 및 상호의존의 증대가 어떻게 해서 더욱 분화된 퍼스낼러티 구조로 이어지는지를 보여주는 것으로는 충분하지 못하다는 것이다. 그 역의 과정, 즉 상이한 문화적 가치를 받아들이

∵

중상층 교회로 변모하자 가난한 사람들은 소외를 느끼게 되었다. 이들에게 신앙 욕구를 채워주기 위해 형식이 아니라 마음으로 기도를 할 수 있게 하고자 하는 노력이 팽배해지면서 형식을 탈피하고 마음으로 돌아가자는 운동에서 비롯되었다. 이러한 노력으로 천막 교회 같은 비공식적 교회가 들어서면서 20세기 초 들어 오순절 운동이 광범하게 확산되자 기존 교단은 이를 이단시하여 배척하였고, 이에 오순절 운동은 조직화되지 못하고 여러 지역으로 분산되어 여러 형태로 변모했다.

게 되면 이러한 분화된 퍼스낼러티는 상호의존 또는 분업의 증대가 자기조절로 이어지는 것으로 해석하기도 하고, 자기 무절제로 이어지는 것으로 해석할 수 있다는 것도 보여줄 필요가 있다.[10]

요컨대 엘리아스의 독창적인 저작이 낳은 흥미로운 문제는 상호의존과 자기조절을 보편적으로 연계시킬 수 있을지 여부가 아니다. 진짜 흥미를 끄는 문제는 사회적 분화와 상호의존이 문명화 과정에 연계되는 복잡한 조건과 연계되지 않는 조건을 탐색하는 것이다. 이러한 문제를 진지하게 검토하기 위해서는 엘리아스의 용어들을 세련하여 보완하고, 그런 다음 그것을 한층 향상시켜 보다 제한적이고 맥락 구속적인 이론들을 수립할 필요가 있다. 결합태적 전통 속에서는 그런 식으로 강조점을 이동하는 것이 충분히 실현 가능하다. 이는 엘리아스가 자신의 '방법론적/이론적' 저작에서 행위자의 게임과 전략을 강조한 점이 ('변수들'의 상관관계를 가지고 보편적 법칙을 이끌어내는) 실증주의 사회학이나 (로스토[11] 또는 맥크릴랜드[12]

∙∙

10) 엘리아스의 접근 방법에 대한 이와 유사한 비판으로는 E. Dunning and C. Rojek (eds), op. cit에 실린 매과이어(Maguire)의 글을 보라.

11) (옮긴이) 로스토(W. W. Rostow, 1916~2003)는 인간의 효용 극대화를 합리적 존재로 가정하는 고전 경제 이론의 전제를 거부하고 인간 행위를 경제 요인과 사회, 문화, 정치 등 비경제 요인 간의 균형의 산물이라고 생각하며 새로운 근대 경제학을 확립한 근대화 이론의 주창자다. 또한 그는 경제발전 단계를 비경제적 요인과 결부시켜 마르크스의 유물론적 경제발전 사관과도 차별화된다. 로스토는 산업혁명 이후의 경제발전 단계를 전통적 사회, 선행 조건 충족 단계, 도약 단계, 성숙 단계, 고도 대중소비 단계의 다섯 단계로 구분하고, 이 단계를 필연적 과정이 아닌 선택적 과정으로 설정한다. 이러한 로스토의 근대화 이론은 전형적인 서구 선진 사회를 모델로 한 것이어서 후진국에게 서구적 근대화 과정을 주입하려 한다는 비판을 받았다.

12) (옮긴이) 맥크릴랜드(David McClelland, 1917~1998)는 개인 및 사회의 발전은 성취 욕구와 밀접한 상관관계를 갖는다는 성취동기 이론을 발전시켰다. 그는 높은 성취동기의 사람들로 구성된 조직이나 사회가 경제발전이 빨랐으며 성취동기가 높은 사람들은 보다 훌륭한 경영자로서 성공했다고 주장한다. 그는 특히 한 나라의 경제 성장은 그 국가의 문화가 성

식의) 신진화론적 근대화 이론에서 발견되는 모든 것을 포괄하는 맥락 없는 일반화에 반대하기 때문이다. 앞서 언급한 것처럼, 더닝과 그의 동료들이 쓴 스포츠에 관한 경험적 저작은 이러한 훨씬 효과적인 방향을 따른다.[13]

이러한 점은 결합태 사회학이 제기한 이론적 쟁점을 다시 제기해준다.

3. 이론적 쟁점과 방법론적 쟁점

물론 주지하다시피 엘리아스가 자신의 접근 방법에 엄격하게 그리고 직접적으로 일치하지 않는 사회학의 발전을 진지하게 고려하는 것을 못마땅하게 여긴 것은 약간의 긍정적 측면이 있긴 하나 부정적 효과를 낳았다.[14]

∵

취 욕구에 두고 있는 가치의 함수라는 주장을 한다. 그는 또 개인의 욕구 중에서 습득된 욕구들을 성취 욕구, 소속 욕구, 권력 욕구로 분류하고, 성취 욕구, 기업적 활동량, 특정 문화에서의 경제성장은 높은 관련성이 있다고 주장했다. 무젤리스(Nicos Mouzelis)는 로스토의 근대화 이론과 맥크릴랜드의 성취동기 이론은 서구 사회의 발전 경로를 일반화하는 오류를 지닌다고 지적하고 있다.

13) 다음을 보라. E. Dunning and K. Sheard, *Barbarians, Gentlemen and Players*(Oxford: Martin Robertson, 1979); E. Dunning, P. Murphy and J. Williams, *The Roots of Football Hooliganism*, op. cit.

14) 영미권 세계에서는 엘리아스의 저작이 오랫동안 소홀히 다뤄져왔다는 사실을 모든 논평자들이 강조하고 있으므로 그 주요한 이유 중 하나가 엘리아스는 자신의 주요 관심사와 직접 관련이 있는 저작을 비롯해 다른 모든 사람들의 저작을 진지하게 고려하기를 꺼렸다는 점이라는 것을 인정해야 한다. 다음 같은 그의 진술만큼 그가 자초한 이러한 고립을 더 잘 보여주는 것도 없을 것이다: "다른 물리학자들을 비판하는 대신에 날마다 주어진 일을 해나가는 한 물리학자처럼 내가 예전처럼 실험실에서 묵묵히 작업을 한다면 그야말로 더할 나위 없이 생산적일 것이다"(E. Dunning and C. Rojek, op. cit., p. 16에서 인용). 물론 엘리아스는 물리학자에 대해 잘못 생각했지만, 레스터 대학에 근무한 그의 한 동료처럼 나는

이러한 점 때문에 그는 변덕과 유행을 쉽게 거부하게 되었다(이러한 변덕과 유행은 사회학자들에게 특히 취약하고 또 철학이나 심리학 등과는 매우 다른 상대적으로 자율적인 분과학문으로서 사회학의 발전을 종종 지연시키거나 방향을 흩트린다).

엘리아스가 순수한 철학적 논의에 빠져들기를 거부하고 사회학 이론은 주로 역사 지향적인 경험적 연구로 직결되는 민감한 개념들을 구성하는 데 관심을 가져야 한다고 주장한 점에 대해서는 경탄하고 높이 평가한다. 그리하여 노베르트 엘리아스는 사회학, 철학 및 인접 분야 간의 경계를 허물어뜨리는 유행에 민감한 포스트모던 경향에 반대했다. 그는 철학과 여타 분과학문에 대해 깊은 지식을 가졌음에도 자신을 사회학자라고 부르는 것을 부끄러워하지 않았다(이러한 경향은 오늘날의 이론 지향적인 동료들과는 빈번히 대조된다). 또 사회적인 것의 존재론에 과도하게 몰두하는 것을 '철학 속으로의 비행(飛行)'으로 간주하고, 이론을 인간 네트워크와 그것의 장기적 변동에 대한 경험적인 탐구에 복무하는 것으로 보기를 거부한 것을 부끄러워하지 않았다.

그가 개념 설정을 하면서 드물 정도로 신중하게 접근한 것 역시 경탄할 만하다. 파슨스나 오늘날의 저명한 이론가들과는 달리 엘리아스는 자신의 이론적 저술을 자신이 행한 사회사적 탐구에 기반하고 있다. 그래서 이론 구성에 대한 그의 접근 방법은 파슨스보다는 머튼의 접근 방법과 흡사하다. 그의 접근 방법은 정교하고 웅장한 포괄적 개념 틀을 구성하는 것

∵

그 분과학문에 대한 자신의 '독백식의' 접근 방법에 대한 그의 평가가 전적으로 옳다고 말할 수 있다. 그래서 엘리아스 비판가들이 그가 모든 경쟁적 접근 방법을 철저히 희화화했다고 불평하고 있는 것은 전적으로 온당하다. 다행히도 그의 추종자들은 다른 학자들의 저작에 대한 엘리아스의 무신경한 태도를 공유하지 않는다.

을 피했다. 대신에 그는 상호 연관된 몇몇 개념들에 집중하기로 결심했다. 그 목표는 학생들에게 물화의 위험성을 감각적으로 느끼게 하며 인간 집단의 구성과 변동에 대한 흥미로운 경험적 질문을 하도록 도와주는 것이다.[15]

끝으로, 엘리아스는 정치적으로 급진적인 견해를 가졌고 전반적으로 기성 제도에 반대했음에도 불구하고[16] 사회과학에서 초연함과 객관성의 관념을 모두 폐기하려는 경향에 굴복하기를 철저히 거부했다(이러한 경향은 1960년대와 1970년대에 마르크스주의자들 사이에서 만연했다). 과학적 객관성의 논의를 조야한 실증주의적 '가치 중립적' 입장과 일치시키려는 모종의 의사—급진적 풍조와는 대조적으로 자신이 행한 관여 대 초연에 관한 탐구에서 엘리아스는 기본적으로 가치 준거, 객관성, 윤리적 중립에 대한 베버의 명백한 구분법을 되풀이한다. 베버는 사회학자 자신의 가치가 자신의 사회과학 연구에 불가피하게 개입한다고 반드시 상대주의로 빠져드는 것은 아니며, 따라서 어느 정도의 객관적 분석의 가능성을 없애지는 않는다는 점을 명확히 했다.[17] 엘리아스는 베버보다 한 걸음 더 나아가서 ① 관여와 초연을 하나의 연속체로 보며 ② 과학적 객관성 개념을 문명화 과정이 수반하는 초연 역량의 증대라는 광범한 현상 속에 위치시킨다.

그러면 이제 사회학에 대한 엘리아스의 접근 방법의 몇 가지 문제점을 살펴보도록 하자. 결합태 사회학은 결합태 개념이 행위와 구조 개념을 모두 수반하므로 행위와 구조와 관련된 통상적인 구분을 극복했다고 주장한

··

15) 이와 관련해서는 다음을 보라. N. Elias, *What is Sociology?*(London: Hutchinson, 1978); *The Society of Individuals*(Oxford: Blackwell, 1991).

16) 다음을 보라. S. Mennell, *Norbert Elias*, op. cit..

17) N. Elias, *Involvement and Detachment*(Oxford: Blackwell, 1987).

다. 즉 결합태 개념은 행위 주체(개인 또는 집합)도 언급하고 그들의 갈등적 또는 협동적 상호의존(구조)도 언급한다는 것이다. 엘리아스가 보기에[18] 행위자는 '폐쇄된 원자(closed atoms)'가 아니고 그들의 상호관계를 떼어놓고서 이해할 수가 없으며, 그래서 행위와 구조를 구분하는 것은 있을 수 없는 일이다. 그러한 구분은 필경 물화로 귀결될 수밖에 없다. 즉 구조는 사회적 무대 위에서 모든 것을 조절하는 신비스러운 실체로 변형되고 만다.

여기서는 결합태 접근 방법은 파슨스의 기능주의와는 반대편 극단에 위치한다는 점을 지적해두는 것이 유용할 듯하다. 파슨스는 후기 저작에서 상호작용을 경시하며 초점을 단위 행동에서 하위 체계들(그가 제시한 AGIL 도식)로 분할되어 있는 체계로서 사회 전체로 옮겨갔는데, 이들 하위 체계는 집단이나 행위자를 지칭하지 않는다. 그것들은 사회 체계의 네 가지 기능적 요건 중 하나로서 기여하기 때문에 분석적으로 한데 어우러져 제도화된 규범을 구성한다. 달리 말하면, 그 유명한 사회의 네 가지 하위 체계는 행위자가 아닌 제도(경제, 정치, 법, '친족/종교')를 지칭한다. 뿐만 아니라 각 하위 체계는 네 개의 하위의 하위 체계로 계속 분할되므로 파슨스의 과잉 체계 도식 속에는 집합 행위자 또는 집단이 활동할 여지가 이론적으로는 존재하지 않는다. 요컨대 파슨스의 분석에서 계급이나 여타 집단에 대해 언급할 경우 AGIL 도식에는 들어맞지 않는다.[19]

파슨스 식의 기능주의자들은 한 사회의 사회구조를 연구할 때 계층화 양상(소득이나 교육 기회 같은 사회적 특성이 각 계층 범주에 분포되는 방식)이나 제도적 구조에 관심을 가진다(제도적 구조는 규범 또는 규칙들이 '사회'의 네 가

••

18) 이 점에 관해서는 그의 저작 *The Society of Individuals*, op. cit.을 보라.
19) 이러한 중대한 점을 한층 발전시킨 것으로는 5장을 보라.

지 기능적 요건[경제, 정치, 법, '종교/친족']에 기여하는 바에 따라 제도화된 복합체 속에 밀집되는 방식을 말한다). 후자의 측면에서 보면, 사회구조는 결합태 사회학처럼 행위자들 간 또는 집단들 간의 '갈등적/협동적' 관계를 수반하는 것이 아니라 제도화된 규범들 간 '양립 가능성/양립 불가능성'의 연계를 수반한다.

제도적 구조와 결합태적 구조의 차이를 이해하는(그리고 언어학에서 이끌어낸 어휘를 활용하는) 또 하나의 방식은 후자가 통합체 수준과 관련되고 전자가 계열체 수준과 관련된다고 주장하는 것이다.[20] 사실, 결합태적 구조는 시공간 속에서 전개되는 특정 행위자들 간 또는 집단들 간의 현실적 관계를 지칭한다(실제 축구 경기를 벌이고 있는 두 팀이 한 가지 좋은 예로, 엘리아스가 즐겨 사용하는 사례다). 다른 한편, 제도적 구조는 계열체 수준에서 시공간을 벗어난 가상의 질서를 구성하는 일련의 상호 연관된 규칙을 지칭한다. 기든스가 즐겨 말하듯이, 그 같은 규칙은 행위자가 머릿속에서 기억을 추적할 때만 존재하며, 행위자들이 서로 소통하기 위해 머릿속에서 끄집어낼 때 현시된다.[21] 그러므로 '현시(instantiation)'와 함께 우리는 (언어학적 은유를 다시 사용하면) 랑그에서 파롤로, 계열체에서 통합체로, 그리고 규칙이라는 가상의 질서에서 행위와 상호작용이라는 실재의 질서로 이동한다.

∴

20) 언어학에서

"통합체(syntagma)는 특정한 수준에서 한 문장 속의 성분들 간에 작동하는 선형적 관계를 지칭하고, 계열체(paradigma)는 한 문장 내의 특정한 지점에 있는 성분과 구문론적으로 서로 바꾸어 쓸 수 있는 성분들 간의 관계를 지칭한다."

(*The Fontana Dictionary of Modern Thought*(London: Fontana Books, 1977), p. 620)

* 계열체와 통합체에 대해서는 1장 각주 47) 옮긴이 주 참조.

21) 다음을 보라. A. Giddens, *Central Problems in Social Theory*(London: Macmillan, 1979), p.66.

이제 어떤 의미에서 엘리아스의 결합태적 구조가 파슨스의 제도적 구조의 영상 이미지인지를 이해하는 것은 어렵지가 않다. 엘리아스는 늘 거시적인 역사적 시간 속에서 전개되는 집단들 간의 실질적 관계에 대해 언급한다. 파슨스는 규범들, 역할들, 제도들 간의 가상의 관계에 우선적인 초점을 맞춘다. 엘리아스는 행위자들 간의 현실적인 '갈등/협력'을 강조하고, 파슨스는 규범적 기대들 간의 '양립 불가능성/양립 가능성'에 대해 말한다. 파슨스 비판가들이 그의 사회학에서 행위자들은 아무 행위 없이도 끊임없이 규칙을 시연(試演)한다고 말한 것이 옳다면,[22] 엘리아스의 사회학에서는 행위자들이 아무런 시연 없이도 끊임없이 행위를 한다고 말할 수도 있다. 엘리아스에서는 계열체 차원이 빠져 있거나 경시되고 있는데, 그것을 문제시하지 않거나 통합체 차원에서 환원하여 이끌어내고 있기 때문이다.

말할 필요도 없이, 결합태적 구조와 제도적 구조는 모두 사회 전체가 어떻게 구성되고 재생산되는지를 이해하는 데 없어서는 안 되는 필수 불가결한 것이다. 그중 하나를 다른 하나로부터 이끌어내려는 그 어떤 시도도 필경 사회 세계를 편향되게 설명하거나 빈약하게 설명하게 된다.

끝으로, 제도적 구조와 결합태적 구조의 구분을 한층 명확히 하기 위해 나는 마르크스주의가 그러한 구분을 어떻게 다루고 있는지에 대해 몇 마디 하고자 한다. 마르크스주의 사회학에서는 사회구조를 결합태적 의미로도 사용하고 제도적 의미로도 사용하고 있다는 것을 발견하게 된다. 그래서 마르크스주의적 성향의 사회학자들이 한 사회 구성체의 사회구조에 대해 말할 때 그것은 이익 집단들 간의 실질적인 관계와 투쟁을 의미한다. 그런데 그들은 제도화된 복합체들 간의 모순(기술과 재산 제도 간 모순, 또는

∙∙

22) 이 책 6장 1절을 보라.

경제 제도, 정치 제도, 문화 제도 간 모순 등등)을 언급할 때도 '사회구조'라는 용어를 사용한다.[23]

　록우드가 명민하고 설득력 있게 지적했듯이, 마르크스주의는 사회 구성체를 '사회 통합/비(非)통합'의 측면(즉 행위자들 간의 '갈등적/협력적' 관계의 측면)에서도 보고 '체계 통합/비(非)통합'의 측면(즉 제도들 간 '양립 가능성/양립 불가능성'의 측면)에서도 본다.[24] 일부 마르크스주의 또는 마르크스 아류의 역사가와 사회과학자들은 사회 통합을 더 강조하고(예컨대 E. P. 톰슨〔E.P. Thompson〕) 또 일부는 체계 통합을 더 강조한다(예컨대 알튀세르).[25] 그러나 마르크스의 전체 저작은 사회 발전을 제도화된 복합체들 간의 체계적 양립 불가능성 측면에서 보게 하는 데도 도움을 주고 행위자들의 그같은 양립 불가능성 지각 여부와 관련해서 보게 하는 데도 도움을 준다. 물론 실제의 현실에서는 사회적 배열의 사회 통합 측면과 체계 통합 측면을 분리할 수 없으므로 그 같은 구분은 순전히 분석적이다. 그럼에도 불구하고 이러한 구분은 매우 필수적이다. 왜냐하면 사회적 삶의 이 두 가지 차원은 항상 동일하게 변화를 일으키기 때문이다. 이를테면, 체계 모순의 증대가 사회 갈등을 야기할 때도 있고 그렇지 않을 때도 있다.

∴

23) 다음을 보라. N. Mouzelis, *Post-Marxist Alternatives: The Construction of Social Orders*(London: Macmillan, 1990), pp. 50 이하.

24) D. Lockwood, "Social integration and system integration" in G. K. Zollschan and W. Hirsch (eds), *Explorations in Social Change*(London: Routledge, 1964); *Solidarity and Schism: 'The Problem of Disorder' in Durkheimian and Marxist Sociology*(Oxford: Oxford University Press, 1992).

25) 다음을 보라. E. P. Thompson, *The Making of the English Working Class*(London: Allen Lane, Penguin, 1963); L. Althusser, *For Marx*(London: Allen Lane, 1969). 두 접근 방법을 비교한 것으로는 다음을 보라. P. Anderson, *Arguments within Marxism*(London: New Left Books, 1980), pp. 38 이하.

위의 내용을 도표로 나타내면 다음과 같다.

계열체 수준 (양립 가능성/양립 불가능성의 가상의 연계)	I 제도	I 제도
통합체 수준 (실재의 협력/갈등 관계)	A 행위자	A 행위자

엘리아스에서 결합태로서 구조는 행위자-행위자 상호의존(A-A)을 지칭한다.
파슨스에서 사회구조는 제도-제도 연계(I-I)를 우선적으로 수반한다.
마르크스주의 사회학에서 사회구조는 A-A와 I-I 모두를 의미한다.

이제 엘리아스로 되돌아가 보면, (구조라는 용어를 사용하든 그렇지 않든) I-I 연계에 대한 어떤 언급도 물화이다. 엘리아스와 그의 제자들에게서 유일한 '현실 적합적인' 개념은 A-A 관계에 바탕을 둔 것이거나 아니면 그것에서 직접 파생된 것들뿐이다(게임, 결합태, 상호의존, '우리-그들' 관계, 집단 간 권력 차이 등). 바로 이 점에서 우리는 결합태 사회학이 다른 경쟁적인 접근 방법에 대해 반대하는 핵심에 마주치게 된다. 엘리아스와 그의 추종자들이 A-A 관계에 기초하지 않은 모든 개념들을 물화로 기각하는 것이 얼마나 온당한가?

이러한 무분별한 기각이 온당하다고 생각하지는 않는다. 나는 '현실 적합적인' 개념의 의미가 수반하는 인식론적 문제와 존재론적 문제를 제쳐두고 그 자격 요건은 단일의 개념들에만 적용되어서는 안 되고 이론 전체에 적용되어야 한다고 생각한다. 물화의 과오는 각 개념들을 따로 떼어놓고 보면 드러나지 않고 각 개념들이 특정한 이론적 기획 속의 다른 개념들과 어떻게 연관되는지를 살펴볼 때 드러난다.

실제의 예를 들어보자. 마르크스가 자본주의 체계의 주요 제도들 간의 모순(예컨대 생산력과 생산관계 간의 모순)에 대해 말할 때, 체계 통합(I-I) 접근 방법을 사회 통합(A-A) 접근 방법과 연계시키지 않는다면 이것은 물화로 이어질 수밖에 없다(후자는 체계 모순이 계급의식, 계급조직, 계급행위의 발전과 결부되는 또는 결부되지 않는 복잡한 방식에 초점을 두는 접근 방법이다). I-I와 A-A 간의 연계를 적절하게 탐색한다면 물화는 발생하지 않는다. 한편, (파슨스와 알튀세르의 기능주의에서처럼) A-A를 무시하고 I-I를 과도하게 강조하게 되면, 제도적 복합체가 의사결정을 하고 행동을 하는 의인화된 실체로 불합리하게 변형되든가, 더 나쁘게는 원인으로 변형되어 목적론이 되는 것을 피할 수 없게 된다.

그러므로 다시 말하면, 한 이론가가 사회 현상을 물화하는지 그렇지 않은지를 평가하려면 각각의 개념들을 따로 떼어놓고 보아서는 안 되고 특정 개념이 전체 이론 내에서 위치해 있는 방식을 살펴보아야 한다. 엘리아스와 그의 추종자들은 개인과 집단을 그들이 맺고 있는 복잡한 관계 속에서 바라볼 필요성을 숱하게 강조했음에도 이러한 비(非)원자론적 통찰을 이론 구성의 수준으로 확장하지는 않는다. 이론 구성의 수준에서 보면, 따로 떨어진 각각의 개념들이 '현실 적합적'이어야 한다는 그들의 주장은 행위자를 원자론적으로 취급하는 것만큼이나 제한적인 '이론적/개념적' 원자론으로 직결될 수밖에 없다.

위의 내용 전체가 시사하는 바는 ('행위자-행위자' 관계를 뜻하는) 엘리아스의 결합태 개념이 제도적 구조 개념을 대체할 수 없다는 것이다. 결합태적 구조와 제도적 구조는 단순히 상이한 연계 유형을 지칭할 따름이다. 즉 결합태는 A-A 연계를 수반하고, 제도적 구조는 I-I 연계를 수반한다. 두 개념 모두 사회적 배열을 다차원적으로 바라보는 데 필수적이다. 또한 (앞서 지적했듯이) 두 연계 중 하나를 간과하려는 시도나 하나를 다른 하나로부터 이끌어내려는 환원론적 시도는 불가피하게 사회적 삶의 한 극단적 측면만 보게 된다.

그러므로 파슨스가 결합태적 구조를 묵살하고 제도적 구조를 과잉 강조하여 사회가 재생산되고 변화되는 방식을 목적론적으로 설명하거나 물화시켜 설명하고 있다면, 엘리아스는 후자를 버리고 전자를 과잉 강조하여 물화는 비켜가지만 (내가 상호의존과 자기 절제 간의 연계를 논의할 때 지적했듯이) 신념 체계의 상대적 자율성을 철저히 간과한다. 지금까지 뜻하는 바는 사회 변동에서 물질적 요인이 더 중요하냐, '문화적/관념적' 요인이 더 중요하냐 하는 문제 같지 않은 문제를 다시 끄집어내려는 것이 아니다.[26] 오히려 엘리아스는 결합태 개념에 우위성을 부여한 탓에 (분업, 상호의존, 경쟁, 독점, 평온 등의 정도 같은) 문화적 맥락이 다를 경우 유사한 구조적 조건들이 근본적으로 상이한 유형의 '자기 절제/무절제'로 이어질 수 있음을 깨닫지 못한 듯하다는 점을 지적하고자 한다. 달리 말하면, 결합태적 구조와 제도적 구조는 (따로 떼어놓고는 이해할 수 없는 것이지만) 독립적으로 변화할 수 있으며, 결과적으로 전자로부터 후자를 이끌어낼 수 없다.

4. 결론

이 장에서 보여준 나의 논지는 행위-구조 구분을 폐기하지도 않고 제도

∵

26) '물질/관념' 구분에 대한 논의 및 비판으로는 이 책 3장 3절을 보라.

적 구조에서 행위를 이끌어내거나 역으로 행위에서 제도적 구조를 이끌어
내지도 않는 행위−구조 문제에 대한 접근 방법을 지지해왔다. 나아가 '사
회구조'라는 용어가 적어도 두 가지 유형의 주요한 연계를 지칭할 수 있다
고 주장해왔다(이 둘 모두 사회 전체가 구성, 재생산, 변화되는 방식을 이해하는
데 대단히 중요하다). 결론적으로 사회구조를 무차별적이거나 모호하게 사
용하는 대신에 '행위자−행위자' 관계를 언급할 때는 결합태(또는 결합태적
구조) 개념을 사용하고, '제도−제도'(또는 '역할−역할') 연계를 언급할 때는
제도적 구조 개념을 사용해야 한다고 제안하고자 한다.

　물론 결합태적 구조와 제도적 구조가 서로 연계되는 방식은 사회학 이론
에서 가장 흥미로운 문제 중 하나이다. 그 해답이 어디에 있는지 확신할 수
는 없지만, 지금껏 논의해온 두 연계 유형을 융합하든가 그 둘의 구분을 거
부한다면 한 걸음도 진전하지 못할 것이라고 확신한다. 모든 사회적 게임
의 이 두 차원은 분석적으로 구분되는 동시에 실제의 현실에서는 서로 뒤
섞여 있다는 것을 인정할 때에만 비로소 진전할 수 있다. 그러므로 문제는
결합태가 제도적 구조보다 더 '현실 적합적인' 개념이냐 아니냐 하는 것이
아니다. 문제는 이 두 개념을 어떻게 서로 체계적으로 연결하느냐 하는 것
이다. 이것이 바로 내가 다음 장에서 다룰 문제다.

5장
제도적 구조와 결합태적 구조의 접합에 관하여
: 파슨스 사회학과 마르크스주의 사회학의 결합

4장에서는 엘리아스 저작을 비판적으로 논의하는 것으로 결합태적 구조와 제도적 구조 간의 근본적인 구분을 상세히 설명하려고 노력했다. 이 장에서는 파슨스의 기능주의와 진화이론을 부활시키려는 최근의 시도를 살펴보고, 마르크스주의의 몇몇 개념 도구가 제도적 통일체와 결합태적 통일체를 적절하게 연계시키는 데 어떤 도움을 줄 수 있는지를 보여주려 한다.

1. 파슨스 사회학을 소생시키려는 신기능주의적 시도

이미 언급했듯이 파슨스의 기능주의는 1960년대와 1970년대에 돌연히 일거에 기각되고 난 후 1980년대와 1990년대에 상당한 소생을 경험했다. 이러한 소생은 적어도 부분적으로는 같은 시기 마르크스주의 및 마르크스 아류 사회학이 몰락하게 된 것과도 연관된다. 파슨스의 거대 이론에 대한 현재의 인상은 비판가들이 파슨스의 저작을 통째로 대범하게 몰아내면서 목욕물과 함께 아이를 버린 격이 되고 만 느낌이다. 게다가 파슨스의 이론적 구성이 아주 엄격하고 심오하므로 사회학 이론이 해야 할 당면 과제는 그것을 모조리 거부하는 것이 아니라 문제가 되는 취약한 차원을 철저히 재구성하는 것이어야 한다.

　(구세대 파슨스 제자는 물론 아이젠슈타트[1]와 스멜서 같은) 네오파슨스주의
자들은 사회적 삶의 자원주의적 차원과 (사회 변동의 기능적 메커니즘으로서)
집단 전략 및 집단 갈등에 대해 파슨스가 경시한 것과 관련하여 세간에서
제기된 몇 가지 비판을 기꺼이 받아들인다.

　네오파슨스주의자들은 파슨스가 자신의 지적 진화 단계에서 재발전시
킨 핵심 개념인 분화 개념을 재평가하는 데 엄청난 노력을 기울인다. 주지
하다시피 파슨스는 말년에 이르러 자신이 제시한 다소 정태적인 구조기능
주의 패러다임을 진화 이론에 연계시켜 거기에다가 약간의 역동성을 주입
하는 데 주력했다.[2] 파슨스에 대해 한층 비판적인 파슨스 제자들은 파슨
스의 진화 이론이 (일부 고전 진화론적 접근 방법의 조야한 결정론을 피하긴 했
어도) 근대성으로 이어지는 분화 과정의 모순적 성격은 물론 그것의 엄청
난 복잡성과 다양성을 담아내지 못했다는 점을 기꺼이 인정한다.

　실제로, 파슨스가 (특정의 사회적 맥락 속에서 '분화/탈분화'가 취하는 형식을
부분적으로 틀 짓는) 행위자(특히 집합 행위자)를 경시한 것은 일반적으로는
사회 발전이 그리고 특수하게는 근대화가 모든 사회를 엄청난 복잡성과

⁚⁚

1) (옮긴이) 아이젠슈타트(Samuel Noah Eisenstadt, 1923~2010)는 폴란드 출신의 이스라엘
　정치사회학자로 파슨스의 제자이면서 사회 변동론, 비교근대화론, 관료제 등에 관심을 가지
　면서 개발 도상국의 근대화 과정에서 발생한 여러 요인들을 연구했다. 그는 파슨스의 구조
　기능주의가 지닌 단선적 사회 변동론의 한계를 지적하고 복수의 근대화론을 제시하며 파슨
　스 기능주의의 한계를 넘어서려는 시도를 했다. 그는 사회가 통합과 균형만 유지하는 것이
　아니라 갈등적 요소도 수반한다는 점을 인정하며, 스멜서와 함께 기능주의의 새로운 지평을
　여는 데 지대한 공헌을 했다. 하지만 아이젠슈타트 역시 서구적 근대성을 온전히 탈피하지는
　못한 것으로 평가된다.
2) 이와 관련해서는 다음을 보라. T. Parsons, *The Evolution Societies*(Englewood Cliffs, NJ.:
　Prentice Hall, 1977).

적응 능력을 가지도록 이끄는 평탄하고 조화로운 과정이라는 인상을 낳게한다.[3] 파슨스가 덜 분화된 사회 체계에서 더 분화된 사회 체계로의 이행을 다음과 같은 현실에서 유리된 과정을 통해 설명하려고 노력했다는 점을 고려한다면, 이러한 평탄한 인상은 내가 보기에는 아주 온당하다.

① 더 발달된 사회의 가치가 덜 발달된 사회로 확산
② 특정 사회 체계 내에서 다양하게 분화된 제도적 하위 체계들 간의 '긴장' 또는 양립 불가능성
③ '기능적 요건' 또는 사회 체계의 욕구(사회를 진화 사다리 위로 끌어올리기 위한 원인으로 종종 목적론적으로 작동하는 욕구)

네오파슨스주의자들은 분화라는 핵심 개념을 구출하기를 원하면서 동시에 전체 과정을 체계 요건의 충족을 통해 보다 높은 수준의 적응 능력으로 이어지는 단선적 문제 해결 작용으로 보기를 거부한다. 알렉산더(J. C. Alexander)와 콜로미(P. Colomy)가 주장하듯이, 신기능주의자들은 다음과 같은 시도를 한다.

분화 이론 자체의 설명 틀을 수립하여 문제 해결 및 사회적 욕구 접근 방법을 집단 갈등, 권력, 우연성을 강조하는 다소 정치적인 모델로 대체한다.[4]

스멜서의 저작은 네오파슨스 이론에서 나타나는 이러한 새로운 전환을

∵

---

3) 이와 관련해서는 다음을 보라. J. C. Alexander and P. Colomy (eds), *Differentiation Theory and Social Change*(New York: Columbia University Press, 1990).
4) 앞의 책, p. xiii.

가장 잘 보여주는 것으로 회자되고 있다. 스멜서의 『산업혁명기의 사회 변동(Social Change during the Industrial Revolution)』[5]은 일과 가족 역할의 장기적인 기능적-구조적 분화 과정을 설명하는 데에 파슨스의 개념 도구를 적용하려는 1960년대의 주요 시도 중 하나였다. 스멜서의 7단계 분화 모델[6]에는 집합 행위자가 부재하거나 기껏해야 아주 주변적인 역할만 수행한다. 거기에서 전체 과정은 다음처럼 체계 과잉적으로 묘사되고 있다: 현실에 대한 '불만'이 생겨나고, '상황 대응 및 정보 전달'이 이루어진 다음 처음의 불만을 해결하기 위해 신비롭게도 '일반적 이념'이 나타난다. 다음 국면에서 그 같은 이념은 '구체화되고' '이행되고' '상업화되며', 그리하여 초기의 불만을 교정하고 전체 사회 체계를 더 높은 분화 수준의 새로운 사회 균형에 이르게 한다.

이러한 전체 과정이 일어나는 동안 '누구'에 관한 질문은 거의 제기되지 않고 있다. 어느 '집단/행위자'가 불만을 가지는지, 누구의 이념이 문제 해

---

5) N. Smelser, *Social Change during the Industrial Revolution: An Application of Theory to the Lancashire Cotton Industry 1770-1840*(London: Routledge and Kegan Paul, 1962).

6) (옮긴이) 스멜서는 집합 행동, 특히 사회 운동이 발생하여 목적을 달성하기까지는 여섯 단계의 조건을 거쳐야 한다고 보았는데, 이것이 일명 부가가치 이론(value added theory)이다. 이에 따르면, 첫째 단계는 '구조적 유발 요인'인데 이것은 어떤 집합 행동이 일어나기에 필요한 사회구조적 선행 요건을 말한다. 둘째 단계는 '구조적 긴장'으로 구조적 유발 요인의 심각성에 대한 행위자들의 인지 정도를 말한다. 셋째 단계는 '일반화된 신념'으로 구조적 긴장의 원인과 이를 해결하기 위한 방안 그리고 목표를 행위자들이 공유하는 것을 말한다. 넷째 단계는 '촉발 요인'인데 이는 행위자들의 불만을 행동으로 옮기게 하는 도화선 역할을 하는 어떤 사건의 발생을 말한다. 다섯째 단계는 '참여자의 동원'으로 이는 행위자들의 조직화 정도를 말한다. 여섯째는 '사회 통제 기제의 작동'으로 이는 집합 행동이 일어나지 못하게 하거나 저지하는 강력한 외적 힘의 존재 여부를 말한다. 외적 강제력이 약할 때 집합 행동이 성공할 가능성이 커지게 된다. 끝으로 이러한 요건들이 하나씩 충족될 때 집합 행동은 성공하여 새로운 사회적 균형에 도달하게 된다.

결에 기여하는지, '상황 대응' 또는 '이행'의 국면에서 누구의 이해관계가 향상 또는 침해되는지 등의 문제에 대해 정확하게 알 도리가 없다. 사회 또는 사회 체계라 불리는 신비스러운 실체가 마치 스스로 문제를 해결하는 과업을 착수한 듯하다. 그리고 일련의 복잡한 비인격적 과정을 통해 이러한 과업을 성취하여 보다 높은 분화가 발생하든가 아니면 실패하여 사회 체계가 보다 낮은 분화 수준으로 퇴보하게 된다.[7]

스멜서는 후기 저작에서는 파슨스의 틀을 전면적으로 거부하지 않은 채 이러한 체계 과잉적 지향으로부터 벗어났다. 근자에 그는 영국의 산업화 과정에서 가정과 학교 교육의 분화에 대해 재검토하면서 특정 경우에 분화가 취하는 형식을 이해하려면 전반적 산업화 과정에 복합적으로 그리고 종종 모순적으로 기여하는 사회적 동인(집합 행위자와 그들의 이해관계)을 진지하게 고려해야 한다고 지적한다. 그 예로 스멜서는 영국의 학교 교육은 미국보다 계급적 특성이 훨씬 두드러진다고 지적한다. 우선 영국에서는 학교의 유형과 사회 계급 사이에 강한 연계가 존재하여, 귀족층과 상층 계급을 위한 사립 중등학교, 중간 계급을 위한 일반 중등학교, 빈곤층을 위한 초등교육기관으로 구분되어 있다. 더 나아가 인구의 대다수를 교육 체계로 끌어들이는 방식을 (단순히 서술만 하지 않고) 설명하기 위해서는 다기하면서도 종종 상충되는 이해관계를 증진시키는 갖가지 사회적 요인들을 고려하는 것이 요구된다.[8] 대개 상층 계급이 대표를 구성하고 있는 의회에

∙∙

---

7) 이러한 노선을 따라 스멜서를 비판한 것으로는 다음 저작을 보라. E. P. Thompson, *The Making of the English Working Class*(London: Allen Lane, Penguin, 1963), pp. 297 이하. 다음 저작도 보라. P. Anderson, *Arguments within Marxism*(London: New Left Books, 1980), pp. 38 이하.

8) 다음을 보라. N. Smelser, "Evaluating the model of structural differentiation in relation to educational change in the nineteenth century", in. J. C. Alexander (ed.), *Neo-*

서는 하위 계층의 범죄율 증가와 '방탕한 생활'의 일상화에 관심을 집중한다. 그래서 빈곤층을 통제하고 그 자녀들에게 높은 지위에 있는 사람을 공경하고 열심히 일하는 가치를 주입하는 수단으로 초등교육 법안을 제출하기도 했다. 교육 개혁을 주창하는 또 하나의 주요 세력은 영국 국교회로서 이들은 하층 계급 자녀들을 개종하기 위해 다양한 반(反)국교회 운동에 맞서 싸웠다. 부모들은 농사일에 자녀들이 필요하기 때문에 학교에 보내기를 상당히 꺼렸다. 한편 개화된 부모들은 교육의 사회적 가치를 절실하게 느껴 상이한 유형의 초등 교육을 원했다.[9]

위의 사실에서 볼 때, 분화 이론에 관한 한 '구' 스멜서와 '신' 스멜서 간에 현격한 차이가 있음이 분명하게 드러난다. 스멜서가 사회적 요인과 갈등을 새롭게 강조한 것이 파슨스의 전반적 틀과 일치하는지 여부는 파슨스의 진화론을 재구성하려는 몇몇 진전된 시도를 고찰하고 난 연후에 논의할 사항이다.

한 예로 파슨스의 또 하나의 옛 제자인 아이젠슈타트의 저작을 살펴보면, 애초부터 그가 파슨스의 일반적 도식을 유지하면서 동시에 몇 가지 자원주의적 요소를 AGIL 개념화에 주입하려고 시도했음을 발견하게 된다. 아이젠슈타트는 다음과 같이 주장했다.

① 하위 체계들 내의 또는 그것들 간의 양립 불가능성이 자동적으로 사회 변동을 일으키지는 않는다. 분화가 발생하느냐 탈분화가 발생하

Functionalism(London: Sage, 1985); "The contest between family and schooling in nineteenth century Britain", in. J. C. Alexander and P. Colomy (eds), *Differentiation Theory*, op. cit.
9) N. Smelser, "Evaluating the model", op. cit., pp. 168 이하.

느냐 그리고 그것이 어떤 형태를 띠느냐는 다양한 이익 집단이나 '제도적 기업가' 그리고 그들의 문화적 지향, 그들의 자원 통제, 그들의 이데올로기 정당화, 그들이 형성하는 복잡한 제휴들 등에 달려 있다.

[분화의 여러 형태들 간의] 그 같은 차이를 이해하기 위한 단서는 다음과 같은 것들 속에 들어 있다.[10] 즉 상이한 엘리트들, 그들이 제시하는 전망들, 그들이 관여하는 각종 제휴들, 그 같은 엘리트와 사회의 다른 집단 또는 계층과의 관계, 특히 그들의 자율성 또는 광범한 귀속적 단위 속에서의 착근 등.

② 이들 사회 지도자 그룹은 네 하위 체계들(AGIL) 간의 '경계 교환(boundary exchanges)'을 이해하는 데 있어 파슨스가 그러한 교환을 실체 없이 과잉 체계적으로 묘사한 것보다 더 나은 토대를 제공한다. 알렉산더가 아이젠슈타트의 아주 독창적인 저작을 언급하면서 적절히 지적한 것처럼

경제적 계급을 기능주의 이론에 도입한 것은 자연히 상이하고 구체적인 집단들을 강조하는 데 연유한다. 기능적으로 분화된 하위 체계들 간의 경계 관계는 이제 상이한 집단들 간의 사회적 관계로 볼 수 있으며, '적응 기능'을 수행하는 집단들은 적어도 초기에는 경제적 계급이다.[11](강조는 필자)

∴∵

10) S. N. Eisenstadt with M. Abitbol, N. Chazan and S. Schachar, 'Modes of structural differentiation, elite structure and cultural visions', in J. C. Alexander and P. Colomy (eds), op. cit., p. 32.
11) 다음을 보라. J. C. Alexander, *Action and its Environments*(New York: Columbia

③ 위의 내용에 비추어볼 때, 유사한 사회분화 단계에서의 제도적 배열과 해결책의 엄청난 가변성은 더욱 강조할 필요가 있다.

그런데 이전에 쓴 나의 저작에서는 상이한 유형의 통합 해결책이 분화의 정도를 다르게 하는지, 불균등한 분화 유형 또는 불균등한 탈분화 유형을 낳는지, 상이한 제도적 동학을 가진 상이한 분화 양식을 낳는지 등의 문제를 충분히 그리고 명시적으로 제시하지 않았다. 마찬가지로 그 저작에서는 제도적 기업가나 엘리트의 중대한 중요성에 대해서만 언급했다.[12]

스멜서의 경우처럼 아이젠슈타트도 '종래의' 입장에서 '새로운' 입장으로 이동한 것이 분명하다. 집합 또는 거시 행위자 그리고 결합태적 통일체의 중요성을 얼마만큼이나 새롭게 깨달았느냐 하는 것은 현재로서는 또 다른 문제다. 집단 및 집단 갈등을 강조하는 것은 파슨스의 '기능주의/진화론'을 이론적으로 일관되게 재구조화하는가, 아니면 이것저것 갖다 붙여 파슨스 도식의 내적 일관성을 실제로 손상시키는가?

이 문제를 붙들고 논의하기에 앞서 파슨스 이후 집합 또는 거시 행위자로 이동한 현상이 파슨스의 옛 제자들의 저작에서만 발견되는 것은 아니라는 점을 강조해 두어야겠다. 그러한 이동은 새로운 세대의 사회학 이론가들의 저술에서도 현저하게 드러나고 있는 양상이다. 이들은 종종 복잡하게 뒤얽힌 파슨스의 구성에 의해서도, 그리고 그에 대한 급진적 또는 포스트모던 비판가들에 의해서도 위협을 받지 않는다.

∴

University Press, 1988), p.197.
12) S. N. Eisenstadt with M. Abitbol et al., op. cit., p. 21.

한 예로 레흐너(F. J. Lechner)는 파슨스의 '일차원적이고 단선적인 근대화관'에 반대하며, 근대화 경로의 다양성은 분화된 부분들의 통합에 기인한다고 제시했다. 그에게서 이러한 부분들은 각 제도적 영역의 자율적 논리를 고양하기는커녕 침해하면서 작동한다. 이런 일이 발생할 경우 한 영역의 논리가 다른 영역의 논리를 지배하거나 심지어 완전히 말살하게 된다. 이를테면 정치적 논리가 다른 나머지 논리를 '식민화할' 경우 갖가지 형태의 전체주의(파시즘, 공산주의)로 귀결되는가 하면, 종교적 논리가 지배적이 될 경우 오늘날 이슬람세계 일각에서 퍼지고 있는 일종의 근본주의를 낳는다. 레흐너는 종교적 근본주의를 사회 체계가 전통적인 미분화된 과거로 회귀하는 것으로 보지 않고 탈분화의 한 유형으로 본다. 그 대신에 그것은 전통적 요소와 근대적 요소의 혼합(예컨대 성찰성 및 근대 기술의 증대와 밀접한 관계가 있는 여성 강제)을 낳는다.[13]

콜로미는 분화 과정의 불균등성 그리고 이러한 불균등성을 설명하기 위해서는 전략적 이익 집단을 중심에 두는 것이 요구된다는 사실을 강조하며 그와 유사한 테제를 추구한다. 한 예로 그는 미국 남북전쟁 전 여러 주에서 정치적 분화가 상이하게 발전되었다고 지적한다(그곳에서는 유명 인사들의 과두제적 파벌에서 과두제를 탈피하여 중앙 집중적으로 조직된 대중정당의 형태로 이행했다). 뉴욕에서는 정치적 분화 과정이 많이 진전된 반면 사우스 캘리포니아에서는 덜 진전되었다(뉴욕에서는 과두제를 탈피한 정당 형태의 제도화가 강하게 자리 잡았으나 사우스 캘리포니아에서는 향신 계급이 한층 분화되고 중앙 집중화된 정치 형태를 갖가지 방식으로 방해했다).[14]

••

13) F. J. Lechner, "Fundamentalism and sociocultural revitalization", in J. C. Alexander and P. Colomy (eds), op. cit.

14) P. Colomy, "Uneven differentiation and incomplete institutionalization: Political change

2. 신기능주의 및 신진화 이론 비판

파슨스 이론을 재구성하려는 위의 시도들은 '분화/근대화' 이론이 파슨스의 체계 과잉적 접근 방법이 몰아넣은 이론적 궁지에서 벗어나는 데 필수 불가결한 사회 변동의 차원들을 지적해왔다는 데는 의심의 여지가 없다. 그런데 파슨스의 골격에 새롭게 추가된 것들(집단 갈등, 무질서, 탈분화, 제도적 기업가들의 제휴 등 어떤 형태든)이 원래의 도식에 맞지 않게 잘못 끼워졌다. 위에서 언급한 재정식화 중 몇몇이 이론적으로 정교해졌음에도 불구하고 사회 체계 수준에서 볼 때 파슨스의 구조기능주의적 분화이론에서 절대적으로 중요한 AGIL 도식에 집합 행위자를 도입하는 것이 갖는 개념적 함의를 밝히려는 체계적인 시도는 없었다. 그리고 더욱 자원주의적 노선을 따라 파슨스의 단위 행동을 재구조화하려는 흥미로운 시도들이 몇몇 있었긴 하나[15] 그 같은 시도는 없었다. AGIL 도식과 집합 행위 간의 중대한 연계에 관해서 효과적으로 이론적 통합을 하려는 진지한 시도는 일어나지 않고 옛 것과 새로운 것을 그저 병렬해놓기만 한 것이다.

좀 더 구체적으로 살펴보면, 위에서 언급한 신기능주의 이론가들 대부분은 파슨스의 AGIL 도식을 체계 중심으로 사용하는 동시에 제도적 영역

⋮⋮

and continuity in the early American nation", in J. C. Alexander and P. Colomy (eds), op. cit.

15) 알렉산더는 갖가지 미시사회학이 강조해온 해석, '전략 수립', 고안 등의 차원들을 파슨스가 이론적으로 경시한 '노력'(effort, 노력은 파슨스에게는 행위 준거 틀의 요소들 중 하나다 — 그 밖의 요소로는 수단, 목표, 규범, 조건이 있다)의 범주에 연계시킬 수 있다고 주장하면서 단위 행동에 자원주의를 더 많이 주입하려고 애썼다. 나아가 알렉산더는 구조화된 행위 준거 틀이 행위의 세 가지 기본 환경인 문화, 사회, 퍼스낼러티에 연계될 수 있는 방식을 보여주고자 애쓴다(그의 저작 *Action and its Environments*, op. cit., Chapter 10을 보라). 그렇지만 알렉산더는 이러한 재정식화가 AGIL 도식에 어떤 영향을 미치는지는 보여주지 못한다.

들 내에서 그리고 그것들 사이에서 분화가 일어나는 방식을 설명하기 위해 사회적 삶의 산물로서가 아닌 생산자로서 집단의 중요성을 강조한다. 그러나 그들은 파슨스가 근대화를 설명하는 데 있어 집합 행위자의 역할을 간과하거나 심각하게 과소평가했다는 점을 인정하면서도 집단과 AGIL 도식이 이론적으로 화합할 수 있는지, 그리고 어떻게 화합할 수 있는지에 대해서는 더 이상 탐구하지 않으려는 경향을 보인다. 예컨대 아이젠슈타트가 말하는 경제적, 정치적 차원을 통제하고 있는 제도적 기업가와 파슨스가 말하는 적응 또는 목표 달성 하위 체계는 정확히 어떻게 연계되는가? 파슨스가 말하는 하위 체계들 간의 경계 교환을 집단들 간의 교환 관계로 볼 수 있다고 진술하는 것만으로는 그 문제가 풀리지 않는다. 그것은 엄밀한 경제적 집단이 어떤 식으로 경제적 제도와 연계되는지, 또는 앞의 장에서 전개한 용어법을 사용하면, 결합태적 구조가 어떤 식으로 제도적 구조와 연계되는지에 대해 말해주는 바가 없다.

파슨스가 행위자 또는 결합태적 구조는 체계적으로 개념화된 제도적 구조에 예속된다는 식으로 자신의 전체 이론을 구성했다면, 균형을 바로잡기 위해서는 집단과 그들 간 관계가 중요하다고 언명하는 것 이상이 요구된다. 그것은 다음과 같은 점을 요한다.

① 파슨스로 하여금 체계 통합과 사회 통합이 더 나은 균형에 이르지 못하게 한 개념적 장애물을 규명한다.
② 제도적 통일체와 결합태적 통일체 간의 균형을 재수립하여 파슨스 이론의 몇 가지 기본 차원을 재구조화함으로써 그러한 장애물을 제거한다.

3. AGIL: AGIL과 결합태적 통일체 및 제도적 통일체와의 관계

내가 보기에 AGIL 도식이 집단 또는 집합체를 사회 체계 '재생산/변화'의 상대적으로 자율적인 행위 주체로 고려하지 못하게 가로막은 데에는 한 가지 주요한 이유가 있다. 즉 파슨스의 유명한 4중 유형학은 구체적인 '집단/집합체'(예컨대 공식 조직과 그 분과 및 하위 분과)에도 적용되고 보다 추상적인 제도적 통일체(예컨대 경제, 정체, 친족 등)에도 적용되도록 상정되어 있다는 사실이다.

나는 이러한 중대한 점을 가능한 한 명확하게 밝히려고 노력할 것이다. 파슨스에게 사회 체계는 상호작용하는 단위들의 결과로서 통일체를 뜻하며, 환경과 명확히 분리되어 있고 내부 조직으로 구성되어 있다.[16] 그런 측면에서 제도적 통일체와 결합태적 통일체는 모두 사회 체계다. 그것은 모두 인간들 상호작용의 결과이며, 내부 조직(제도적 통일체의 경우에는 규범의 조직 그리고 결합태적 통일체의 경우에는 상호작용의 조직)을 가지고 있고, 환경에 대해 명확한 경계를 가진다(환경은 포괄적인 제도적 구조와 결합태적 구조 각각으로 이루어져 있다).

그런데 파슨스는 사회 체계를 '집합체'와 그렇지 않은 것으로 구분한다. 그는 집합체를 명확한 목표와 의사결정 과정을 부여받은 사회 체계의 특수한 유형으로 간주한다. 예컨대 대기업 조직은 공식적으로 정해진 목표

:·

16) 다음을 보라. T. Parsons, "On building social systems theory: Some of its functions", in his *Social Systems and the Evolution of Action Theory*(New York: Free Press, 1977), p. 27. 파슨스의 집합체 및 집합 행위자 개념에 관한 체계적인 논의로는 다음을 보라. J. M. Domingue, *Sociological Theory and the Problem of Collective Subjectivity*(Ph.D. thesis, London School of Economics, 1993).

를 가지며 그러한 목표 달성을 위한 방책을 정교화하고 그것을 이행하기 위한 특정의 의사결정 기구들을 가지고 있다. 이런 점에서 볼 때, 제너럴 모터스는 파슨스와 스멜서가 명시적으로 인정하듯이 하나의 집합체인 반면, 경제는 집합체가 아니다.[17]

그렇지만 그러한 구분이 명확하더라도 AGIL 도식은 그러한 구분을 실질적으로 고려하지 않는다. AGIL 용어법은 집합체로서의 사회 체계에도 적용되고 집합체가 아닌 사회 체계에도 적용되는(즉 결합태적 통일체에도 적용되고 제도적 통일체에도 적용되는) 것으로 상정되어 있다.[18] 그것은 또한 하위 체계(비록 그것이 하위 집합체가 아니더라도)에도 적용되도록 상정되어 있다.

이 점에 대해서는 좀 더 명확히 할 필요가 있다. 기업 조직은 파슨스의 의미에서 보면 집합체이며, 네 개의 하위 체계(적응, 목표 달성, 통합, 잠재성: AGIL)로 세분될 수 있다. 그 조직의 적응 하위 체계가 반드시 특정 분과, 즉 명확하게 정해진 목표와 의사결정 메커니즘을 가진 하위 집합체를 지칭하는 것은 아니다. 적응 요건(즉 자원 획득 문제)을 조절하는 규범은 성격이 전혀 다른 분과(인사 관리 분과, 재무 관리 분과 등)에서도 발견될 수 있기 때문에, 조직의 적응 하위 체계는 하나의 분석적 범주[19]를 구성하며,

••

17) T. Parsons and N. Smelser, *Economy and Society*(London: Routledge, 1956), pp. 14~15; T. Parsons, "An outline of the social system", in Parsons et al. (eds), *Theories of Society*(New York: Free Press, 1960), p. 34.

18) 사실 집합체 개념은 결합태적 통일체 개념과 그리 크게 다르지 않는데, 왜냐하면 후자는 의사결정 양상을 표출하거나 그렇게 할 잠재성을 가지고 있기 때문이다.

19) 내가 말하는 분석적 범주란 사회 현실의 측면과 관련된 개념을 의미하며, 구체적 작용과 관련해서는 서로 구분이 되지 않는다. 예를 들면, 공식 조직의 생산 분과와 판매 분과는 (설령 그것들이 위치한 소재지가 달라도) 명확히 구분되지만, 사회 체계 또는 사회적 게임의 정치적 차원과 경제적 차원은 명확히 구분되지 않는다.

이 범주는 자원 획득 기획에 기여하는 모든 규범과 과정을 그것들이 위치한 분과 또는 집단과 무관하게 그 우산 아래로 합류한다. 파슨스가 규범(그리고 그러한 규범에 의해 부분적으로 조절되는 과정들)을 육체에서 분리된(disembodied) 것으로 개념화하고 있는 것은 바로 이런 측면에서다. 그는 규범을 대체로 체계 관점에서 나오는 것으로 보지 행위 관점에서 나오는 것으로 보지 않는다. 그래서 조직의 하위 체계는 집단 또는 집합체가 아님에도 불구하고, 각각의 하위 체계는 네 개의 기능적 요건(a, g, i, l)을 다시 갖게 된다. 다른 식으로 말하면, 파슨스는 결합태적 통일체(공식 조직, 집단, 분과)와 제도적 통일체(경제, 기업 조직의 적응 하위 체계 등) 모두를 세분하고 다시 세분하기 위해 AGIL 도식을 사용한다.

결합태적 통일체와 제도적 통일체 모두를 AGIL 논리 측면에서 세분하는 전략은 매우 심각한 약점을 갖는다. 4중 용어법을 결합태적 통일체나 그 하위 통일체가 아닌 제도적 통일체에 적용하게 되면, 그것은 불가피하게 제도를 물화하여 신비로운 집합체로 부당하게 전환시키게 된다. 좀 더 정확히 말하면, (생산자들의 배치가 비교적 완비된) 자동차 공장은 네 개의 기본 생산 요건, 즉 AGIL을 갖는다고 말하는 것은 전적으로 온당하다. 그 공장의 적응 하위 체계(A)를 하나의 분석적 범주로 개념화하여 그 표제 아래 공장의 자원 획득 문제를 다루는 모든 제도화된 규범들(인력 충원, 자원 획득, 금융자본 획득 등에 관한 규범)을 합류시키는 것도 마찬가지로 온당하다. 그러나 파슨스가 한 걸음 더 나아가 그 공장의 적응 하위 체계를 네 개의 '하위-하위' 체계로 세분하는 것(A→ a, g, i, l)은 받아들일 수 없다. 적응 하위 체계는 (그것이 구체적인 하위 집합체를 지칭하지 않는 한) 그저 분석적 범주일 뿐이며, 그 자체로는 그것의 생존에 필요한 기능적 요건을 갖지 않기 때문이다.

솔직히 말하면, 실제의 공장이 생존을 위해 자원 획득 문제를 해결할 필요를 가진다는 것은 옳은 주장이다. 그 공장의 적응 하위 체계가 (이것이 적응 요건에 기여하는 모든 규범을 지칭하는 한) 자원 획득 문제를 갖는다는 것은 그릇된 주장이다. 이와 유사하게 자동차 공장이 (자동차를 생산하여 이윤을 얻기 위해) 목표 달성 요건을 가진다는 것이 옳은 주장이라면, 그 공장의 적응 체계(A)가 목표 달성 하위 체계를 가진다는 것은 그릇된 주장이다.

한 번 더 반복해서 말하면, 목표와 자원 획득 열망을 '집합체/결합태적' 통일체에 귀속시키는 것은 전적으로 온당하지만, 그와 동일한 것을 제도적 통일체에 귀속시키면 불가피하게 물화로 빠진다. 그것은 제도적 통일체를 의사를 결정하는 목적 달성 기구로 부당하게 전환한다.

AGIL 논리를 집합체가 아닌 사회 통일체나 하위 통일체에 적용하는 것은 바로 파슨스 기능주의의 아킬레스건이다.

통일체를 각 부분들로 세분하는 온당한 양식과 부당한 양식을 구분함으로써 위의 논지를 체계적으로 나타낼 수 있다.

온당한 작동

결합태적 통일체 → A, G, I, L

(예: 공식적 조직)

부당한 작동

결합태적 통일체 → A, G, I, L

a,g,i,l   a,g,i,l   a,g,i,l   a,g,i,l

위의 도식이 적절하다고 고려하면, 파슨스가 제도적 노선을 따라 사회 체계를 세분할 때 그리고 각각의 제도적 하위 체계를 하위-하위 체계로 계속해서 세분해나갈 때(A→ agil), 그는 제도적 통일체를 물화할 뿐만 아니라 사회 체계의 부분적 생산자로서의 집합 행위자를 위한 개념적 여지를 남겨놓지 않는다는 점이 명백해진다. 즉 제도는 집합체로서 부당하게 제시되며, 양파처럼 체계 속에 체계가 있는 것으로 개념화되어서 집합 행위자는 자체의 개념적 틀을 가질 여지가 없다.

이것은 (계급 조직이나 이익 집단 같은) 집합적 행위 주체가 모조리 사라진다거나 '제도적/체계적' 결정의 수동적 산물로 나타난다는 것을 의미한다. 물론 파슨스와 그의 (신, 구) 제자들은 모두 일부 경험적 분석에서 집합 행위자를 안정 또는 변화에 영향을 미치는 상대적 자율성을 가진 행위 주체로 다루기는 한다. 그러나 그것은 전적으로 임시방편적이다. 집단과 집단 갈등이 모습을 드러내는 것은 파슨스의 이론 틀에도 불구하고 나타날 수밖에 없는 것이지 그 이론 틀 때문이 아니다.

AGIL 도식을 전적으로 거부하지 않은 채 이러한 상황을 치유하는 것이 가능할까? 나는 AGIL과 agil 간의 연계가 무너진다면, 즉 제도적 하위 체계가 제도적 '하위-하위' 체계로 더 세분화되지 않는다면 그런 치유가 가능하다고 생각한다. 거듭 말하자면, 사회를 네 개의 제도적 질서(경제, 정치, 법, '종교/친족')로 분리된 것으로 보는 것은 온당하다. 마찬가지로 AGIL 논리에 따라 덜 포괄적인 집합체(공식 조직) 또는 하위 집합체(조직 내 분과)로 세분하는 것도 온당하다. 그러나 AGIL에서 agil로 한걸음 더 나아가는 것은 기각해야만 한다.

만약 주요한 제도적 영역(경제, 정치, 법, '친족/종교')을 agil 논리에 따라 세분하지 않는다면, 우리는 (최종 분석에서는 제도적 영역의 창조자인) 행위자가 주변화하지 않게 하도록, 그리고 제도적 통일체와 결합태적 통일체 간의 연계가 이론적으로 일관성 있게 재확립되도록 그 제도적 영역들을 어떻게 개념화할 수 있을까? 이것이 파슨스 이론을 (총체적으로 거부하거나 단순히 겉치장만 하지 않고) 재구조화하려는 모든 시도가 가진 중심적인 문제이다.

4. AGIL: 주요 제도적 질서의 기술, 전유, 이데올로기 차원

제도적 영역(특히 경제)에 대한 마르크스주의적 세분화는 제도적 통일체를 행위자 및 그들의 '협력/갈등' 관계와 연결시켜주는, 즉 제도를 결합태에 연결시키는 그리고 역으로 결합태를 제도에 연결시키는 보다 나은 방식을 보여준다고 생각한다.

마르크스주의적 담론에서는 경제를 어떻게 주요하게 세분하는가? 이 질문에 답하려면 생산 양식 개념을 살펴보아야 한다. 한 사회구성체의 '적응' 요건을 수행하는 데 기여하는 일련의 제도화된 '규범/과정'으로서 지배적 생산 양식은 기본적으로 생산력과 생산관계로, 즉 (대체적으로 말하면) 경제적 기술과 그것의 전유 방식으로 세분화된다.

기술 또는 생산력에 우선적인 초점을 두면, 이것들은 물질적 도구, 그것의 창출을 이끌어내는 지식, 정치적 분업이 아닌 기술적 분업에 따른 작업 배치에 관련된 규칙 등을 수반한다.[20] 마르크스에게 인간은 주로 도구

∵

20) 마르크스의 생산력 개념은 그의 다른 대부분의 주요 개념들처럼 다양하게 해석되어왔다. 여기서 나는 부분적으로 코헨(G. Cohen)의 다음 저작을 따른다. *Karl Marx's Theory of History: A Defence*(Oxford: Clarendon Press, 1978), pp. 28~62. 다음 저작도 보

를 사용하여 자신의 자연환경과 사회 환경을 변형하는 것으로 본다. 이는 역사적 관점에서 볼 때 사람들이 경제적 기술을 창조하고 통제하는 방식은 복잡한 사회 통일체가 어떻게 구성, 재생산, 변화되는지를 이해하는 데 매우 중요하다는 것을 의미한다. 달리 말하면, 제도적 질서에 대해 구성주의적 접근 방법을 취한다면, 즉 물화를 피하고 또 사회를 신비스러운 실체로 보지 않고 자원을 생산하는 기술을 사용하여 자신의 목적을 달성하려는 행위자들의 의도한 또는 의도하지 않은 결과로 보기를 바란다면, 마르크스주의에서는 경제적 제도의 기술적 측면을 강조하는 것이 필수적이다.

나아가 마르크스주의자들은 비록 제도적 질서의 기술적 측면을 강조하긴 하나 제도적 복합체의 전유(appropriative) 측면(기술과 그것이 낳는 자원을 통제하는 방식을 조절하는 제도화된 규칙)을 아주 크게는 아니지만 그에 필적할 만큼 강조함으로써 사회적인 것을 전적으로 기술 중심적으로 보는 관념을 피한다.[21]

끝으로, 마르크스주의에서 제도를 다루는 셋째 주요한 측면은 제도의 이데올로기 차원을 강조하고 있는 점이다. 기술을 '통제/전유'하는 방식에 관한 제도화된 규칙만 존재하는 것이 아니라 그것이 이루어지는 방식을 (은폐하거나 여타 수단을 통해) 정당화 또는 왜곡하는 규범적으로 조절된 과정도 존재한다. 그러므로 마르크스주의는 생산 양식 및 이데올로기 개념을 통해 (비록 모든 제도는 아니지만) 적어도 경제 제도의 기술, 전유, 이데올로기 차원을 강조한다.

∴∴

라. N. Mouzelis, *Post-Marxist Alternatives: The Constitution of Social Orders*(London: Macmillan, 1990), pp. 50~56.
21) N. Mouzelis, 앞의 책, pp. 56~68.

그런데 마르크스주의는 본원적으로 경제주의적이기 때문에(이것은 이른바 상부구조 영역의 상대적 자율성이라는 립 서비스만으로는 극복할 수 없다), 마르크스주의가 기술 및 전유 차원의 결정적 중요성에 대해 언급하는 것은 오직 경제 영역에만 한정된다. 아주 나쁘게 보면, 마르크스주의는 경제적 '토대-상부구조' 이분법을 통해 일반적으로 이데올로기 또는 '관념'은 오로지 상부 구조 안에만 놓여 있는 잔여 범주로 보게 된다.[22] 그러나 '토대-상부구조' 이분법은 물론 그 속에 있는 모든 형태의 경제 환원주의를 기각하게 되면, 기술, 전유, 이데올로기 차원(t, a', i)[23]은 모든 주요한 제도적 영역의 세 가지 기본 차원이라는 점이 분명해진다. 경제, 정치, 종교, 교육 등 어느 제도적 영역을 살펴보더라도, 사회적 배열과 규칙에서 어떤 것은 기술 차원이 지배적이고, 또 어떤 것은 전유 차원 또는 이데올로기 차원이 지배적인지를 언제든지 확인할 수 있다.

종교를 명백한 예로 들면, 한 복잡 사회의 어느 특정의 종교 영역 내에서든지 파슨스의 잠재성 요건을 부분적으로 달성시키는 각종 기술(예컨대 각종 행정 기구, 교리 주입 및 종교 사회화 기법, 기도 또는 금식 양식, 영적 발전을 고양시키는 기술적 훈련 등)을 쉽게 확인할 수 있다. 나아가 이러한 종교적 기술들은 특정한 방식으로(예컨대 교리 주입을 종교적 위계의 상층, 중간층, 하층 중 어느 부분이 관장하느냐 하는 규칙을 통해) '통제/전유'된다. 끝으로, 전유 배열의 비교적 불균등한 성격을 감추거나 아니면 신성한 성서나 계시 같은 것으로 그것을 정당화하는 구체적인 종교적 이데올로기도 늘 명확하

∴

22) 이 점을 발전시킨 것으로는 앞의 책, pp. 9~20을 보라.
23) 내가 전유(a')와 이데올로기(i) 개념에 콤마를 붙이는 것은 파슨스의 적응(a) 하위 체계 및 통합(i) 하위체계와 구분하기 위해서다.

게 발견할 수 있다.[24)]

내가 여기서 말하고자 하는 바는 각종 기술과 그것의 '통제/전유' 방식 그리고 그러한 통제가 이데올로기 수준에서 묘사되고 정당화되는 방식을 경제적 '토대−상부구조'라는 구속복과 관련하여 개념화해서는 안 된다는 것이다. 그 대신에 기술, 전유, 이데올로기 차원은 모든 주요 제도적 영역의 구성 요소 또는 차원으로 간주해야 한다. 그리하여 고도로 분화된 사회에서는 그리고 그 사회의 경제, 종교, 정치 어느 영역에서건 우리는 다음의 사실을 유용하게 확인할 수 있다.

① 인간이 다소 의도적으로 자신들의 사회적 존재를 구성, 재생산, 변형하는 데 사용하는 기술적 수단(사회 구성의 수단).
② 기술을 '통제/전유'하는 유형화된 방식.
③ 왜곡 또는 여타 수단을 통해 전유 배열을 정당화하는 일련의 지배적인 이데올로기적 근거.

이제 파슨스의 사회 체계로 되돌아가 보면, 그것의 네 개의 기본 하위 체계(AGIL)는 역할들로 운집해 있는 제도화된 규범을 구성하고 그런 다음 폭넓은 제도적 복합체를 형성한다. 여기서 우리는 네 하위 체계 각각을 agil 노선을 따라 더욱 세분하는 대신에 기술, 전유, 이데올로기(t, a', i') 차원과 관련하여 '규범/역할'을 구별해야 한다. 그런 다음 우리는 각각의 하위 체계(적응, 목표 달성, 통합, 잠재성) 내의 '규범/역할'들에서 기술, 전유, 이데올로기 특성 중 어느 것이 우세한지를 확인하는 시도를 해볼 수 있다.

∴

24) 다음을 보라. N. Mouzelis, *Post-Marxist Alternatives*, op. cit., p. 47.

예를 들어, 만약 체계의 준거가 자본주의적 기업이라면, 거기에는 기술적 특성(예컨대 기술자의 역할)이 우세한 특정 '규범/역할', 전유적 특성(자본주의적 소유주) 또는 이데올로기적 특성(홍보 경영자)이 우세한 특정 '규범/역할'이 존재한다.

왜 agil 논리가 아닌 t, a', i'를 따라 '규범/역할'을 구분하는 것이 중요한가?

소극적 측면에서 보면, 그것은 물화를 피하기 때문에 중요하다. 이미 주장한 바처럼, 가상의 '규범/역할' 체계인 제도적 질서는 아무 목표 또는 기능적 요건을 갖지 않는다. 그것에 목표 또는 요건을 부여하게 되면 그것을 부당하게 구체적 집합체로 변모시키게 된다. 한편, 일련의 제도화된 규칙의 기술, 전유, 이데올로기 측면을 규명하려는 시도는 전적으로 온당하다. 달리 말하면, AGIL→ agil로의 세분화는 물화로 빠지지만 AGIL→ t, a', i'로의 세분화는 그렇지 않다.

적극적 측면에서 보면, 제도적 질서를 기술, 전유, 이데올로기 차원에 따라 구분하는 것은 사회를 구성주의적 측면에서 고려하는 데 도움이 된다. 즉 '규범/역할'을 단순히 행위자를 사회적으로 규제하는 수단으로만 보게 되는 것이 아니라 사회 질서를 구성, 재생산, 변형하는 수단으로 보게된다. 경제, 정치, 종교는 물론 그 밖의 어느 영역에서건 사회적 구성은 항상 규범적으로 조절된 기술적, 전유적, 이데올로기적 배열을 함의한다.

이렇게 이해하면, 제도적 복합체의 t, a', i' 분화는 제도와 행위 주체 사이에, 제도적 통일체와 결합태적 통일체 사이에, 그리고 기든스가 말하는 제도적 분석과 전략적 행동 측면의 분석 사이에 다리를 놓게 해준다. 반대로 파슨스의 AGIL→ agil 개념화는 그런 다리를 놓는 것을 방해한다.

이것은 이 책의 전반적 논지에서 매우 중요한 점이므로 반복의 위험을 무릅쓰고 좀 더 자세히 논의하기로 한다. 제도를 기술, 전유, 이데올로기 차원에서 바라보는 것은 사회를 인간행위로 보게 할 뿐만 아니라 '누구'에 관한 질문을 지속적으로 제기하게끔 한다. 기술은 자원을 생산하기 때문에, 전유 개념은 누가 이러한 기술과 그것이 낳은 자원을 통제하는가 하는 질문을 불가피하게 제기한다. 이데올로기 개념과 관련해서는 이것은 기술의 차별적 '전유/통제'가 초래한 불평등을 어떻게 정당화하는가 하는 마찬가지의 중대한 질문을 제기한다. 이것들은 파슨스의 기능주의가 무시하고 마르크스주의가 (비록 종종 조야하고 환원론적이긴 하나) 전면에 부각시킨 중대한 질문이다.

요컨대 마르크스주의 패러다임은 경제적 환원주의만 벗어난다면, 제도적 분석과 전략적 행동 측면의 분석을 이론적으로 가장 적합하게 연계시켜 준다.

전유 규범(즉 자본주의 경제에서 생산수단의 사적 소유제)에 초점을 맞추게 되면 기술 통제에 대한 접근권을 가진 자와 가지지 못한 자 간의 구조적 균열을 개념화할 수 있는 이론적으로 적합한 토대가 마련된다. 이것은 집단의식과 집단갈등의 발전 기회에 관한 흥미로운 질문을 제기할 수 있게 해준다. 이러한 유형의 갈등은 (사회 계층화 접근 방법에서처럼) 다양한 유형의 보상 분배를 둘러싼 경쟁을 수반할 뿐만 아니라 서로 획득하려고 하는 보상이 적대적 집단들 간 관계와 자원 생산 기술이 가진 내재적 특성이라는 사실에도 주의를 끌게 한다. 달리 말하면, 각종 제도(경제, 정치, 종교 등)의 기술 측면과 전유 측면을 강조하는 것은 행위자를 집합적인 사회 계층 측면에서가 아니라 **관계적으로** 바라볼 것을 요한다.

바로 여기서 파슨스의 사회 계층 접근 방법과 마르크스주의적 계급 분석 사이에 주요한 차이가 있다. 마르크스주의적 계급 착취는 보상 분배를 둘러싼 시장 경쟁의 결과만이 아니다. 그것은 특수한 유형의 갈등을 수반한다. 거기서는 적대자들끼리 얻기 위해 싸우고 있는 '자원/보상'이 생산체계 내에서의 그들 간의 관계에서 직접 파생된다. 이미 말했듯이, 계층적 측면이 아닌 관계적 측면에 대한 마르크스주의자들의 이 같은 강조는[25] 경제주의를 넘어선 계급 분석에 활용될 때도 유용하고 비경제적 기술의 통제를 놓고 경쟁하는 다른 유형의 이익 집단들에 대한 분석에 활용될 때도 아주 유익하게 된다.

중심 논지로 되돌아오면, 기술, 전유, 이데올로기(t, a', i')의 개념화는 양면의 얼굴을 가진다. 그것은 사회적 관행을 제도적-체계적 관점에서도 보고 행위자-행위 관점에서도 보게 한다. 제도적 질서의 기술, 전유, 이데올로기(t, a', i') 차원을 지칭하는 '규범/역할'에 더 많이 집중할수록, 이 세 제도적 복합체들 간의 논리적 양립 가능성과 양립 불가능성에 관한 체계적 질문을 더 많이 하게 된다. 한편, 행위자의 전략에 대한 분석으로 더 많이 이동할수록, 즉 '누구'에 관한 질문을 더 많이 할수록, 우리는 제도적 분석보다는 (사회 세계의 생산자로서의) 행위자들이 (자신들에게 가끔은 적대적인 기획을 달성하기 위해) 어떻게 자신들의 역할을 반대하는지 또는 자신들의 역할과 제도화된 규범(t, a', i')을 활용하는지에 대해 더 많이 묻게 된다.[26] 그래서 나는 록우드가 다음과 같이 주장한 것에 동의한다. 마르크스주의 이론은 심각한 결함에도 불구하고

25) 이 점에 관해서는 다음 글을 보라. D. Lockwood, *Solidarity and Schism*, op. cit., p. 116; J. Barbalet, "Social closure in Class analysis: A critique of Parkins", *Sociology*, vol. 16, no. 4,(Nov. 1982).

26) 다음을 보라 N. Mouzelis, *Post-Marxist Alternatives*, op. cit., pp. 26~31, 56~68.

체계 통합과 사회 통합 간의 일관된 관계를 수립하려고 추구하고 있다는 점에서 독특함을 간직한다. 적어도 이러한 점에서 마르크스주의 이론의 사회 모델은 '부르주아 사회과학'에게는 여전히 가공할 도전으로 비친다.[27]

우리의 논지를 마무리하면, 제도적 구조와 결합태적 구조의 연계는 AGIL→ t, a', i' 정식으로 집약할 수 있다. 제도적 질서를 기술, 전유, 이데올로기 차원 측면에서 보게 되면 그것들의 논리적 양립 가능성과 양립 불가능성이 드러난다. 그렇게 되면 (임시적 조작에 의지할 필요 없이) 자연히 결합태 연구로, 즉 집단들 간의 갈등적 및 협력적 상호의존에 관한 연구로 이어진다.

예를 들어 기술과 전유 배열의 양립 불가능성이 증대하면(체계적, 제도적 분석) 행위자 수준에서는 어떤 일이 벌어질까? 행위자들은 그 같은 양립 불가능성을 어떤 식으로 경험하게 되고, 그것에 어떻게 대응할까? 파슨스주의 사회학자들에게는 개념적으로 이런 질문들을 제기할 준비가 되어 있지 않다. 파슨스 이론에서는 제도화된 부분들 간의 양립 불가능성은 행위자의 전략 및 투쟁과 접합될 수 없다. 그러므로 제도적 양립 불가능성이 사회 변동(즉 분화의 진전)으로 이어질 때마다 이러한 변동은 전혀 설명되지 않거나 목적론적으로(사회적 요건이 원인으로 전화되는 식으로) 설명된다. 끝으로 주요 논점을 도표 형식으로 나타내보이고자 한다.

∵

27) D. Lockwood, *Solidarity and Schism*, op. cit., p. 379.

파슨스 이론	제안된 재구조화
1 AGIL 세분화는 모든 사회 체계(집합체를 구성하는 사회 체계와 그렇지 않는 사회 체계)에 적용된다.	AGIL 세분화는 집합체에 적용될 때에만 의미를 지닌다.
2 제도적 하위 체계(A, G, I, L)는 각각 네 개의 하위-하위 체계로 더욱 세분화될 수 있다. A→ agil, G→ agil 등등	제도적 하위 체계는 각기 자체의 기술, 전유, 이데올로기 차원에서 개념화해야 한다. A→ t, a', i', G → t, a', i' 등등
3 a, g, i, l 간의 양립 불가능성은 '전략적 행위' 측면에서의 분석으로 이어지지 않는다.	t, a', i' 간의 양립 불가능성은 '전략적 행위' 분석으로 이어진다.

5. 응용

이 장을 마무리하면서 나는 남북전쟁 이전 미국의 전략적 집단과 정치적 분화에 대한 콜로미의 분석(1절을 보라)을 좀 더 세밀하게 살펴봄으로써 위에서 제시한 개념화의 효용성을 보여주고자 한다.

콜로미는 불균등한 분화 과정에 대한 기술(記述)에서 설명으로 이동하는 효과적인 방법은 전략적 행위 주체에 초점을 맞추는 것이라고 지적한다(이 것은 옳은 지적이다). 예컨대 과두정치 도당에서 대중정당으로의 전환과 관련한 정치적 분화가 왜 다른 주들에서보다 뉴욕에서 더 진전되었는지를 설명하는 유일한 방식은 대중정당이 수반하는 정치적 혁신에 찬성하는 집단들과 반대하는 집단들 각각의 기획, 가치 지향, 복잡한 동맹에 주목하는 것이다. 나아가 엘리트뿐만 아니라 그들의 추종자 그리고 혁신주의자들,

(정치적 분화에 반대하는) 보수주의자들, '화해주의자들' 간의 복잡한 제휴도 살펴볼 필요가 있다. 끝으로, 콜로미는 위에서 말한 자원주의적 관점은 구조적 접근 방법과 연계되어야 한다고 본다. 구조적 접근 방법은 제도적 균열(계급, 민족, 인종)의 형성, 즉 각 주의 헌법이 만들어낸 '기회/가능성'은 물론이고 문화적 체계에도 주안점을 두는 경향이 있다(문화적 체계는 주마다 평등주의 가치를 표명하는 정도가 다르다).

그런데 콜로미 분석에서는 '자원주의적' 차원과 '구조주의적' 차원을 연계하는 데 있어 다소 문제가 있는 것으로 보인다(특히 그가 '신기능주의적 전통 내에서' 활동하도록 요구하기 때문이다).[28] 예를 들어, 콜로미의 구조적 균열(structural cleavage) 개념의 용어법에 초점을 맞출 경우 이 핵심 개념이 파슨스의 개념 틀에 어떤 식으로 연결될까?

이미 설명한 대로, 파슨스의 기능주의는 사회 체계의 네 하위 체계들 간의 '긴장' 또는 각 하위 체계의 세분된 네 하위 체계들 간의 '긴장'(이것은 개인 수준의 '역할 긴장'에서 마감된다)의 형태를 취하는 제도적 양립 불가능성의 유형에 초점을 맞춘다. 콜로미의 예를 이용하여, 우리는 파슨스 도식의 도움을 얻어 (대중정당이 출현하기 전에) 정치 체계(G) 내의 규범(이것은 특수주의적이고 귀속 지향적 가치로 특징지어진다)과 교육 하위 체계(L) 내의 보편주의적이고 성취 지향적인 규범 간에 제도적 불일치 또는 긴장이 있다는

∴∴

28) 끝으로, 상충하는 이론적 접근 방법들은 다양하기 때문에 경험적 수준에서 자원주의적 요소를 파악하려는 초기의 노력들은 현존하는 이론 틀 내에서 정식화하면 더 많은 성과를 거둘 것이다. '신기능주의적 전통 내에서 활동하기'(Working within the neo-functiolalist tradition)라는 이 에세이는 구조적 자원주의의 한 요건이 제도적 발전을 보다 철저하게 이해하는 데 어떻게 기여하는지를 보여준다. (P. Colomy, "Strategic groups and political differentiation in the ante bellum United States", in J. C. Alexander and P. Colomy, op. cit., p. 224, 강조는 필자).

것을 확인할 수 있다고 가정해보자. 특수주의 규범과 보편주의 규범 간의 충돌은 전체 사회 체계 수준에서도 긴장을 낳고(G 하위 체계 내의 일단의 '규범/규칙들'은 L 하위 체계 내의 일단의 '규범/규칙들'과 충돌한다), 역할 수행자 수준에서도 긴장을 낳는다(어떤 단일 역할 수행자라도 G에서 L로 이동할 때나 그 반대로 이동할 때 생기는 상충되는 규범적 기대를 극복해야 한다).

또 다른 유형의 제도적 양립 불가능성이 있는데, 이것은 다른 많은 정치학자들이 그런 것처럼 콜로미가 구조적 균열이라 부른 것으로 위의 방식으로는 설명될 수 없다. 그러면 구조적 균열은 역할 수행자 수준에서의 긴장이나 전체 사회 체계 수준에서의 긴장과 어떻게 다른가?

이 질문에 답하려면 제도적 영역을 AGIL→ agil 도식이 아니라 AGIL→ t, a', i' 측면에서 살펴볼 필요가 있다. 콜로미의 분석으로 되돌아가 보면, 우리는 대중정당 이전의 과두제 국면을 정부의 행정 기술이 과두제적 지배 관계에 의해 통제되는 상황이라고 개념화할 수 있다(즉 정치 기술에 대한 접근권과 통제권을 제한된 수의 특권층에게만 부여하는 일련의 전유 규범에 의해 대다수의 주민이 사실상 능동적인 정치 참여에서 배제되는 상황이라고 개념화할 수 있다). 여기서 우리는 다시 한 번 규범을 살펴보고 있지만 agil 관점이 아닌 t, a', i' 관점에서 보고 있다. 특히 우리는 전유 특성이 우세한 규범에 관심을 기울이는데, 이 규범은 국가기구에 대한 접근권과 통제권이 통치자와 피통치자들 사이에서 분배되는 방식을 조절한다. '특권층 도당의 집권' 시기에는 각종 권리가 고도로 불균등하게 분배되어 있었기 때문에, 그리고 이러한 불평등은 단순히 '통계적/계층적' 문제만은 아니었기 때문에, 우리는 하나의 간극을 발견하게 된다. 그 균열은 정치적 권리가 상호 연관되고 잠재적으로 적대적인 역할과 위치들의 복합체 속에 견고하게 에워싸져 있는 방식에 의해 생겨난다.

더 나아가 '전유/통제'의 권리가 경제 영역이나 종교 영역 또는 교육 영역 내의 상호 연관된 역할들 속에 어떻게 착근되어 있는지를 탐문하면 다른 제도적 영역에서도 구조적 균열을 확인할 수 있다. 계급 균열, 정치적 균열, 인종 균열, 민족 균열이 일단 나타나기만 하면 우리는 그 균열들이 얼마나 중첩되어 있는지 조사할 수 있다. 이를테면, 경제 기술을 장악한 자들이 얼마만큼 '행정/정치' 기술도 독점하고 있는가?

위의 내용은 '규범/규칙/제도적' 복합체에 대한 긴장 접근 방법이 아닌 구조적 균열 접근 방법이 제도적 분석을 전략적 행위 분석에 연결시켜주는 또는 체계 통합을 사회 통합에 연결시켜주는 이론적으로 일관된 방식에 어떻게 도움을 주는지를 보여준다. 일단 (경제기술, 정치 기술, 문화 기술에 대한 행위자들의 차별적 접근에 기초한) 구조적 균열에 초점을 맞추게 되면, 그 연구자는 '누구'에 관한 질문을 하지 않을 수 없게 된다. 예컨대 사회 경제적 균열과 정치적 균열이 상당 정도 중첩되어 있을 경우, 법적으로 또는 여타 측면에서 정치적 장으로부터 배제된 행위자들은 어떻게 대응해 나갈 것인가? 정치적 특권을 누리지 못하는 사람들이 뉴욕에서 대응하는 방식과 그런 사람들이 사우스 캘리포니아에서 대응하는 방식은 어째서 다른가? 뉴욕에서는 어떻게 그리고 왜 반(反)과두제 세력이 (정치 참여의 저변 확대를 통해) 지배 관계를 급진적으로 변화시켰고 사우스 캘리포니아에서는 왜 실패했는가?

콜로미는 '누구'에 관한 약간의 질문을 제기하여 몇 가지 만족스러운 답변을 내놓았지만, 그는 파슨스의 틀 때문이 아니라 그 틀에도 불구하고 그렇게 한 것이다. 더 나아가 콜로미는 자신의 구조적 균열 개념을 다소 임시방편적으로 도입한 탓에 그러한 균열이 경제, 정치, 문화 기술에 대한 통제와 정당화에 연계되는 복잡한 방식에 대해서는 체계적으로 탐구하지 않고 있다. 이것은 콜로미의 분석에서 구조적 균열 개념이 느닷없이 나온 것으로 파슨스의 AGIL 도식과는 이론적으로 관련이 없다.

6. 결론

파슨스는 기술(t), 전유(a'), 이데올로기(i') 개념을 진지하게 이론화하지 않았기 때문에 자신이 제시한 네 하위 체계들(AGIL) 간의 또는 네 하위-하위 체계들(agil) 간의 긴장 또는 불일치 같은 형태의 제도적 양립 불가능성만을 다룰 수 있다. 이러한 이론적 전략 탓에 그의 이론에는 경제, 정치, 법, 문화 기술에 대한 행위자들의 불평등한 접근에서 비롯되는 제도적 양립 불가능성을 수용할 여지가 없게 되었다.

그리하여 파슨스 이론의 기본적인 약점은 자원 생산 기술과 관련된 전유권의 불평등한 분배가 초래한 균열을 AGIL 도식으로 일관되게 통합할 수 있는 능력이 부재하다는 것이다. 이것은 그러한 구조적 균열을 임시방편적으로 분석하든가 아예 무시한다는 것을 뜻한다. 그 결과 기능주의 패러다임의 동학은 역할 긴장 개념이나 AGIL 하위 체계들 간의 양립 불가능성 개념에 한정되고 만다. 이것은 자원 생산 기술의 전유 양식이 다양한 집단들을 상호의존하게 만드는 방식에 관한 결합태적인 관계적 분석을 거부하고 계층 접근 방법을 과잉 강조하는 결과를 낳는다.

이러한 모든 점 때문에 비(非)기능주의자들이 사회적 분화를 설명함에 있어 전략적 집단의 중요성을 강조하여 행위자를 재량권을 가진 비체계적인 방식으로 다루게 된 것은 놀랄 것이 못 된다. 스멜서나 아이젠슈타트의 후기 저작이나 청년 세대의 기능주의 및 진화론적 분석을 보면 거기에는 파슨스의 '기능주의/진화론'의 기본 축(AGIL, 유형 변수, 분화 등)을 수용하고 있는 측면과 전략적 행위 분석의 중요성에 대한 인식이 증대하고 있는 측면 사이에 개념상의 공백이 있음을 어김없이 보게 된다. 그들은 집합 행위자를 (아이젠슈타트의 제도적 기업가처럼) 돌발적으로 분석에 도입한다든가, 아니면 '결합태/집단' 분석으로 이어지는 구조적 균열을 그것이 기초하고 있는 제도적 질서 차원(기술, 전유, 이데올로기 차원)에 체계적으로 연계시키지 못한다.

논의를 마무리하면 이 장에서는 AGIL 도식과 마르크스주의의 사회적 삶의 기술, 전유, 이데올로기 차원 개념을 연계시켜 파슨스 사회학과 마르크스주의 사회학을 결합하려는 방식을 제시했다. 그러는 과정에서 나는 두 극단의 간격을 유지하려고 노력했다.

① 파슨스의 도식에 '갈등' 요소를 임시방편적으로 도입.
② 마르크스주의와 파슨스 기능주의의 가정은 근본적으로 다른 영역이므로 두 패러다임 간의 이론적 화해는 불가능하다고 주장하는 '순수한' 입장.

내가 시험적으로 제안한 종합이 제도적 구조와 그것의 양립 불가능성을 물화하지 않으면서 마르크스주의 패러다임이 가지고 있는 행위 주체 및 그들의 투쟁과 접합시킬 수 있는 능력을 통해 파슨스의 AGIL 도식의 이론적 정교화, 폭넓은 적용 가능성, 비(非)경제주의적 지향을 어떻게든 지켜나갈 수 있다고 생각한다.

위의 분석이 갖는 한계에 대해 마지막으로 한마디 하고자 한다. 나는 '갈등/자원주의' 노선을 따라 파슨스 이론을 포괄적으로 재구조화하려고 애쓰지 않았다(이를테면 AGIL 도식에 대한 나의 재정식화가 파슨스의 단위 행동 이론화에 어떤 영향을 미치는가 하는 문제에 대해서는 다루지 않았다). 또한 t, a', i' 간의 제도 내 양립 불가능성이 제도 간 양립 불가능성 및 투쟁과 어떻게 연계되는지를 보여주는 것으로 AGIL − t, a', i' 도식을 한층 더 발전시키려 하지도 않았다. 끝으로, 집합 행위 이론을 체계적 방식으로 발전시키려고 시도하지도 않았다. 나의 목표는 훨씬 소박한 것이었다. 나의 목표는 사회 세계의 생산자이자 산물로서의 집단에 AGIL 도식을 이론적으로 일관되게 연결시키기를 원하는 사람들에게 그 도식이 겪게 될 변화의 유형을 시험적 이고 제한적으로 보여주는 것이었다.

6장
'참여자-사회 통일체' 문제: 파슨스, 부르디외, 기든스

1. 서론

앞의 두 장에서는 주로 사회 통일체에 대해 다루었다. 4장에서는 파슨스와 엘리아스를 비교하여 제도적 구조와 결합태적 구조가 근본적으로 구분된다는 점을 보여주려 했으며, 5장에서는 파슨스와 마르크스를 비교하여 이들 두 유형의 구조 간의 연계를 개념화하는 방도를 고안해냈다.

이 장에서는 참여자와 사회 통일체(social whole: 결합태적 통일체 또는 제도적 통일체) 간의 관계를 검토하기 위해 '외재적(externalist)' 관점에서 '내재적(internalist)' 관점[1]으로 초점을 옮겨간다. 나는 이것이 많은 비판을 받아온 고전적인 개인 대 사회의 문제가 아니라고 서둘러 밝혀둔다. 내가 보기에 참여자-통일체 문제는 두 가지 점에서 개인-사회의 문제와 근본적으로 다르다.

① '참여자'는 반드시 개인만을 지칭하는 것은 아니다. 사회 통일체의 참

---

1) 이 용어는 하버마스가 다음 저작에서 사용한 것이다. *The Theory of Communicative Action*, vol. 2; *Lifeworld and System: A Critique of Functional Reason*(London: Polity Press, 1967).

여자는 공식 조직일 수도 있고 유력한 엘리트 또는 국민국가일 수도 있다.[2)

② 사회 통일체는 사회 개념과 완전히 겹치는 것은 아니다. 사회 통일체가 결합태적 형태일 경우 그것은 소집단이나 공식 조직 또는 세계 '경제/정치' 각 수준에서의 일련의 상호 연관된 수행자들을 지칭한다. 제도적 통일체는 상호 연관되어 있는 일련의 제도화된 규칙들을 지칭한다. 따라서 그러한 일련의 규칙들은 소규모 촌락 공동체에 국한되기도 하고 시공간적으로 널리 뻗어나가서 농촌 전체 또는 몇몇 농촌들을 아우른 문화적 지대를 포괄할 수도 있다.

이러한 의미에서 볼 때 '참여자—사회 통일체'라는 개념화를 통해 개인—사회 이분법이 만들어놓은 수많은 함정을 피할 수 있게 된다. 그리아여[3) 행위 주체들이 어떻게 계열체 수준에서 상호 연관된 일련의 제도화된 규칙들에 순응하는가, 또는 통합체 수준에서 어떻게 상호작용하는 행위자들의 결합태에 순응하는가 하는 중대한 문제를 다룰 수 있게 된다.

이 장에서도 앞의 두 장에서와 마찬가지로 다시 비교 접근 방법을 채택하고자 한다. 1절에서는 주로 부르디외의 저작을 집중 조명하여 그의 핵심 개념인 아비투스가 한편으로는 파슨스의 역할 이론 그리고 다른 한편으로는 다양한 해석적 미시사회학과 흥미롭게 연계되는 방식을 보여줄 것이다.

∴

2) 월러스틴((Immanuel Maurice Wallerstein)이 자신의 저작에서 세계 자본주의 체계에 초점을 맞출 때 세계시장이라는 통일체의 참여자는 국민 국가이다. 다음을 보라. E. Wallerstein, *The Modern World System* (3 vols)(New York: Academic Press, 1974, 1980, 1989).

3) 개인—사회 구분이 가진 심각한 결함에 대해서는 다음을 보라. N. Mouzelis, *Back to Sociological Theory: The Construction of Social Orders*(London: Macmillan, 1990).

2절에서는 기든스의 구조화 이론에 대해 아주 간략하게 검토할 것이다. 구조화 이론은 여러 측면에서 부르디외의 접근 방법과 흡사하기 때문이다. 부르디외의 아비투스처럼 기든스의 핵심 개념인 구조의 이중성도 구조주의 사회학과 해석 사회학을 종합 또는 '초월'하지는 못했지만 이를 적절하게 재구성한다면 참여자들이 사회 통일체에 관계하는 방식을 더 잘 이해하게끔 도움을 줄 것이라고 생각한다.

2. 부르디외의 아비투스 개념

1) 세미나 게임

여기서는 부르디외의 복잡하고 변화무쌍한 저작을 세밀하게 설명할 의도는 없으며, 다만 이 장의 관심 영역과 직접 연관이 있는 그의 핵심 개념인 아비투스에만 초점을 맞출 것이다. 우선 아비투스를 간명하게 정의해보자.

> 역사의 산물인 아비투스는 역사가 만들어놓은 구도에 맞춰 개인과 집합체의 관행(더 많은 역사)을 산출한다. 그것은 과거 경험을 활력 있게 존재하도록 지켜준다. 그리고 각 유기체 내에서 지각, 사상, 행동의 구도라는 형태로 퇴적되어서 관행의 '정당함'과 항구성을 모든 공식적 규칙과 명시적 규범보다 더 확실하게 보장해준다.[4]

⁘

4) P. Bourdieu, *The Logic of Practice*(Cambridge: Polity Press, 1990), p. 54.

부르디외의 문체는 조심스럽게 말해 그다지 쉬운 편이 아니다. 그래서 아비투스 개념을 그가 의미하는 바대로 보여주는 최선의 방식은 실재하는 현실적인 사례를 들어 이 핵심 개념이 그와 연관된 두 개념 — '역할/사회적' 위치와 상호작용 상황 — 과 어떻게 다른지를 보여주는 것이다. 여기서 든 사례는 나는 물론 이 책을 읽는 많은 독자들에게도 아주 친숙한 사회적 게임, 즉 대학원 세미나 게임이다. 파슨스, 미드, 부르디외 각각으로부터 영향을 받은 세 명의 연구자가 특정의 세미나 게임을 연구하고 있다고 상정해보자. 세 명 각각은 어느 측면 또는 어느 차원을 가장 강조하게 될까?

① 파슨스의 역할 이론

파슨스주의 연구자는 세미나에서의 '역할/사회적' 위치 차원을 강조하여 선생과 학생 그리고 논문 배부자의 역할을 탐구하는 것으로 그 세미나를 이해하려고 시도할 것이다. 그 연구자는 이들 각각의 역할에 내재하는 공식적 및 비공식적 규범 또는 규범적 기대 그리고 그것들의 복잡한 관계를 발견하려고 시도할 것이다. 또 역할의 사회 체계를 문화 체계(이것은 '중심적 가치'들을 수반한다) 및 퍼스낼러티 체계[5](이것은 '욕구/기질'을 일컫는다)에 연결시키려고도 할 것이다.

••

5) (옮긴이) 파슨스는 행위 이론을 발전시키면서 인간의 행위 체계를 유기체, 퍼스낼러티, 사회, 문화 네 개의 하위 체계로 구성된 것으로 상정한다. 파슨스는 이 네 하위 체계를 행위 체계에 위치시키고 이들 하위 체계 간의 상호 침투에 의해 인간 행위의 지향을 설명함으로써 거시와 미시의 통합을 추구한다. 파슨스에 따르면, 퍼스낼러티는 "유기체의 '동기화된 행동'이 조직된 체계"로서 개별 행위자의 행동을 상호 연결하는 체계이며, 행위자의 행동은 '욕구-기질'에 의해 조직되고, 개별 행위자의 행동은 우연에 의해 조합되는 것이 아니라 그것을 조정하는 미리 정해진 틀에 의해 통합된다.

좀 더 구체적으로, 학생들의 수행을 특수하게 평가하는 것이 아니라 보편적으로 평가하는 것이 그 세미나에 참여한 선생 역할의 규범적 기대라고 상정해보자. 파슨스에 따르면, 사회 체계 수준에서 이러한 규범은 문화 체계와 퍼스낼러티 체계 모두에 연계될 수 있고 또 연계되어야 한다. 문화 체계 수준에서 보편주의는 주요한 사회적 가치나 교육적 가치 중 하나를 구성한다. 그리고 이러한 탈구화된 추상적인 가치가 사회 체계 수준에서는 선생의 역할에 내재하는 규범적 기대 측면에서 제도화되고, 퍼스낼러티 체계 수준에서는 '욕구/기질'의 형태로 내부화된다.

② 부르디외의 접근 방법

부르디외의 영향을 받은 연구자는 파슨스가 설정한 문화 체계 → 사회 체계 → 퍼스낼러티 체계의 3각 구도는 그 세미나 게임의 한 가지 차원만 다룰 뿐이라고 주장할 것이다. 이 3각 구도가 간과 또는 무시하고 있는 것이 아비투스이다. 아비투스란 세미나의 각 참여자가 (과거의 다양한 사회화를 통해) 그 게임에 가져오는 발생적 도식(generative schemata)이다. 이러한 도식 또는 기질은 선생, 학생, 논문 배부자가 그 세미나에서 행하는 실제의 역할과 직접 연관되지도 않을뿐더러 그것으로부터 나올 수도 없다.

좀 더 구체적으로 말하면, 그 연구자가 그 세미나 선생으로서 내가 실제로 행하는 행위를 이해하기 위해서는 선생의 역할이 수반하는 것에 대해서도 어느 정도 알아야 한다. 그뿐 아니라 내 수업의 배경, 나의 출신 학교, 나의 양육 과정이 종교적이었는지 비종교적이었는지 등등에 대해서도 고려해야 한다. 내가 과거에 겪은 모든 사회화(이것은 내가 자라 온 다양한 사회구조를 반영한다)가 내부화되어 부르디외가 아비투스라고 일컫는 기질의 체계를 구성한다.[6] 그래서 내가 영국이 아닌 그리스에서 자랐다는 사실은 내가 강의 도중에 왜 몸짓같은 행위 도식을 활발하게 이용하는지를 설명해준다. 한편 나의 교육 훈련 방식이 너무 합리주의적인 지각 또는 이해력의 도식을 사용하거나 엄격한 이분법적 평가 구도를 사용하는 이유를 설명해준다.

파슨스는 '사회화/내부화' 과정을 무시하지 않으며, 중심 가치 → '역할/규범' → '욕구/기질'의 3각 구도는 연구자로 하여금 사회화 과정을 탐구 중인 특정의 역할과 직접 연계된 것으로 파악하도록 이끈다. 예컨대 세미나 선생으로서 나의 역할과 관련해서 파슨스주의 연구자는 (공식 규정을 읽고, 선배 동료들에게 자문을 구하고, 부서 관계자에게 브리핑을 받는 등) 어떻게 내가 강의 역할 속으로 사회화되었는지를 질문하려 들 것이다. 파슨스주의 연구자는 교육 외적 맥락에서 얻은 행위, 지각, 평가의 도식에는 별 관심이 없다. 그리고 이것이 바로 파슨스 이론이 사회 체계 수준에서의 규범적 기대와 퍼스낼러티 수준에서의 '욕구/기질' 사이에 체계적 또는 영속적인 불일치가 생길 높은 가능성에 대해 진지하게 고려하지 않는 이유다.

달리 말해, 부르디외는 특정의 게임을 설명하고자 할 때 '역할/지위' 딜레마가 아니라 '아비투스/기질' 딜레마를 파슨스보다 훨씬 더 강조한다. 부르디외 스스로 지적했듯이, 아비투스 도식은 다음과 같은 경향을 띤다.

관행의 '정당함'과 항구성을 **모든 공식적 규칙과 명시적 규범**보다 더 확실하게 보증해준다.(강조는 필자)[7]

∶∶

6) 이 점에 관해서는 다음 저작을 보라. P. Bourdieu and J-.C. Passeron, *Reproduction in Education, Society and Culture*(London: Sage, 1970), p. 205.
7) P. Bourdieu, *The Logc of Practice*, op. cit., p. 52.

이러한 행위, 지각, 평가의 발생적 도식은 두 개의 '역사성'을 지칭한다. 하나는 각 수행자의 개인 일대기의 역사성으로 일련의 위계화된 사회화에 기초하고, 다른 하나는 수행자들이 내부화하는 다양한 '객관적/외적' 사회 구조의 역사성이다.

③ 해석적 상호작용론 접근 방법

끝으로, 미드의 영향을 받은 연구자는 세미나 게임의 세 번째 차원, 즉 상호작용 상황 차원에 주요한 강조점을 둘 것이다. 해석 지향적 사회학자들은 미드의 영향을 받았건 가핑클이나 고프먼의 영향을 받았건 사회적 역할이나 지위에 관한 연구도, 기질에 관한 연구도 세미나 게임의 복잡한 관행을 그 자체로는 적절하게 설명할 수 없다고 주장한다. 우리는 각 수행자들이 실제의 게임(그 게임은 자체의 **상호작용 논리**를 가지고 있다)을 수행하고 있을 때 그들이 규범적 기대 그리고 자신의 아비투스 구도를 얼마나 정확히 이용하는지 아니 조작하는지를 보여주어야 한다.

다시 구체적으로 말하면, 내가 수행하고 있는 세미나를 적절하게 설명하려면 내가 규범적 기대를 어떻게 다루는지, 또는 내가 세미나 교육 방식과 관련된 나의 아비투스 구도를 어떻게 활성화하는지를 고려해야 한다. 또 그 세미나는 역할에서도 파생되지 않고 기질에서도 파생되지 않는 동학을 가진다는 점에 대해서도 고려해야 한다. 그래서 예컨대 나의 강의 전략이 공격적이냐 방어적이냐는 **생성 중인 상황적 의미**(emergent situational meanings)와 관련이 있다. 이것은 지위와 기질에서 상호작용 상황이 시공간 상에서 통합체적으로 전개되는 방식으로 초점을 옮길 경우에만 파악할 수 있다. 이를테면, 내적 작용 및 상호작용, 성찰적 고려, 해석 및 반대 해석의 복잡한 과정을 통해 세미나 참여자들은 나의 강의가 부적절하다는 의견을 공유하게 된다. 이런 사실을 깨닫게 되면 나의 강의는 좀 더 공격적인 스타일을 채택하게 된다. 또는 볼탄스키와 테브노(L. Boltanski and L. Thévenot)의 매우 암시적인 용어법을 사용해서 말하면, 나는 참여자의 반응에 대한 일정한 평가를 통해 나의 정당화 양식 또는 체제를 급진적으로 변화시킬 것이다. 또 '창시자들이 말한 바'에 따라 나의 강의를 정당화하지 않고 대신에 신성한 영감이나 전문직의 가치, 시민의 미덕에 기초하여 나의 강의 스타일을 정당화해나갈 것이다.[8]

이러한 결과가 순전히 국면적인 것도 특이한 것도 아니라는 점에 유의해야 한다. 그 세미나 게임에서의 역할, 기질, 상호작용 상황 요소들의 일정한 접합의 바탕을 이루고 있는 것은 관행이다. 그것이야말로 사회학적 분석감으로서 그지없이 적합하다.

2) 부르디외의 아비투스가 가진 여섯 가지 특성

① 사회적 게임의 지위, 기질, 상호작용 상황 차원

세미나 사례에서 보여준 것처럼 파슨스, 부르디외, 미드는 사회적 게임의 세 가지 다른 차원, 즉 사회적 역할, 기질, 상호작용 상황을 각각 강조한다. 각각의 차원들은 (내가 보는 한에서는) 다른 두 차원으로 환원될 수

..

8) 다음을 보라. L. Boltanski and L. Thévenot, *De la justification: Les économnics de la grandeur*(Paris: Gallimard, 1991); Dodier, "Action as a combination of 'common worlds'", *The Sociological Review*, vol. 41, no. 3(Aug. 1993).

없는 특수한 논리를 가진다.[9] 역할 차원, 상호작용 상황 차원, 기질 차원은 규범적 논리, 자원주의 논리, 관행적 논리를 각각 두드러지게 수반한다(이 논리는 나중에 좀 더 상세히 설명하듯이 규범과 공식적 규칙의 이론적 지식도 수반하지 않고 전략의 의식적 정교화도 수반하지 않는다).[10]

이것은 세 가지 접근 방법 각각이 다른 두 접근 방법을 완전히 무시한다는 것을 의미하는 것이 아니라, 각각이 어느 것을 더 강조하느냐 하는 문제다. 그래서 파슨스는 사실 기질(규범이 욕구-기질 속으로 내부화되는 곳)에 대해서도 말하고 상호작용 상황(그가 말한 자아-타인의 상호작용)에 대해서도 말한다. 그렇지만 그의 저작 전체(특히 중기의 사회 체계 저작과 말기의 신진화 이론 저작)를 보면 그리고 (가장 중요하게는) 그의 제자들이 파슨스의 도구를 사용하는 방식을 보면 사회적 역할과 규범적 기대를 지나치게 강조한 나머지 각종 게임의 상호작용 및 기질 차원을 철저하게 과소평가한 점이 명확하게 드러난다.[11] 바로 이 점이 파슨스의 기능주의가 인간을 사회의 중심적 가치에 의해 조종되는 단순한 꼭두각시로 묘사한다고 거듭 비판을 받는 이유다.[12]

●●

9) 3중 구분에 관한 초기의 정식화로는 다음 글을 보라. N. Mouzelis, "The interaction order and the micro-macro distinction", *Sociological Theory*, vol. 9, no. 2(Nov. 1991).

10) 다음을 보라. P. Bourdieu, *Outline of a Theory of Action*(Cambridge: Cambridge Uniiversity Press, 1977), pp. 이하.

11) 파슨스의 중기 및 후기 저작에서 상호작용 차원을 경시한 것에 대해서는 다음 저작을 보라. J. H. Turner, *A Theory of Social Interaction*(Cambridge: Polity Press, 1990).

12) 나는 이러한 비판이 아주 정당하다고 본다. 왜냐하면 파슨스가 행위자를 수동적으로 묘사한 것은 행위자들이 자신이 수행하는 역할 속에 내재하는 규범을 대체로 충실하게 따른다는 파슨스 자신의 확신에 기인하는 것이 아니라는 점이 분명하기 때문이다(그는 역할 수행자가 규범을 준수하는 정도는 경우에 따라 달라진다고 반복해서 지적했다). 대신에 파슨스가 행위자를 수동적으로 묘사하게 된 것은 그가 사회 행위에 대한 분석에서 사회 체계 및 그것의 장기적 진화에 대한 분석으로 옮겨가면서 상호작용을 경시한 데 연유한다.

이를 다른 식으로 표현하면, 파슨스의 사회학은 사회적 지위, 기질, 상호작용 상황 간에는 아무런 불화가 없으며, 그래서 '역할/지위' 차원에 대한 지식만 가지고도 실제 수행되고 있는 게임을 이해하는 데 어느 정도 충분하다고 암묵적으로 가정한다고 주장한다. 이러한 점은 파슨스가 사회 질서와 무질서를 다루는 방식에서 분명하게 드러난다. 파슨스 자신은 사회 무질서를 사회적 통제의 실패나 비효과적 사회화 또는 역할 긴장 같은 개념으로 설명하려고 한다. 반면, 렉스(John Rex)에서 코저(Lewis A. Coser) 및 다렌도르프(Ralf Dahrendorf)에 이르는 갈등 이론가들은 그 같은 입장을 부질없는 것이라고 치부하고, 사회 무질서를 권력 불평등 및 그에 따른 집단 간 이해관계 차이와 관련하여 설명한다.

지위, 기질, 상호작용 상황을 구분하는 것은 파슨스의 기능주의나 갈등 이론으로는 충분하게 파악할 수 없는 질서 또는 무질서의 원천을 제시해 준다. 그 원천은 사회적 지위, 기질, 상호작용 상황 간의 빈번한 그리고 거의 불가피한 '충돌/양립' 불가능성이다. 극단적인 또는 이념형의 경우를 살펴보면, 사회적 지위, 기질, 상호작용 상황의 완전한 조화는 행위자들이 자신의 기질을 자기 역할의 규범적 기대와 완전히 일치시켜 사회화될 때 일어난다. 그럴 경우 행위자들은 자기 역할이 지정하는 바를 바라고 기대하게 된다. 나아가 지위-아비투스가 완전히 일치할 뿐만 아니라 상호작용 상황 논리도 행위자들로 하여금 자신들의 기질과 역할 속에서 수반되는 규범적 기대에 맞춰 일관되게 행동하게 한다.

이처럼 '빈틈없는 거미집' 같은 조화 상태를 보여주는 훌륭한 사례가 그리스의 유목민 공동체 사라카차니[13]에 관한 존 캠벨(John Campbell)의 고전

••

13) (옮긴이) 사라카차니(Sarakatsani)는 주로 그리스 북부에 거주하는 유목민 집단으로 일부는

적인 분석이다. 이 공동체는 지리적 고정성의 결여를 (공동체 구성원들의 기질에도 적합하고 그들이 일상적 경험에서 대처해야 하는 상황에도 완전히 적합한) 강력하게 제도화된 가치 체계와 역할을 통해 벌충한다.[14] 이것이 진짜로 사라카차니의 실제 상황이든 아니든 그것의 사회적 배열은 유약하고 불연속적이며 가끔은 혼돈 상태에 있으므로 사회적 지위, 기질, 상호작용 상황이 그처럼 완전히 일치하는 일은 (불가능하지는 않지만) 매우 드문 것이 사실이다. 이는 사회적 지위, 기질, 상호작용 상황 각각의 논리 간에 항구적인 긴장과 불일치가 존재하는 것이 예외적이 아니라 일상적임을 의미한다.

　이러한 점을 보여주기 위해 근대 그리스 사회의 풍부한 민속지학을 다시 끌어들여 보자. 캠벨의 분석과는 달리, 그리스 북부의 소도시 공동체에 대해 제인 코완(Jane Cowan)이 최근에 수행한 인류학적 연구에서는 전통적인 여성 역할이 논란이 됨에 따라 '빈틈없는 거미집' 같은 사회적 배열의 특성이 사라지고 있음을 보여준다.[15] 이 공동체의 젊은 여성들은 부분적으로는 매스미디어와 '글로벌 문화'를 통해 기질이 형성되어 갔다. 그로 인해 남편에 대한 복종, 성적 억압, '수치심', (교회를 제외한) 모든 공적 공간

∴∴

<hr>

그리스 인근의 불가리아, 알바니아 남부, 마케도니아 공화국에 산재해 있다. 이들 유목민은 역사적으로 그리스 북부와 알바니아 남부에 걸쳐 있는 핀두스(Pindus) 산맥 주변에 거주했으나 근래에는 상당수가 도시화되었으며, 현재는 주로 그리스 북부에 거주하고 있다.

14) J. K. Campbell, *Honour, Family and Patronage: A Study of Institutions and Moral Values in a Greek Mountain Community*(Oxford: Clarendon Press, 1964). 캠벨의 단차원적 모델에 대한 우호적인 비판으로는 다음 글을 보라. Papataxiarchis, "Introduction" to E. Papataxiarchis and T. Paradellis (eds), *Identities and Gender in Modern Greece*(in Greek)(Athens: Kastaniotis, 1992).

15) J. Cowan, "Going out for coffee?' Contesting the grounds of gendered pleasures in everyday sociability', in P. Loizos and E. Papataxiarchis (eds), *Contested Identities: Gender and Kinship in Modern Greece*(Princeton, NJ.: Princeton University Press, 1991).

에 대한 출입 금지 등을 강조하는 남성 중심의 가부장제적 규범적 기대에 분개하게 되었다. 그런데 그들에게 준(準)페미니즘적 반전통주의 기질을 강화시켜 준 것은 여성 출입이 금지된 전통적인 카페네이오[16]와는 달리 젊은 남녀가 자유롭게 드나들 수 있는 (서구식 카페테리아 같은) 새로운 제도적 맥락의 출현이다. 여기서 카페테리아라는 상황 논리가 젊은 여성의 반(反)가부장제적 기질을 강화하고, 전통적인 역할 기대가 그들의 행위에 대해 가진 영향력을 약화하는 데 기여한다.

두 연구를 비교해보면, 캠벨의 경우 지위와 기질과 상호작용 상황이 비교적 조화를 이루게 된 것은 부분적으로는 사라카차니가 외부 세계로부터 상대적으로 고립된 결과였다고 가정할 수 있다. 이것은 그 공동체의 모든 구성원들이 균일하게 사회화되었음을 의미한다. 달리 말하면, (부르디외의 주장대로) 아비투스가 개인이 과거에 받은 사회화의 결과라고 한다면, 각 사라카차니가 (가정, 교회, 시장 등에서) 행한 잡다한 사회화들은 서로 너무 일치하여 어떤 상황에서도 '역할/규범적' 기대가 완전히 조화를 이루게 된 것이다.

다른 한편, 코완의 경우 공동체 외부의 사회화 과정(매스미디어, 관광, 여행 등등)이 대거 침투하면서 그 구성원들이 받은 다양한 사회화들과 모순을 빚게 된다. 이것은 특정 상황에서 젊은 여성의 기질이 (초기에 받은 사회화와 상충되어) 다른 많은 사람들의 규범적 기대와 충돌하게 된다는 것을 의미한다.

∙∙

16) (옮긴이) 카페네이오는 그리스에 있는 커피나 술을 마시면서 환담을 나누는 사교 장소. 이곳은 전통적으로 남자들만 출입하게 되어 있는데 아마 이슬람 전통의 오스만터키 지배의 영향 탓인 듯함. 지금은 여성 출입이 금지된 것은 아니지만 중년 남성이 즐겨 찾는 곳이어서 젊은이들이 출입을 꺼림.

그런데 파슨스주의 사회학자는 단순히 역할 내에서나 역할들 간의 긴장 또는 마찰의 경우만 얘기하려 든다. 이것이 잘못된 것은 아니지만 밝혀주는 바가 전혀 없다. 그것은 역할이 마찰을 빚게 되는 원천에 관한 질문을 제기하는 데 도움이 되지 않는다. 이 문제를 역할, 기질, 상호작용 상황의 '일치/불일치'의 측면에서 살펴보게 되면, 그러한 마찰이 어떻게 해서 생겨나고 그 마찰이 특정 상황과 어떻게 관련되는지에 관한 훨씬 명료한 아이디어를 많이 얻게 된다. 달리 말하면, 사회적 게임의 세 차원 개념은 역할 분석에 시간('체현된' 역사로서의 기질)과 사회적 공간(특정 상호작용 상황의 논리) 관념을 도입하게 한다.

말할 필요도 없이, 지위와 기질과 상호작용 상황의 양립 '가능성/불가능성' 정도 그리고 그 같은 양립 불가능성에 대한 수행자의 반응은 선험적으로 다룰 수 없는 경험적 문제다. 그렇지만 (완전한 일치와 완전한 불일치라는) 이념형적 두 극단은 전혀 존재할 수 없는 것은 아니지만 극히 드물다는 것만은 확실하다. 대부분의 사회 그리고 특히 복잡하고 분화된 사회는 빈틈없는 거미줄 같은 조화 상태에 있는 것도 아니고, 지위와 기질과 상호작용 상황이 늘 치열한 교전 상태에 있는 것도 아니다.

사회적 게임의 지위, 기질, 상호작용 상황의 각 차원을 구분하는 것은 사회학의 미시-거시 논쟁에서 지속되어온 약간의 혼동을 떨쳐버리는 데 매우 유용할 수 있다. 한 예로 상호작용 질서는 특유의 특성을 갖는다는 고프먼의 주장을 살펴보자. 고프먼은 1983년 미국사회학회에서 행한 유명한 강연에서 상호작용 질서(즉 대면적인 사회적 조우에 기초한 질서)는 사회의 광범한 '제도적' 질서와는 판이하게 구별되는 논리를 가진다고 주장했다. 그에게서 상호작용 질서와 제도적 질서는 단지 "느슨하게 결합되어" 있다. 이때 느슨하다는 것은 한 질서를 다른 질서로 환원할 수 없다는 것을 뜻한다. 예컨대 대면적인 미시적 조우를 규제하는 규칙은 국어나 다양한 형태의 문화적 지식 같은 광범한 거시적인 제도적 특성으로부터 이끌어낼 수 없다. 고프먼에게서 행위자들은 사회화를 통해 획득한 널리 확산된 각종 형태의 지식을 사회적 조우 속으로 가지고 들어오긴 하지만 그런 지식이 상호작용 과정 속에서 생기는 것을 결정하지는 않는다. [상호작용하는 동안] 발생하는 것을 충분히 설명하기 위해서는 이러한 형태의 지식을 상호작용 상황 특유의 규칙들과 관련하여 바라봐야 한다.[17]

나는 상호작용 상황 개념이 고유의 논리를 가진다는 데는 전적으로 동의한다. 그러나 고프먼이 '상호작용 질서'를 미시적인 것과 연결시키고 '제도적 질서'를 거시적인 것과 연결시키는 방식에는 동의하지 않는다. 1장에서 이미 지적한 것처럼 제도적 구조는 물론이고 상호작용 구조도 미시적일 수도 있고 거시적일 수도 있다. 이러한 점을 받아들이게 되면, 상호작용 질서 본유의 특성을 훨씬 더 훌륭하게 개념화하는 방식이 생기게 된다. 이러한 개념화는 거시적 게임은 물론 미시적 게임도 지위, 기질, 상호작용 상황의 세 가지 근본적인 차원을 수반한다는 점을 강조한다. 세 가지 차원은 각기 고유의 논리를 가진다. 즉 하나의 차원에서 다른 차원을 자동적으로 이끌어낼 수 없다.

거시적 게임의 예로 다수의 사람들에게 영향을 미치는 중요한 의사결정을 하는 다국적 기업 고위 경영자들의 회의를 들어보자. 이 같은 특정의 거시적 '조우/게임'의 참여자들은 일정한 역할을 수행하고, 다양한 사회화 과정을 거치면서 획득한 자신들의 기질을 그 게임에 가져온다. 또 고프먼

∴

17) 다음 글을 보라. E. Goffman, "The Interaction Order", *American Sociological Review*, vol. 48, 1983; D. Layder, *Understanding Social Theory*(London: Sage, 1994), pp. 155 이하.

이 주장한 대로 고유의 논리를 가진 특정한 상호작용 상황에 직면한다. 이 경우 지위, 기질, 상호작용 세 차원 모두 거시적 특성을 지닌다. 왜냐하면 그런 특성들은 다국적 기업 현지 지사에 있는 하위 직원들의 대면적 조우 같은 미시적 게임의 차원들과는 첨예하게 대비되기 때문이다. 그 같은 미시적 게임도 역시 '역할/지위', 기질, 상호작용 각각의 논리를 수반한다. 하지만 이 경우 세 차원은 그 결과가 시공간적으로 널리 확산되지 못하는 게임을 구성한다.

② 사회적 게임의 유형

'역할/지위', 기질, 상호작용 상황 각각의 차원은 모두 사회적 게임을 충분히 이해하는 데 필수불가결하다. 이들 세 차원 중 어느 하나는 (그 게임의 성격에 따라) 확실히 다른 두 차원보다 더 중요하게 된다.

한 예로, 고도로 의례적인 게임(말하자면 전통적인 그리스 정교회 미사)에서는 '역할/지위' 차원이 우세하다. 왜냐하면 사제, 신도, 향로를 드는 복사(服事)[18] 등의 역할에 관한 철저한 지식이 있어야 전체 게임을 처음부터 끝까지 이해할 수 있기 때문이다. 다른 한편, 포커 게임을 온전히 설명하기 위해서는 상호작용 상황 측면을 우위에 두어야 한다(포커 게임이 가진 불확실성은 직관과 상대방의 다음 동작을 예측할 수 있는 능력 등을 요구한다). 끝으로, 테니스 게임의 경우에는 무의식적이면서 사실상 자동적인 지각, 평가, 행위 구도가 남다른 역할을 하므로 기질 차원이 가장 중요하게 된다(물론

．．

18) (옮긴이) 복사(thurifer)는 천주교와 성공회에서 사제의 예식 집전을 보조하는 평신도를 일컬음. 예식 집행자의 곁에서 물건을 나르거나 종을 울리거나 하는 행위를 한다.

이 기질 차원이 다른 두 차원을 완전히 대체하는 것은 아니다).

무엇보다도 우리는 게임의 세 가지 기본 차원 각각이 다른 두 차원을 어느 정도 수반한다는 사실을 결코 간과해서는 안 된다. 그래서 기질 차원이 전혀 없는 상호작용 상황을 상정하는 것은 전적으로 불가능하다. 정도가 덜하긴 하나 역할 차원의 경우도 마찬가지다.

그렇다고 세 측면을 '분석적/이론적' 수준에서 융합하거나 한 측면을 다른 측면으로부터 환원하여 이끌어낼 수 있다는 것은 아니다.[19] 각 차원은 고유의 논리를 가지며, 한 차원을 다른 두 차원 중 하나(또는 둘 다)로 환원하려는 그 어떤 시도도 사회적 삶을 왜곡하는 결과를 낳는다.

③ 아비투스와 의도성

부르디외는 아비투스 개념은 의도적 또는 강한 자원주의적 요소를 수반하지 않는다고 주장한다. 그가 말하는 아비투스는 비인격적이며 준–자동적인 특성을 띤다. 준–자동적이라 함은 행위자들이 자신들의 다양한 관행을 낳는 발생적 도식을 반드시 인식하고 있지는 않다는 점을 말하고, 비인격적이라 함은 행위자들의 특이성에만 의거해서는 이러한 도식을 설명할 수 없다는 것을 말한다. '객관적' 사회구조의 내부화로서의 아비투스 요소들은 유사한 사회화 과정을 경험한 모든 사람들이 공유한다.[20]

위의 관점에서 볼 때, 부르디외의 아비투스 개념은 레비스트로스의 숨은 규약과 일정한 유사성을 갖는다. 레비스트로스의 구조주의가 부르디외

∵

---

19) 아래에서 주장하듯이 부르디외는 상호작용 상황 차원을 버리고 기질 차원을 강조함으로써 이러한 종류의 환원론적 오류에 빠져들게 된다.

20) P. Bourdieu, *Outline of a Theory of Action*, op. cit, p. 80.

의 초기 저작에 상당한 영향을 준 점에 비추어볼 때 이것은 그리 놀랄 일이 못 된다. 물론 둘 사이에는 중요한 차이가 있다. 우선 아비투스는 레비스트로스의 무의식적 규약만큼 '숨어 있지' 않다.[21] 보다 중요한 차이는 부르디외가 초기의 구조주의 국면을 지난 후 사회 현상은 레비스트로스의 규약이 의미하는 질서, 균형, 논리적 일관성을 드러내지 않는다고 생각하게 되었다는 점이다. 부르디외는 구조주의적 방법론은 일상생활의 실제 사회적 관행에 속하기보다는 이론가의 상상력 속에 더 많이 속하는 이론적 논리를 사용한다고 믿게 되었다. 이러한 점에서 부르디외의 포스트구조주의적 아비투스는 이론적 논리가 아닌 실천적 논리에 기초한다. 이 실천적 논리는 기질은 매우 유연하고 다의적이며 다성질적이라는 점을 인정한다(기질은 그것을 활성화하는 상황에 따라 매우 다양한 형태를 취하기 때문이다). 그러므로 아비투스는 구조주의와 '현상학적/민속방법론적' 접근 방법 사이의 빠진 연결 고리로 볼 수 있다.

아비투스가 구조주의 및 민속 방법론과 접합되는 것을 이해하는 또 하나의 방식은 소쉬르의 그 유명한 랑그와 파롤의 구분을 다시 활용하는 것이다. 레비스트로스의 숨은 규약은 랑그 수준에서 작동한다. 왜냐하면 그 것들은 (부분 요소들로 이루어진 전체 — 구조주의적 방법론에서 그것들은 표면에서만 연결된다 — 로서) 사회 제도를 계열체 수준에서 발견되는 규칙에 중

··

21) 세미나 예를 다시 이용하면, 강의 도중에 내가 하는 행위 구도(활발한 몸짓, '자기만족적인' 우쭐한 자세 등)는 나 자신이나 외부 관찰자에게 레비스트로스가 신화나 친족 체계 및 여타 제도에 대한 구조주의적 분석을 통해 '드러내는' 각종 유형의 연계가 숨기는 것보다는 덜 숨긴다. 이것은 만약 레비스트로스의 제자가 세미나 게임을 구조주의적으로 분석하려고 시도했다면 그는 전체를 원소 또는 '사건들'로 분해하고 나서 (연구자 자신과 참여자 모두가 예상하지도 않은) 그것들 간의 연계를 발견하려고 애쓴다는 것을 의미한다.

점을 두기 때문이다.[22] 한편, 가핑클의 민속방법론은 파롤 수준에서 작동하는 경향이 있다. 왜냐하면 그것은 대체로 보통 사람들이 개인들 간 의사소통을 활발하게 하고자 할 때 사용하는 관행적 기법으로 이루어져 있기 때문이다. 그래서 예컨대 그 유명한 '여백' 원리[23]는 문법이나 구문론에 대한 연구로는 이끌어낼 수 없다. 그것은 보통 사람들이 어떻게 하여 계열체 수준에서 통합체 수준으로, 즉 자기 충족적인 일련의 추상적인 규칙으로서의 언어에서 사회적 및 실제적 성취로서 말하기로 이행해나가는지를 살펴봄으로써 경험적으로만 이해할 수 있다.[24]

그런데 아비투스 개념은 계열체(랑그) 수준과 통합체(파롤) 수준 모두에 어울린다. 첫 번째 수준의 경우, 아비투스는 (레비스트로스의 숨은 규약처럼) 사회적 게임이 수행되는 방식에 상당한 주의를 기울이는 무의식적인 준-자동적 기질을 지칭한다. 다른 한편, 부르디외는 아비투스는 이론적 논리보다는 실천적 논리에 훨씬 더 많이 기초한다고 주장한다. 왜냐하면 행위, 사고, 평가의 도식은 레비스트로스의 규약이 가진 우아함과 엄격함을 가지고 있지 않기 때문이다. 이미 언급한 것처럼, 오히려 그것들은 의사소통 기법의 유연성, 순응성, 실용성(가핑클과 제자들이 탐구한 민속방법)을 드러낸다.

그러므로 아비투스는 규약과 민속방법 사이에 위치한다. 그것은 전자로

∶∶

22) 실행 수준에서(즉 파롤 수준에서) 모습을 드러내는 레비스트로스의 숨은 규약과는 달리 아비투스는 "행동에서만 드러내지는 않으며, 그것의 통합된 부분이다(그리고 그 역이다)."(R. Jenkins, *Pierre Bourdieu*(London: Routledge, 1991), p. 75).

23) (옮긴이) '여백' 원리(etcetera principle)는 카핑클의 민속방법론에 나오는 것으로, 사람들이 상호작용을 촉진하기 위해 대화 중에 이전의 진술을 의미 있게 만들기 위한 정보를 제공하기 위해 다른 사람이 진술하는 것을 기다리는 것을 의미한다.

24) H. Garfinkel, *Studies in Ethnomethodology*(Cambridge: Polity Press, 1984).

부터는 비(非)의도적, 비(非)이론적 '지식/의식'의 관념을 취하고, 후자로부터는 계열체와 통합체를 연결하는 실용적 기법을 취한다.

④ 부르디외에 의한 객관주의 사회학과 주관주의 사회학의 '초월'

위의 내용으로부터 우리는 부르디외가 왜 아비투스 개념을 사회과학에서 끈질기게 진행되어온 객관주의 대 주관주의 논쟁을 초월하는 주요한 수단으로 사용하고 있는지를 이해할 수 있다. 그에 따르면, 갖가지 주관주의적 미시사회학은 고도로 자원주의적이고 의식적으로 행동하고 상호작용하는, 상대적으로 자율적인 주체를 분석의 중심에 놓는다. 한편, (파슨스에서 레비스트로스에 이르는) 객관주의 사회학은 인간을 역할이나 제도, 또는 숨은 규약의 수동적 산물로 묘사한다.

부르디외의 아비투스는 파슨스가 말하는 역할의 규범적 기대, 레비스트로스가 말하는 규약의 숨은 연계, 민속방법론의 성찰적 설명 등과는 전혀 다른 발생적 도식을 지칭한다. 파슨스는 사회 질서의 주요 원천을 공통의 가치와 규범으로 보고, 레비스트로스는 숨은 규약의 효과성으로 보며, 가핑클은 보통 사람들이 사용하는 상황적 의미 및 상호작용 기법으로 본다면, 부르디외는 이들 모두와 대조적으로 아비투스를 사회 질서의 기초로 본다.

그렇지만 나는 부르디외가 사회과학의 '주관주의-객관주의' 구분을 초월해냈다고 생각하지 않는다. 또한 그의 아비투스가 (장[場][25], 자본, 관행

25) (옮긴이) 장(field)은 아비투스와 함께 부르디외 사회학의 핵심을 이루는 개념이다. 장은 관계 내에 있는 객관적 위치들 간의 연결망이다. 이런 관계들은 개인의 의식과 의지 외부에 존재한다. 그러나 이러한 장은 구조처럼 고정불변인 것이 아니라 지속적으로 변화한다. 이러

등 그가 제시한 다른 개념 목록들의 주요한 의미와 결부될 때) 사회학의 구조적 및 구조주의적 접근 방법을 대체하거나 현상학적 접근 방법을 대체한다고 생각하지도 않는다. 현존하는 접근 방법들이나 구분법 또는 개념들을 '초월하려는' 그의 다소 과대망상적인 시도들은 진정으로 새로운 이론적 종합을 진지하게 세련했다기보다는 프랑스 지식인들 특유의 관행에 가깝다고 할 것이다(프랑스 지식인들은 기존의 것을 희화화하거나 완전히 무시하여[26] '새로운 것'에만 관심을 몰두하고, 심지어 그저 낡은 병에 새로운 상표를 붙이기만 한다). 이러한 관점에서 볼 때, 주관주의와 객관주의 구분을 '초월했다'고 주장하는 것이 객관적 구조와 내적 구조 간의 또는 사회적 위치와 태도 간의 구분이라는 형식을 통해 그것을 뒷문으로 재도입한 것이라는 사실은 놀랄 일이 못 된다.[27]

∵

한 장들이 모여 구조를 형성하며, 부르디외의 발생론적 구조주의의 기초가 된다. 장은 개인들을 묶어두는 상호 행위도 상호 주관성도 아니다. 위치를 점하고 있는 것은 장의 구조에 제약을 받을 수 있는 행위자일 수도 제도일 수도 있다. 사회 세계에는 여러 개의 장이 있는데(예술적 장, 경제적 장, 문화적 장 등) 모두 자신들의 구체적 논리를 가지고 있으며, 모두 장 내에서 무엇이 중요한지에 대한 믿음을 만들어낸다. 부르디외는 장을 '투쟁의 장'으로 본다. 장의 구조는 장에 위치를 점유한 사람들이 자신의 위치를 개인적 또는 집합적으로 보호하거나 개선하고 자신에게 가장 유리한 위계를 만들어내려고 동원하는 전략을 뒷받침하고 안내한다. 장은 다양한 종류의 자본이 채택되고 배치되는 경쟁적 시장의 일종이다.

26) 보드리야르의 저작은 물론 푸코의 저작도 전적으로 이러한 유형의 성향을 예증한다. '관행 위반'에 대한 푸코의 끈질긴 집착에 대해서는 다음 저작을 보라. H. L. Dreyfuss and P. Rabinow, *Michel Foucault: Beyond Structuralism and Hermeneutics*(Brighton: Harvester Press, 1982). 새로운 것에 대한 보드리야르의 집착에 관해서는 다음 저작을 보라. D. Kellner, *Jean Baudrillard: From Marxism to Postmodernism and Beyond*(Cambridge: Polity Press, 1989).

27) 객관적 사회구조와 객관적 위치에 대해 지속적으로 언급하고 있는 점에서 부르디외는 다른 특정의 차원들을 명백히 덜 객관적이거나 비객관적이라고 보고 있다. 그 예로 그가 위치와 태도를 구분한 것을 살펴보자.

"위치의 장(場)은 태도의 장(prise de position), 즉 행위 주체의 구조화된 관행 및 표현 체계와 방

이러한 비판적인 점을 좀 더 진전시켜 보자. 부르디외가 설정한 개념들 간의 연계, 즉 장(일련의 상호 연관된 '객관적인' 사회적 위치)과 아비투스와 실천 간의 연계가 '기계론적/결정론적'이라는 비난을 받아왔다. 이는 장 →

::

법론적으로 분리될 수 없다. 두 공간, 즉 객관적 위치의 공간과 태도의 공간은 함께 분석해야 하고, 스피노자가 지적했듯이 "동일한 문장의 두 가지 번역"으로 취급해야 한다."

(P. Bourdieu and L. J. D. Wacquant, *An Invitation to Reflexive Sociology*(Cambridge: Polity Press, 1992), p. 105)

태도가 객관적 위치와 명백하게 구분된다면 그리고 태도가 행위 주체의 실천 및 표현 체계를 지칭한다면, 이것은 주관−객관 구분을 더 복잡하게 얽히고 혼동을 일으키도록 다시 정식화한 것이 아닌가?

부르디외는 자신이 객관주의−주관주의 분리를 '초월한' 것은 객관적 차원과 주관적 차원을 구획하여 보기를 거부하고 그 둘을 변증법적으로 연계하려 한 데 있다고 자기방어적으로 주장한다. 그의 입장은 새롭지도 않고 시종일관하지도 않다. 그의 입장이 새롭지 않다는 것은 그가 제시한 사회과학에서의 사회적 삶의 객관적 차원과 주관적 차원의 구획화 개념은 명백하게 서투른 풍자이기 때문이다. 그가 객관적 차원과 주관적 차원의 변증법적 관계 개념을 사용하는 데 있어 일관적이지 않다는 것은 그가 놀라우리만큼 알튀세르와 같은 방식으로 매우 자주 행위 주체의 실천 또는 '표현'을 그들의 '객관적' 위치에 종속시키고 있기 때문이다.

"장(場)이 가진 세 번째 일반적 속성은, 장(場)은 관계들의 체계로서 이러한 관계들이 한정하는 모집단과는 독립적이라는 점이다. 나는 지적 장에 대해 말할 때, (잠시 물리적 장에 대해 다루고 있는 듯이 말하면) 이 장(場)에서는 자기장에서처럼 인력과 척력이 작용하는 '소립자'를 발견하게 된다는 것을 아주 잘 알고 있다. 이렇게 말하게 되면, 내가 어떤 장에 대해 말하자마자 나의 관심은 소립자 자체에 대해 이러한 객관적 관계의 체계가 가진 우위성에 집중하게 된다. 그리고 우리는 독일의 한 유명한 물리학자의 공식을 따라 개인은 전자(電子)처럼 장의 산물(Ausgeburt des Feldes)이라고 말할 수 있다. 즉 그 개인은 어떤 의미에서 보면 장이 발산한 것이다."

(강조는 필자, 앞의 책., p. 107)

이것은 알튀세르가 말한 '구조의 담지자로'서의 행위자와는 정말로 다른가?

결론적으로 부르디외는 주관−객관 구분을 재도입했을 뿐만 아니라 (알튀세르와 파슨스처럼) 주관을 객관에 철저하게 종속시켰다. 이런 점에서 볼 때, 젠킨스(R. Jenkins)가 아래와 같이 주장한 것은 전적으로 옳다(*Pierre Bourdieu*, op. cit., p. 61).

"그는 자신이 하려는 명백한 목표에도 불구하고 아마도 아직은 객관주의와 주관주의의 '원초적인 모순'을 실질적으로 초월하지는 못했다."

아비투스 → 실천의 연계가 파슨스의 기능주의 사회학만큼이나 인간을 수동적으로 묘사하고 있기 때문이다.[28] 부르디외는 위의 비판을 반박하면서, 장에서 아비투스로 넘어가는 경로도, 아비투스에서 실천으로 넘어가는 경로도 기계적으로 결정되지 않는다고 강변한다(이미 지적한 것처럼 부르디외는 아비투스는 유연하고 다의적이며 다양한 성질을 가진다는 점을 강조한다).

그런데 부르디외의 방어는 수사에 그칠 따름이다. 그가 제시한 장→ 아비투스→ 실천의 연계가 비(非)기계론적 성격을 띤다는 점을 확고하게 보여주는 유일한 방도는 그러한 연계가 가진 비(非)결정론적 성격을 분석할 수 있는 개념 도구를 창안해내는 것이다. 확실히 그 같은 비(非)결정론적 개념들을 창안해내는 유일한 방도는 사회적 게임의 자원주의적 상호작용 상황 차원을 부르디외보다 훨씬 더 진지하게 고려하는 것이다.

아비투스의 발생적 도식은 객관적 사회구조의 자동적 내부화가 아니라는 부르디외의 주장을 살펴보도록 하자. 만약 이러한 주장이 참이라면(나는 그렇다고 생각한다) 그것은 사회적 존재가 (유사한 외적 압력 또는 영향력에 종속될 때조차도 그리고 설령 동일한 사회계급에 속해 있더라도) 외적 사회구조를 받아들일 수도 거부할 수도 또는 선택적으로 내부화할 수도 있다는 사실에 연유한다. 왜 어떤 사람들은 제도화된 규범을 받아들이고 어떤 사람들은 거부하거나 선택적으로 채택하는지를 설명하려면, 상대적으로 자율적인 상호작용 상황 논리를 진지하게 고려해야만 한다. 보통 사람들이 외적 영향력에 대해 매우 의식적이고 신중하게 대응할 수 있다는 점을 유념해야 한다. 그리고 그들이 '객관적' 사회구조를 내부화하는(만약 그렇게 한

••

28) 이 점에 관해서는 다음을 보라. R. Jenkins, *Pierre Bourdieu*, op. cit., pp. 81 이하.

다면)[29] 방식은 그들이 서로 상호작용하는 방식과 연관되어 있다는 점을 유념해야만 한다.

달리 말하면, 만약 부르디외가 주장하듯이 개인들이 공식적 규칙 또는 규범적 기대를 자동적으로 따르지 않는다면, 이는 아비투스의 유연성 때문만이 아니라 특정 상호작용 상황의 논리 탓이기도 하다.[30] 아비투스가 지닌 다의성과 다성질은 아비투스의 발생적 도식이 사회적 게임 수행자들을 (정도가 다양하게 그리고 특정의 상호작용 상황 논리 속에서) 자발적으로 행동할 수 있게 한다는 것을 전제로 한다. 즉 각종 대안에 대한 특수한 전략을 합리적으로 계산하여, 그리고 특수한 전략 및 대항 전략을 의식적으로 채택하여 행동하게 한다는 것을 전제로 한다.

의식적으로 실행된 전략은 신중하게 계산하지 않은 전략보다 드물고 덜 효과적이라는 부르디외의 주장은[31] 두 가지 점에서 수용 불가능하다. 첫째, 합리적 의사결정, 계획 수립, 전략 및 대항 전략의 '계산된' 정교화 등

∶∶

29) 부르디외는 사람들이 순전히 외적 또는 도구적 이유로 규칙을 따르는 경우와 규칙이 그들의 초자아 또는 의식의 일부가 되는 경우를 구분하지 않은 채 일반적으로 내부화에 대해 말하고 있다.

30) 이미 언급했듯이, 부르디외는 사회적 게임의 상호작용 상황 측면을 철저하게 주변화하거나 경시한다.

"사회 세계에 존재하는 것은 여러 관계들이다. 그것은 행위 주체들 간의 상호작용 또는 개인들 간의 상호 주관적 결속이 아니라 마르크스가 말했듯이 "개인의 의식이나 의지와는 독립적으로" 존재하는 객관적 관계이다."

(P. Bourdieu and L. J. D. Wacquant, op. cit., p. 97)

그러면 왜 상호작용은 '객관적' 관계보다 덜 존재하는가? 그리고 만약 상호작용이 정말로 철저하게 덜 중요하다면, 우리는 위치들 간의 객관적 관계의 변화를 어떻게 설명할 수 있을까? 여기서 우리는 부르디외가 객관주의와 주관주의를 초월하는(이것은 독창적이지 않은 것만큼 별 도움도 되지 않는다) 대신에 단순히 후자를 전자에 종속시켰다는 것을 다시 보게 된다.

31) Bourdieu, *The Logic of Practice*, op. cit., p. 292 참조(강조는 필자):

의 형태를 띠는 자원주의가 극단적인 또는 드문 현상을 지칭한다는 것은 그야말로 참이 아니다. 모든 유형의 사회에는 의식적 전략(부르디외가 사용하는 특이한 의미를 지닌 용어로서의 전략이 아니다)[32]이 중대한 역할을 수행하는 게임들이 존재한다. 근대적 및 탈근대적 상황에서는 특히 그러하다. 거기에서는 의도적으로 설립된 공식 조직이 확산되어 모든 제도적 영역에서 일반화된다.

둘째, 의식적으로 수립된 전략들이 드물거나 비효과적이더라도 그것들을 이론화하는 것을 거부할 근거가 되지는 못한다. 그 같은 전략이 아무리 드물다 하더라도, 그 전략들이 우리가 살고 있는 세계를 결정짓는 데 종종 중대한 역할을 한다는 것을 부르디외가 부정할 수는 없다. 한 예로 세계 시장을 장악하기 위해 경쟁하는 다국적 기업이 수행하는 완벽한 또는 완벽하지 않은 합리적 게임을 생각해보라. 그러므로 우리가 그 문제를 어떤 식으로 바라보더라도, 의식적 전략과 합리적 의사 결정을 특정 게임의 기본적인 차원으로 소홀하게 다루어서는 안된다.

이렇게 하려면 부르디외는 어떻게 그것들이 장 → 아비투스 → 실천 모델에 적합한지를 말해주어야 할 것이다. 계산된 전략이 어떻게 아비투스의 발생적 도식과 연관되는가? 기질이 의지와 무관한 준(準)자동적인 성격

＊＊

가장 실익 있는 전략은 대체로 객관적 구조에 객관적으로 적합한 아비투스에 의해 아무런 계산 없이 그리고 가장 '순수하다는' 착각 속에서 생겨난다. **전략적 계산 없이 만들어진 이러한 전략들은 그 전략의 창안자들이라고 부를 수 없는 사람들에게는 중요한 부차적인 이득 — 즉 명백한 청렴함에 붙여지는 사회적 승인 — 을 가져다준다.**

32) 다음 저작에 실린 인용문을 보라. R. Harker et al. (eds) *An Introduction to the Work of Pierre Bourdieu*(London: Macmillan, 1990), p. 17:

"전략이란 것은 실천의 지향점처럼 의식적 또는 계산적이지도 않고 기계적으로 결정되는 것도 아니다. 그것은 게임의 규칙을 '알게 되면서' 직관적으로 얻게 되는 산물이다."

을 띠고 있다면, 타인과 자신의 행위와 상호작용의 의식적인 성찰적 감시의 결과인 실천을 어떻게 설명하겠는가? 만약 의지에 의한 전략과 의지에 의하지 않은 전략을 모두 포괄할 정도로 아비투스가 뻗어나간다면, 그것은 분석적 경계를 상실한다. 만약 아비투스가 자신의 현재 형태에 한정된다면, 부르디외의 행위사회학에는 분명 '블랙박스'가 존재하게 된다. 만약 결정론적 연계를 거부한다면, 아비투스와 실천을 접합하기 위해서는 사회적 삶의 자원주의적 차원을 탐구하기 위한 개념 도구를 도입해야 한다. 보통 사람들은 정도는 다르지만 앞으로의 계획을 수립하고 과거의 실수에 기초하여 자신의 행동을 끊임없이 재평가하는 등 물질적, 비물질적 '이익'의 몫을 늘리기 위해 애쓰는 합리적 존재이기 때문이다. 인간 합리성은 결코 몇몇 합리적 의사결정 모델이 가정하는 것만큼이나 완벽하지 못하다는 사실이 합리적 전략의 의식적 구축 가능성을 단순히 고려 대상에서 제외하는 이유가 아니다. 즉 그 가능성을 일거에 배제하는 이유인 것은 아니다.

아비투스-실천 연계에 대해 말한 것은 장-아비투스 접합에도 적용된다. 부르디외는 사회적 위치('장'의 객관적 차원)가 태도를 자동적으로 결정하지 않는다고 주장한다. 행위자는 각각의 '위치/역할'이 수반하는 권리와 의무에 대해 서로 다른 태도 또는 자세를 취할 수도 있다.[33] 이처럼 태도의 변경에 여지가 있다는 점에 비추어볼 때, 행위자들이 변화 또는 유지 전략을 의식적으로 구축하기 위해 자신의 역할에서 뒤로 물러날 가능성을 어떻게 배제할 수 있는가? 그 같은 의식적 실천은 아비투스와 연계될 수 없다. 그러면 그런 실천은 어디에서 나오는가?

달리 말하면, 실천이

∴

33) 앞의 책., p. 17.

한편으로 아비투스와 그것과 기질 간 조우의 결과이고, 다른 한편으로 사회적 장 또는 시장의 제약, 요구, 기회라고 한다면,[34]

의도적인 전략적 지향과 실천은 어떻게 연관되는가? 위치라는 '장'의 객관적 구조도 아비투스의 기질도 계산된 전략을 수반하지 않는다면, 그 같은 지향은 어디에 적합한가? 설령 계산된 전략이 드물고 또 비효과적이라는 부르디외의 기이한 주장을 받아들이더라도, 그런 전략이 도처에 존재한다면 우리는 그 전략과 실천과의 관계를 이론화해야 한다. 이렇게 하는 유일한 길은 실천은 위치와 기질의 결과이자 상호작용 상황의 결과라는 점을 인정하는 것이다. 되풀이하자면, 구조 → 아비투스 → 실천의 궁지를 벗어나는 유일한 길은 사회적 게임의 자원주의적 차원을 한층 진지하게 고려하는 것이다.[35]

•••

34) P. Bourdieu, *In Other Words: Essays towards a Reflexive Sociology*(Stanford: Stanford University Press, 1990), pp. 62~63.

35) 리처드 하커(Richard Harker)는 부르디외의 저작에 기초하여 수립할 수 있는 두 개의 모델을 구분한다. '가장 단순한' 모델은 다음과 같다.

구조 → 아비투스 → 실천

하커는 이러한 모델로는 "그 이론이 단순히 재생산적이라는 비난을 피하기에 충분하다고" 생각하지 않는다("Bourdieu-Education and Reproduction", in R. Harker et al. (eds), *An Introduction to the Work of Pierre Bourdieu*, op. cit., p. 101을 보라). 단순히 재생산이 아니라 역사적 변화를 설명하기 위해서는 실천을

"지속적인 재형성 과정 중에 있는 변증법적 생산으로 보아야 한다. 재형성은 서서히 변화하는 전통적 문화에서는 거의 감지하기 힘들고 혁명적 상황 속에서도 상당 부분 감지하기가 힘들다. 후자의 사태는 역사적 상황에 대한 (아비투스의 통제를 받는) 지각의 혼란(허위의식의 파괴, 지배 헤게모니의 전복)과 일련의 새로운 원리에 대한 관심의 재집중('참된' 의식, 대항 헤게모니 변화)을 수반하게 된다."(앞의 책)

부르디외가 집합 행위자와 관련한 거시적 역사 변동과 그들이 다소 의식적으로 구축한 기획의 예상된 또는 예상하지 못한 결과에 대해 파슨스만큼이나 적절하게 설명하지 못한 기능주의자라고 비난을 받고 있는 것은 바로 그의 저작에서 자원주의가 결여된 탓이다(나는 그런 비난이 올바르다고 생각한다).[36]

요컨대 부르디외의 행위 이론이 안고 있는 기본적인 난점은 그가 아비투스 개념을 자원주의적 함의를 강하게 지니고 있는 상호작용 상황 개념 (이것은 상징적 상호작용론, 민속방법론, 현상학적 사회학 같은 일련의 미시사회학 접근 방법이 발전시켰다)에 대해 적대적인 것으로 보고 있기 때문이다. 나는 아비투스와 상호작용 상황을 다소 보완적인 것으로 본다. 의식적인 의사결정에 기초한 게임은 덜 '자원주의적인' 게임이 하는 것만큼 아비투스의 준자동적인 비(非)의식적 도식을 전제로 하기 때문이다. 계산된 의사결정은 사회심리적 진공 속에서는 생겨나지 않는다. 즉 의사결정자들은 자신들이 종종 당연시하는 의사결정 전제[37]에 기초한다. 그렇기 때문에 부르디

∴

그러므로 보다 복잡한 '재생산 및 변동' 모델은 다음과 같다.

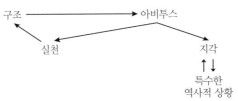

그런데 이것은 문제를 해결하기는커녕 오히려 복잡하게 만든다. "역사적 상황에 대한 (아비투스의 통제를 받는) 지각의 혼란"과 "일련의 새로운 원리에 대한 관심의 재집중"은 당연히 계산된 전략을 필요로 하는데, 이러한 전략은 위치-기질이라는 구속복에는 적합하지 않다.

36) R. Jenkins, *Pierre Bourdieu*, op. cit.

37) 의사 결정 전제의 의미에 관해서는 다음을 보라. H. A. Simon, *Administrative Behaviour* (New York: Macmillan, 1961).

외가 말하고 있는 무의식적인 행위, 사고, 평가의 도식은 합리적 행위자가 전략을 의도적으로 세련하여 다소 합리적인 선택에 도달하게 하는 핵심적 요소로 볼 수도 있다. 달리 말하면, 의사결정된 것이라고 해서 모두 의식적인 것은 아니다. 최종 결과는 항상 의식적인 요소와 덜 의식적인 요소 그리고 무의식적인 요소가 혼합된 것이다. 아비투스라는 도식은 보다 의식적인 전제들과 어우러져 의도적 전략을 구축하는 데 기여하는 덜 의식적인 또는 무의식적인 전제들을 구성한다.

끝으로, (아비투스는 상호작용 상황에 대립하는 것이 아니라 보완하는 것이라는 가정하에서) 만약 모든 사회적 게임이 지위, 기질, 상호작용 상황 차원을 가진다면, 부르디외 자신이 생각한 것과는 반대로 그의 저작은 가핑클의 민속방법론 또는 미드의 상징적 상호작용론, 콜맨의 합리적 선택 이론을 대체하거나 초월하지 못했다. 그것은 단지 이들 접근 방법 모두를 보완한 것이다.

다시 말하면, 사회학 이론의 당면 과제는 '초월하는' 것, 즉 완고하면서 완전히 '새로운' 것을 무리하게 추구하는 것이 아니다. 하물며 다른 모든 패러다임의 논리를 저버리고 어느 한 패러다임의 (주관주의적 또는 객관주의적) 논리에 제왕의 지위를 부여하는 것도 아니다. 사회학 이론의 과제는 적절한 개념 도구를 구성하여 여러 패러다임들 사이에 다리를 놓고 여러 이론적 접근 방법들 간의 소통을 증진하는 것이다. 그렇게 하면 기존 패러다임들의 자율적인 논리를 그대로 놔둔 채, 즉 사회학이 가진 복합 패러다임적 성격을 그대로 놔둔 채 구획화를 타파하게 된다. 이로써 나는 부르디외 저작에 나타난 다섯 번째 특징을 이끌어내게 된다.

⑤ 부르디외가 상호작용 상황 차원을 경시한 결과

부르디외가 사회적 게임의 상호작용 상황 측면을 경시하고 지위 및 기질 측면을 과잉 강조한 결과는 그의 경험 지향적 연구에 곧바로 드러난다. 예컨대 계급, 교육, 사회 재생산에 관한 부르디외의 저작은 대부분 기본적으로 사회 계층화에 관한 매우 독창적인 실태 연구다. 그러한 실태 연구는 우선 사회적 위치(즉 특정한 위치에 내재하는 사회 자본 또는 문화 자본)와 기질(행위, 지각, 평가의 유형 또는 도식)을 나타내는 다양한 종류의 지표를 측정 또는 구성하려는 시도다. 둘째, 부르디외의 저작은 위의 지표들이 사회적 배경 또는 '계급'과 어떻게 서로 연관되는지를 명확하게 보여주고자 한다. 부르디외는 이것을 직업 범주 측면에서 또는 '부르주아/프티부르주아/프롤레타리아'의 3대 계급 분류(이는 영미권의 상층 계급, 중간 계급, 노동 계급에 상응한다) 측면에서 야심차게 정의한다. 크리스 윌크스(Chris Wilkes)가 올바르게 지적하듯이 부르디외는 이 세 축을 둘러싸고

아비투스라는 정교한 실을 엮고 있다. 그것은 많은 요소들(예술적 구성 요소, 식사 습관, 신체의 기질, 극장 출입(또는 미출입), 음악 또는 비(非)음악에 대한 관심, 몰고 다니는 자동차, 결혼 대상, 자신이 구성할 거실의 종류) 속에 존재하는 아비투스라는 부단한 사례를 통해 이루어진다. 각 계급의 삶은 이러한 방식들 속에서 결정된다.[38]

부르디외의 저작 『호모 아카데미쿠스(*Homo Academicus*)』를 살펴보면, 부르디외의 분석은 부분적으로 1968년 5월 사태와 그것이 프랑스 대학 제도에 미친 영향에 초점을 맞추어 실천 → 아비투스 → 위치라는 정태적인

38) C. Wilkes, "Bourdieu's class", in R. Harker et al. (eds), op. cit., p. 130.

재생산 모델을 피한다. 하지만 거기서조차도 그의 분석은 사회 계층화 전통을 그대로 답습한다. 물론『호모 아카데미쿠스』에서는 각종 위기들이 주관적 기대와 (사회적 위치에 연관된) 객관적 가능성 사이의 통상적인 상응관계를 어떻게 무너뜨리는지를 보여줌으로써 단순 재생산 모델에 일정한 역동성을 도입한다. 그러나 여기서도 그 위기의 자원주의적 상호작용 측면은 주변적으로 다루어진다.

구체적으로 부르디외는 사회과학 학생 수의 급격한 증대와 그들 학위의 평가 절하로 인해 '기대'와 객관적 가능성 간의 적합성이 약화되고 있음을 보여준다. 이러한 불균형은 사회과학 교수들의 기대도 마찬가지로 약화시켜 그들의 승진 기회 역시 심각한 위기에 봉착하게 된다. 보다 일반적으로 예술과 사회과학은 한편으로는 전통적으로 권위 있는 분과학문인 법학과 의학에 의해 그리고 다른 한편으로는 과학과 기술이 새롭게 우위를 점하면서 이중으로 종속된다.[39] 그러나 상이한 장들 간 또는 동일한 장 내의 상이한 위치들 간 관계의 변화에 대해 위에서 서술한 모든 것은 행위자들, 특히 집합 행위자 또는 집단이 이러한 변화 또는 위기에 어떻게 대응해왔는지에 대해서는 아무것도 말해주는 바가 없다. 이러한 급격한 변동기에 다양한 집단들이 수행하고 있는 복잡한 게임, 그들의 전략과 대항 전략, 그들의 적대감, 또 현 상태를 유지 또는 변화시키려는 시도에 대해서도 아무런 체계적인 언급이 없다. 물론 부르디외는 수많은 집단들 또는 사회적 범주에 대해 언급하고 있지만 그러한 언급은 상호작용적 성격을 띠기보다는 정태적인 사회 계층적 성격을 띠고 있다. 그는 다음과 같이 쓰고 있다.

∴

39) P. Bourdieu, *Homo Academicus*(Cambridge: Polity Press, 1988), pp. 36 이하.

예술 및 사회과학 교수들은 대중적 이미지에도 불구하고 확실히 과학 교수들보다 대체로 좌파 성향을 띤다…… (탄원서 또는 선거에서 특정 후보 지지 선언문에서처럼) 각종 공적 선언문에 관한 한 소수의 좌파가 훨씬 강하게 드러나고 있다는 사실에도 불구하고…… 법학 교수의 경우 의학 교수보다 정치에는 더 열렬하게 몰두하나 권리에 대해서는 어김없이 관심을 덜 가지며, 정치 문제에 관해서는 (특히 아마도 좌파 소수당에 속해 있을 때) 공직에 오르고 싶어 한다.[40]

그런데 이 모든 것들이 매우 매혹적이게 보이지만, 그것은 여러 사회적 범주들(사회과학 교수, 법학 교수, 의학 교수) 사이의 사회적 특성(정치적 성향)의 분포에 대한 정태적 분석에 기초하고 있다. 즉 실제의 사회과학 교수들이 법학 교수나 의학 교수들과 그리고 특수한 상황에 연루되어 있는 다른 집단들과 서로 적대적 또는 협력적 관계에 있게 되는 방식에 대해서는 진지하게 탐구하지 않고 있다. 행위자들이 자신들의 아비투스 도식을 어떻게 의식적으로 사용하는지, 그리고 실제로 특정 게임을 수행하기 위해 자신들이 점하고 있는 객관적 위치 속에서 수반되는 다양한 '자본들'을 어떻게 사용하는지를 전혀 보여주지 않고 있다. 간략히 말하면, 부르디외의 저작에는 게임의 규칙, 수행자들의 기질과 그들이 점한 위치 등 많은 내용이 들어 있지만, 실제의 게임이 시공간 속에서 통합체적으로 어떻게 전개되는지에 대해서는 별 언급이 없다.

이처럼 부르디외의 저작은 상호작용 상황을 경시하고 있어서 마르크스주의의 영향을 받은 역사학적 성향의 사회과학자들(R. 벤딕스[R. Bendix],

∴

40) 앞의 책., pp. 66~67.

B. 무어[B. Moore], M. 맨[M. Mann] 등)이나 사회학적 성향의 역사가들(E. 홉스봄[E. Hobsbawm], P. 앤더슨[P. Anderson], F. 브로델 등)에서 발견되는 그런 종류의 계급 분석을 전적으로 결여하고 있는 점은 놀랄 일이 못 된다. 그들에게 계급은 특정 모집단 사이에서 사회적 특성이 어떻게 분포되었는지를 연구하는 데 유용한 정태적 범주가 아니다. 그들은 계급 또는 각 계급의 분파는 일정한 조건 하에서 그들 사회 세계의 산물로서뿐만 아니라 부분적 생산자로서 활동할 수 있는 것으로 간주한다. 마르크스주의적 계급 분석에 대한 부르디외의 희화화는 비(非)교조적 마르크스주의와는 달리 자신의 접근 방법이 여러 직업 범주들 사이에서 (행위, 지각, 평가의) 특정한 도식이나 (사회적 위치에 내재하는) 특정한 역량과 자원의 분포 양상에 관한 명철한 통찰을 제공해주고 있는 것은 분명하다. 하지만 이러한 분포가 어떻게 가장 먼저 일어났는지, 그리고 그러한 분포가 어떻게 유지 또는 변형되고 있는지에 대해서는 효과적으로 설명해주지 못한다.

⑥ 제한적 개념 틀

[부르디외 저작이 지닌―옮긴이] 소박함을 보여주기 위해 잠시 그것이 지닌 웅장함을 제쳐두면(나는 부르디외의 저작이 이 둘을 기묘하게 혼합하고 있음을 발견한다), 그의 이론적 저작에서 각별히 유용한 점은 그가 파슨스 식 이론 구성이 아닌 머튼 식 이론 구성을 채택하고 있다는 것이다. 그는 파슨스나 기든스처럼 사회적인 것을 전부 나타내는 포괄적인 보편적 개념 틀을 창안하는 것을 목표로 삼지 않는다. 부르디외는 이전에 머튼이 한 것처럼 아주 제한적이고 유연하게 한정된 수의 상호 연관된 개념 도구를 구성하고자 한다. 이러한 개념 도구는 경직된 철학적 토대나 보편적인 방법론적 지

침을 제시하는 것이 아니라 단지 경험적 연구를 촉진시키는 민감한 개념으로서만 유용하다.[41] 지금까지 명백하게 보여준 것처럼, 나는 거대 이론을 구축하려는 시도에 반대하지 않는다. 요컨대 이 책 제2부는 파슨스의 저작을 손쉽게 기각하거나 '초월해서는' 안 되며 그 대신에 그 위에서 그것의 주요 약점인 과잉 체계적 성격을 개정해야 한다는 확신에 터하고 있다. 그래도 나는 오늘날 사회과학에서 우리가 가장 필요로 하는 것은 머튼과 부르디외의 다소 제한적이고 소박한 접근 방법이라고 생각한다. 나는 우리가 상쟁하는 제국주의 지향의 패러다임들 및 하위 패러다임들의 단조롭고 끝없는 전투로부터 벗어나려면, 그리고 포스트모던 사회 이론의 약점으로부터 벗어나려면 전략적 이론화가 아닌 보다 전술적인 이론화를 제시해야 한다고 생각한다.

3. 기든스의 구조의 이중성

부르디외의 전술적 이론화에서 기든스의 전략적 이론화로 옮겨가 보자. 두 사람의 저작 사이에 명백한 차이가 있다고 많은 논평가들이 지적했음에도 불구하고 우리는 둘 사이에는 많은 공통점이 있음을 알게 된다. 가장 뚜렷한 유사점은 부르디외처럼 기든스도 주관주의 사회학자들과 객관주

··

41) R. Jenkins, *Pierre Bourdieu*, op. cit., p. 67에서 인용.

　"나의 저작에는 분명 하나의 이론, 아니 더 좋게 말하면 여러 사유 도구들이 낳은 결과를 통해 볼 수 있는 일련의 사유 도구들이 들어 있지만, 그것은 그 자체로 수립된 것이 아니다…… 그것은 경험적 연구를 위해 그리고 그것에 의해 구체화되는 일시적 구성물이다."

의 사회학자들 간의 끝없는 적대의 원인이 되고 있는 '객체-주체' 이원론을 '초월하려' 했다는 점이다. 또한 기든스는 부르디외와 마찬가지로 (아래에서 주장하듯이) 이러한 분할을 초월하는 데 실패했으며 자신이 거부하고자 한 바로 그 구분을 뒷문으로 재도입할 수밖에 없게 되었다. 더 나아가 부르디외의 경우처럼 기든스의 '초월' 전략은 해석적 접근 방법과 '구조적/구조주의적' 접근 방법을 더 가깝게 연결하기는커녕 그것들이 화합하는 데 장애물만 추가하는 개념들을 구성해놓았다.

이러한 부정적 측면을 공유하고 있음에도 불구하고 기든스의 구조의 이중성 개념과 부르디외의 아비투스 개념은 모두 ('초월'이라는 가장을 벗겨내면) 참여자들과 사회 통일체(결합태적 통일체 및 제도적 통일체)가 연계되는 방식을 이해하는 데 매우 유용하다. 좀 더 구체적으로 말하면, 부르디외의 아비투스가 사회적 위치가 실재의 상호작용 상황과 어떻게 연계되는지를 보여주는 데 도움을 준다면, 기든스의 구조의 이중성은 (주체-객체 이원론을 적대적으로 간주하지 않고 상호 보완적으로 간주할 경우) 참여자들이 다양한 사회적 위계를 통해 계열체 수준과 통합체 수준 모두에서 사회 통일체와 어떻게 연계되는지를 보여주는 데 도움을 준다.

나는 잘 알려진 기든스의 구조화 이론을 아주 간략하게 그리고 약간 축약해서 설명하고자 한다.

1) 간략한 논점

기든스의 '구조화 이론'[42]은 파슨스 이론의 몸통에 사회 연구를 위한 포

----

42) 나의 해설과 비판은 주로 기든스의 방대한 저작 『사회의 구성(*The Constitution of Society*)』

괄적인 개념 틀을 제공하려는 야심찬 시도로서 객관주의(구조적, 구조주의적) 사회학과 주관주의 또는 해석적 사회학의 통합을 주요 목표로 한다. 기든스의 이론은 오늘날의 사회학에 상당한 영향을 미쳤기에 그것이 객관주의-주관주의 이분법을 초월하는 데 얼마나 성공했는지에 대해 질문을 던지는 것은 아주 유효하다.

구조화 이론은 구조와 사회 체계에 초점을 맞춘다. 구조는 소쉬르의 언어처럼 시간과 공간 외부에 존재하는 규칙과 자원으로 구성된다.[43] 구조는 행위 주체가 관행적으로 행동하고 상호작용하기 위해 그것을 받아들일 때 반복해서 현시되는 가상의 체계로 개념화된다. 그러므로 구조는 계열체적인 것에 해당한다. 다른 한편, 사회 체계는 일련의 상호작용 또는 유형화된 관계들로서 행위자들의 구체적인 실천을 말하며, 이것은 시공간 속에서 통합체적으로 전개된다. 끝으로, 구조화라는 용어는 구조가 사회 체계를 구성하도록 이끄는 과정을 나타낸다.[44]

기든스는 자신이 말하는 구조, 체계, 구조화 개념은 주체-객체 이원론

∙∙

(Cambridge: Polity Press, 1984)에서 정식화된 구조화 이론에 기초한다.

43) 구조를 가상의 질서를 구성하는 규칙과 자원으로 정의하는 것은 토지 같은 물질적 자원을 언급할 때는 여러 난점을 낳는다. 그 개념을 보다 만족스럽게 하려면 규칙을 기든스의 구조의 정의에만 국한시켜야 한다. 그렇게 하면 계열체 수준에서의 자원 개념은 규칙이 빈번하게 자원 동원을 수반한다고 지적하는 것으로 처리할 수 있다. 이것은 기든스의 테제와 완전히 일치한다.

"규칙은 자원과 동떨어져서 개념화할 수 없다. 자원은 변화 가능한 관계를 실제로 사회적 관행의 생산 및 재생산에 합체시키는 양식을 말한다."(*The Constitution of Society*, op. cit., p. 18)

이러한 구조는 내가 구조화 이론에 대해 비판하는 주요 논점이 아니기 때문에 나는 기든스가 옹호하는 바대로 구조 개념을 계속 사용해나갈 것이다.

44) 다음을 보라 A. Giddens, Central Problems in Social Theory, London: Macmillan, 1979, pp. 66 이하.

을 폐기하는 방식으로 작동한다고 주장한다. 이는 사회적 객체로서의 구조는 주체 외부에 존재하는 것이 아니며 행위 주체의 행위로부터 분리될 수 없는 것으로 보기 때문이다. 요컨대 이원론(dualism)이 아니라 이중성(duality)이 존재한다는 것이다. 일련의 규칙과 자원으로서 구조는 행위의 매개이자 결과이며 순환적으로 조직된다. 구조는 사회적 행위를 가능하게 하는 규칙과 자원을 제공해준다는 점에서 매개의 능력을 가진다. 결과로서 그것은 행위와 상호작용 속에서 규칙의 실행을 통해 재생산되고 변화한다. 언어 규칙이 문장을 이해하기 쉽게 형성해주는 동시에 이러한 문장을 통해 언어의 재생산에 기여하는 것과 똑같이 모든 제도적 영역에서 이와 동일한 '매개/결과'의 이중성을 발견할 수 있다. 그러므로 제도적 질서는 구조의 이중성을 통해, 그리고 규칙과 자원을 활용하고 그럼으로써 그것들을 재생산하는 행위 주체를 통해 재생산된다.

마지막으로, 기든스의 구조는 '외적' 제약이 아니라 본래 행위자의 행위를 결정짓는 요소이므로 그것은 [행위를] 제약하기(constraining)만 하는 것이 아니라 활성화하기도(enabling) 한다. 매개이자 결과로서 규칙과 자원은 사회 체계를 구성하는 수단이므로 상호작용을 제약하기도 하고 촉진하기도 한다.

2) 일반적 비판

구조화 이론에는 이상의 내용 말고도 많은 내용이 들어 있다. 하지만 주관주의 사회학과 객관주의 사회학을 통합하는 데 있어서만큼은 그 기본 개념이 또 하나의 궁지에 빠진다는 것을 보여주는 데는 이와 같이 간단한 요점만 보여주는 것으로 충분하다.

우선, '구조의 이중성' 도식이 내포하는 주체-객체 관계의 유형은 주체가 규칙과 자원에 대해 가지는, 또는 사회적 '객체' 일반에 대해 가지는 여러 관계 유형들을 배척하는 것은 아니다. 구조의 이중성은 규칙과 자원을 관행적으로 받아들이고 당연시하며 '자연 실행적인(natural-performative)'[45] 것으로 본다. 언어를 다시 예로 들어보자. 모든 사람은 서로 상호작용을 하기 위해 일상적으로 언어 규칙을 사용한다. 그리고 규칙은 사람들이 의사소통하는 데 이용하는 수단이므로 여기서는 '구조의 이중성'이 적절하다. 그러나 다른 때에 행위자들은 규칙을 수단이나 자원으로 보지 않고 대상으로 본다. 그 경우 그들은 이러한 규칙들을 분석 또는 변화시키기 위해 그것으로부터 멀어진다. 예컨대 언어학자가 언어의 문법을 연구할 때나 페미니스트가 젠더 관계를 규제하는 현행의 지배적인 규칙을 변화시키려 할 때는 이론적 또는 전략적 관찰의 성향이 자연 실행적 성향보다 더 강해진다. 자연 실행적 성향이 우세할 경우 주체(행위자)와 객체(규칙과 자원) 간의 거리는 없으며, '구조의 **이중성**' 개념을 사용하는 것이 온당하다. 이론적 및 전략적 성향이 우세할 경우 주체와 객체 사이에는 상당한 거리가 있으며, 따라서 '이중성' 개념이 아닌 **이원론** 개념이 어울린다.

주체가 계열체 수준에서 **가상의** 규칙 질서에 대해 맺는 관계가 아닌 실제의 사회 체계나 게임 또는 시공간적 맥락 속에서 상호작용하는 행위 주체에 대해 맺는 관계가 쟁점이 될 때에도 마찬가지의 논점을 제시할 수 있다. 이러한 통합체 수준에서도 역시 주체는 이중성과 이원론 양 측면에서 실제의 사회적 객체와 관계(행위 주체들 사이에서 진행 중인 관계)를 맺는다.

⁂

45) '자연 실행적인' 태도는 하버마스가 『의사소통 행위 이론(*Theory of Communicative Action*)』(vol. 1, op. cit., pp. 80~81; 122~123)에서 사용한 것으로 이론적 또는 '가설적-성찰적' 태도의 의미와는 대비된다.

앞에서 제시한 세미나 예를 다시 들어보자. 참여자가 세미나의 주요한 구조적 특성에 너무 결정적으로 기여하면 주체와 사회 체계는 다소 분리될 수 없게 되며, 이 경우에는 사회 체계를 주체-참여자에 대해 '외적인' 것으로 본다는 것은 상상조차 할 수 없다. 이러한 유형의 주체-객체 관계를 통합체적 이중성이라 부르기로 하자. 다른 한편, 동일한 주체가 훨씬 규모가 큰 체계 또는 게임(이를테면 국민 국가 또는 다국적 기업)에 관여하기도 하나, 그러한 체계나 게임에는 미미하게만 기여한다(그가 그 게임에서 물러나 있어도 그 게임의 주요한 구조적 특성에 별 영향을 미치지 않기 때문이다). 여기서는 이러한 규모가 큰 체계를 그 주체에 대해 '외적'이라고 보는 것이 매우 온당하다. 이 경우 그 관계를 통합체적 이원론의 관계라고 말해도 된다.[46]

위의 내용에 비추어볼 때, 위계적 상황에 놓여 있는 주체들이 이중성 도식을 통해 가상의 규칙 또는 실제의 사회적 게임이나 체계에 어떻게 관계 맺게 되는지를 이해하는 것이 왜 불가능한지 아주 명백해진다. 주체는 관행적으로도 이론적-전략적으로도 가상의 규칙 및 자원에 순응할 뿐만 아니라 실제의 다양한 사회적 체계와 게임에도 관계를 맺는다(그 체계와 게임 중 일부는 다른 체계 및 게임보다 더 외적이다). 요컨대 이중성과 이원론 개념은 똑같이 필수불가결하다.

현대 산업 조직의 권위 구조를 예로 들어보자. 우리는 현장의 일선 노동자들이 무엇보다 먼저 '자연 실행적'으로 규칙과 자원에 순응한다고 생각한다. 이는 그들이 일자리를 얻어 생계를 꾸리기 위해 규칙과 자원을 관행

∙∙

---

46) 이중성 및 이원론 개념을 계열체 수준과 통합체 수준에서 포괄적으로 논의한 것으로는 다음을 보라. N. Mouzelis, "Restructuring structuration theory", *Sociological Review*, vol. 37, no. 4(Nov. 1989).

적으로 당연시하며 이용하기 때문이다. 이것은 계열체적 이중성이다. 그런데 현장의 생산성을 증대하기 위해 작업 규칙을 분석하고 변화시키기를 원하는 이른바 과학적 관리의 원리에 영향을 받은 감독에게는 동일한 규칙과 자원이 하나의 주제이자 관심 대상이 될 수 있다. 이것은 계열체적 이원론의 경우다. 왜냐하면 감독은 위계의 상층부에 위치해 있는 주체로서 규칙과 자원을 연구하고 변화시키기 위해 그것들로부터 멀어져 있기 때문이다.

그런데 통합체 수준에서 보면 블루칼라 노동자들은 주체−객체 이중성 측면에서 사회 체계 또는 사회적 게임과 관계를 맺는다. 이러한 사회 체계 또는 게임의 구성과 재생산에는 (현장 수준의 소규모 비공식 집단처럼) 그들의 참여가 긴요하다. 동시에 블루칼라 노동자들과 보다 광범한 사회 체계(기업 전체 같은 경우) 또는 고위층에서 진행되는 거시적 게임(예컨대 상층 경영자들 사이의 게임)과의 관계는 개별 노동자가 그것들에 미미한 영향을 미치기 때문에 통합체적 이원론의 경우다. 나아가 미시 행위자(블루칼라 노동자 또는 화이트칼라 노동자)에게는 '외적' 사회 체계 또는 게임을 구성하는 것이 중위 또는 거시 행위자(경영자)에게는 그렇지 않을 수도 있다. 이들의 결정은 더 널리 뻗어나가고 더 많은 조직 구성원들에게 영향을 미치기 때문이다. 그러므로 위계 관점에서 보면, 한 행위자에게 외적인 것이 다른 행위자에게는 그렇지 않을 수도 있다(또는 덜할 수도 있다).

위의 사례는 주체−객체 이중성 및 이원론 개념이 통합체 수준에서뿐 아니라 계열체 수준에서 어떻게 하여 사회적 위계 개념과 체계적으로 연관될 수 있는지를 보여준다. 예속적 위치에 있는 사람들은 조직의 상층 수준에서 수행되는 게임에 대해 통합체적 이원론 측면에서 관계를 맺는 경향이 있다. 단일 개인으로서 그들은 그 게임에 상당한 영향을 미칠 수 없기 때문이다. 반면 그들은 상층부에서 입안한 규칙에 대해서는 거의 전적으로 계열체 측면에서 관련된다. 그들은 그 규칙을 당연한 것으로 따르도록 되어 있고 또 종종 그렇게 하기 때문이다. 상층부에 속한 사람들이 조직의 하위 수준에서 수행되는 게임과 규칙에 각각 어떻게 관계 맺는지를 살펴보면, 그 반대의 조합(통합체적 이중성과 계열체적 이원론)이 이루어진다.[47]

끝으로, 위에서 개관한 4중의 '이중성/이원론' 유형학은 기든스가 검증하려 한 통상적인 거시사회학, 해석 사회학, 여러 형태의 구조주의 간의 관계를 더 잘 이해하도록 도움을 줄 것이라는 점을 지적해두는 것이 유익할 듯하다. 뒤르케임의 전통을 따르는 거시사회학은 사회−개인 구도에 기초하고 있으므로 주로 통합체 수준에서 주체−객체 이원론으로 특징지어지는 지향점에 초점을 둔다(이 경우 사회는 개인에 '외재'한다). 반면에 미드와 슈츠의 영향을 받은 미시사회학적 접근 방법은 통합체적 이중성으로 특징지어지는 '주체−객체' 관계에 기초한다(이 경우 사회 체계는 상호작용을 통해 출현하며, 주체의 행위로부터 분리될 수 없다). 다른 한편, 구조주의적 분석에서 주체는 계열체적 이중성 측면에서(즉 자연 실행적인 '숨은' 규칙에 근거하여) 다양한 제도적 배열의 기초를 이루는 규약과 관계를 맺는다. 앞서 언급한 바처럼, 기든스의 '구조의 이중성'이 기초하고 있는 것은 명백히 이러한

∵

47) 규칙에 대해 전적으로 자연 실행적인 태도를 채택하는 동일한 주체도 상황이 변하면 자신의 지향점을 이론적 또는 전략적 감시로 이동할 수 있다는 것은 두말할 나위도 없다. 그래서 우리가 든 사례에서 보면, 현장 노동자는 자신들의 작업 배치를 규정하는 규칙들에 관심을 가지고 그것을 변화시키려 하는데, 이는 반드시 생산성 증대를 위해서가 아니라 자신들의 변경 여지를 증대하기 위해서다.
모든 실제 상황에서 행위자들의 지향은 실천적 지향과 이론적 지향의 혼합(이 속에서 둘 중 하나가 우세한 경향이 있다)으로 이루어져 있다는 것 역시 마찬가지로 분명하다.
물론 어떤 경우든 우리가 말하고 있는 것은 '철칙'이 아니라 경향이다.

부분적인 경우다.

3) 구조의 이중성 그리고 제도적 분석과 전략적 행위의 구분

기든스는 부르디외와 마찬가지로 (주체-객체 이원론을 수반하는) 행위와 구조의 구분을 거부하기는 하나 자신의 저작 일부에서 제도적 분석과 '전략적 행위' 측면에서의 분석의 구분을 정교하게 하지 않을 수 없었다. 기든스에 따르면, 제도적 분석은

행위자의 자질과 의식을 중지하고, 제도를 상습적으로 재생산된 규칙과 자원으로 다룬다.[48]

반면에 전략적 행위의 분석은

행위자가 사회적 관계의 구성에서 구조적 속성을 끌어내는 양식에 초점을 둔다.[49]

물론 이것은 수년 전에 록우드가 체계 통합과 사회 통합 개념을 구분한 것과 정확히 일치한다. 사회 통합은 행위자들 간의 관계를 지칭하고, 체계 통합은 제도들 간 또는 '사회 체계의 제도화된 부분들' 간의 연계를 일컫는다.[50]

● ●
●

[48] 다음을 보라. A. Giddens, *The Constitution of Society*, op. cit., p. 375.
[49] 앞의 책., p. 288.
[50] 다음을 보라 D. Lockwood, "Social integration and system integration", in G. K.

그런데 행위-제도 구분이 가진 효용성은 그것이 사회의 안정이나 변동을 충분하게 설명하기 위해서는 사회 현상을 제도적 관점과 행위 관점 양 측면에서 바라보아야 한다는 점을 일깨워준다는 데 있다. 록우드는 파슨스가 오로지 제도적 양립 불가능성(체계 통합 또는 비통합)에만 초점을 맞춘 탓에 사회 변동의 주요 메커니즘인 사회 갈등(사회 통합)을 간과했다고 강력히 주장했다. 마르크스는 자신의 저작을 통틀어 사회 통합 접근 방법과 체계 통합 접근 방법을 결합시키며 사회 변동을 균형 있게 연구한다. 앞서 지적했듯이, 그는 체계적 또는 제도적 양립 불가능성의 증대(기술과 사적 소유제 간 모순의 증대)와 행위 주체의 투쟁 양 측면에서 자본주의사회를 분석한다(예컨대 계급의식, 계급조직, 계급갈등의 발전을 탐구한다).

　여기서 결정적인 점은, 체계 통합-사회 통합 구분(기든스의 용어법으로 하면, 전략적 '행위 분석/제도적 분석' 구분)은 비록 분석적 구분이긴 하나 사회 현실의 여러 측면들이 상대적이고 독립적으로 달라질 수 있음을 지칭한다는 점이다(제도적 양립 불가능성이 증대한다고 해서 자동적으로 사회 갈등 또는 특정 유형의 전략적 행위가 생기는 것은 아니기 때문이다). 이를테면 행위 수준에서 특정한 제도적 양립 불가능성이 혁명적 행동을 야기하는 상황이나 개량주의적 행동 또는 '냉담한' 행동을 유발하기도 하는 여러 상황을 예상할 수 있다(마르크스주의로 돌아가보면, 제도적 양립 불가능성이 다소 자동적으로 혁명적 행동을 야기하여 지배적인 생산 양식을 붕괴하게 되는 것은 아주 조야하고 기계적인 형태의 역사유물론에서만 가능하다).

∙∙

　　Zollschan and W. Hirsch (eds), *Explorations in Social Change*(London: Routledge, 1984). 기든스는 '체계 통합/사회 통합' 구분을 다르게 사용한다(내가 보기에는 아주 잘못된 것이다). 다음을 보라 N. Mouzelis, *Back to Sociological Theory*, op. cit., pp. 31~34.

위의 내용은 제도와 행위자의 구분(록우드의 정식에서는 체계 통합과 사회 통합의 구분 또는 기든스의 정식에서는 제도적 분석과 전략적 행위 분석의 구분)은 행위 주체가 제도화된 규칙과 그것의 종국적인 양립 불가능성에 대해 비고정적이고 미리 결정되지 않은 방식으로 대응한다는 것을 고려할 때 유용하다는 점을 명확하게 해준다. 즉 그것은 행위자들이 제도적 양립 불가능성을 어떻게 지각하는가(만약 그렇게 한다면), 그리고 그러한 양립 불가능성에 대해 어떤 행동을 취하는가 하는 질문을 제기하는 데 유용하게 된다. 이를테면 누가 그 같은 양립 불가능성을 인식하는가, 그리고 어떻게 인식하는가? 누가 그것을 유지하려 하고 누가 그것을 해결, 극복하려 하는가? 그 같은 '누구'에 관한 질문은 제도적 분석이 전략적 행위 측면의 분석과 어떻게 관련되는지를 이해하는 데 없어서는 안 될 필수적인 질문이다. 그 같은 질문은 계열체적 이원론 개념을 도입할 경우에만, 즉 (이론적 및 전략적 목적상) 행위자를 제도화된 규칙으로부터 물러날 수 있는 것으로 이론화할 경우에만 제기할 수 있다(예컨대 행위자들이 제도화된 규칙 또는 그들이 다양하게 지각하는 양립 불가능성에 대해 공격 또는 옹호하기를 원할 경우).

기든스의 '구조의 이중성' 개념이 난관에 빠지게 되는 것도 바로 여기에 있다. 왜냐하면 오로지 '주체/객체' 이중성 접근 방법만 받아들일 경우 주체와 구조의 관계를 이해하는 유일한 방법은 구조를 '매개/결과'로 보는 것이기 때문이다. 이것은 행위와 구조의 융합을 의미하고, 행위자를 전략적으로 보기 위해 그들이 규칙과 자원으로부터 멀어질 수 있는 가능성을 제거한다는 것을 의미한다.

결국 기든스의 '구조의 이중성' 개념은 모순적이고 그리하여 그가 제시한 유용하지만 독창적이지 못한 제도적 분석과 전략적 행위 분석의 구분을 위태롭게 한다. 행위 대 구조 논쟁을 초월하여 구조 사회학과 해석 사회학을 통합하려는 그의 야망이 성취되지 못한 것은 바로 이러한 이유에서다. '구조의 이중성' 개념은 전략적 행위를 강조하는 접근 방법과 제도를 강조하는 접근 방법을 잇는 대신에 그 둘을 효과적으로 통합하는 데 넘을 수 없는 장벽을 세운 것이다. 그 둘을 효과적으로 통합하기 위한 근본적인 선결 조건은 이중성 및 이원론 측면에서 '주체/객체'의 관계 또는 '행위/제도화된 규칙'의 관계를 개념화하는 것이다. 이것은 행위 주체는 제도화된 규칙에 대해 당연히 받아들이는 측면과 전략적으로 감시하는 양 측면에서 연관되는 것으로 보아야 한다는 것을 의미한다.

끝으로, 기든스는 포스트구조주의적으로 '행위-구조' 구분은 물론 '미시-거시' 구분까지도 거부한다는 점에 대해 언급할 필요가 있다. 기든스에 따르면, (사회과학자들이 미시를 행위에 그리고 거시를 구조에 연계시키는 경향이 있으므로) 그 두 구분은 연결되어 있다. 그러나 이러한 연계는 논리적으로 필연적이지도 않고 모든 사람이 승인하는 것도 아닌데, 왜 기든스가 그 구분을 명료하게 재구조화하는 것을 즉각 거부하기를 원했는지는 이해하기가 어렵다. 이러한 난제는 기든스가 미시-거시 구분을 '사회 통합/체계 통합' 구분으로 대체하려고 시도할 때 훨씬 복잡해진다. 『사회의 구성(*The Constitution of Society*)』의 저자(기든스—옮긴이)에 따르면, 사회 통합이란

공존의 상황에 처해 있는 행위자들 간 실천의 상호성을 지칭하며, 조우들의 연속과 단절로 이해된다.

반면에 체계 통합은

공존의 상태 밖에서 확장된 시공간을 가로질러 있는 행위자들 또는 집합체

들 간의 상호성을 일컫는다.[51]

그러므로 미시와 거시를 구분하는 기준은 공존이냐 그 결여냐가 된다. 따라서 기든스에게 대면적 상호작용을 수반하는 조우는 미시적 현상이 된다. 이러한 점 때문에 기든스는 미시사회학자들(이들은 어떤 대면적 상호작용도 상호작용자들의 힘과 무관한 미시적 사건으로 간주한다)이 빠져드는 것과 별반 다르지 않는 덫에 빠지게 된다.

미시-거시 구분을 '초월하려는' 기든스의 시도는 완벽하게 유용한 두 개의 구분(즉 미시-거시 구분과 록우드 식의 체계 통합-사회 통합 구분)을 별로 유용하지 않은 구분으로 대체하는 것으로 결말이 났다. 그뿐 아니라 그로 인해 미시를 대면적 상호작용에 연계하게 되었는데, 이러한 연계는 행위를 미시에 그리고 구조를 거시에 연계시키는 것만큼이나 부당한 것이다.

4. 결론

객관주의 사회학과 주관주의 사회학을 초월하고자 한 부르디외와 기든스의 시도에 대한 위의 분석을 통해 우리는 두 이론가의 개념 틀에 공통적으로 들어 있는 결함을 한층 세밀하게 확인할 수 있게 되었다. 그 결함은 그들 중 어느 누구도 행위자들이 변화 또는 보존의 전략을 (아주 의식적으로) 구성하기 위해 게임의 규칙이나 실제의 게임으로부터 물러날 수 있다는 명백한 사실을 보여주는 적절한 개념을 제공하지 못했다는 것이다.

∙∙

51) A. Giddens, *The Constitution of Society*, op. cit., pp. 376~377.

되풀이해서 말하자면, 부르디외의 아비투스는 의식적인 행위 전략을 배제하는 준자동적 도식을 지칭하고 그가 해석 사회학의 자원주의적 지향점은 물론 합리적 선택 모델도 기각해서 그에게는 상호작용 상황을 다룰 개념 틀이 없다(상호작용 상황 속에서 행위자들은 그 상황을 [계열체적으로도 통합체적으로도] 합리적으로 평가하기 위해 그리고 이러한 평가에 기초하여 다소 의도적이고 계산된 변화 또는 보존 전략을 수립하기 위해 전적으로 의식적이고 신중하게 [계열체 수준에서] 자신의 사회적 위치로부터 또는 [통합체 수준에서] 실제의 게임 또는 실천으로부터 멀어진다). 이것을 기든스의 '이중성/이원론' 어휘로 말하면, 부르디외의 아비투스는 연구자들로 하여금 행위자를 주체-객체 이원론 측면에서 보지 못하게 한다. 즉 그것은 연구자로 하여금 행위자를 전략 또는 감시를 위해 규칙으로부터 또는 특정한 상호작용 상황으로부터 물러날 수 있는 것으로 보지 못하게 한다.

그 반대의 경우도 매한가지다. 기든스의 '구조의 이중성'도 부르디외의 위치-기질-관행 3각 구도가 모든 인간 게임이 갖는 자원주의적 측면을 빠뜨린 사실에 민감하게 대처하지 못하고 있다. 그러므로 아비투스와 구조의 이중성은 서로를 소극적으로 보완, 강화한다. 두 개념 모두 사회적 게임 연구자들로 하여금 참여자를 제도적 통일체와 결합태적 통일체에 대해 (변화 또는 보존 기획을 의식적으로 창출하기 위해) 차별적인 태도를 취할 수 있고 또 취할 의지가 있는 것으로 보지 못하도록 관심을 돌려놓는다. 요컨대 부르디외와 기든스의 핵심 개념은 행위자들이 아주 의식적이고 신중하게 규칙과 자원(기든스의 경우) 또는 자신의 위치와 기질(부르디외의 경우)을 수단으로서가 아니라 대상으로 활용하려고 애쓰는 상황을 설명하는 것을 방해한다.

물론 위의 비판이 두 저자가 자신들의 경험 지향적 분석에서 의식적 전략에 대해 누누이 말하고 있는 사실과는 모순된다고 얼마든지 주장할 수 있다. 기든스가 말하는 전략적 행위, 인식력 있는 주체, 성찰적 감시 등의 개념 그리고 부르디외가 말하는 '투쟁'의 공간으로서 사회적 장, 행위자들이 자신들의 사회적 위치에 대해 취하는 입장이나 자세, 성찰성 및 '사회 분석(socionalysis)'[52] 등 이 모든 개념들은 행위자를 (규칙이나 상호작용하는 수행자로부터 종종 그리고 아주 신중하고 의식적으로 자신을 멀리하는) 전략가로 보는 견해로 직접 이어진다.

그러나 우리가 강조해야 할 것은 그 같은 언급과 개념들이 두 이론가가 자신들의 핵심 개념인 아비투스와 구조의 이중성에 대해 말하고 있는 바와 명백히 모순된다는 점이다. 이것들은 행위자를 전략가 그리고 사회 세계의 부분적 생산자라고 그들이 부단히 언급하고 있는 것과 배치된다.

최종적으로 반복해서 말하면, 이러한 정신분열적 상황을 만들어내는 것은 그 개념들 자체가 아니다. 그것들이 지닌 난점과 모순은 그것들에서 나타나고 있는 배타적인 '초월' 방식에 연유한다. 즉 부르디외는 자신의 아비투스 개념이 해석 사회학의 자원주의를 대신하는 것이 아니라 보완하는 것으로 볼 준비가 되어 있지 않으며, 기든스는 '주체-객체' 개념을 한물간 것으로 기각하고 있다.

나는 이제 '행위/제도적' 구조 구분 또는 '주관주의/객관주의' 구분이 보다 적절한 개념화로 대체될 수 없다면 기든스와 부르디외가 하려고 한 것처럼(그 점에 관해서는 엘리아스도 마찬가지다) 그러한 구분을 손쉽게(즉 그러한 구분을 사용하는 이론들을 간단히 희화화하거나 수사적으로 그것의 초월을 선

∵∵

52) 사회 분석 및 성찰성 개념에 대해서는 다음을 보라. P. Bourdieu and L. J. D. Wacquant, op. cit., pp. 210~211, 88~89, 181~182.

언하면서 논리상 동등한 구분을 자신들 개념화 속으로 재도입하는 식으로) 기각할 수 없다는 것을 가능한 한 분명하고 강력하게 거듭 주장할 때라고 생각한다. [53]

53) 예컨대 엘리아스 같이 '행위/구조' 구분을 비판하는 논자들은 그런 구분을 사용하는 사람들이 사회 세계를 별개의 두 영역(즉 행위 주체의 영역과 구조의 영역)으로 분리된 것으로 본다고 주장한다. 나는 이러한 조야하면서 부당한 비판에 반하여 사회과학의 모든 개념이 그렇듯 '행위/구조' 개념화도 그것이 착근하고 있는 이론적 맥락에 따라 서로 다른 의미를 지닌다고 지적하고 싶다. 한 예로 록우드의 '사회 통합/체계 통합' 개념화(이것은 '행위/제도적' 구조 구분에 기초하고 있다)를 이해하려면 그 저자가 마르크스주의 사회변동 이론과 규범적 기능주의 사회변동 이론의 몇 가지 기본적인 차이를 규명하려 한 시도와 관련하여 그것을 살펴보아야 한다(D. Lockwood, "Social integration and system integration", op. cit을 보라). 이렇게 해야 사람들은 록우드가 사회 통일체의 두 측면(두 측면 모두 매우 실재적이긴 하지만)이 구체적으로 구분되는 것이 아니라 분석적으로 구분할 수 있는 것이라고 언급하고 있음을 알게 된다. 그렇기 때문에 만약 록우드의 이론이 모종의 이원론을 수반한다면 그것은 분명 존재론적 이원론이 아니다. 그것은 사회 세계를 충분히 반영하는 것이 아니라 사회 세계에 대한 경험적 연구에 분석적 도구로 이용되는 유형학을 구성하거나 구분을 할 때 꼭 필요한 그런 형태의 이원론이다. 또 하나의 예를 들면, '행위/구조' 구분은 사회학자들에게 특정의 행위 주체와 그들이 활동하는 사회 문화적 맥락 간의 관계에 관한 흥미로운 질문 ― 즉 특정한 제도적 구조와 결합태적 구조가 특정 행위자에게 어떤 형태의 '제약 요인/활성 요인'을 만드는가, 왜 특정한 맥락에서 행위자의 변경 여지가 덜 또는 더 제약 받는가 등등 ― 을 제기하게 해준다. 아처(M. Archer)가 올바르게 지적했듯이, 기든스의 구조화 이론, 특히 그의 구조의 이중성 개념은 '행위/구조' 구분을 거부하여 그 같은 중대한 질문을 전혀 제기할 수가 없다(다음을 보라 M. Archer, "Morphogenesis vs. structuration", *British Journal of Sociology*, vol. 33, 1982; *Culture and Agency*(Cambridge: Cambridge University Press, 1988); D. Layder, *Understanding Social Theory*(London: Sage, 1994), pp. 155~172).

물론 미시-거시 구분에 대해 살펴봐도 마찬가지다. 여기서도 역시 그 구분은 존재론적으로 서로 다른 두 개의 사회 현실을 지칭하는 것이 아님은 분명하다. 더 나아가 그 구분은 그것이 발견되는 이론적 맥락에 따라 그리고 그것이 결합태적 통일체를 지칭하는지 집합체적 통일체를 지칭하는지에 따라 의미가 달라진다. 예컨대 결합태적 통일체 또는 게임의 경우 '미시/거시' 개념화는 어떤 게임이 다른 게임의 결과보다 시공간적으로 더 널리 확산되는 결과를 가진다는 사실을 연구자들이 감지할 수 있게 해준다. 좀 더 구체적으로 말하면, 다국적 기업의 현지 지부에서 수행되는 경영자들의 게임은 전국 또는 국제 본사에서 수행되는 게임 좀 더 긍정적으로 결말을 짓자면, 나는 문제가 되는 '초월'을 제외하면 아비투스와 구조의 이중성 모두 사회적 행위자가 결합태적 통일체와 제도적 통일체에 어떻게 순응하는지를 이해하는 데는 더할 나위 없이 유용하다는 점을 재차 확언하고 싶다. 부르디외의 아비투스는 (파슨스 사회학에서 강조하는) '역할/위치'도 (해석적 미시사회학에서 강조하는) 상호작용 상황도 수행자들이 특정 게임에서 어떻게 서로 관계 맺는지를 완전히 이해하는 데 충분하지 못하다는 점을 보여줄 수 있다. 우리 모두가 우리 안으로 끌어들인 무의식적이고 준자동적인 다성질적 도식은 우리가 수행하는 역할의 규범적 기대에 우리가 어떻게 반응하는지를, 그리고 모든 상호작용 상황이 낳는 발현적 의미에 대해 어떻게 반응하는지를 이해하는 데는 정말로 필수적이다. 아비투스를 '역할/위치' 및 상호작용 상황 개념에 보완적인 것으로 보는 것이 필수적이라면, 기든스의 구조의 이중성도 '주체-객체' 이원론 개념에 보완적이라고 보는 것 역시 마땅히 필수적이다. 이러한 점을 제대로 깨달을 때, '이중성-이원론' 개념은 문제가 되는 '참여자-사회 통일체'의 또 다른 근본적인 차원에 관한 흥미로운 질문, 즉 주체가 가상의 객체

∴

보다 덜 '중대하다'. 다른 한편, 집합체적 통일체에 대해 말할 경우 '미시/거시' 구분은 사회적 특성이 포괄적인 사회 체계에 어떻게 분포되어 있는지를 연구하도록 연구자들에게 일깨워주는 데 마찬가지로 유용하다. 예컨대 소득의 분포가 특정 '지역/촌락'(미시적 수준)에서는 어떠한지, 또 지방 또는 전국 수준(거시적 수준)에서는 어떠한지를 알 수 있다.

그러므로 결합태의 경우 '미시/거시' 구분은 사회적 수행자들 간 힘의 차이와 관련이 있다. 집합체의 경우에 그 구분은 사람들이 연구하는 분포 현상이 지리적으로 또는 역사적으로 얼마만큼 한정된 '지대/시대'를 포괄하는지 여부와 관련이 있다. 두말할 나위 없이, '미시/거시' 구분을 폐기하는 것은 사회 세계의 위계적이고 '양파 껍질 같은' 특성을 무시하는 결과를 낳는다. 그것은 사회 현상을 평평하고 비위계적으로 보며, 이것은 결국 사회 통일체가 형성되고 변화하는 방식에 관한 모든 종류의 조야한 환원론적 설명에 문호를 개방하게 된다(이 점에 관해서는 3장 5절을 보라).

(제도화된 규칙)에 대해 가지는, 그리고 실제의 객체(상호작용하는 다른 주체들)에 대해 가지는 거리 또는 비(非)거리에 관한 질문을 낳을 수 있을 것이다. 그 같은 질문들은 참여자-사회 통일체 문제의 위계적 측면을 밝혀줄 것이다. 앞서 주장했듯이, 사회적 위계를 고려하지 않은 채 미시-거시 연계에 대해 또는 '참여자-사회 통일체' 연계에 대해 말하는 것은 물 빠진 수영장에서 헤엄치려고 애쓰는 꼴이다.

7장
종합과 응용: 기능주의에 대한 사회학적 재고찰

이 책 전반에 걸쳐 주장했듯이, 새로운 개념 또는 개념 틀을 평가하는 방법은 사회학자들이 지금까지 해결할 수 없었던 영속적인 이론적 난제와 오해를 성공적으로 파고들어 논의하든가, 아니면 그 개념과 개념 틀을 경험적 연구에 직접 적용함으로써 그것들의 유용성을 보여주는 것이다. 이전의 저작[1]에서는 주로 후자의 기준을 따랐으므로, 여기에서는 주로 '난제를 해결하는' 방법에 치중하여 논의할 것이다. 좀 더 정확히 말하면, 앞의 장들에서 발전시킨 여러 개념 도구들이 기능주의의 위상에 관해 지속되고 있는 논쟁들을 어느 정도 조명해줄 것이라고 생각된다. 이러한 논쟁들은 한없이 지속될 것처럼 보인다. 왜냐하면 사회 이론가들이 자신들의 기본 개념(사회구조, 사회 통일체, 기능적 요건 등등)을 명확하게 정의하려고 애쓰지 않고 있기 때문이다. 그 결과 그들은 서로 어긋난 말만 되풀이하고 있든가, 그 문제의 사회학적 차원을 대체하고 있다. 아니면 종종 그것에 방해가 되는 '존재론적/인식론적' 논지로 피신하는 쪽을 택하고 있다.

∵

1) 나는 『포스트마르크스주의적 대안: 사회 질서의 구성(*Post-Marxist Alternatives: The Constitution of Social Orders*)』(London: Macmillan, 1990)에서 (지배 양식 개념 등) 몇 가지 발전된 개념들의 유용성을 평가할 때 "경험적 연구에의 직접적 관련"이라는 기준을 따랐다. 부록에서 이런 유형의 실험을 지속한다.

1. 정당한 형태의 기능주의와 부당한 형태의 기능주의

한 접근 방법 또는 설명을 기능주의로 부를 수 있는 최소 요건은 ① 전체를 상호 연관된 부분들로 이루어진 것으로 보는 것, 그리고 ② '외재성 (externality)' 개념이라는 전제에서 출발해 보도록 하자.

4장의 주장에 비추어볼 때, ①과 관련해서 보면 사회 통일체는 상호 연관된 행위자들의 체계(즉 결합태적 통일체)를 일컫기도 하고, 상호 연관된 규칙들이나 역할들 또는 사회적 위치들 등의 체계(제도적 통일체)를 지칭하기도 한다.

머튼은 기능주의적 분석과 관련한 일련의 광범한 오해들을 벗겨내기 위해 '부분들'이 서로 연관되는 정도는 경험적 문제라고 지적했다.[2] 즉 기능주의는 그 자체로 결합태적 용어에서 말하는 고도의 사회적 조화도 아니고, 제도적 용어에서 말하는 '규범/가치'의 고도의 양립 가능성도 아니라고 지적했다. 나아가 그는 무엇이 사회 전체의 부분들을 구성하는가 하는 질문은 미해결 상태로 남겨두었다. 한편, 파슨스는 앞서 언급했듯이 부분들을 행위자 측면에서 보지 않고 주로 제도의 측면에서 보며, 부분-전체 연계를 결합태 측면이 아니라 제도의 측면에서 분석한다.[3] 나는 기능주의와 관련된 많은 혼동들은 이론가들이 사회구조에 대해 말할 때 전체를 제도적 측면에서 볼지 결합태적 측면에서 볼지를 명확히 하지 않은 사실에 연

2) 다음을 보라. R. K. Merton, *Social Theory and Social Structure*, Glencoe, Ill.: Social Press, 1963, ch. l.

3) 이 점에 관한 초기의 정식화로는 다음을 보라. N. Mouzelis, "System and social integration: A reconsideration of a fundamental distinction", British *Journal of Sociology*, vol. 25, no. 4(Dec. 1974).

유한다고 주장할 것이다.

그런데 두 번째 기본 요건인 ②와 관련해서 보면, 이것은 어떤 분석이 기능주의라 불리기 위해서는 사회 현상을 전체론적 측면에서 보는 것만으로 충분하지 않다는 사고와 깊은 관련이 있다. '내재적' 관점이 아니라 '외재적' 관점을 채택하는 것이 또 하나의 기본 전제다.[4] 외재적 관점이란 정확히 무엇을 의미하는가? 그것은 관찰자 관점 대 참여자 관점이라는 문제를 넘어선다. 왜냐하면 해석 지향적 연구의 전통에서 관찰자는 참여 관찰자이기도 하기 때문이다. 더 정확히 말하면, 외재성은 분석의 주요 초점을 사회 통일체(제도적 통일체와 결합태적 통일체)에 둔다는 것을 함의한다. 이것은 두 측면을 가진다.

첫째, 참여자들이 사회 통일체를 형성하는 또는 형성하지 않는 방식보다는 사회 통일체가 참여자에게 어떤 영향을 미치는가에 더 큰 주의를 기울인다.

둘째, 사회 통일체가 유지 또는 변화되는 방식에 관한 질문을 제기하고 있는 점에서 (행위자 또는 참여자 문제에 초점을 두지 않고) 체계에 다시 초점을 둔다.

여기서는 기능주의자들이 사회적 참여자들을 배제하고 사회 통일체를 강조하는 이 두 가지 방식에 대해 상세하게 살펴보도록 하자.

∴

4) 내재적–외재적 구분 논쟁에 대해서는 다음을 보라. J. Habermas, *The Theory of Communicative Action*, vol. 2: *Lifeworld and System: A Critique of Functional Reason*(Cambridge: Polity Press, 1967), pp. 117 이하.

1) 사회 통일체→ 참여자 강조: 수용 가능한 기능주의

기능주의가 전체에 강조점을 두는 주요 형태 중 하나(즉 외재성의 한 주요 차원)는 참여자들이 상호 연관된 행위자들의 체계 또는 상호 연관된 역할들의 체계를 구성, 재생산, 변화하는 방식을 강조하는 것이 아니다. 대신에 그 같은 체계가 (제약 또는 활성화 측면에서) 참여자들에게 어떤 영향을 미치느냐 하는 점을 크게 강조한다.

예컨대 (집합의식이 어떻게 형성되는지 그리고 누구의 이해관계가 집합의식에 기여하는지에 대해서는 설명하지 않은 채) 집합의식이 개인의 의식을 제약하는 동시에 개인의 의식에 외재한다는 뒤르케임의 주장은 제도적 통일체 → 참여자 기능주의의 명백한 사례다.

여기서 뒤르케임 비판가들이 어떤 주장을 하든지 이러한 유형의 분석이 반드시 사회적 실재를 물화하는 것은 아니라는 점을 강조하고 싶다.[5] 그 같은 분석은 비록 많은 점에서 그리 만족스럽지는 않으나 수용 가능한 기능주의 형태다. 그것이 수용 가능한 이유는 외재성(특정 참여자들이 태어나기 전에 존재해온 공유된 규범) 및 제약 요인(특정 참여자의 변화 여지에 일정한 제한을 가하고 있는 공유된 규범)에 관한 가정들은 (적절하게 해석되기만 하면) 아주 현실적이기 때문이다. 또한 (특정 참여자의 관점에서 볼 때) 미리 존재하는 강력하게 제도화된 규범과 가치들이 참여자의 행위에 어떤 영향을 미치는지를 묻는 것은 전적으로 온당하기 때문에 그것은 수용 가능하다.

한편, 그 분석은 비록 아주 온당하긴 하나 아주 만족스럽지는 못하다.

∵

5) 그 같은 비판에 대해서는 다음을 보라. J. Johnson, C. Dandeker and C. Ashworth, *The Structure of Social Theory: Dilemmas and Strategies*(London: Macmillan, 1984).

왜냐하면 그것은 연구자들로 하여금 개인 또는 집합 참여자가 집합의식을 형성하느냐 형성하지 못하느냐 하는 마찬가지의 온당한 질문을 제기하지 못하게 가로막기 때문이다. 동일한 점을 적시하는 또 하나의 방도는 (앞의 장에서처럼) 기능주의자들은 사회적 게임의 '역할/위치' 차원을 과잉 강조하고 상호작용 상황 차원을 경시하는 경향이 있다고 주장하는 것이다. 이러한 일면성 탓에 기능주의자들은 안정이나 변화를 그저 서술하기만 하고 아니면 아주 부분적으로만 설명하게 된다.

이러한 형태의 기능주의적 설명을 도식으로 나타내면 다음과 같다.

사회 통일체 ⇄ 참여자(들)

여기서 가는 화살표(아래)는 비록 이 모델이 참여자(들) → 통일체 관계가 아닌 통일체 → 참여자(들) 관계를 강조하고 있으나 역의 연계를 탐구하는 데 개념적 장애가 없음을 나타낸다. 바로 이 점이 이러한 유형의 기능주의를 온당하게 만든다.

2) 수용 불가능한 기능주의 I: 파슨스

그런데 파슨스로 옮겨가 보면, 문제는 더욱 심각해진다. 파슨스도 뒤르케임과 마찬가지로 중심 가치에서 시작하여 어떻게 그것들이 규범적 기대로 제도화되어 욕구 기질로 내부화되는지를 보여준다. 파슨스는 뒤르케임의 전통을 아주 충실하게 따라서인지 이러한 중심 가치들이 어떻게 먼저 출현하는지, 또는 그것들이 어떻게 유지, 변화되는지에 관한 질문을 체계적으로 제기하지 않는다. 파슨스도 역시 제도적 통일체 → 참여자(들) 관계를 강력하게 강조하고 있는 것이다. 그러나 파슨스의 일면성은 단지 불만족스럽기만 한 것이 아니라 방법론적으로도 수용할 수 없다. 왜냐하면 5장에서 포괄적으로 주장했듯이, 그의 AGIL→ a, g, i, l 도식은 참여자들이 어떻게 통일체에 영향을 미치는지를 탐구하는 것을 가로막기만 하는 것이 아니라 아예 배제하기 때문이다.

이상의 내용을 간략히 되풀이하면, 파슨스는 주요한 제도적 질서들을 각각 네 개의 제도적 하위–하위 체계로 세분화함으로써 제도적 구조와 결합태적 구조를 효과적으로 명료화하는 것을 가로막는다. 또 행위 주체가 어떻게 하여 제도적 통일체의 산물이면서 동시에 그것의 생산자가 되는지를 설명하지 못하도록 가로막는 개념적 장애물을 만들었다. 나아가 파슨스는 사회적 행위에 관한 초기의 분석에서 사회 체계에 관한 분석으로 옮겨가면서 사회적 게임의 상호작용 상황 측면을 철저하게 무시했다.[6] 그래서 비판가들이 파슨스가 행위자를 사회적 꼭두각시 또는 문화적 꼭두각시로 묘사했다고 비난하는 것은 당연하다. 또 파슨스의 분석에서 상대적으로 자율적인 행위 주체가 등장한 것은 그것의 중심적인 개념 틀에도 불구한 것이지 그것 때문이 아니라고 반대한 것은 부당하지 않다.

위의 내용에 비추어볼 때, 목적론적 설명에 의지할 수밖에 없게 이끄는 유혹은 실로 대단하다. 상대적으로 자율적인 행위 주체가 자취를 감추게 되면, '원인'으로서 사회적 욕구 또는 레비스트로스 전통의 '숨은 규약'에 의거하지 않고서는 사회 통일체의 안정 또는 변화를 설명할 방도가 없게 된다.

파슨스의 기능주의 설명 모델을 도식으로 나타내면 다음과 같다.

∴∴

6) 이 점에 관해서는 다음을 보라. J. H. Turner, *A Theory of Social Interaction*(Cambridge: Polity Press, 1990).

사회 통일체 ◀┈┈┈┈ 참여자(들)

　점선 화살(아래)은 파슨스의 기능주의는 참여자들이 어떻게 사회 통일체를 형성하는지 또는 형성하지 못하는지에 관한 질문을 하도록 부추기지 않는 데 그치지 않고 실제로 방해한다는 것을 나타낸다.

3) 수용 불가능한 기능주의 II: 알튀세르

　그런데 알튀세르의 기능주의를 유심히 살펴보면, 여전히 목적론적 편향이 한층 두드러지게 나타나고 있음을 알 수 있다. 알튀세르는 파슨스와 달리 행위 주체를 의도적으로 꼭두각시로 제시한다. 그의 이데올로기 이론을 살펴보나(여기서 행위 주체가 가진 자율성은 허위의식으로 간주된다) 계급 이론을 살펴보나(여기서 계급은 '구조의 담지자'로 개념화된다) 그가 제시한 이론적 취지와 개념 도구와 관련하여 알튀세르에게 실천은 (이른바 정의상) 언제나 구조적 결정 요인의 '결과(effect)'[7]다. 이로써 알튀세르는 마르크스의 경제주의에서 가장 많은 비난을 받은 측면들 중 일부를 극복해내긴 했지만, 마르크스주의에다가 참여자(들) → 구조 관계에 관한 문제를 사실상 제거한 극단적 형태의 구조주의를 도입했다. 여기서 목적론은 파슨스에서처럼 부적절한 개념 도구의 의도하지 않은 결과가 아니라 명시적이며 이론적 입장을 확고하게 유지하고 있다.

　달리 말하면, 파슨스가 행위자를 수동적 존재로 묘사한 것은 사회적 삶

·•·

7) 알튀세르의 계급 이론과 풀란차스(Nicos Poulantzas)의 계급 이론에 대한 초기의 비판과 그 것의 경험적 연구에서의 효용성에 대해서는 다음을 보라. N. Mouzelis, *Modern Greece: Facets of Underdevelopment*(London: Macmilan, 1978), pp.46 이하.

의 자원주의적 차원이 완전히 결여된 그의 신념 탓이 아니라 부적절한 개념화 탓이다. 알튀세르의 경우에 자원주의적 개념이 결여된 것은 전적으로 의도적이며, 그 자신의 사회 발전관에 기초하고 있다.

모든 부분적 역사의 실제 주체는 그 요소들과 그것들의 관계가 의존하고 있는 결합이다. 즉 그것은 주체가 아닌 어떤 것이다. 그래서 과학사, 즉 이론사의 주요 문제는 분석해야 할 요소들이 의존하고 있는 결합을 규명하는 것이라고 말할 수 있다.[8]

이상의 내용에 비추어볼 때, 알튀세르의 기능주의는 다음과 같이 나타낼 수 있다.

사회 통일체 ◀┈┈ 참여자(들)

◀── 표시는 참여자(들) → 통일체 관계를 분석하는 데 방해가 되는 장애물은 '개념적/실천적'이면서 동시에 이론적임을 나타낸다.

4. 기능적 요건과 존재 조건

이제 기능주의자들이 참여자를 무시하고 사회 통일체를 강조하는 두 번째 방식으로 옮겨가 보자. 여기서는 (앞의 경우와 달리) 사회 통일체의 유지

8) L. Althusser and E. Balibar, *Lire Ie capital*, vol. II(Paris: Maspero, 1973), p. 146

또는 생존에 관한 질문들이 실제로 제기되고 있으나 그런 질문들은 행위 지향적이 아니라 체계 지향적이다. 그 질문들은 '누구'에 관한 질문(이 질문은 참여자 → 통일체 관계를 함의하는 것으로, 누가 그 통일체를 창출했는가, 누가 그 통일체를 유지 또는 변화하는가라는 질문 같이 참여자 → 통일체 관계를 함축한다)이 아니다. 그것은 그 통일체의 존재에 충분조건은 아니지만 필요조건에 관한 질문이자 (사회 통합의 관점이 아닌 체계 통합의 관점에서 볼 때) 특정의 제도화된 과정들이 그 존재 조건을 강화하느냐 약화하느냐 하는 질문이다.

달리 말하면, 기능주의자들이 이러한 맥락에서 제기하는 전형적인 쟁점은 통일체(제도적 통일체 또는 결합태적 통일체)가 현재의 형태로 유지될 수 있는 최소 조건, 그리고 일정한 조건이 어떻게 그 통일체의 현재 상태를 강화 또는 약화하는지를 문제시한다.

1) 파슨스의 기능적 요건의 논리

그 유명한 (예를 들어 파슨스가 사용한) 사회 체계의 기능적 요건 또는 '욕구'는 의미를 전혀 손상하지 않은 채 존재 조건이라는 어휘로 변역할 수 있다. 기능주의가 '생물학적' 편향을 가진다고 비판을 받고 있기 때문에 기능주의가 신비스러운 체계 욕구에 지속적으로 기대어 사회 통일체를 물화하는 경향을 띠는 것은 그저 중요한 문제로부터 주의를 돌리기 위함이다. 이론적으로 정련한 기능주의자들이 사회적 욕구 또는 기능적 요건을 말할 때 그것은 단순히 존재 조건을 의미한다. 욕구에 대해 말하는 것의 정당성을 둘러싼 논쟁은 여전히 계속되고 있으므로 그 논지를 가능한 한 분명하게 밝혀두는 것이 중요하다.

예컨대 파슨스가 공장 같은 공식 조직이 적응 요건 또는 '욕구'를 가진다고 주장할 때 그저 공식 조직이 현재의 상태로 생존하려면 기본적인 운영을 위한 일정한 양의 인적 및 물적 자원(노동자, 기계, 원료 등)을 가져야 한다고 말하고 있을 뿐이다. 그 같은 자원은 임의적으로 획득되는 것이 아니므로 파슨스는 자원 획득 문제를 다루는 규범(그리고 이러한 규범을 조절하는 과정)에 대한 체계적 질문을 제기한다.

되풀이해서 말하자면, 이러한 유형의 기능주의적 추론의 배후에 있는 가정은 다음과 같다. ① 이러한 특별한 공식 조직이 현재의 상태로 기능을 지속하기 위해서는 최소한의 자원이 필요하다. ② 이러한 최소한의 요건을 다루는 데는 일련의 제도화된 '규칙/과정'이 수반된다. 이러한 가정들은 그야말로 상식적인 것이며 아무런 방법론적 난점을 낳지 않는다. 그 같은 가정들에 기초한 질문들(이를테면 어떤 규칙들이 조직의 적응 요건을 해결하는 데 우선적인가 하는 질문)은 물화도 목적론도 수반하지 않는다.

일정한 규범과 관행들이 사회 통일체에 대해 가지는 '기능적' 또는 '역기능적' 결과에 관한 질문도 마찬가지다. 이를테면 관리자 충원을 위한 새로운 도식의 채택이 자원 획득 문제를 촉진하는가 방해하는가? 그 같은 질문은 체계에 관한 것이므로 새로운 도식의 도입으로 누가 손해를 보고 누가 이득을 보는지에 대해서는 별로 말해주는 바가 없다. 그런데 '누구'와 관련한 질문이 중요하긴 하지만 체계와 관련한 질문, 즉 새로운 규칙 또는 제도화된 관행이 사회 통일체의 기능을 (되풀이하자면, 어떤 참여자 집단이 이득을 보느냐 손해를 보느냐에 관계없이) 고양시키느냐 약화하느냐 하는 질문을 제기하는 것도 전혀 잘못된 것은 아니다. 오래전에 머튼이 지적했듯이, 사회적 항목이 사회 통일체에 가하는 기능적 또는 역기능적 결과가 이러한 항목이 어떻게 발생하는지를 설명하는 원인으로 사용되어서는 안 된다는 점을 명확하게만 하면, 이러한 항목이 사회 통일체를 강화하느냐 약화하느냐 하는 질문을 제기하는 것은 전적으로 온당하다. 모든 후속 논쟁에도 불구하고 나는 머튼이 기능주의적 분석을 목적론적과 비목적론적으로 (즉 논리적으로 이치에 맞게) 구분한 것은 여전히 타당한 동시에 유용하다고 생각한다.

'사회적 욕구' 또는 '기능적 요건'을 '존재 조건'으로 번역하게 되면, 위의 논지들은 훨씬 명료해지고 보다 수용 가능하게 된다. 다시 말하건대 (제도적 측면에서 보든 결합태적 측면에서 보든) 사회 통일체의 존재 조건에 관한 질문을 제기하는 것은 전혀 잘못된 것이 아니다. 기능주의를 완전히 거부하는 기든스 같은 사회학자들은 (욕구, 기능, 체계 요건 같은) 통상적인 목적론만을 피하고 있을 뿐이지 기능주의 논리는 그대로 간직하고 있다. 그들은 계속 제도적 또는 결합태적 통일체의 존재 조건에 관한 외재적 질문을 ∵
제기하고 있다.[9]

9) 이 점에 관해서는 다음을 보라. N. Thrift, "Bear and mouse or bear and tree? Anthony Giddens' reconstruction of social theory", *Sociology*, vol. 19, no. 4(Nov. 1985). 기능주의와 관련하여 지루하게 전개된 논쟁은 오로지 목적론적 설명이 방법론적으로 합당하냐 그렇지 않으냐 하는 데만 집중되었다. 이 쟁점은 오래전 머튼에 의해 해결되었음에도 불구하고, 예상한 대로 정기적으로 재삼재사 다른 형태를 띠고 되돌아오곤 했다(한 예로 *Theory and Society*, 1982, 11, pp. 453 이하에서 G. 코헨, J. 버거, C. 오페, A. 기든스가 벌인 논쟁을 보라). 그렇지만 기능주의에 관한 진짜 쟁점은 목적론적 설명의 합당함이 아니다(그것은 분명 합당하지가 않다). 진짜 쟁점은 사회 통일체를 '외재적' 관점에서 보는 것이 올바르고 필요하냐 아니냐 하는 것이다. 즉 사회 통일체의 필요조건이지만 충분조건은 아닌 것에 관한 질문, 그리고 일정한 조건(사실적 조건 또는 반사실적 조건)이 사회 통일체의 전면적 응집을 강화하느냐 약화하느냐에 관한 질문을 제기하는 것이다. 내가 보기에는 그 같은 질문은 전적으로 합당하다.
기능주의 쟁점에 대해 머튼이 기여한 바에 대한 기든스의 비판에 의거하여 위의 논점을 예시해보자. 기든스는 머튼이 기능주의 설명을 목적론과 비목적론으로 구분하려고 작심했음에도

2) 필요조건에서 충분조건으로의 이행

사회 통일체가 존재하기 위한 필요조건에 관한 방법론적으로 합당한 질문을 제기하는 것이 한 가지 방법이라면, 다른 한 가지 방법은 사회 통일체가 어떻게 해서 생겨났는지를 설명하는 것이다. 필요조건과 충분조건을

불구하고 자신이 제시한 실제의 사례에서 목적론의 덫에 빠져들게 되었다고 주장함으로써 머튼의 분석을 기각한다. 한 예로 머튼은 자신이 예로 든 그 유명한 호피족의 레인 댄스의 사례에서 이러한 의례의 지속을 그것의 잠재적인 기능적 결과와 관련하여 설명한다. 즉 레인 댄스는 그 부족의 단결을 고양시키며, 이것이 레인 댄스를 지속시키는 이유라는 것이다.

나는 기든스가 다음과 같이 말한 것은 옳다고 생각한다.

"레인 댄스가 '부족 단결의 원천'이라고 지적하는 것은 왜 그것이 처음으로 생겨나게 되었는지, 또는 그것이 제도화되고 나면 왜 계속 지속되는지에 대해서는 아무것도 보여주지 않는다."
("Comments on the debate", *Theory and Society* 1982, 11, p. 529)

그런데 기든스는 다음과 같은 기능주의적 질문이 합당한지 여부는 고려하지 않고 있다: 레인 댄스가 부족의 단결을 고양시키는가? 만약 그렇다면, 이렇게 고양된 단결이 레인 댄스 의례가 지속되는 이유를 어느 정도 설명해주는가?

경험적 연구 없이는 그 같은 질문들에 답변할 수 없다. 그러나 그런 질문들은 전적으로 합당한 기능주의적 질문, 즉 '외재적/체계적' 질문이다. 머튼은 선험적으로 답변을 한 데서 잘못을 범했다. 그렇지만 그가 목적론적 설명과 비목적론적 설명을 구분하여 후자가 합당하다고 주장한 것은 전적으로 옳다.

나는 기든스가 제도적 분석과 전략적 행위 측면의 분석을 구분하면서(6장 2절을 보라), 기능주의적 논리를 뒷문으로 재도입하고 있다는 점을 재차 되풀이할 기회를 가질 것이다. 왜냐하면 행위자를 제쳐두고 제도에 치중하게 되면 필히 사회 통일체를 '외재적' 관점에서 바라보게 되기 때문이다. 그리고 외재적 관점은 기능주의적 관점에 다름 아니다. 일정한 제도를 '경제 제도' 또는 '정치 제도'라고 명명하는 것 자체가 기능주의적 논리를 수반한다. 그것은 일련의 상호 연관된 규범들을 참여 행위자들의 관점에서가 아니라 사회 통일체와 그것의 존재 조건의 관점에서 보게 만든다. 기능주의적 논리를 완전히 제거하는 유일한 방도는 (기든스가 올바르게 지적하듯이 제도적 분석이 수반하는) 행위자의 배제를 철저하게 거부하는 것이다. 이것은 바로 많은 해석 지향적 미시사회학자들이 행하는 바다. 그러나 그들은 사회 세계를 지극히 일면적이고 근시안적으로 바라보는 대가를 치러야만 한다. 기능주의적 목적론을 손쉽게 제거할 수는 있다. 그러나 되풀이해서 말하면 우리는 감당할 수 없을 만큼의 큰 대가를 치르지 않고서는 기능주의적 논리를 제거할 수 없다.

융합하는 것은 부당하다. 그렇게 하는 것은 필요조건을 충분한 원인으로 바꿔놓기 때문이다. 달리 말하면, 일어날 법한 존재 조건과 실제 존재 조건은 근본적으로 구별된다.

특수한 예를 하나 들어보자. 자본주의적 생산 양식이 존재하기 위한 필요조건은 (적어도 발전된 형태에서는) 최소의 복지를 제공하는 국가의 존재라고 주장하는 것이 하나의 방법이라면, 특정의 자본주의 사회에서 실제의 복지 국가가 어떻게 해서 발전되었는지를 탐구하는 것은 전혀 다른 방법이다.[10] 기능주의적 분석과 참여자 → 통일체 관계를 강조하는 분석이 서로 달라지는 것은 이처럼 '필요조건'에서 '충분조건'으로의 이동과 관련된다.

후자의 분석에서 출발하면, 필요 수준에서 충분 수준으로, 즉 반사실적인 것에서 실제의 것으로 옮겨가는 한 가지 방법은 내재적 관점을 채택하여 '누구'에 관한 질문을 제기하는 것이다. 누가 어떤 역할을 수행했는가? 어떤 유형의 전략과 집단 투쟁이 영국 또는 스웨덴의 복지 국가를 형성하도록 의도적으로 또는 비의도적으로 이끌었는가? 앞서 언급했듯이 기능주의자들은 이러한 종류의 질문을 제기하는 법이 없다. 아니 만약 그들이 그런 질문을 한다면 그들은 엄격히 말해 기능주의자이기를 그만두게 된다.[11]

::

10) 존재의 필요조건과 실제 또는 충분조건을 융합하려는 경향에 대한 분석으로는 다음을 보라. S. Brunhoff, *Etat et capital*(Grenoble: Presses Universitaires de Grenoble, 1978). 윗글 저자의 접근 방법 그리고 보다 일반적으로는 마르크스주의적 자본 논리학파의 접근 방법에 대한 비판으로는 다음을 보라. N. Mouzelis, *Post-Marxist Alternatives*, op. cit., pp. 164 이하.

11) 나는 기능주의의 정의가 아무리 폭넓거나 유연하다 해도 그것이 사회적 또는 사회학적 분석과 같아질 수 있다고 생각하지 않는다. 만약 기능주의가 어떤 의미를 지니고 있다면, 그것은 참여자 → 사회 통일체 관계보다는 그 반대의 관계를 (수용 가능한 형태에서) 훨씬 더 크게 강조하는 사회학적 분석의 유형으로 보아야 한다. 기능주의적 분석에서 사회학적 분석으로 간단히 이동하는 경우는 그 둘을 모두 강조할 때뿐이다.

그래서 기능주의자들은 '누구'라는 질문을 제기하는 대신에 외재적 관점을 채택하여 '어떻게'라는 질문을 제기한다. 즉 탈구화된 일정한 과정들(즉 체계 통합 관점에서 바라보는 과정들)이 어떻게 사회 통일체를 재생산하느냐 또는 재생산하지 못하느냐 하는 질문을 제기한다.

앞의 사례로 되돌아가 보면, 한 공장이 존립하기 위한 필요조건 중 하나가 최소한의 자원 획득이라면 특정 공장(이를테면 제너럴 모터스 공장)에서는 이러한 조건을 실제로 어떻게 충족하는가? 이러한 규범들(그리고 그 규범들에 의해 조절되는 사회적 과정들)은 이 특정 공장의 '적응' 문제를 처리하는 데 어떻게 이용되는가? 이러한 규범 및 과정들은 주로 그 공장 존립의 필요조건에 대처하는 다른 규범과 과정들(즉 목표 달성, 통합, 잠재성 등과 관련된 규범과 과정들)과 어떻게 연관되는가?[12]

그러므로 기능주의자들 역시 반사실적인 것에서 실제의 것으로 이동한다. 하지만 그들은 '누구'에 관한 질문이 아닌 체계적인 '어떻게'에 관한 질문을 제기함으로써 그렇게 이동한다. 즉 내재적인 참여자 관점에서는 규범 및 사회적 과정을 (의도적으로 또는 비의도적으로) 사회 통일체를 형성하는 행위자의 측면에서 본다. 반면 기능주의적 관점에서는 주체는 '분산되어' 있으며 그리하여 사회적 규범과 과정을 사회 통일체의 존립 요건 또는 조건으로 본다. 앞서 말했듯이, 기능주의에서 규범 및 과정 연구의 바탕을 이루는 조직 원리는 다른 행위자들과 상호작용적, 상황적으로 관계를 맺

••

12) 기능주의자들도 그 같은 규범들의 장기적 변동에 관한 역사적 질문을 제기할 수 있다. 한 예로 스멜서는 영국 산업혁명기에 가정(L)과 일터(A) 간 '규범/역할'의 장기적 분화에 대해 설명한 바 있다(*Social Change in the Industrial Revolution: An Application of Theory to the Lancashire Cotton Industry 1770-1840*, London: Routledge & Kegan Paul, 1962). 그렇지만 그는 집합 행위자를 주변적으로 다루었기 때문에 그의 논조는 설명적이지 못하고 서술적이었다. 이 책 5장을 보라.

는 상대적으로 자율적인 사회적 행위자가 아니라 사회 통일체와 그 존재 조건이다.

그렇지만 체계 질문을 제기하는 것은 전적으로 온당하나 그것만으로는 충분하지 못하다. 많은 비평가들이 지적했듯이, 체계 질문은 사회적 배열이 어떻게 지속 또는 변화하는지에 대해 서술만 하든가 기껏해야 아주 부분적으로만 설명할 수 있을 뿐이다. 체계 질문은 행위자를 분산하거나 주변화한다. 즉 사회적 과정 또는 관행들을 오로지 체계 관점에서만 본다. 따라서 사회 통일체가 어떻게 구성, 재생산, 변화하는지에 대한 만족스러운 인과적 설명을 결코 내놓을 수가 없다. 사회적 인과성은 참여자를 사회 세계의 부분적 생산자로 개념화한다.[13] 따라서 행위를 분산시키고 주변화하는 것은 사회의 안정 또는 변화를 서술만 하거나 부분적으로만 설명하든가 부당하게 목적론적으로 설명할 수밖에 없게 된다.

이제 기능적 분석과 행위 분석을 연결하는 방식을 살펴보자.

3. 기능적 분석과 행위 분석

이미 여러 차례 지적했듯이, 통일체 → 참여자류의 질문 또는 사회 통일체의 존재 조건에 관한 질문은 본질적으로 잘못된 것이 아니다. 그러므로 비목적론적 기능주의는 방법론적으로 합당하다. 그러나 사회 현상을 더잘 이해하고 인지적으로 보다 적절하게 분석하기 위해서는 기능주의적 분

∙∙

13) 인과성과 행위의 연결에 관해서는 M. McIver, *Social Causation*(New York: Harper, 1942)에 실린 초기의 글을 보라.

석을 참여자 → 통일체 관계에 초점을 맞춘 분석과 결합해야 한다. 이러한 접근 방법을 보다 쉽게 이해할 수 있게 도식으로 나타내면 다음과 같다.

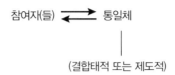

물론 위의 입장에서 새롭거나 독창적인 것은 전혀 없다. 방법론적 광신자가 아니고서는 오늘날 그것에 반대하는 사회과학자는 불과 몇 안 된다. 아니면 적어도 그것에 반대하는 사회과학자들도 그러한 용어법을 대체로 거부하지만 그 입장의 실재적 논리는 받아들인다. 참여자 → 통일체 관계나 통일체 → 참여자 관계 중 한쪽을 완전히 무시하게 되면 사회 세계를 한쪽 극단에 치우쳐서 보게 된다는 것은 오늘날 일반적인 사실로 받아들여지고 있다. 그렇게 되면 (여러 해석적 미시사회학에서처럼) 사회 세계를 제도적 또는 결합태적 진공 상태에서 발생하는 상호작용의 집합체로 보게 되거나, 아니면 다른 한 극단에서 사회적 행위자와 그들의 상호작용을 구조적 결정 인자의 수동적 산물로 묘사하든가 '사회'를 물화된 실체로 개념화하게 된다.

그렇지만 사회 통일체 → 참여자 관계 및 참여자 → 사회 통일체 관계가 모두 필요하다고 주장하는 것은 이 같은 화합을 이론적으로 가능하게 만들 수 있는 개념 도구나 규칙을 분명하게 밝히지 못한다.

제도적 구조와 결합태적 구조의 관계의 경우처럼(4장과 5장을 보라), 여기서도 역시 사회학 이론이 안고 있는 문제점은 인식론적 또는 존재론적 1차 원리를 추구하는 토대주의에 의해서도 해결할 수 없고, 또 하나의 주체 이론을 구축하려는 정신분석학적 시도로도 해결할 수 없다. 거기에는 보다 현세적이고 직설적인 접근 방법이 필요하다. 또 사회구조(또는 사회 통일체)와 사회 참여자를 근원적으로 단절한다거나 그중 하나를 다른 하나로 환원하거나 구조와 '참여자/행위' 주체를 융합('초월')하는 것을 삼가는 사회학적 개념들을 고안해내는 것이 요구된다. 간단히 말해, 적절한 개념 도구를 창안해내야 물화와 환원주의 모두로부터 벗어나게 된다.

AGIL → t, a', i' 도식이 제도적 통일체와 결합태적 통일체를 잇는 건설적인 가교를 제공했다면, (부르디외의 아비투스와 기든스의 구조의 이중성에 관해 논의하면서) 내가 만들어낸 그 개념들은 참여자 → 통일체 관계를 다룰 때 도움을 줄 것이라고 생각한다. 이 개념들은 다음 세 가지 점을 지칭한다.

① 모든 사회적 게임 또는 상호작용이 지닌 세 가지 차원의 성격(위치, 기질, 상호작용 상황).

② 계열체 및 통합체 양 수준에서 '이중성/이원론'의 구분.

③ 이 책 제1부와 제2부에서 시험적으로 전개한 위계의 의미.

위의 개념화들 간의 연계를 명확히 밝히기만 하면 참여자들이 다양한 위계적 구조 또는 위계화된 통일체(제도적 통일체와 결합태적 통일체)와 어떻게 연계되는지를 보여주는 데 도움을 줄 것이라고 믿는다. 어떤 행위와 상호작용이 시공간적으로 미미하거나 조금만 영향을 미치는 수행자들(미시 및 중위 행위자)이 거시 행위자들(그 행위가 시공간적으로 널리 영향을 미치는 개인 또는 집합 수행자)과 어떻게 연계되는지를 이해하기 위한 주요한 수단을 구성하는 것이 바로 이 세 가지의 위계화된 구조 또는 사회 통일체다.

1) 게임의 위치, 기질, 상호작용 상황 차원

인간은 상징적 언어를 통해 눈앞의 현실로부터 멀어질 수 있고, (미드의 용어법으로 말하면) 상상적 시연과 역할 수용을 할 수 있다. 그 결과 인간은 상호 연관되어 있으면서도 분석적으로 구분되어 있는 두 개의 수준에 끊임없이 영향을 미치거나 순응한다. 한 수준은 가상의 계열체 수준의 제도화된 규칙 또는 규범(이것들은 역할과 사회적 위치를 구성하는 요소다)이고, 다른 한 수준은 실재하는 구체적인 행위와 상호작용이다. 달리 말하면, 사람들은 '게임의 규칙들'(게임이 수행될 때만 실제로 나타나는 일련의 가상의 규범)과 이것들이 시공간상에서 통합체적으로 전개됨에 따라 상호작용하는 수행자들이 벌이는 실제의 게임 모두에 지속적으로 순응·재순응한다.[14] 게임의 규칙이 (사회학자들이 말하는) 역할 또는 사회적 위치를 구성하는 것이라면, 게임의 가상의 또는 계열체 차원을 위치 차원으로 지칭하는 것이 유용하고 또 그것을 상호작용 상황 차원과 대비시키는 것이 용이하다. 첫 번째는 규칙에 의해 규제되는 행위의 일련의 잠재성 또는 가능성으로서 규범과 규칙에 어울린다. 두 번째는 상황에 따른 실제의 특수한 행위와 상호작용 속에서 그 같은 규칙이 현시되고 실현되는 것을 지칭한다.[15] 끝으

∵

14) 물론 많은 구체적인 상황에서는 가상의 게임과 실제의 게임을 또는 계열체적 게임과 통합체적 게임을 구분하기가 어렵다. 그래서 예컨대 실제 게임의 참여자들은 (통합체 수준에서) 게임을 수행하는 동안 특정한 순간(계열체 수준)에서 현시되지 않는 게임의 규칙을 머리에 떠올린다. 이는 실제의 상황에서는 계열체적인 것과 통합체적인 것이 복잡하게 얽혀 있기 때문이다. 그렇지만 이런 경우에도 그 두 차원을 구분하는 것이 유용하다. 어떤 특정 순간에서는 그 두 차원 중 하나가 우세하게 되는 경향이 있기 때문이다. 위의 사례에서는 통합체적 요소가 우세하고 계열체적 요소는 주변적이다.

15) 이 시점에서 '규범/기대/규칙'을 위치 관점에서 '관념적인' 것과 '현실적인' 것으로 한층 더 구분하는 것이 유용할 듯하다. 전자는 어떻게 행위자들이 특수한 맥락에서 행위할 것인가

266

로, 부르디외가 지적하듯이 인간이 게임을 수행할 수 있게 되는 것은 일련의 기질, 즉 행위, 지각, 평가에 관한 일련의 생성적 도식을 가지고 있기 때문이다.

부르디외와는 반대로 앞의 장에서는 사회적 위치와 기질을 언급하는 것만으로는 실제의 게임을 충분히 이해할 수 없으며, 상대적 자율성과 상호작용 차원의 상황 논리를 고려하는 것도 똑같이 필요하다고 주장했다. 이렇게 하면 아비투스가 기질 차원과 상호작용 상황 차원을 한데 어우르는 데 도움을 준다(아비투스는 행위자들이 다양한 사회화 형태들을 통해 획득하는 기질들의 집합). 적어도 부분적으로 우리는 기질 때문에 추상 수준에서(즉 계열체 수준에서) 게임의 규칙을 학습할 수 있고, 또 통합체 수준의 실제의 상황에서 원할 때 그것들을 적용할 수 있게 해준다.

∵

를 관념적으로 기대하고 있는가에 대해 말해준다. 후자는 그저 '수용 가능한' 것 그리고 대부분의 사람들이 실제로 따르려고 하는 것만 말해준다(예를 들면, 한 교수가 새로운 연구를 통해 매년 강의 내용을 확 바꾸는 것은 관념적 기준이고, 매년 강의 내용을 조금씩만 수정하여 오랜 시간이 지난 다음에야 근본적으로 바뀌는 것은 수용 가능한 기준 및 다소 평범한 유형의 수준이다). '관념적' 규범과 '현재적' 규범 모두 계열체 수준에서는 가상적이라는 점에 유의하라. 유일한 차이는 전자가 후자보다 더 실제의 경향이 된다는 점이다. 통합체 수준에서는 고프먼이 전면 무대의 게임과 후면 무대의 게임이라 부른 것도 마찬가지로 구분할 수 있다. 전면 무대의 게임은 수행자들이 공개적으로 실행하고 싶어 하는 실제의 전략과 상호작용을 말하고, 후면 무대의 게임은 이른바 장면 뒤에서 발생한다.*

* 고프먼은 일상 생활에서의 상호작용 과정을 무대(stage) 위에서의 연극(drama)에 비유한다. 고프먼은 행위자를 공연자로 상정하고 공연자가 행하는 모든 것을 공연으로 정의한다. 그리고 공연의 대상인 상대방은 관객으로 설정한다. 개개인은 연극의 배우처럼 자신이 준비한 무대 위에서 관객들에게 가장 좋은 인상을 보이기 위해 자신의 의도를 적절히 표현함으로써 효율적으로 자기를 표현하고 인상을 관리해간다. 공연에서 좋은 인상을 유지하려는 목적을 지니고서 메시지를 전달하려는 행위자가 바로 연극의 공연자가 된다. 고프먼은 공연의 배우인 행위자는 관객 앞의 무대(전면)에서 즉흥적으로 공연을 행하는 것이 아니라 무대 뒤의 공간(후면)에서 공연을 위해 준비를 한다.

부르디외는 게임의 자원주의적 상호작용 상황 차원을 경시하고, 그리하여 (구체적 게임을 수행하는 동안에) 규칙을 학습하는 것과 그 규칙을 실제로 적용하는 것을 구분하기를 거부한다. 그는 규칙을 종종 무의식적인 것으로 간주한다. 그래서 우리가 규칙에 대해 가지는 유일한 지식은 관행적이며, 그러한 지식은 분석적으로나 다른 어떤 식으로도 게임의 실제 수행과 분리될 수 없다고 여긴다. 현재의 분석에 비추어볼 때, 랑그와 파롤의 구분, 계열체와 통합체의 구분, 가상과 실제의 구분은 근본적이다. 그 두 수준은 비록 서로 밀접하게 연관되어 있긴 하나 결코 융합해서는 안 된다. 두 차원은 상이한 논리를 가지고 있기 때문에, 그것들은 정반대로 달라질 수도 있다.

예컨대 기질은 일정한 수행자들로 하여금 통합체적인 것보다 계열체적인 것을 더 효과적으로 다룰 수 있게 해주기도 한다. 그들은 게임 규칙의 세부적인 이론적 지식과 관련해서는 대단한 전문가일 수 있다. 그러나 실제의 상황에 그것을 적용하는 데는 대단히 서투를 수 있다. 촘스키(Noam Chomsky)의 구분을 사용하면, 그들은 능력 면에서는 높은 평가를 받지만 실행 면에서는 형편없는 점수를 받기도 한다.[16] 경영학 박사 학위를 가진 매우 무능한 경영자와 고등학교도 다닌 적이 없는 유능한 경영자를 생각해보라. 아니면 자신의 기질을 (정치, 스포츠, 성 등등의 영역에서) 게임에 대해 실행적이고 행동 지향적인 태도가 아닌 관조적 또는 '이론적' 태도를 채택하게끔 독려해주는 수행자와 그 반대인 경우의 수행자를 예로 들어보라. 기질을 관조적과 '행동적/실행적'으로 구분하는 것은 전적으로 온당하며, 어떤 행위자 또는 행위자의 범주는 다른 영역에서보다 특정 영역에서

∴

16) N. Chomsky, *Language and Responsibility*(Brighton: Harvester Press, 1979).

더 강할 수 있다고 생각한다.

이상 내용에 비추어볼 때 아비투스는 앞서 말한 것처럼 사회적 게임의 상호작용 상황 차원 개념과 (양립 불가능한 것이 아니라) 양립 가능한 개념이라는 것이 밝혀지게 될 것이다. 다시 말하자면, 세 가지 차원(위치, 기질, 상호작용 상황)은 상호 보완적이지만, 각각은 상대적으로 자율적인 논리와 동학을 가진다.

2) 이중성과 이원론

능력(관조적) 기질과 실행 기질의 구분은 내가 제시한 두 번째 주요 개념화로 이어진다. 즉 기든스의 구조화 이론을 재구성한 것에서 이끌어낸 '주체/객체' 이중성과 '주체/객체' 이원론의 구분으로 이어진다. '능력/관조적' 기질은 계열체 수준에서의 규칙에 대한 '주체-객체' 이원론을 지칭하고, 실행 기질은 규칙을 당연시하는 태도를 종종 함의하는 것으로 계열체적 '주체-객체' 이중성을 말한다.[17]

나는 계열체적 '이중성/이원론'에서 시작할 것이다. 이러한 구분을 양면으로 보지 않고 '정도의 문제'로 본다면, 즉 그것을 한 연속체의 두 극단으로 본다면, 그것은 참여자들이 제도적 구조(즉 체계 관점에서 본 가상의 규칙질서)에 순응하는 다양한 방식들을 명확히 하는 데 사용할 수 있다.

먼저 밝혀둘 점은 참여자와 제도적 구조 간 관계는 1장에서 여러 번 지적한 것처럼 미시-거시 관계(여기서 '참여자'는 미시를 수반하고 '제도적 구조'

---

17) 계열체적 이원론에서의 '관조적' 태도와 계열체적 이중성에서의 '행위 지향적' 태도의 연계를 여기서는 경험 법칙적 방식으로 시험적으로 제시하고 있다.

는 거시를 수반한다)에 상응하지 않는다는 것이다. 참여자와 제도는 모두 거시일 수도 있고 미시일 수도 있다. '참여자'는 한 회사의 평사원(미시)을 지칭할 수도 있고, 지사의 경영자(중위)거나 수많은 사람들에게 직접 영향을 미치는 결정을 내리는 회사 사장(거시)일 수도 있다. 마찬가지로 제도적 구조도 단일 회사에 국한된 제도화된 규칙을 지칭하기도 하고, 한 회사 그룹 또는 국민 경제 내의 모든 회사를 지칭할 수도 있다. 앞서 언급했듯이, 미시사회학은 개별 행위자 또는 대면적 상호작용은 미시를 뜻하고 제도적 구조는 거시를 뜻한다는 잘못된 관념으로부터 단절하는 데 실패하여 (사회학의 다른 어떤 구분보다도) 미시적 분석과 거시적 분석을 효과적으로 연결하는 것을 가로막았다.[18] 이 때문에 미시적 접근 방법과 거시적 접근 방법의 연계에 관한 적절한 연구는 다음 같은 형태를 취하지 **못**하게 되었다.

제도적 구조 (거시 수준)

참여자 (미시 수준)

그러나 이것을 더 복잡한 도식으로 나타내면 다음과 같다.

∴

18) 이 점에 관해서는 1장을 보라.

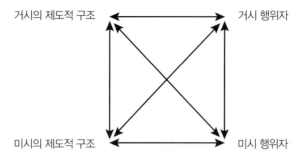

거시의 제도적 구조 ↔ 거시 행위자

미시의 제도적 구조 ↔ 미시 행위자

위의 도식을 수립하게 되면, 우리는 참여자들(미시, 중위, 거시)이 가상의 규칙 질서에 대해 이중성 측면에서 더 순응하게 되는 조건과 이원론 측면에서 더 순응하게 되는 조건을 탐색하는 데 착수할 수 있게 된다.

우선 프로이트(Sigmund Freud)의 무의식 경우처럼 규칙이 완전히 숨어 있을 때는 참여자들이 분명 규칙에서 벗어날 수 있는 방도가 전혀 없다. 왜냐하면, 참여자들은 정신분석학자가 아닌 다음에야 또는 정신분석학 기법에 정통하지 못하다면 그 규칙의 성격에 대해 알지 못하고, 심지어는 그 존재에 대해 알지 못하기 때문이다. 이것은 계열체적 이중성의 명백한 경우다. 이때 규칙(또는 기든스의 용어로 하면 구조)은 100퍼센트 행위의 매개이자 결과다.

정도는 약간 덜하지만, 참여자들이 (부르디외의 아비투스처럼) 규칙에 대해 (이론적으로가 아니라) 실재적으로만 알고 있는 경우에도 역시 마찬가지다.[19] 이 경우 참여자들은 규칙의 존재에 대해서는 인식하고 있긴 하나 이론적 지식이 결여되어 있어 규칙을 당연한 것으로 이용하도록, 즉 주체―

∵

19) 6장 2절을 보라.

객체 이중성 측면에서 이용하도록 참여자들을 부추긴다.

그렇지만 참여자들이 규칙도 인식하고 그것에 대한 이론적 지식도 가지고 있을 경우 이러한 규칙은 상호작용 의사소통의 '자원/수단'이 아닌 대상이 쉽게 되기도 한다. 이 경우에 우리는 계열체적 이중성에서 계열체적 이원론으로 옮겨간다.

좀 더 일반적으로 말하면, 규칙이 (어떤 이유에서건) 참여자들에게 문제가 될 경우 그것을 관찰하고 이의를 제기할 기회(계열체적 이원론)는 한층 강해진다. 앞서 언급한 예를 들어보자. 파슨스가 주장하듯이 하위 체계 내의 또는 서로 다른 하위 체계들 사이에 있는 역할 또는 제도화된 규범들 간에 '긴장' 또는 양립 불가능성이 있을 경우(이를테면 경제권 내에 확산되어 있는 보편주의 규범과 정치권 내의 특수주의 규범)[20] 개인 또는 집합 행위자들이 이들 규칙에 의문을 제기하여 그것들의 타당성에 도전, 방어하거나 그것들을 변형, 유지하는 등등의 기회는 더 커진다. 사회적 게임의 위치, 기질, 상호작용 차원이 전혀 일치하지 않거나 조금만 일치할 때도 마찬가지로 규칙을 당연시하는 성향에서 '이론적/전략적' 성향으로 이동하게 된다.

앞의 장에서 든 사례를 다시 들어보자. 존 캠벨이 그토록 훌륭하게 묘사한 전원적인 사라카차니 공동체에서 사회적 위치, 기질, 상황이 거의 완전히 일치한 것은 행위자들이 고도로 제도화된 공동체 규칙을 당연시하며(즉 계열체적 이중성 측면에서) 순응하고 있었다는 것을 의미한다. 이와 반대로 그리스 마케도니아의 소규모 공동체에 관한 존 코완의 연구는 다양한 '발

⋮

20) 자본주의적 산업화와 전통적 군주제 정부 간의 양립 불가능성 또는 긴장을 생각해보라. 이러한 유형의 특수한 사례에 대해서는 다음 저작을 보라. S. Huntington, *Political Order in Changing Societies*(New Haven and London: Yale University Press, 1968).

언권', 성 역할에 대한 다양한 해석, 전통적 여성 역할, 여성의 기질·발생 중인 상황적 맥락 간의 철저한 불일치가 있었음을 강조한다.[21] 이러한 정황은 자연히 규범에 의문을 제기하게 만들며, 규칙을 당연시하는 태도가 아닌 '전략적/감시적' 태도(계열체적 이원론)가 있음을 함의한다.

게임 규칙에 대해 의문을 품게 만드는 또 하나의 흥미로운 경우는 제도적 구조와 결합태적 구조가 완전히 겹치지 않을 때다. 예컨대 상충하는 결합태들이 제도적 균열(자본가와 노동자 간 또는 흑인과 백인 간, 남성과 여성 간 균열)을 초월하여 제휴를 맺고 자본가와 노동자, 흑인과 백인, 페미니스트와 반(反)페미니스트가 힘을 합하여 자신들과 유사한 사회적 힘을 가지고 있는 다른 결합태적 통일체에 대항할 경우, '제도적 통일체'와 '결합태적 통일체' 간의 분열은 참여자들이 자신들이 수반하는 규범적 기대를 명백히 따르지 않거나 적어도 그것을 당연시하지 않게 된다. 달리 말하면, 게임의 상호작용 및 기질 차원은 '역할/위치' 차원보다 더 중요하게 된다.

끝으로, 앞장에서 이미 언급했듯이, '이중성/이원론' 문제가 가진 관점적 성격과 참여자들이 종종 위계화된 통일체 내에서 활동한다는 사실을 고려한다면, 계열체적 '이중성/이원론'과 공식 조직의 위계화된 차원 사이에 약간의 체계적인 연계를 수립할 수 있게 된다. 예컨대 한 기업 조직의 작업 규칙은 평사원들에게는 당연시하도록 상정되어 있는(계열체적 이중성의 경우) 반면 위계 상층부의 참여자들(감독, 경영자)에게는 당연시하지 않는 것으로 되어 있다. 그들에게 규칙의 작동은 분석의 대상이 된다. 좀 더 일반적으로 말하면, 일정한 위계 수준에서 취해진 규칙에 관한 결정(계열

∴

21) 6장 2절을 보라.

체적 이원론)이 그보다 낮은 위계 수준에서는 당연하게 받아들여야 하는 결정 사항(계열체적 이중성)이 되는 경향이 있다. 이러한 결정 사항은 조직의 낮은 위치에 있는 참여자들이 다소 제한된 또는 한정된 결정을 취하는 기초가 된다.[22] 그러므로 동일한 규칙이 한 위계 수준에서는 '수단/자원'이 되고(계열체적 이중성), 보다 높은 수준에서는 대상이 될 수 있다(계열체적 이원론).

위에서 언급한 위계는 통합체적 '이중성-이원론' 개념과 연관된다. 이 수준에서도 역시 이중성-이원론 개념은 확실히 관점적 성격을 가진다. 이미 언급한 바처럼 관료제적 위계에서 높은 위치에 있는 참여자에게는 변화 가능하고 적응력 있는 결합태(통합체적 이중성)가 낮은 위치에 있는 참여자들에게는 '외재적이고' 다루기 힘들며 불변적이다(통합체적 이원론). 그러므로 영속적으로 논란거리가 되어온 결합태적 통일체가 개인에게 외재적이냐 내재적이냐 하는 문제가 되지 않는다. 아주 잘못되고 혼동을 야기하는 '개인-사회' 도식을 근원적으로 거부하고 그 문제를 존재론이나 정신분석학 수준에서 해결하려고 시도하자마자, 그리고 그 문제를 사회학 이론의 영역으로 끌어들여 논구하자마자 그것은 바로 사라진다. '외재성'이 비교적 불변적임을 의미하는 것이라면, 특정한 위계적 상황의 참여자 관점에서 볼 때 그 게임은 명백히 외재적이다. 그 게임을 구성, 재생산, 변화하는 데 참여자가 기여하는 바가 없거나 미미한 반면 다른 게임에 대해서는 덜 그렇기 때문이다. 나아가 한 게임이 미시 또는 중위 행위자 관점에서는 외재

∵

22) 공식 조직의 의사결정 측면에 대해서는 다음 저작을 보라. H. A. Simon, *Administrative Behaviour*(New York: Macmillan, 1961); N. Mouzelis, *Organization and Bureaucracy: An Analysis of Modern Theories*(London: Routledge & Kegan Paul, 1975), pp. 123~145.

적이고 융통성의 여지가 없으나 거시 행위자 관점에서는 덜 외재적이고 융통성의 여지가 더 많을 수 있다.

위의 내용에 따르면, 철학에서 사회학 이론으로 강조점을 이동하고 잘못된 개념화로부터 벗어나게 되면 그 유명한 '내재성/외재성' 문제는 존재하지 않는 것으로 볼 수 있다. 그 문제는 이론가들이 사회 세계에 대한 우리의 상당한 지식을 향상시키려고 노력하지는 않고 상식을 공허한 철학화나 교묘하게 위장한 난센스로 대체하려고만 하는 과정에서 불필요하게 그리고 인위적으로 만들어낸 것이다.

3) 사회적 위계

이제 계열체적 '이중성/이원론'과 통합체적 '이중성/이원론' 개념이 (이론적으로 경시되어온) 사회적 삶의 차원, 즉 위계적 차원 내에서의 참여자들의 지향점과 상호작용을 개념화하는 것을 도와줄 수 있다는 점을 명확히 할 때다.

되풀이해서 말하면, 관료제적으로 조직된 위계의 맥락에서는 상층부에서 수행되는 게임이 위계상 낮은 위치에 있는 참여자들에게는 비교적 외재적이라면, 즉 쉽게 변경할 수 없는 것이라면(통합체적 이원론), 자기 수준 또는 자기보다 낮은 수준에서 수행되는 게임은 덜 외재적이며 어느 정도 변경 가능하다(통합체적 이중성). 계열체 수준에서는 관료제적 규칙의 가상의 질서에 순응하는 참여자의 경우는 상황이 역전된다. 여기서는 위계상 낮은 위치의 참여자들에게는 당연시되고 '수단/자원'으로 보이는 규칙이 보다 높은 위치의 참여자들에게는 분석 및 전략적 조작을 위한 대상이 되는 경향이 있다. 즉 다른 조건이 같다면 평사원의 위치는 관리자가 부과한 규칙에 대해서는 계열체적 이중성을 수반하고,[23] 관료제적 위계의 상층에서 수행되는 게임에 대해서는 통합체적 이원론을 수반한다.

물론 위계는 관료제적으로 구성된 조직적 권위 구조의 형태만을 취하는 것은 아니다. 그러나 낮은 위치의 참여자와 높은 위치의 참여자 간에 수립되는 연계의 유형에 따라서는 상당히 달라진다. 그러한 연계를 보다 체계적으로 다루기 위해 부르디외가 제시한 다양한 유형의 자본 개념을 사용하여 그것을 파슨스의 AGIL 유형학에 맞춰 약간 수정해 보자.

위계적으로 조직된 모든 게임에서 참여자들은 자신들이 위치한 수준에 관계없이 자신의 자본을 증대하려고 열심히 노력한다. 여기서 자본은 권력, 즉 경제적 자원과 정치적 자원뿐 아니라 사회적 자원과 문화적 자원을 동원할 수 있는 전반적 역량을 의미한다. 그러므로 우리는 부르디외가 구분한 상이한 유형의 자본(경제 자본, 사회 자본, 문화 자본, 상징 자본)[24]과 파슨스의 AGIL 도식을 따라 경제 자본(A), 정치 자본(G), 문화 자본(L), 사회

∵

23) 계열체적 이중성이 여기서는 규범적 수준에서 작동한다. 즉 행위자들은 상층부가 부과한 규칙들을 아무런 이의 없이 당연한 것으로 받아들일 것으로 예상되고 있다. 달리 말하면, 상층부에서 취한 결정은 하층부 사람들의 재량 범위를 한정하는 결정 사항이 된다. 물론 고위층에서 내린 결정이나 규칙을 실제로 평사원들이 당연한 것으로 받아들일지 아닐지는 경우에 따라 달라지는 경험적인 문제다.

24) (옮긴이) 부르디외는 계급의 형성 및 재생산 메커니즘을 경제 영역에만 국한시키지 않고 경제 영역 이외의 다양한 영역으로 확대하며 경제 자본 외에 사회 자본, 문화 자본, 상징 자본을 추가한다. 사회 자본은 인적 및 물적 자원을 동원할 수 있는 사회적 연결망을 말하며, 문화 자본은 지배 계층으로서 가지는 교양, 기품 등 문화적 생활양식을 향유할 수 있는 능력을 말한다. 상징 자본은 이들 자본의 우위성을 사회적으로 인정받는 과정이다. 이것들은 경제 자본으로 전환할 수 있는 가능성을 가지고 있으며, 이를 획득하기 위해 인간은 투쟁을 하며, 이들 자본의 소유 여부에 따라 계급이 재생산된다는 것이다. 특히 문화 자본은 경제 자본과 달리 한번 획득하면 소멸되지 않으며 소유하는 데 장기간의 시간과 비용이 든다. 부르디외에 따르면, 초기 자본주의에는 경제 자본이 계급을 형성하는 데 중요했지만, 후기 자본주의에서는 문화 자본의 계급 구별과 재생산에 중요한 작용을 한다.

자본(I) (사회적 위세의 형태)에 대해 이야기할 수 있다.[25]

수행자들이 네 가지 유형의 자본 중 하나를 증대하는 데 제법 성공한다면, 그들은 자신들이 수행하는 게임에 중대한 기여를 할 수 있게 될 뿐 아

∴

25) 부르디외가 제시한 자본의 유형학을 파슨스의 AGIL 도식과 밀접하게 연계하려는 시도는 전자를 부분적으로 재구성하게 된다. 이러한 재구성이 필요한 이유는 AGIL 도식과 관계없이 사회 자본과 상징 자본에 대한 부르디외의 구분이 문제의 소지가 있다고 보기 때문이다. 부르디외에게서 사회 자본은 자기 목적을 달성하는 데 사회적 관계망(혈연관계 따위)을 동원할 수 있는 역량을 일컫는다[Bourdieau, *The Logic of Practice*(Cambridge: Polity Press, 1990), p. 35을 보라]. 한편, 상징 자본은 명예 및 사회적 위세 개념을 수반하며[이에 대해서는 다음을 보라. P. Bourdieau, *The Other Word Essays Towards a Reflexive Sociology*(Stanford, Stanford University Press, 1991) p. 22], 불인정 개념도 수반한다. 이것은 다른 사람들이 (부르디외에게는 위세와 명예의 기초가 되는) 물질 자본을 인정하지 않을 때나 전혀 보지 못할 때 상징 자본의 소유가 효력을 발휘하게 된다는 사실을 말한다.

"상징 자본(물리적 '경제 자본'이 변형하여 위장한 형태)은 그것이 '물질적' 형태의 자본(이것 역시 최종 분석에서는 그 효력의 원천이다) 속에서 생겨난다는 사실을 은폐하는 경우에 한해서만 적절한 효력을 가진다."[*Outline of a Theory of Action*(Cambridge: Cambridge University Press, 1977), p. 185]

상징 자본 개념에는 모호한 면이 있다고 생각한다. 명예와 은폐는 항상 동시에 생기는 것이 아니기 때문이다. 이를테면 애국 전쟁에서 싸워 명예를 얻는다고 해서 반드시 다른 형태의 자본(경제 자본 또는 문화 자본)의 은폐 또는 소유를 수반하지는 않는다. 나아가 모든 형태의 자본은 상징적 차원을 갖고 있으므로, 상징 자본과 비(非)상징 자본을 구분하는 것은 잘못된 것이거나 약간 혼동하고 있는 것이다.

그러므로 우리 분석의 목적에 맞게, 부르디외의 상징 자본 개념은 버리고 사회 자본 개념은 그대로 간직하고자 한다. 사회 자본은 사회적 네트워크 또는 관계를 동원하는 능력으로서 대체로 다양한 유형의 명예 또는 사회적 위세(물려받은 위세, 사회적 가치가 있는 목표를 성취하여 얻게 되는 위세 등)의 소유에 기초한다.

거기에 덧붙여서 복잡하게 분화된 사회의 정당이나 국가에 직간접적으로 관련된 자원을 동원하는 능력을 지칭하기 위해 정치 자본이라는 용어를 사용하고자 한다.

부르디외가 제시한 다양한 유형의 자본을 위와 같은 식으로 재정식화하게 되면, 그것들을 다음과 같이 파슨스의 AGIL 도식과 연계할 수 있을 것이다: 경제 자본을 수반하는 적응 하위 체계; 정치 자본 개념을 수반하는 목표 달성 하위 체계; 사회 자본을 수반하는 통합 하위 체계; 문화 자본을 수반하는 잠재성 하위 체계.

니라 상향 이동하여 훨씬 많은 몫을 가지게 되는 상위의 위계적 게임의 참여자가 될 수도 있다. 승자가 상향 이동한다면, 패자는 하향 이동하여 보상 또는 수익이 줄어드는 낮은 등급의 위계적 게임의 참여자가 된다.

또 하나 고려할 중요한 사항은, 게임이 위계화될 때마다 상층부의 수행자들은 각종 제약과 기회를 만들어내 하층부의 게임과 수행자들에게 영향을 미친다는 점이다. 관료제적으로 조직된 국가 기구(파슨스의 G-하위 체계)에서 고위 관료가 취한 결정(그들 사이에서 수행되는 복잡한 게임에서 나오는 결정)이 낮은 수준의 수행자들의 변경 여지를 제약하는 동시에 게임을 수행하고 다소 한정된 결정을 받아들이는 데 필요한 약간의 수단을 제공하는 이유가 여기에 있다.

시장 연계망에 기초한 '고위' 참여자와 '하위' 참여자 간의 위계의 경우도 마찬가지의 상황이 발생한다. 시장 위계(A-하위 체계)에서 고위 참여자가 하위 참여자에게 만들어내는 제약과 기회는 관료제적 위계 조직의 형식적인 법적 성격을 띠지는 않지만, 하위 수준의 게임을 결정짓는 데 결정적이다(물론 그 효과는 덜 하지만). 일상적인 예를 들어보자. 촌락 공동체의 소규모 현지 상인은 (제약과 활성 양 측면에서) 경제적으로 아주 강력한 지역 또는 전국 수준의 상인이 수행하는 활동이나 게임에 의해 영향을 받는다. 한 수준에서 (과점적 게임을 통해서건 독점적 또는 경쟁적 게임을 통해서건) 상품 가격을 설정하면 법적-관료제적 규칙을 부과하지 않아도 상거래 게임의 위계에서는 다소 자동적으로 이윤이 내려가게 하는 특정의 제약과 기회를 만들어낸다.[26]

물론 상위 수준과 하위 수준이 관료제적으로도 연계되어 있지 않고 시

∴

26) 이 점에 관해서는 결론을 보라.

장적으로도 연계되어 있지 않은 위계에서는 상황이 질적으로 달라진다. 공동체(I-하위 체계) 내의 사회적 위세를 기호로 하여 수행자들의 서열을 (영향력과 모방의 메커니즘을 통해) 매기는 위계적 게임을 고려해보자. 여기서는 높은 사회적 위세를 누리는 참여자들이 낮은 위치에서 수행되는 사회적 게임에 (제약 및 기회의 측면에서) 영향력을 행사한다. 그러므로 여기서 위계 수준들 간의 연계는 보다 분산적이고 파편화된다. 서열을 매기는 규칙에 대해 이의가 없다면, 사회 자본을 증대하고자 하는 하위 수준의 수행자들은 상위 수준에서 수행되는 사회적 위세의 게임을 고려하거나 그것에 영향을 받는다. 사회적 위세의 게임은 ① 과시적 소비, 즉 물려받은 귀속 지위의 위치에서 요구하는 사회적 예절을 가능한 한 엄격하게 따르는 형식을 취하거나 ② 반대로 온갖 사심을 가지지 않은 다소 이타적인 활동을 수행하여 시민적 미덕을 획득하려는 경쟁의 형식을 취한다. 사회적 게임은 (파슨스의 용어법으로) 개인 지향적이든 공동체 지향적이든 ① 과 ② 모두 귀속적 또는 획득적 사회 지위에서 생겨나는 사회 자본이나 위세의 축적과 관련된다.

여기서 강조해둘 중요한 점은 경제 자본을 둘러싼 게임에서처럼 상위의 수행자들이 하위의 수행자들에게 제약을 가하는 동시에 기회를 만들어놓기 때문에 사회 자본의 획득에 치중하는 게임도 위계화되는 경향을 띤다는 점이다. 이 경우 '제약/기회'는 관료제적 메커니즘이나 시장 메커니즘에 의해 지정되는 것이 아니라 표준, 모델, 생활양식을 두고 서로 겨루는 준거 집단에 의해 지정된다.

'상류 사회'의 개인이나 갑부가 수행하는 거시적 활동 또는 게임이든 아니면 공공 서비스를 제공하여 명성과 영예를 획득한 사람들이 수행하는 활동 또는 게임이든 이 모든 경우 하위에 있지만 포부가 있는 수행자는 (위에서 언급한 하나 또는 몇 가지 차원에서) 사회 자본을 증대하기 위해 시도하며 상층부에서 일어나는 일을 유심히 지켜볼 것이다.

사회 자본(I)을 둘러싼 투쟁과 문화 자본(L)을 둘러싼 투쟁을 구분하는 것은 나름대로 유용하다. 대체적으로 말하면, 첫 번째 경우에는 획득한 권력은 사회 공동체의 성원으로서 한 개인의 지위 또는 행동(이타적이든 아니든)에 기초한다. 두 번째 경우 그 권력은 사회적으로 정당한 지식의 소유 또는 한 사회 또는 사회 통일체의 문화적 유산의 재생산이나 변화에 기여하는 상징을 동원하거나 조작, 창출할 수 있는 능력과 관련이 있다. '사회 자본'과 '문화 자본'은 상당히 중첩되지만 실제에 있어서는 아주 쉽게 구분된다. 예컨대 영국에서는 상류 계층이나 귀족 가문의 출신 또는 공동체 내에서 훌륭한 행동(정직, 용맹, 관대 등)을 통해 얻은 좋은 평판이 사회 자본을 높여준다. 문화 자본은 사회적으로 가치 있는 지식, 예술적 취향, 문학적 소질 등등을 통해 획득된다. 이 때문에 모든 방면(예컨대 자연과학, 인문학, 예술, 종교 등등)의 전문가들은 주로 사회 자본보다는 문화 자본을 획득하려고 분투한다.

사회 자본과 문화 자본은 동시에 생기기도 하지만 정반대로 대립하기도 한다. 문화 자본은 하나도 가지고 있지 않으나 사회 자본은 많이 가진 영웅이나 '성인(聖人)', 또는 다른 한편으로 문화 자본은 상당히 많이 가지고 있으나 사회 자본은 아주 또는 거의 가지지 않고 있는 문학 천재인 장 주네(Jean Genet)[27] 같은 인물을 생각해보면 된다.

••

27) (옮긴이) 장 주네(1910~1986): 실존주의파에 속하는 프랑스의 시인, 소설가, 극작가. 파리에서 사생아로 태어나 창부였던 어머니의 버림을 받고 10세 때 절도죄로 감화원에 들어갔다가 그 후 탈옥하여 유랑 생활을 거듭했다. 1942년 점령 중 옥중에서 소설 『꽃의 노트르담』과 자서전 『도둑일기』를 썼다. 1947년 『하녀들』의 상연으로 극작가의 길을 열어 이후 『엄중경계』, 『흑인들』, 『간막이』가 상연되었다. 그것들은 모두 반역과 증오와 범죄가 지배하는 암흑의 세계를 가장 외설스럽고 난잡한 비속어와 빛나고 투명한 시어로써, 독창적이고도 난

문화 자본을 획득하기 위한 게임도 사회 자본 획득을 둘러싼 투쟁이나 게임과 동일한 방식으로 위계화된다. 문화적 위계도 사회적 위계와 흡사하게 작동한다. 즉 상층부에서 수행되는 문화적 게임은 표준을 설정하고 이러한 표준은 하층부에서 수행되는 문화적 게임에 제약과 기회를 제공한다. 이러한 표준은 하위의 수행자들의 활력과 관심을 특정의 문제와 분석 형태에 집중하게 한다는 점에서 제약을 가한다. 또 논쟁의 공간(보다 제한된 문화 자본이 증대 또는 감소하거나 완전히 상실할 수 있는 공간)을 구축하기 위한 개념적 수단을 제공한다는 점에서 기회를 제공한다.

이 책과 관련된 한 가지 사례를 들어보자. 사회과학의 문화적 위계 상층부에서 수행되는 문화적 게임(이를테면 근대성의 성격을 둘러싸고 하버마스와 료타르 같이 세계적으로 저명한 사회 이론가들 사이에서 벌어지고 있는 문화적 게임)은 학계 및 문화계에 중대한 영향을 미치며, 각각의 '영향력 범위'는 시공간적으로 널리 확산된다.

요컨대 부르디외가 제시한 상이한 유형의 자본 개념과 파슨스의 AGIL 도식을 따라 (복잡하게 분화된 사회에서는) 경제적 위계(A), 법적−관료제적 위계(G), 사회적 위계(I), 문화적 위계(L)를 구분할 수가 있다. 이것들은 각기 한 가지 유형의 자본을 둘러싼 투쟁과 연관된다. 이들 게임은 모두 위계화되어 있다. 피라미드 상층부의 사람들이 (시장 메커니즘, 관료제 메커니즘, 사회적 메커니즘, 문화적 영향력 메커니즘을 통해) 하층부의 수행자들에게 제약을 가하는 동시에 기회를 만들어주기 때문이다.

위계를 단순히 사회적 위치의 서열을 매기는 것으로 개념화해서는 안

∙∙

해한 문체로 그려내서 관객을 "현대의 흑막 세계로 안내하여 반역과 악의 찬가이자 순수성에의 역설적인 발걸음"이라는 평가를 받고 있다.

된다는 문제를 넘어서야 한다. 사회적 위치나 역할은 게임의 세 가지 차원 중 단 하나만(다른 두 가지는 기질 차원과 '상황적─상호작용' 차원이다)을 구성하기 때문에 위계 개념을 보다 유용하게 활용하고 쉽게 이해하기 위해서는 위계적으로 조직된 게임 또는 게임이 수행되는 위계적으로 조직된 공간과 관련하여 바라보아야 한다.

4) 위계들 간의 관계

단일 참여자(미시 또는 중위, 거시 참여자)의 관점에서 위계를 바라보면, 그 참여자는 정도는 다르지만 네 가지 유형의 게임 모두에 연루되어 있음을 알게 된다.[28] 그 참여자는 경제 자본, 정치 자본, 사회 자본, 문화 자본의 획득 또는 장악을 둘러싼 각종 투쟁에 불가피하게 연루된다. 이들 위계화된 장에서 한 수행자가 성공하게 되면 그는 지위가 상승하여 상층부의 게임에 참여하게 되거나 다른 세 영역의 자본을 증대하기 시작한다. 고전적 사례로 상거래 모험에서 성공하여 지방에서 지역을 거쳐 전국으로, 그리고 마침내 국제 수준으로 사업을 이동하게 된 시골 상인을 들 수 있다. 이러한 과정은 경제 자본의 '획득/장악'을 통해 미시적 게임에서 중위의 게

∴

28) 나는 부르디외가 제시한 많은 유형의 상이한 자본을 내가 단 네 가지로 축소한 것은 실재적 근거에서나 이론적 근거에서나 정당화될 수 있다고 생각한다. 나는 아주 복잡하게 분화된 사회에서는 경쟁적 게임에 참여하고 있는 행위자들에게 가장 중요한 각축장을 구성하는 것은 경제적 부, 정치권력, 사회적 위세, 문화적 구별을 둘러싼 투쟁이라고 상정한다. 이론적 측면에서 보면 4중의 유형학은 파슨스의 AGIL 도식에 상응하는데, 이 도식은 부르디외가 제시한 '장(場)'이라는 설익은 이론화보다 사회의 광범한 제도적 영역을 이론화하는 데 있어 훨씬 더 엄격한 시도다. 물론 AGIL 도식도 심각한 약점을 노정하지만, 나는 그 이론을 무턱대고 거부하지 않고 일부를 재구성함으로써 그 약점을 극복할 수 있고 또 그렇게 해야 한다고 생각한다.

임을 거쳐 거시적 게임으로 이동한 것을 의미한다.[29] 나아가 그는 상향 이동하여 사회 자본과 문화 자본은 물론이고 정치적 비중까지도 증대할 수 있게 된다.

물론 한 유형의 자본이 증대한다고 해서 다른 세 가지 유형의 자본이 자동적으로 증대하는 것은 아니다. 시골 상인의 예를 다시 들어보자. 그가 획득한 경제 자본이 다소 불법적인 거래에 기초한 것이라면, 그렇게 늘어난 부는 사회 자본을 희생시키고 획득된 것이다. 아니면 그러한 부가 가져온 사회적 위세는 사기성이 농후하거나 악질적인 행동이라는 사회적 낙인에 의해 역풍을 맞게 될 것이다. 반대 사례로 부유하지만 교양은 없는 부모의 자녀를 들 수 있다. 부모의 통제나 지배로부터 벗어나 독립한 이들 자녀는 금전적 문제를 무시하여 경제 자본은 탕진하지만 문화 자본은 증대할 수도 있다.

경제 자본, 정치 자본, 사회 자본, 문화 자본 간의 연계를 장기적 발전 또는 진화적 관점에서 보면, 전(前)산업적 사회 구성체에서는 사회에 대한 국가의 침투가 약해서 위계가 분산되고 발산적이며 분절적인 경향을 띤다. 즉 정치적, 사회적, 문화적 위계가 각 수준에서 심히 중첩되어 있다. 수행자들은 네 가지 차원 모두에서 서열이 부단하게 높아지거나 낮아지는 경향이 있었다. 그래서 한 예로 프랑스 구체제에서 궁정 귀족은 경제적 부(궁정에서 요구되는 생활양식을 유지하는 데 드는 필수품)와 정치권력, 사회적 위세, '문화'를 모두 다소 자동적으로 소유했다. 당시 사회의 다른 극단에 있는 직접 생산자인 농민들은 네 가지 유형의 자본 모두를 아주 적게 소유했다. 19세기에 국민 국가가 출현하여 사회 전체를 지배하게 되고 경제적, 정

⁚⁚

29) 부록에 제시된 생생한 사례를 보라.

치적, 사회적, 문화적 지방색이 쇠퇴하면서 네 가지 유형의 위계 모두가 중앙 집중화되고 분화되는 경향이 더욱 가속화되었다. 이러한 분화는 네 가지 유형의 자본의 중첩이 줄어들고 있음을 뜻한다. 달리 말하면, 근대성에 관해서만큼은 계급, 지위, 파당을 서로 독립적으로 변화할 수 있는 세 가지 계층화 체계로 보아야 한다고 주장한 점에서 베버는 마르크스보다 더 정밀했다.

탈산업 시대에는 글로벌 자본주의에 의해 위계가 파편화되고, 미시적 게임, 중위의 게임, 거시적 게임이 국민 국가에 의해 엄격하게 위계화되는 것이 아니라 갖가지의 지역 간 및 초국가적 네트워크에 의해서 위계화된다. 이러한 탈근대적 상황은 혼합 및 중첩 측면에서 경제 자본, 정치 자본, 사회 자본, 문화 자본 사이의 균열을 가속화한다. 예를 들면, 초국적 기업 현지 지사의 한 경영자는 경제 자본은 상당히 소유하게 되지만, 국경을 넘어선 수평적 이동이 잦기 때문에 그의 사회 자본과 정치 자본은 토착 기업가에 비해 현격히 떨어질 수 있다.

5) 기술로서의 위계

지금까지 위계 개념에 대해 명료하게 밝혔다. 이제는 기술과 위계 간의 약간의 이론적 연계를 수립하여 마무리할 때다.

거시적 게임에서 시작해보자. 거시적 수행자는 다양한 유형의 자본을 유지 또는 증대하기 위해 분투함으로써 특정한 유형의 위계화된 게임이 수행되는 거시적 공간을 구성하는 데 결정적 기여를 한다. 이것은 하위의 게임에 일반적 파라미터를 제공해주는 자신들의 거시적 상호작용, 전략, 결정의 결과로서 발생한다. 달리 말하면, 거시적 수행자는 의도적으로든 그렇지 않든 자기 아랫사람들에게 촉매 작용을 한다. 그들은 제약을 설정함으로써 그리고 중위 및 미시 수준에서 자본을 증대할 기회를 한정하고 제공함으로써 하위의 수행자들을 동원한다.

그러므로 거시적 수행자 아래의 수직적 게임 사슬은 상징적 및 물질적 구성을 위한 (경제적, 정치적, 문화적) 수단 또는 기술로 볼 수 있다. 거시적 관점에서 볼 때 그리고 외부 관찰자의 관점에서 볼 때, 중위의 게임과 거시적 게임은 그들이 만들어내는 물질적 또는 상징적 자원과 함께 사회 현실 또는 사회 질서를 구성하는 수단이 된다.

앞에서 언급한 상인의 예로 되돌아가서 이 점에 대해 좀 더 자세히 살펴보자. 경제 영역(A)에서는 한 상품의 도매상들(거시 행위자들) 간의 과점적 또는 보다 공개적인 경쟁이 중위 및 미시 수준의 상인들에게 (기본 가격 틀을 설정하는 식으로) 전반적인 제한을 가한다. 거시적 행위자나 집단은 시장 메커니즘을 통해 전국 수준에서 가격을 통제하고, 이것으로 지역 및 지방 수준의 수직적 게임 사슬에 영향력을 행사한다. 달리 말하면, 전국 수준의 지배적인 수행자는 경제적 시장 전반을 구성하는 데 이용되는 상징적, 물질적 수단에 접근할 수 있는 특권을 가진다. 여기서 말하는 '접근(access)'이란 중위 및 미시의 상거래 게임과 전략이 전개되는 지형을 결정적으로 형성하는 역량을 의미한다. 수직적 게임 사슬은 다음과 같은 점에서 마르크스적 의미의 기술[30]과의 유사성이 명백하게 드러난다.

••

30) 마르크스의 기술 개념에 대한 분석 및 재구성에 대해서는 다음을 보라. N. Mouzelis, *Post-Marxist Alternatives*, op. cit., pp. 50~56.

① 도구성: 앞서 언급했듯이 수직적 게임 사슬은 게임 수행자에게는 '자본/이윤'을 낳게 하고 소비자에게는 '서비스'와 '재화'를 낳게 하는 의도적 또는 비의도적 수단을 구성한다.

② 차별적 접근: 지배적 거시 행위자는 그 같은 사슬에 접근하는 특권을 가지며, 그 사슬을 재생산 또는 변화하는 데 미시 수행자보다 더 많이 기여한다.

비경제적 영역에도 유사한 사례를 적용하는 것이 어렵지 않다. 즉 전국적 정치 지도자(G: 이들은 어떤 사안에 대한 찬반 입장에 따라 지역 및 지방 정치에 영향을 미친다), 사회의 저명인사 또는 시민 지도자(I: 이들은 전국 지역 사회에 지배적인 사회적 풍조 또는 도덕적 기준을 설정해준다), 유명한 예술가 또는 문화적 권위자(L: 한 나라의 예술적 또는 문화적 유형을 틀 지어지게 한다) 각각에 대해서도 유사한 사례를 적용할 수 있다. 이러한 거시 행위자들은 모두 자신의 자본을 유지, 증식하려고 시도하는 과정에서 수직적 게임 사슬을 동원하여 거시적인 정치적, 사회적, 문화적 공간을 구성, 재생산, 변형하는 데 결정적인 기여를 한다.

물론 거시 행위자들만이 유일한 사회 세계의 생산자인 것은 아니다. 그러나 앞서 언급했듯이 그들의 기여는 미시 행위자들보다 결정적이다.[31] 달리 표현하면, 모든 행위자들은 사회 세계의 산물이자 생산자이며, 거시 행위자(경제적, 정치적, 사회적, 문화적 행위자)는 그 산물이기보다는 생산자에 훨씬 가깝다.

∵∵

31) 물론 미시 행위자들이 집합체를 조직하고 구성하게 될 때는 상황이 바뀐다. 그 경우 그들의 결정은 시공간적으로 널리 뻗어나간다.

결론

방금 사회학 이론이 파슨스와 함께 사회학의 전문화된 한 하위 분과학문으로 출현하게 된 것이 파슨스의 기능주의에 대한 초기의 비판가들이 우리한테 믿으라고 했던 것만큼 불운한 것은 아니라고 주장해왔다. 하나의 하위 분과학문으로서 사회학 이론의 목표가 견고하고 보편적인 토대주의적 일반화를 구성하는 것이 아니라 경험적 연구를 촉진하기 위한 개념 도구를 구성하는 것이라면, 이러한 유형의 전문화된 그리고 가끔 고도로 추상적인 노력은 사회과학의 분과학문 및 하위 분과학문들 사이에서 증대하고 있는 분업 속에서 정당한 위치를 갖는다. 나아가 사회학 이론은 오늘날 사회학에서 이론적 패러다임과 경험적 전문화의 불가피한 확산을 특징으로 하고 있는 엄격한 구획화에 맞서 싸우는 데 주도적인 역할을 할 수 있다.

이러한 점을 받아들이더라도 그리고 파슨스 이론에 동조하지 않더라도, 파슨스가 주도적으로 창안한 분업의 유형은 여기서 머무른 채로 있다. 왜냐하면 오늘날의 현실적인 문제는 개념 도구의 구성(일반성 II)에서 전문화되고 있는 분과학문으로서의 사회학 이론에 등을 돌리라는 것을 의미하는 것이 아니다. 반면에 제시된 개념 도구를 갈수록 더 유용하게 하며, 또 파슨스와 그 제자들이 이론과 경험적 연구 사이(일반성 II와 일반성 III 사이)에 수립해놓은 연계의 유형을 강화, 증진되도록 한다는 것을 의미한다.

좀 더 구체적으로 말하자면 파슨스 이론은 문화 체계, 사회 체계, 퍼스낼러티 체계의 연구에 포괄적인 개념 틀을 제공하려고 노력하는 과정에서 거시적 분석 수준에서는 물론이고 미시적 분석 수준에서도 행위자를 묵과하고 '체계성'을 과잉 강조했다. 이러한 근본적 결함은 미시적 수준에서 다양한 해석 사회학의 괄목할 발전에 의해 부분적으로 극복되었다. 그렇지만 해석 사회학은 '행위/상호' 작용을 미시로 그리고 제도적 구조를 거시로 보는 경향이 있어 미시적 접근 방법과 거시적 접근 방법을 효과적으로 연결하지 못했다. 또 파슨스가 거시 행위자를 경시한 것을 만족스럽게 다룰수가 없었다. 이러한 편향성은 해석적 미시사회학 외부에서의 그에 비견되는 이론적 발전(예컨대 합리적 선택 이론)에 의해서도 바로잡히지 않았다(이러한 편향성은 사회적 위계를 철저히 무시하고 미시사회학과 거시사회학 간의 틈을 더욱 넓혀놓는 결과를 낳았다). 그러한 편향성은 (자신들 저작 일부에서 파슨스가 제도화한 개념 도구의 전문화된 구성을 따르긴 했으나) 기능주의 일반, 그리고 특수하게는 파슨스의 기능주의를 초월하고자 온 힘을 기울인 저자들에 의해서도 바로잡히지 않았다. 나는 엘리아스, 기든스, 부르디외의 저작을 중심으로 그들의 '초월' 시도가 실패했으며, 기능주의 논리가 (비록 그 어휘는 사용하지 않지만) 그들의 분석 속으로 은밀하게 뒷문으로 슬금슬금 기어들어가고 있음을 보여주었다.

파슨스 이후 전개된 사회학 이론은 미시와 거시 그리고 행위와 제도적 구조를 잇는 데 연이어 실패함으로써 그 계기를 상실하게 만들었다. 이제는 이론 지향적 사회학자들이 인식론적 쟁점 또는 언어학, 기호학, 정신분석학 같은 분과학문들 내에서의 논쟁에 주요 에너지를 쏟고 있다. 사회학적-이론적 쟁점에서 철학적, 언어학적, 정신분석학적 쟁점으로 초점이 이동하면서 이론과 경험적 연구 간의 연계가 약화되었다. 사회학 이론 자체의 저발전 또는 침체는 철학이나 인접 분과학문의 발달에서 이끌어낸 통찰을 사회 체계, 특히 사회적 체계의 구성, 재생산, 변화에 대한 경험적 연구를 방해하지 않고 촉진하게 하는 개념 도구로 효과적으로 번역하는 것이 불가능하게 되었음을 의미한다.

그 결과 사회학 본연의 전형적인 다원주의는 마침내 무정부 및 불협화음 상태로, 즉 서로 대립하는 이론적 학파들 간의 소통이 전면적으로 결여되는 상태로 변질되었다. 또한 포스트모더니즘에 의해 미시-거시, 행위-체계, 표현-대상 같은 근본적인 구분이 폐기되었다. 이것은 분과학문들 간 및 하위 분과학문들 간 경계의 폐기와 결부되어 무엇이든 드나들 수 있는 완전히 자유로운 상태로 귀결되었다. 또 사회의 분석이 ('텍스트', 무의식, 기표의 사슬, 욕망 등) 다양한 환원론적 설명에 의해 뒤르케임 이전의 기준으로 퇴보해버렸다. 달리 말하면, 우리는 이론적 탈분화의 상황에 직면하게 되거나 고전 사회학자들과 그 추종자들이 앞서 성취해놓은 것에 기초하는 대신에 아주 조야하고 유약하며 심지어 기괴한 형태의 사회학적 분석으로 후퇴한 이론적 원시 상태에 직면하게 된다.

나는 그것을 비판하는 것만으로는 충분하지 않고 진단에서 시험적 치료로 진전하는 것이 중요하다고 생각했다. 그리하여 제2부에서 사회학 이론 — 철학 및 여타 인접 분과학문의 논리와 구분되는 논리를 묘사하는 하나의 실천으로서 — 이 사회학자들에게 사회 통일체의 구성, 재생산, 변화 방식에 대한 경험적 탐구를 위한 기반을 마련해주는 데 어떻게 도움을 줄 수 있는지를 최대한 구체적으로 보여주려고 노력했다. 사회학 이론이 난제를 해결하고 영속적인 혼동을 제거하며 보다 유용한 개념 도구로 그것을 몰아냄으로써 이것이 이루어질 수 있다는 것을 보여주고자 했다.

특히 4장에서는 엘리아스의 결합태 사회학을 비판적으로 분석하면서 '행위/제도' 구분을 유지하는 것이 심히 중요하며, 제도적 구조와 결합태적 구조를 융합하려 하거나 (엘리아스처럼) 전자를 후자로 환원하려는 어떤 시도도 사회 세계를 일방적이고 왜곡하여 설명하게 된다고 제시했다. 나는 엘리아스가 제도적 구조(고유의 논리를 가지고 있어 결합태적 구조와는 독립적으로 변화하는 통일체)를 묵과함으로써 점점 증가하는 사회적 상호의존과 독자 원리 간의 준(準)보편적인 일반화를 수립하게 되었다고 지적했다. 그 같은 일반화는 '제도적/문화적' 맥락을 무시하므로 잘못되거나 부질없는 것이 된다.

5장에서는 제도적 구조와 결합태적 구조 두 개념의 단절 또는 환원에서 효과적 접합으로 옮겨가는 특별한 방식을 제시하여 두 개념의 구분을 한층 공고화하고자 했다. 그런 끝에 나는 파슨스의 AGIL 도식에 대한 비판을 제시했으며, 파슨스가 자신이 제시한 네 하위 체계 각각을 동일한 '제도적/체계적' 논리를 따라 세분화한 것은 서로 단절적이라고 주장했다. 즉 그것들은 제도적 통일체와 결합태적 통일체의 효과적 접합을 가로막는 장애물을 만들어 간접적으로 사회 체계를 물화한다고 주장했다. 또한 결합태적인 '집단 투쟁'을 파슨스의 이론에 주입하려는 최근의 신기능주의자들의 시도는 실체적이기보다는 장식적이라고 지적했다. 그들이 주입한 요소가 AGIL 같은 기존의 도식에는 잘 어울리지 않기 때문이다.

그리하여 나는 파슨스의 골격에다가 그처럼 임시방편적으로 윤색을 하는 대신에, 제도적 통일체와 결합태적 통일체(즉 제도화된 역할들의 통일체와 상호작용하는 행위자들의 통일체)를 연계하는 이론적으로 적합한 방식은 각 제도적 질서(A, G, I, L) 내에 있는 제도화된 '규범/역할'을 agil 논리 측면에서가 아니라(즉 네 하위 체계를 다시 네 개의 하위 하위 체계로 더욱 세분화해서가 아니라) 제도적 통일체의 기술, 전유, 이데올로기 차원의 측면에서 바라보는 것이 유용하다는 점을 진지하게 고려하는 것이라고 제시했다.

그 같은 차원들은 모든 마르크스주의 사상의 중심을 이루고 있는 것이다. 그것들은 모든 형태의 경제적 환원주의 그리고 많은 오해를 불러일으키는 토대─상부구조 이분법과 근본적으로 단절되어야 한다. 우리는 기술과 그것의 '전유/통제' 양식 그리고 그런 통제를 정당화하는 방식을 토대─상부구조 측면에서가 아니라 모든 제도적 영역(경제, 정치, 법, '교육/가족/종교') 본연의 요소로 보아야 한다. 이러한 점은 우리에게 제도적 양립 불가능성이 어떻게 해서 경제적 수준(A), 정치적 수준(G), 법적 수준(I), 문화적 수준(L)에서의 집단 갈등에 이르는지 그렇지 않은지를 제대로 보여주는 적절한 도구를 제공해줄 것이다. 그것은 또한 사회 통일체의 구성, 재생산, 변화와 관련하여 '누구'와 관련한 질문을 제기하게 해줄 것이다. 사람들이 자신들의 일상적 존재를 구성하는 데에 다양한 물질적, 비물질적 기술을 사용하고 또 이러한 기술(경제적, 정치적, 법적, 문화적 기술)이 차별적으로 '전유/통제'되고 있다는 핵심적 사고는 '자연스럽게' 위계적으로 조직된 또는 위치한 행위자 개념으로 이어진다. 또 그러한 사고는 상이한 행위 주체들(개인 또는 집합 행위자, 미시·중위·거시 행위자)은 이러한 기술들에 대한 통제 정도가 다르다는 사실 그리고 기술에 대한 차별적 통제가 사회 갈등을 낳는다는 사실로 이어진다.

6장에서는 제도적 구조와 결합태적 구조의 연계에서 '참여자─사회 통일체' 관계로 관심을 옮겨갔다. 여기서는 기든스의 구조화 이론을 비판적으로 재개념화하여 참여자들이 계열체 수준에서 제도적 통일체에 그리고 통합체 수준에서 결합태적 통일체에 어떻게 관계 맺는지를 이해하는 데 있어 주체─객체 이중성 및 이원론 개념이 갖는 효용성을 보여주고자 노력했다.

그런 다음 나는 계열체적 '이중성/이원론'과 통합체적 '이중성/이원론' 개념이 사회적 위계에 어떻게 체계적으로 연계될 수 있는지를 보여주었다. 즉 사회적 '위치/역할'이 계열체 수준에서 위계적으로 배열되는 복잡한 방식을 보여주고 특정 행위자들이 통합체 수준에서 시공간적으로 어떻게 위계적으로 관계를 맺는지를 보여주었다.

나는 위에서 제시한 개념화의 도움을 얻어, 상호작용=미시 및 제도=거시의 연계를 기각하기만 하면, 그리고 역할 연계와 행위자의 관계 양자의 관점적 성격을 강조하기만 하면 미시-거시와 외재성-내재성 문제를 적절하게 파악할 수 있다고 제시했다.

6장에서는 부르디외의 아비투스 개념에 대해서도 다루었다. 이 개념의 도움으로 나는 사회적 게임의 '역할/위치', 기질, '상호작용/상황' 차원 개념을 발전시켰으며, 이들 세 차원은 서로 환원될 수 없다고 주장했다.

7장에서는 개념 도구(일반성 II)는 그것이 경험적 연구에 얼마나 유용할 수 있는지를 (소극적으로는 혼동을 없앰으로써 그리고 적극적으로는 흥미를 끄는 경험 지향적 쟁점을 제기함으로써) 보여줄 경우에만 적절하게 평가할 수 있다고 생각하면서, 두 가지 점을 보여주려고 시도했다. 즉 ① 내가 제시하고 있는 개념 도구들('결합태적/제도적' 통일체, 계열체적 및 통합체적 '이중성/이원론', 사회적 위계, 게임의 '지위/기질/상호작용' 차원)이 서로 어떻게 연관되는가? ② 이러한 개념 도구들이 사회학의 기능주의적 설명에 대한 몇 가지 근본적인 오해를 얼마나 제거할 수 있는가?

물론 내가 다른 이론가들의 저작을 재구성하여 정교화한 개념 도구와 구분들이 '미시-거시', '행위-구조' 쟁점 또는 기능주의적 분석 본연의 문제점에 대한 최종적 또는 근본주의적 해법이 되는 것은 아니다. 그것들은 속성상 끊임없이 변화하고 있는 한 연구 분야에 대한 시험적 제언 또는 지침이다. 수차례 지적했듯이, 나는 사회학 이론의 주요 과제는 (파슨스나 기든스처럼) 충분히 완성된 개념 구조를 제공하고 또 특정 사회학적 문제에 대해 경험적 비교 연구에 유용한 시험적이고 유연하며 개방적이고 과도적인 틀을 제공하는 것이라고 본다. 달리 말하면, 파슨스와 기든스의 전략적인 거대 이론화에 덧붙여 오늘날 우리에게는 머튼이나 굴드, 록우드가 발전시킨 것과 같은 전술적인 소박한 이론화가 긴급하게 필요하다고 생각한다. '소박하다(modest)'는 말은 중범위(middle range)를 뜻하는 것이 아니라 총체적 지도를 제시하는 대신에 '왜곡된 의사소통'을 줄이고 특정 문제 영역에 대한 흥미로운 경험적 질문을 제기하는 데 유용한 소수의 상호 연관된 개념들을 정교하게 하는 것을 의미한다.

분석을 마무리하면서 다음 사항을 다시 강조하고 싶다. 이론 지향적 사회학자로서 우리의 일차적 관심은 철학적 기초 또는 보편적 일반화에 대한 모더니즘적인 가망 없는 탐구도 아니어야 하고, 사회 세계에 대한 아주 조야하고 환원론적인 설명으로 빠지는 이론적 탈분화를 추구하는 포스트모더니즘적인 공허한 노력도 아니어야 한다. 만약 우리가 모더니즘에 반대하여 사회과학에서 유일하게 흥미를 끄는 실체적 일반화(일반성 II)가 시공간적 맥락을 충분하게 고려하는 일반화이어야 한다는 점을 받아들인다면, 그리고 포스트모더니즘에 반대하여 사회학 이론의 자율적 논리를 받아들인다면, 우리는 사회 세계에 대한 경험적 탐구를 위한 기반을 마련할 수 있는 일련의 상호 연관된 도구들을 소박하게 그리고 잠정적으로 만들어내는 데 우리의 관심을 집중해야 할 것이다.

그러기 위해 위의 조건에 적합한 두 가지 요건을 제시하고자 한다.

① 다시 말하자면, 사회학 이론은 철학이나 여타의 관련 분과학문을 무

시하라는 것이 아니라 그것들과의 관계는 자체의 상대적 자율성, 즉 그 특유의 논리를 유지, 향상하는 것이어야 한다. 즉 사회학 이론은 다른 분과학문의 통찰을 사회 질서에 대한 비교 경험 지향적 사회학 분석을 폭넓고 풍부하게 하기 위한 개념 도구로 번역해야 한다.

② 일반성 II의 구성이 사회학 이론의 유일한 관심사가 되어야 하는 것이 아니다. 그 하위 분과학문 안에는 고전 텍스트, 사회사상사, 사회 철학 및 도덕 철학, 철학적 인간학 등을 지속적으로 재평가하고 해석, 분석하는 등 다양한 이론적 활동을 위한 여지가 아주 풍부하게 들어있다.

그럼에도 불구하고 일반성 II의 구성에 우리의 관심을 집중해야 한다. 그 이유는 단순하다. 사회학은 본래 복합적인 패러다임을 가진 학문이기에 사회학 이론의 주요 임무는 '구획화된' 분화를 '개방된' 분화로 바꾸려고 노력함으로써, 또 전형적인 '교조주의/배타주의'가 빚어낸 무의미하고 파괴적인 논전 그리고 이론적 평준화를 지향하는(즉 이론적 탈분화라는 조야한 전략으로 사회학적 분석의 다양한 논리를 부수려는) 포스트모더니즘의 시도에 대항함으로써 사회학 이론의 다원주의를 유지, 향상해야 한다.

은유적으로 말하자면, 오늘날 우리에게 필요한 것은 각 이론적 지향점 또는 전통의 내적 논리와 동학을 존중하며 동시에 그것들 간의 사고와 통찰의 자유로운 소통을 가로막는 모든 장애물을 제거하게 될 고도로 분산된 '민주적' 또는 '대화적' 연방체를 구성하는 것이다. 사회학 이론은 이러한 주요한 전략적 역할을 수행할 수 있고 또 해야만 한다. 이것을 효과적으로 달성하려면, 포스트모던 사회학 이론은 지적 유행의 폭정, 기존의 것을 모두 버리고 '초월해야' 한다는 강박적 요구, 진리 가치에 무관하게 낡은 것을 무시하고 새로운 것만 자동적으로 채택하려는 편견 등에 매몰되어서는 안 된다. 한편, '모더니즘적' 사회학 이론은 자체의 토대주의적 수하물을 내던지고 보편주의적 도식과 철학적 기반에서 유연하고 시험적인 개념화(이것도 경험적 연구의 문제점과 딜레마에 민감하게 반응하고 새로운 이론적 통찰이나 새로운 경험적 발견물에 맞추어 제시된 개념 도구를 개선할 의지를 가지고 있다)로 관심을 이동해야만 한다.

결론의 부록: 시험적 지침

여기서는 여덟 개의 주요 논점을 제시하고자 한다. 이것들은 이 책에서 개진한 논지들의 요약으로 볼 수도 있고, 동시에 이론 지향적인 사회학적 분석에 유용한 지침이나 규칙으로 볼 수도 있다.

1) 토대주의, 본질주의, 전체론

① 사회학은 토대주의적 기획을 단호하게 폐기해야 하지만, 사회 현상을 전체론적으로 설명하려는 노력은 결코 포기해서는 안 된다.

② 사회학은 본질주의적 가정에 기초한 기획도 폐기해야 하지만, 그렇다고 사회를 언어로 환원하거나 비위계적인 '텍스트/담론/기표' 사슬로 환원하는 것으로 빠져서는 안 된다.

2) 일반성 II와 일반성 III

① 한 이론을 평가할 때는 주로 그것이 개념 틀(일반성 II)인지, 일련의 실체적 명제(일반성 III)인지를 고찰하는 것이 중요하다. 그 평가 기준은 경우에 따라 다르다.

② 이론가들이 무엇을 할 것이라고 말하는 것에 주의를 기울일 것이 아니라 그들이 자신들의 개념 도구를 가지고 실제로 하고 있는 바가 무엇인지에 지대한 관심을 기울여야 한다(즉 이론가들이 그 개념 도구를 어떻게 이용하는가에 관심을 기울여야 한다). 이것은 이론가의 2차 이론적 담론이 아닌 1차 이론적 담론에 더 많은 주의를 기울여야 한다는 것을 의미한다. 즉 수사적 선언과 방법론적 청사진이 아니라 일반성 II를 경험적 연구에 실제로 적용하는 데에 더 많은 주의를 기울여야 한다는 것을 의미한다.

③ 보편적인 것(역사적 맥락과 문화적 맥락을 모두 무시한다는 의미)을 추구하는 일반성 III은 부질없거나 잘못되는 경향이 있다. 이것은 일반성 II에는 적용되지 않는다. 일반성 II의 주요 목표는 (소극적으로는 혼동 및 소통 장벽을 없애고 적극적으로는 흥미로운 질문을 제기하여 사회 통일체를 비교 분석하기 위한 도구를 제공함으로써) 맥락에 민감한 일반성 III으로 이어지는 분석을 위한 기반을 마련해주는 것이기 때문이다.

④ 사회학의 한 분과학문으로서 사회학 이론은 여기서 머무른다. 이것은 (파슨스 등에 의해 발전된) 개념 도구의 구성에 주로 관심을 가진다. 파슨스 이론이 가진 명백한 약점에도 불구하고, 사회학이 경험주의 또는 상충하는 여러 패러다임들의 구획화를 피하려면 사회 세계에 대한 경험적 연구를 촉진하는 각종 도구들을 구축하는 데 전념하는 것이 절대적으로 필요하다.

⑤ 사회학 이론은 철학이나 언어학 또는 정신분석학의 종속물 또는 부속물이 아니며 그렇게 되어서도 안 된다. 사회학 이론은 위에서 말한 분과학문들에 등을 돌려서도 안 된다. 대신에 사회학 이론은 상대적 자율성의 입장을 가지고 그것들과 관계를 맺어야 한다. 이러한 입장

은 사회학 이론의 고유한 논리를 강조하며, 그 바탕 위에서 (1) 여러 패러다임들 간 소통을 증대시키고 (2) 다른 분과학문들의 통찰을 사회학 내부로 이전, 통합하려고 힘쓴다.

3) 제도적 통일체와 결합태적 통일체

① 사회 통일체는 결합태적 및 제도적 양 관점에서, 즉 통합체 수준에서의 '행위자들/집단들' 간의 갈등적 또는 협력적 관계 그리고 계열체 수준에서의 일련의 제도화된 규칙들 간의 양립 불가능한 또는 양립 가능한 관계 양 측면에서 바라보아야 한다.

② 결합태적 구조 또는 통일체를 간과하면 물화로 빠지고, 제도적 구조 또는 통일체를 간과하면 갖가지 형태의 환원주의로 귀결된다.

③ 제도적 통일체는 결합태적 통일체와의 관계를 이론적으로 일치시켜 수립할 수 있게 개념화해야 한다.

④ 이러한 개념화를 효과적으로 하려면 모든 제도적 질서(경제, 정치, 교육, 종교 등)의 기술, 전유, 이데올로기 차원에 초점을 맞추어야 한다. 일련의 제도화된 규칙을 그 같은 관점에서 바라볼 때 제도와 결합태의 접합, 즉 제도적 양립 불가능성과 사회 갈등의 연계가 제대로 실행될 수 있다.

4) '미시-거시'

① 미시를 행위에 그리고 거시를 구조에 연계시키지 않는다면 '미시-거시' 구분은 매우 유용한 구분이다. '행위자/상호작용'을 다루든 제도

적 구조를 다루든, 거시는 제도화된 규칙(실제로 예증될 때) 또는 행위자의 실천이 시공간적으로 널리 영향을 미치는 경우를 일컫고, 미시는 그러한 영향이 매우 제한적일 때 적용된다.

② '미시-거시' 구분은 '선택'의 성격을 띠는 것이 아니라 '정도'의 성격을 띤다.

③ '미시-거시' 구분은 (현실적이라고 상정되지 않을 때) 연구자들이 분석 수준을 덜 포괄적인 사회 체계 또는 사회적 게임에서 더 포괄적인 것으로 이동할 경우 민감하게 부딪힌다. 그러한 구분을 무시할 때, 새로 생겨나는 복잡성을 고려하지 않은 채 덜 포괄적인 사회 체계 또는 사회적 게임에 대한 분석에서 더 포괄적인 것에 대한 분석으로 건너뛰라는 유혹을 받게 되어 갖가지 형태의 조야하고 유약한 환원론적 설명에 문을 열어놓게 된다.

④ 위의 내용을 진지하게 고려하면 미시사회학과 거시사회학이 각각 존재하게 된다. 중요한 점은 (포스트구조주의자들과 여타 사회 이론가들이 그러는 것처럼) 그 둘 간의 명백한 차이를 무시하는 것이 아니라 각종 장벽을 무너뜨려 그 둘 간의 연계를 강화하는 개념을 구성하는 것이다.

⑤ 미시적 분석 수준에 주요 초점을 두든 거시적 분석 수준에 두든, 사회 통일체는 '내재적' 관점과 '외재적' 관점, 즉 행위(사회 통합) 관점과 제도(체계 통합) 관점 양 측면에서 볼 수 있다.

⑥ 록우드가 제시한 사회 통합과 체계 통합의 구분은 미시 수준 및 거시 수준 모두에 관련될 뿐만 아니라 이 두 관점을 균형 있게 다루어야 한다. 뒤르케임의 경구로 바꿔 말하면, 거시적 '사실(facts)'은 중위 및 미시적 분석 수준으로 '내려가기' 전에 다른 거시적 사실에 의해 설명되어야 한다.

5) '이중성/이원론'

① '주체-객체' 구분은 아주 큰 대가를 치르지 않고서는 제거하기가 불가능한 또 하나의 구분이다. '주체-객체' 이원론은 (참여자 또는 관찰자의 관점에서 볼 때) 주체와 객체 사이에 거리가 존재하는 상황을 지칭하고, 주체-객체 이중성은 그 같은 거리가 축소되거나 사라지는 상황을 말한다.

② 통합체 수준에서는 '주체-객체' 이원론은 주체의 게임 참여가 그 결과에 심대한 영향을 미치지 않는 상황을 일컫는다면, '주체-객체' 이중성은 그 반대의 상황을 지칭한다.

③ 계열체 수준에서 행위자는 '전략적/감시적' 이유에서 규칙으로부터 거리를 둘 수도 있고(계열체적 이원론), 아니면 규칙을 당연한 것으로 받아들여 사용할 수도 있다(계열체적 이중성).

④ '미시-거시' 구분에서처럼 객관주의 사회학과 주관주의 사회학 간의 간극도 (포스트구조주의에서처럼) 아예 무시해서도 안 되고, (부르디외나 기든스 또는 엘리아스처럼) 장식적인 수사로 초월하려 해서도 안 된다. 중요한 점은 그 간극을 넘어서는 것이 아니다. 오히려 적합한 개념 도구를 구성하여 사회 현상에 대한 주관주의적(내재적) 접근 방법과 객관주의적(외재적) 접근 방법을 더 가깝게 연결하는 것이다.

6) 사회적 위계

① 복잡한 사회 통일체의 위계적 차원을 진지하게 고려하지 않고서는 미시사회학과 거시사회학의 간극을 연결할 수가 없다.

② 미시를 대면적 상호작용에 연결시키는 사람이나 '미시/거시' 구분을 전적으로 거부하는 사람이나 모두 사회적 위계를 무시하는 경향이 있다. 그 이유는, 전자는 대면적 상호작용을 하는 사람들의 힘의 정도가 다르다는 점을 진지하게 고려하지 않기 때문이며, 후자는 규모가 큰 사회 통일체와 규모가 작은 사회 통일체가 서로 연관되는 방식을 보여주는 개념 수단을 가지고 있지 않기 때문이다. 이유가 어떠하든, 사회적 위계를 무시하면 사회 세계를 매우 왜곡되고 '평면적으로' 보게 되며, 사회 통일체의 구성, 재생산, 변화를 환원론적으로 설명하게 되기 마련이다.

③ 위계적으로 조직된 통일체의 상층부 행위자들은 그 결과가 거시적 경향을 띠는(즉 시공간적으로 널리 영향을 미치는) 게임을 수행한다. 사회적 위계의 하층부 사람들이 수행하는 게임은 그 반대의 경향을 띤다.

④ '이중성−이원론' 개념화는 '행위자/참여자'들이 위계적으로 연결된 게임에 연관되는 방식을 이론적으로 일관되게 보여주는 데 도움을 줄 수 있다. 행위자들은 통합체적 이원론 측면에서는 위계 상층부의 게임(즉 행위자들이 그 결과에 큰 영향을 미치지 않는 게임)에 관계를 맺고, 통합체적 이중성 측면에서는 위계 하층부의 게임에 관계를 맺는다.

⑤ 제도화된 규칙으로부터의 거리를 둘 수 있는 점과 관련해서 보면, 관료제 조직의 경우 하위 관료는 규칙과 질서를 당연시하며 준수하도록 되어 있는(계열체적 이중성) 반면, 상층부 조직 구성원은 '전략적/감시적' 목적에서 동일한 규칙으로부터 거리를 둘 수 있다(계열체적 이원론).

⑥ 사회적 위계 개념과 제도적 영역의 '기술/전유/이데올로기' 차원은 논리적으로 연결되어 있다. 일반 사람들은 자신들의 일상생활을 구성

하는 과정에서 다양한 물질적, 비물질적 기술을 활용하며 이러한 기술들(경제적, 정치적, 사회적, 문화적 기술)은 차별적으로 전유되고 통제된다는 관념은 '자연스럽게' 사회적 위계 개념으로 이어진다. 즉 상이한 참여자들('개인/집합' 참여자, '미시적/거시적' 참여자)은 그 같은 기술에 대한 통제의 정도와 유형이 서로 다르다.

7) 게임의 세 가지 차원 특성

① 사회적 게임을 충분히 이해하려면 그 게임의 '역할/위치', 기질, '상호작용/상황' 차원에 초점을 맞추어야 한다. 이들 세 차원은 각기 고유의 논리와 동학을 가지는데, 이것은 독립적으로 변할 수 있고, 따라서 하나를 다른 둘에서 자동적으로, 즉 선험적으로 이끌어낼 수 없다.

② 고프먼이 '상호작용 질서'를 미시라고 부르고, '제도적 질서'를 거시로 부른다고 보는 것은 잘못되었다. 두 질서 모두 미시적일 수도 거시적일 수 있다. 대면적 상호작용이 시공간적으로 널리 영향을 미칠 경우 그것은 거시적이다. 다른 한편, 제도가 낮은 수준의 효력을 가지는 '역할/위치' 속으로 구현될 경우(또는 게임의 결과가 널리 영향을 미치지 못할 경우) 그것은 미시적이다.

③ 물론 각 차원의 중요도는 게임의 유형에 따라 달라진다.

④ 현대 사회가 그토록 파편화되고 불연속적이며 유약한 사회 조직으로 묘사되고 있는 이유 중 하나는 사회적 게임의 위치, 기질, 상호작용 차원 간의 불일치가 증대하고 있기 때문이다. 세 차원 간의 불일치가 커질수록 세 차원 각각이 수반하는 규칙들로부터 참여자들이 멀어지는 기회가 커진다.

8) 기능주의

① 기능주의는 사회 현상에 대한 전체론적 지향은 물론 '체계적/외재적' 관점의 채택도 함의한다.

② '체계적/외재적' 관점은 연구자들로 하여금 사회 통일체 존재의 필요 조건에 관한 질문을 제기하도록 유도하지만 그 스스로 충분조건(기능적 요건)에 관한 질문, 그리고 그것의 내적 응집을 증진 또는 약화 하는 사실적 또는 반사실적 조건에 관한 질문을 제기하지는 않는다. 그 같은 체계적, 외재적 질문을 제기하면 참여자 → 사회 통일체 관계가 아니라 사회 통일체 → 참여자 관계를 강조하게 된다.

③ 존재의 필요조건 또는 '기능적/역기능적' 결과가 원인으로 돌변할 경우(목적론) 또는 사회 통일체 → 참여자 관계가 참여자들이 사회 통일체로부터 어떻게 영향을 받는지에 관한 질문뿐만 아니라 사회 통일체에 어떻게 영향을 미치는지에 관한 질문을 제기하는 것이 불가능하다는 식으로 개념화될 경우 기능주의적 '설명/분석'은 부당하게 된다(이러한 불가능성은 사회 통일체의 물화로 귀결된다).

④ 기능주의자들이 목적론도 피하고 물화도 피할 경우 그들의 분석은 전적으로 온당하게 되지만 여전히 불완전하다. 왜냐하면 완전한 분석이 되려면 사회 통일체 → 참여자 관점과 참여자 → 사회 통일체 관점을 모두 고려해야 하기 때문이다.

⑤ 사회학적 분석에서 비(非)목적론적 기능주의를 제거하는 유일한 방법은 외재적 관점을 철저하게 거부하는 것이다. 이것이 바로 많은 해석 지향적 미시사회학자들이 행하는 바다. 그러나 그들은 우리에게 지극히 일방적이고 근시안적인 사회 세계관을 제공하는 대가를 치러야

한다. 우리는 기능주의적 용어법을 손쉽게 제거할 수는 있다. 그러나 우리는 감당하기 어려울 정도로 커다란 대가를 치르지 않고서는 기능주의적 논리를 제거할 수가 없다.

부록: 삶의 궤적의 위계적 측면들

7장에서는 기능주의에 관한 논쟁이 유발한 난제를 해결하는 데에 위계, '이중성/이원론', 게임의 세 차원 측면의 개념들을 어떻게 적용할 수 있는 지에 대해 설명했다. 이 부록에서는 그 개념들이 어떻게 경험적 문제 영역 과 직접 관련된 영역들에도 유용할 수 있는지를 보여주려 한다. 부르디외 의 관행을 따라 그리고 사회학자들은 자신이 자라온 환경 또는 배경을 성 찰해야 한다는 그의 충고를 따라, 네 가지 위계와 그것이 수반하는 자본을 획득하기 위한 투쟁에 맞추어 위에서 발전시킨 개념들 중 일부를 아버지와 나의 삶의 궤적을 분석하는 데 이용하고자 한다. 다른 가족 성원에 대해서 는 꼭 필요한 경우가 아니면 언급하지 않을 터이다. 이러한 실험의 목적이 가족 일대기를 보여주려는 것이 아니라 단지 이전의 장들에서 발전시킨 개 념들이 실제로 효용성을 가지는지를 보여주려는 것이기 때문이다.

1. 위계와 자본 추구

나의 아버지 파나이오티스 무젤리스(Panayiotis Mouzelis)는 20세기 전환 기에 그리스 피오티스 주 암피클리아(또는 다디)의 작은 마을에서 태어났다. 아버지의 부모는 가난한 농민이었다. 아버지와 아버지의 두 형은 모두 10대 때 라미아(피오티스의 주도)로 이주하여, 그곳에서 그들은 먼 친척이 운영하는 소규모 무역회사에서 수세공으로서 경력을 쌓기 시작했다. 그들은 열심히 일한 끝에 약간의 행운이 뒤따라 마침내 그 회사의 임원이 되었다. 그런 다음 면화 무역회사에서 면화공장 건설로 사업을 수직적으로 확장시키는 한편 면화 수출에서 담배 수출로 사업을 수평적으로 확장해나갔다.

파나이오티스 무젤리스는 삶이 유복해지자 현지 지주의 딸과 결혼을 했다. 그 지주의 경제적 재산이 줄어들면서 아버지와 어머니의 중매결혼은 새로 획득한 부와 기존의 사회적 위세 간의 전형적인 동맹이 되었다. 아버지의 두 형(이들은 평생 결혼하지 않았다)이 거주지와 경제적 거점을 아테네로 옮겼을 때, 아버지는 라미아에서 지배적인 경제 활동가가 되었다. 아버지가 운영하는 회사의 무역, 산업, 금융 활동[1]은 라미아와 그 지방의 여러 마을에서 활동하는 많은 (면화)상인들에게 명백한 제약을 설정하는 동시에 기회를 만들어줄 만큼의 역량을 가졌다. 지방 수준에서 수행되는 경제적 게임 측면에서 보면 아버지의 위치는 통합체적 이중성의 위치지만, 전국 및 국제 수준에서 수행되는 게임 측면에서 보면 통합체적 이원론의 위치다 (이 게임은 '외재적'이며, 아버지의 통제를 넘어서기 때문이다). 설명의 목적상 아버지가 중년 시절(아버지는 80대에 사망했다)에 활동하던 수준을 중위로 간주하여 A에서 E까지 등급을 매긴다면, 중위 수준에서 아버지의 **경제 자본**

∴

1) 두 세계 대전 사이 기간에는 민간 은행 설립이 비교적 수월했다. 무젤리스 형제들은 한 동업자와 협력하여 활동 영역을 피오티스 주 전역으로 확대한 유한 회사 크로코–무젤리스 은행을 설립했다. 면화공장 기술이 사양화되면서 이 은행은 문을 닫았고 아버지는 아테네로 이주했다.

은 A등급이라고 할 것이다.

전쟁 전과 전쟁 직후의 라미아에서 경제 권력과 정치권력은 오늘날보다 훨씬 더 밀접하게 연계되어 있었다. 아버지는 비록 정치에 직접 관여하지는 않았지만, 지방 의원들에게 재정 지원을 하고, 주지사와 시장, 주교 그리고 마을의 고위 성직자들과 친분을 쌓으며, 각종 공식 및 준공식 위원회 위원을 맡고, 지방 상공회의소 같은 조직의 의장직을 맡는 등 전형적인 수법으로 그 지역에 상당한 정치적 영향력(또는 정치 자본)을 가졌다. 이러한 점에 비추어 아버지가 활동하고 있는 중위 수준에서는 **정치** 자본을 B등급으로 평가하고자 한다.

사회 자본에 관해서 보면, 아버지와 어머니의 결혼은 명성을 떨쳤으며 그의 부인(나의 어머니)은 다양한 교회 활동과 자선 활동을 하여 높이 존경을 받고 있다는 사실은 명백한 가점 요인이 된다. 한편 아버지가 종업원을 엄격하게 대하고 돈에 대해서도 다소 인색하다는 평판은 감점 요인이 된다. 아버지는 시장에서는 항상 훌륭한 명성(부르디외의 상징 자본)을 가졌으나 자선 활동과 지역 사회의 복지에 대한 기여는 아주 미미했다. 이런 모든 점을 감안하여 아버지의 사회 자본은 C등급으로 매길 것이다.

끝으로, 아버지의 **문화** 자본은 더욱 낮아져서 겨우 D등급밖에 안 된다. 아버지는 성장기에 가정 배경도 미약했고 양호한 교육이나 '고급' 문화를 향유할 돈도 없어 문화적인 것에 관심을 기울일 여건을 전혀 갖추지 못한 전형적인 인물이었기 때문이다. 그리하여 아버지는 두 형의 금전적 도움으로 아테네 대학에 다니긴 했어도 일생 동안 학문적 관심과 문화적 관심은 늘 주변적이었다.

아버지의 형 게오르게가 세상을 떠난 1960년대 초 아버지의 생애에 극적인 변화가 일어났다. 아버지는 사망한 형의 재정 문제를 관리해야 하는 데다가 라미아의 공업 회사 기술이 사양화되어서 라미아를 떠나 아테네로 이주해야만 했다. 보기에 따라서 이것은 지위가 상승하는 것이었다. 경제적 차원에서만 보면, 아버지는 점차 중위가 아닌 거시적인 경제적 게임에 관여하게 되었기 때문이다. 특히 젊은 동업자의 도움으로 일본 자동차를 수입하여 나중에는 조립하기 시작하면서 그렇게 되었다. 이 사업은 종업원 수에서 보나 투입된 자본의 액수에서 보나 라미아에서 사업을 할 때보다 규모가 훨씬 커졌다.

중위에서 거시로의 이동은 아버지에게는 작은 연못 속의 큰 물고기에서 50~60대에 이르러 더 큰 연못 속의 비교적 더 작은 물고기가 되었음을 의미한다. 아버지의 경제 자본은 절대적으로는 커졌으나 상대적으로는 B~C등급으로 떨어졌다. 정치 자본의 측면에서 보면, 아테네로의 이주는 (유사한 이유에서) 중위의 B등급에서 거시의 C~D등급으로의 하락을 의미한다. 특히 말년에 접어들면서 아버지의 사회 활동도 급격히 줄어들어 사회 자본도 그에 상응할 만큼 줄었다고 말할 수 있다.

아버지의 전체 삶의 궤적은 네 가지 위계에 따라 명백하게 이동했음을 보여준다. 즉 태어난 마을에서의 미시적 게임에서 라미아에서의 중위의 게임으로, 그리고 다시 아테네에서의 거시적 게임으로 이동한 것이다. 이것을 도표로 나타내면 다음과 같다.

자본의 유형

게임의 유형	경제자본(A)	정치자본(G)	사회자본(I)	문화자본(L)
미시 어린 시절 농촌	D	D	D	D

중위 청년 시절 라미아	A	B	B–D	D
거시 중년 시절 아테네	B–C	C	C	D

2. 지위, 기질, 상황: 일치의 정도

아버지의 전반적 이력과 관련하여 또 하나의 흥미로운 점은 아버지가 관여해온 미시, 중위, 거시적 게임이 지위, 기질, 상황 각 차원과 어느 정도 전반적으로 일치해가는 경향을 보여주고 있다는 것이다. 어린 시절 아버지는 극도로 빈곤하여 10대 청년으로서 가졌던 역할이나 사회적 지위는 물질적 성공을 이상으로 강조하게 했다. 그에 대한 규범적 기대(특히 강한 의지와 야망을 가진 어머니의 기대)는 돈을 많이 벌어 출세하는 것이었다. 아버지는 좋은 교육을 받을 경제적 형편이 못 되었고, 또 20세기 초 다디의 상황을 감안할 때 아버지에게 선택의 기회는 극히 제한되었다. 그래서 규범적 기대와 아버지의 '아비투스/기질'은 아주 일치했다. 강한 가족 연대 그리고 다디 지역 사회의 전반적 가치 및 사회 조직의 맥락에서 아버지의 꿈과 기질은 삶의 성공을 위해 그가 하고자 기대하는 바와 조화를 이루었다.

달리 말하면, 그리고 내가 위에서 논의한 바에 의하면, 아버지가 유년 시절 농촌 지역 사회에서 겪은 여러 사회화들(가정, 학교, 교회, 이웃, 놀이터 등에서의 사회화)은 서로 완전히 일치했다. 그래서 기질과 역할 기대가 완벽하게 조화를 이루었다.

아버지가 초기에 처했던 전반적인 경제적 조건은 오늘날보다 훨씬 쉽게 상당한 양의 자본을 긁어모아 축적할 수 있는 조건이었다는 점을 덧붙여 두어야겠다. 20세기 전환기에 그리스에서는 오늘날보다 근면, 검약, 축적의 윤리가 훨씬 더 강하게 작동하고 있었다.[2]

이처럼 위치 차원(규범적 기대), 기질 차원(능력과 열망), 상황 차원(우호적인 경제 조건)이 일치했기 때문에 아버지가 사업 경력에서 수반되는 규칙에서 좀처럼 멀어지지 않았다는 것은 놀랄 일이 아니다. 규칙은 탐구 또는 변화되어야 할 대상으로 간주해서는 안 되고 수단과 자원(계열체적 이중성)으로 당연시되는 것으로 받아들여졌다.

나의 이력은 아버지와는 아주 딴판이다. 나의 경우 규범적 기대와 기질은 늘 상충했다. 규범적 기대와 관련해서 보면, 나는 아버지의 상당한 사업 자산뿐 아니라 앞에서 말한 결혼하지 않은 두 숙부님의 자산까지도 물려받는 독자인 탓에 가부장제적 전통이 강한 부거제(父居制)[3] 가정에서 자랐다.[4] 나는 아테네 대학(그리스 최고의 사립 대학 중 하나)에 다니기 위해 일찌감치 고향과 라미아를 떠나서 두 숙부님이 나를 돌봐주게 되었다. 이

∵

2) 마르크스주의 용어법을 사용하면, 20세기 초(즉 1940년대와 1950년대에 산업 자본주의가 융성하기 전) 그리스에서는 '방식 I'(Way I: 단순 상품 생산에서 자본주의적 생산으로의 이행)이 오늘날보다 훨씬 수월했다. 그리스에서 자본주의적 생산 양식이 지배적 생산 양식으로 되는 시기에 대한 논의로는 다음을 보라. N. Mouzelis, *Modern Greece: Facets of Underdevelopment*(London: Macmillan, 1978), ch. 1

3) (옮긴이) 거주 유형에 따른 혼인 유형의 구분으로 여자가 결혼 후 남자 집안에 가서 사는 것을 말하며, 그 반대의 유형이 모거제이다. 가부장제적 전통이 강한 사회에서 주로 부거제 형태를 띤다.

4) '모거제/부거제', 남성 우위 정도, 상속 유형 등에 따른 그리스 가족 구조의 지역별 차이에 대해서는 다음을 보라. P. Loizos and A. Papataxiarchis (eds), *Contested Identities: Gender and Kinship in Modem Greece*(Princeton, N.J.: Princeton University Press, 1991), pp. 3~29.

는 나한테 아버지가 세 명이 되었다는 것을 뜻한다. 이 세 사람 모두 궁극적으로는 내가 사업을 이어받아 자신들이 일생 동안 헌신하여 쌓아온 경제 자본을 잘 유지하고 증대해주기를 기대했다. 그들은 가문의 명성과 재산을 계속 유지해야 한다는 강한 욕구로 가득 찬 가부장제적인 전통적 가치에 젖어 있었다. 그리하여 그들은 나에게 '가능한 한 최상의 교육'을 제공할 토대를 마련해주었다. 그것은 당연히 그 사업을 유지, 현대화, 확장하는 데 이용하기 위해서였다. 물론 이러한 기대가 특이한 것은 아니었다. 그러한 기대는 1950년대 그리스 시골 농촌의 친족 역할(그리고 그것이 수반한 부자 관계)과 완전히 일치했다.

그런데 기질 차원과 관련해서 보면, 내가 가진 모든 성향은 나를 사업 활동으로부터 자꾸만 멀어지게 했다. 내가 전형적인 부자(父子) 적대를 첨예하게 겪고 있던 차에, 아테네 대학에서는 유능한 학생들 사이에서 경제 자본보다는 문화 자본을 강조하는 분위기가 일고 있었다. 이렇게 된 것은 부분적으로는 나에게 감동을 준 일부 교수들이 좌익 성향을 가진 탓이었다. 또 부분적으로는 동료 학생 중 일부가 차키 집안[5] 출신이거나 대대

•●

5) 그리스어 단어인 차키(tzaki)는 말 그대로 '난로'를 의미하며, 전문적 의미가 아닌 일반적인 의미로는 은유적으로 '귀족적'이라는 뜻을 가진다. 차키 가문의 기원은 독립 이전 시대의 군대 지휘관과 저명한 인사에 뿌리를 두고 있으며, 이들이 독립 전쟁기*에 주도적인 역할을 하면서 얻은 권위에서 유래한다. 지주는 자신들의 출셋길이 상대적으로 가로막히자 자신의 권력을 유지, 영속화하기 위해 전문 직업으로 눈을 돌렸다. 그들은 특히 국가에 관심을 기울여 정치인, 국가 관료, 학자, 변호사, 세금 징수인** 등의 요직을 차지하게 되었다 (G. Mavrogordatos, *Stillborn Republic*(Berkeley: University of California Press, 1983), p. 123을 보라). 이들 가문은 19세기에 그리스 의회 정치를 장악했고, 이러한 통제권은 1909년 베니젤로스(Eleuthérios Venizélos)***가 이끄는 자유당이 부상한 후에야 상실되었다(N. Mouzelis, *Politics in the Semi-Periphery: Early Parliamentarianism and Late Industrialization in the Balkans and Latin America*(London: Macmillan, 1985), pp. 97 이하를 보라).

로 부자 집안이어서 돈에 대해 아예 무관심한 학생들이었기 때문이다. 더 나아가 당시 나의 세대의 청년들 사이에서는 오늘날 그리스의 포스트모던한 청년 문화에서는 완전히 자취를 감춘 일정한 이상주의 정신이 퍼져 있었다. 위에서 말한 모든 것들이 나의 경우에는 유복한 집안에서 자란 것에 대한 인과응보적인 강한 죄책감 그리고 실천적 행동이 아닌 관조와 묵상에 빠지는 경향(계열체적 이원론)에 의해 강화되었다.

그러던 차에 나는 달리 뭘 해야 할지 뚜렷한 생각을 갖고 있지 않은 터라서 경영학을 공부하기로 결심했다. 나는 나의 기질에 의해서가 아니라 나의 위치에 의해 지정된 것을 행함으로써 역할-기질 갈등을 해소하고자 했다. 내가 제네바 대학으로 진로를 선택하게 된 것은 그곳이 그 전공 분야에서 최고라고 생각해서가 아니라 (당시 그리스 부르주아 집안 양육의 또 하나의 전형적인 패턴을 따라) 프랑스어를 배우고 '교양 있는' 매너를 익히기 위해 스위스 서머스쿨에 몇 차례 다닌 적이 있었기 때문이다. 이 점이 나를 상황 차원 분석으로 이끈다.

제네바 대학의 경영학 강의는 나에게 별 감흥을 가져다주지 못했다. 모든 경영 관련 강의는 (설명 또는 통계 분석의 테크닉 등) 순전히 기술적인 내용이거나 과학적인 전문용어로 치장만 했지 사업 운영 방법에 관한 상식적인 비결 일색이었다. 그렇지만 학부 과정은 철학, 사회학, 심리학 등 많

∵

* 오스만 제국 치하에서 그리스인들이 일으킨 독립 전쟁(1821~1832).
** 세금 징수인(tax farmer)은 왕이 통치하는 땅에 사는 사람들로부터 세금을 징수하는 사람. 농부는 곡식을 거두고 세금 징수인은 돈을 거둔다는 데서 유래.
*** 엘레테리오스 베니젤로스(Eleuthrios Kyriakos Venizelos, 1864~1936)는 그리스의 정치가. 터키로부터의 해방 운동에 가담했고 후일 그리스 총리를 역임했다. 발칸 동맹을 결성하고 발칸 전쟁으로 영토를 확대했으며 제1차 세계 대전 때 파면된 뒤 살로니카에 임시 정부를 수립하고 국왕을 퇴위시킴.

은 비(非)경영학 수업을 선택할 수 있도록 구성되어 있었다. 나는 특히 사회학과 심리학(피아제 교수한테서 수업을 들었다)에 매료되어 4년의 경영학 과정을 마치자마자(경영학 졸업장을 받자마자) 제2전공으로 사회학을 이수하여 졸업을 했다. 이중 학위 제도 덕분에 비교적 짧은 기간에 사회학 학사 과정을 마치는 데 별 어려움이 없었고 그래서 두 번째의 학위를 받을 수 있었다.

나는 가능한 한 그리스로 돌아가는 것을 오랫동안 연기하고 싶었다. 그래서 아버지한테 런던 대학 사회과학부 대학원에 진학하는 데 학비를 지원해달라고 설득하여 그 대학에서 사회학 박사 학위를 받았다. 이때가 1960년대였다. 당시 영국은 대학 교육이 급격히 팽창했고, 사회학도 마찬가지였다. 덕분에 나는 박사 학위를 받기도 전에 레스터 대학 사회학과의 조교수 자리를 얻을 수 있게 되었다.[6] 이러한 상황적 가능성은 사회학에 대한 나의 관심의 증대와 맞물려(이러한 관심은 특히 당시 지적으로 들떠 있던 레스터 대학의 환경에 자극을 받았다)[7] 마침내 내가 학문적 길을 선택하게 이끌었다. 이 때문에 사회학에 대해 다른 무엇보다도 '시장성'이 없다고 별로 관심을 가지지 않았던 아버지와 두 숙부님은 크게 낙담했다.

요컨대 (경영학에서 사회학으로 옮기게 만든) 제네바 대학에서의 공부와 내가 박사 과정을 밟고 있던 동안 영국 학계 시장의 괄목할 팽창은 나로 하여금 역할 기대−기질 딜레마를 기질 쪽에서 해소하도록 이끄는 두 상황적 요인이 되었다.

∙∙

6) 나는 1965~1966년에 보조 강사직을 맡았고, 1966~1969년에 사회학과 강사직을 맡았다.
7) 이 학부는 일리아 노이슈타트(Ilya Neustadt)가 노르베르트 엘리아스와 함께 굉장한 지적 영향력을 가지고 탄복할 정도로 운영했다.

3. 상이한 유형의 자본들 간의 연계

그런데 자본 획득 투쟁의 관점에서 내가 관여한 게임과 관련해서 보면, 나는 영국에서 학문적 길로 들어서기로 결정하면서 (아버지에 비해) 문화 자본을 급격하게 증가시켰지만 아래서 설명하듯이 경제 자본의 희생을 수반했다.[8]

내가 학문적으로 성공하여 (여러 권의 책을 출간하고 많은 논문을 썼으며 런던 경제학부 학장이 되는 등) 마침내 상당한 문화 자본을 축적하게 된 것을 부분적으로 설명해주는 것은 물론, 나의 집안이 경제적 특권을 가졌고 또 제법 오랜 시간이 걸리고 비용이 많이 드는 공부에 아버지께서 선뜻 금전적 지원을 해주었기 때문이다.

한편, 우리 집안의 경제 자본이 급격히 줄어들게 된 것은 내가 가족 사업에 깊이 관여하기를 거부했기 때문이다. 아버지 연세가 70대 말과 80대 초에 이를 무렵에 두 숙부님이 돌아가신 후 아직 은퇴할 의향이 없던 아버지와 젊고 매우 야심찬 한 동업자가 리스크가 높은 산업에 투자를 했다가 실패하여 아버지와 나의 재산을 대부분 탕진했다.[9] 나는 이러한 불길한 상황을 막을 의지도 능력도 없었을 뿐 아니라 아버지가 돌아가신 후 나는 학문에 몰두한데다 사업 경험이 전무하다시피 하여 물려받은 재산 문제를 해결하는 데 도무지 어울리지 않았다.

이제 나의 학문적 이력의 내부 구조를 좀 더 자세히 살펴보자. 나는 레스터 대학에서 5년을 보낸 후(1965~1969년) 그리스에서 5년간 군복무를 마

8) 내가 사용하는 자본의 유형학에 관해서는 7장 3절을 보라.
9) 일본의 (마즈다) 자동차를 수입만 하다가 부품을 사서 그리스에서 조립하고 마침내 부품을 생산하게 되면서 리스크가 커졌다.

치고 나서 런던정치경제대학교에 강사로 임명되었다(이 대학에서 나는 교수 직을 가지고 여전히 강의를 하고 있다). 내가 학문적 경력을 쌓아가던 중반기 에는 (내가 바라던 런던경제학부 학장 자리에 오르려면 제법 긴 세월이 걸렸기 때 문에) 온당한 학문적 지위와 행정적 책임을 갖는 중책을 겸하는 것이 아마 도 가능했을 것이다. 이것은 아마 그리 유명하지 않은 대학이나 런던의 기 술 대학의 교수 또는 학장이 되거나 아테네의 유명한 사회과학 연구소의 소장 정도가 되는 것을 의미한다. 그런 선택을 했다면 '네 가지 자본'의 축 적은 다음과 같아졌을 것이다: 약간 높은 경제 자본(꽤 높은 월급), 많은 정 치권력(조직 목표를 달성하는 데 인적 및 물적 자원을 동원할 수 있는 지대한 역 량), 많은 사회 자본(학교 밖의 영향력 있는 인물과의 많은 접촉, 사회적 네트워 크를 동원할 수 있는 상당한 역량), 낮은 문화 자본(지적으로 덜 도전적인 환경 에서의 활동, 연구할 시간의 감소). 부유한 집안 배경(월급이 높지 않아도 됨), 아버지의 이력과는 정면으로 배치되는 경력을 따르기로 한 결단, '행위/실 행' 기질이 아닌 나의 관조적 기질 등을 감안할 때, 내가 '학문적–행정적' 경력에서 '행정적–학문적' 경력으로 이동했으면 하는 제의를 진지하게 고 려하는 것을 거부 또는 거절했다는 것은 놀랄 일이 아니다.

이것은 내가 상아탑 속의 경력을 쌓아가는 데 있어 위계적 압력이 전혀 없거나 미미했다는 것을 의미하지는 않는다. 그것은 단순히 그런 압력(또 는 더 정확히 말하면 위로부터의 '통제/기회')이 행정적–학문적 위치의 압력과 는 전혀 달랐음을 의미한다. 좀 더 구체적으로 말하면, 주요한 '제약/활성' 요인은 다른 사회학자들(내가 개인적으로 알고 있든 아니든), 즉 유사한 쟁점 에 관련되었지만 문화적 위계에서는 높은 위치에 있는 사람들한테서 나왔 다. 여기서 문화적 인정 투쟁은 (비록 아버지가 관여했던 경제 투쟁보다 더 완 화되고 '문명화되긴' 해도) 부르디외가 『호모 아카데미쿠스』에서 분석한 것만큼 강렬하고 파괴적일 수 있다. (문화적 장에서) 위로부터 나오는 압력과 기회는 관료제적 지시나 시장 구속의 형태를 띠지는 않지만 훨씬 은밀하게 작동할 수 있다는 점을 강조해둘 필요가 있다.

한 예로 나는 이 책의 핵심 개념들을 발전시키기 위해 유사한 문제를 다루었으며 나보다 훨씬 더 많은 문화 자본과 지적 영향력을 지닌 이론가들(부르디외, 기든스, 엘리아스)의 저작에 의지해야만 했다. 그러므로 내가 부르디외를 개인적으로 알지는 못하지만 그의 저작은 나의 저작에 위계적으로 관련되어 있다. 즉 그의 저술은 나의 연구(그리하여 나의 문화 자본)를 진전시키는 데 제약을 가하는 동시에 많은 기회를 제공한다. 특히 내가 발전시킨 사회적 게임의 '위치/기질/상황' 개념도 상당 정도 부르디외의 핵심 개념인 아비투스를 이해하려고 지속적으로 노력한 덕분이다.

이러한 종류의 영향력은 각종 제약을 낳지만, (교조적인 원리처럼) 무비판적인 수용을 수반하지는 않는다. 달리 말하면, 제약의 의미는 자신보다 더 잘 알려져 있고 자신이 가진 주제에 대해 많은 저작을 남긴 다른 누군가의 저작을 진지하게 받아들일 의무를 뜻한다.[10] 그와 동시에 이런 종류의 영향력은 가능성도 만들어내는데, 그것은 일정한 제약 내에서[11] 새롭거나 재구성된 개념들을 세련하도록 비판을 자아내기 때문이다.

만약 나의 저작을 그보다 더 잘 알려진 저작과 위계적으로 연계시킬 수 있다면, (공통된 특정 관심 분야에서) 나의 저작보다 덜 알려진 사회과학자의

∴

---

10) 달리 말하면, 시나 문학 같은 것과는 달리 특히 사회학 이론 분야에서는 이전에 말한 것과 저술된 것을 무시할 수가 없다. 만약 그렇게 한다면 그것은 진지하게 고려하지 않은 것이다. 세련되지 않은 이론화는 분명 경멸당한다.

11) 여기서 제약이란 규범적 기대를 말하는데, 한 예로 다른 사람의 저작을 희화화해서는 안 된다는 것이다.

저작과도 위계적으로 연계할 수 있을 것이다. 예컨대 발전 사회학에 관한 나의 두 저작(하나는 근대 그리스에 관한 것이고, 다른 하나는 발칸 반도와 남미 일부 사회의 장기적 사회 정치발전에 관한 것이다)[12]은 나보다 문화 자본이 같거나 많은 연구자 또는 적은 연구자들에게 모종의 영향을 미쳤다. 후자의 경우에도 위계적 연계가 (비록 협소한 공식 조직에만 한정되지 않더라도) 수립되어 있다는 것은 아주 명백하다(물론 그 같은 위계는 관료제적 위계나 시장 위계보다는 불명확하고 일시적이다).

4. 또 다른 차원의 비교

아버지의 이력과 나의 이력의 유사점과 차이점을 좀 더 자세히 살펴보면, 계열체적 '이중성/이원론' 구분 측면에서 가장 두드러진 차이점을 분석할 수 있다.

1) 계열체 수준에서의 이중성에서 이원론으로

삶의 궤적을 수행자들이 경제적(A), 정치적(G), 사회적(I), 문화적(L) 차원을 따라 자신의 자본을 증대하려고 애쓰는 장기간의 종합적인 게임으로 본다면, 아버지의 사회적 게임과 나의 '종합적인' 사회적 게임의 현격하게 다른 점은 아버지의 경우에는 역할과 기질과 상황이 비교적 일치한 반면, 나의 경우에는 비교적 일치하지 않았다는 것이다. 앞서 언급했듯이, 아버

∶

12) *Modern Greece*, op. cit.; *Politics in the Semi-Periphery*, op. cit.

지는 삶의 궤적 전체를 통틀어 역할 기대와 기질과 상황적 기회 사이에 어떠한 심각한 갈등도 겪지 않았다. 아버지는 격동적인 사건과 격렬한 사회적, 정치적 격변(전쟁, 군사 쿠데타, 내란 등)으로 점철된 역사적 시대에 살았음에도, '주위 사람들'(부모, 친척, 친구들, 사업 동업자 그리고 그가 살던 다디, 라미아, 아테네 사회 세계의 중요한 인물들)이 그에게 기대했던 바는 그 자신이 바라거나 할 의향을 가졌던 것이고 우호적인 상황 요인들이 객관적으로 가능할 수 있게 했던 것이다. 이러한 상황에서, 그가 종합적인 게임의 규칙을 폭넓게 받아들여 그것을 당연시하는 '자연스런' 태도를 취하게 된 것은 놀랄 일이 아니다. 기든스의 용어로 말하면, 그에게 규칙은 수단이자 동시에 결과였다(계열체적 이중성). 그 규칙들은 한 사람의 삶의 방식으로 당연시되어 무비판적으로 사용되었다.[13]

나의 경우에는 경력의 선택이 앞 절에서 명확히 밝히고자 한 것처럼 역할 기대와 기질 간의 충돌을 야기했다(이러한 충돌은 내가 줄곧 수행해왔던 전반적인 게임의 성격과 나의 게임 수행 방식 또는 스타일을 모두 적나라하게 드러냈다). 기질 측면과 관련해서 보면, 게임의 규칙에 대한 나의 태도는 거의 불가피하게 아버지보다 훨씬 더 성찰적이었다(계열체적 이원론). [나로서는-옮긴이] 그 같은 규칙을 당연시할 수 없었다. [나는-옮긴이] 역할 기대의 타당성, 내 기질의 성질과 강도, 모종의 [자본] 축적을 강조하는 규칙의 일반적 정당성 등과 관련하여 탐색과 의문을 반복하는 번민에 빠졌다.[14] 내가

∵

13) 덧붙이자면, 기든스가 주장하듯이 아버지께서는 그 같은 규칙을 관행적으로 그리고 당연시하며 실행함으로써 그 규칙을 재생산하는 데 이바지했다.

14) 청년기를 지나서 나는 (죄의식과 만성적인 존재 불안 때문에 그리고 영적인 것을 향한 심오한 감정적 성향 때문에) 종교에 심취하게 되었다. 이로 인해 나는 축적을 위한 투쟁을 네 가지 차원으로 압축해야겠다고 느끼게 되었다. 이러한 경향이 아주 강렬하지는 않았지만, 그래도 내가 관여한 게임들의 여러 규칙을 되돌아볼 때마다 그것은 항상 내 이면에 존속해 있

계속되는 딜레마를 다루어온 갖가지 방식을 굳이 이러한 맥락에서 늘어놓을 필요는 없다. 현재의 논의에 적합한 것은 한 사람의 전반적인 게임의 역할, 기질, 상황 각 차원 간의 양립 불가능성이 계열체적 이원론에 속하는 게임 규칙에 대한 적응과 연결되는 경향이 있다면, 세 차원들 간의 일치는 규칙을 당연시하는 태도로 이어진다는 것이다(계열체적 이중성).

2) 위계적 분절

아버지와 나의 삶의 궤적 사이에 또 하나의 흥미로운 차이는 내가 연루되었던 각종 위계들은 다소 분절적이고 후기 모던 또는 포스트모던한 성격을 띠고 있었다는 점이다. 이러한 현격한 분절은 상이한 형태를 취한다.

나는 인생 대부분을 지리적으로 그리스를 떠나 지냈기는 했어도, 내가 태어난 나라의 친구와 친척, 친지들과 깊은 관계를 유지해왔다. 내가 이러한 깊은 관계를 지속할 수 있게 된 것은 대학을 졸업하고 오랜 기간 동안

••

었다.

물론 혹자는 영성(靈性)에 대한 관심이 단순히 또 다른 유형의 축적으로, 즉 종교적 또는 정신적 자본을 긁어모으는 것(부르디외도 실제로 종교적 자본에 대해 말하고 있다)으로 이어질 수도 있다고 주장할 수도 있다. 이에 대해 나는 진정한 영성에 대한 추구는 부(A)나 정치권력(G), 사회적 위세(I), 문화적 영향력(L)의 추구와는 근본적으로 다르며, 그것은 도구적이기보다는 '표출적'이라고 답변하고 싶다. 만약 영성이 다른 목표의 달성을 추구한다면, 즉 영생, 마음의 평온, 신비한 체험 등을 추구한다면, 다른 네 자본의 경우와 달리 영적 자본은 파괴되고 만다. 영적 진전이 이루어지는 것은 오직 영적 게임의 '이득'이 (자신 내부 또는 외부의) '신성함'에 대한 표출적 추구의 진정으로 의도하지 않은 결과일 때뿐이다. 그러므로 영적 자본 축적의 전모에 대해 말할 수 있다면, 그것은 다른 유형의 자본의 축적과는 질적으로 다른 축적이며, 그것은 (아무리 숭고하고 영묘하더라도) 다른 어떤 유형의 도구성과도 근본적으로 양립 불가능하다. 영적 자본은 다른 모든 유형의 자본과 달리 저장했다고 간주하자마자 소멸된다.

시간을 보낼 수 있게 해준 학문적 일자리, 그리스의 친족 구조의 비교적 강한 결속력,[15] 그리고 이미 언급한 바 있는 그리스에 대한 나의 연구와 경제적 관심 덕분이다.

그래서 나는 학창 시절 이래 일정한 간격으로 해외를 왔다 갔다 하면서 고향에서 산 것만큼 해외에서 생활을 했다. 오늘날에는 별로 특이하지 않은 이러한 상황은 내가 아테네와 런던에서 (경제, 정치, 사회, 문화 수준에서) 위계화된 게임에 동시에 관여했음을 의미한다. 물론 이 두 위계화된 공간은 다소 구별되지만 어느 정도 중첩된다. 아테네에서나 런던에서나 나의 생활에서 주요 활동들은 주로 학문적 활동(강의 및 연구)에 관련된 것이었고, 아테네에 있든 런던에 있든 나의 학문적 및 지적 인정 투쟁은 지속되었다. 예컨대 런던정치경제대학에서 행한 강의는 대체로 긴 여름 방학 동안 그리스에서 준비한 것이었다. 런던과 아테네를 왔다 갔다고 해서 내가 연구에 집중하고 노력을 지속하는 데 방해가 된 것은 아니었다. 왜냐하면 근대 그리스 사회의 사회구조와 역사적 발전이 나의 주요 연구 분야 중 하나였기 때문이다.

한편, 그리스에서의 일련의 위계화된 게임들과 런던에서의 게임은 많은 점에서 무척 달랐다. 문화 자본을 예로 들면, 그리스 사회학자들 그리고 심지어 그리스 지식인들까지 내가 런던정치경제대학 교수로 있고 많은 책을 저술한 것을 두고 내가 상당한 영향력을 행사하고 있는 것으로 받아들였다. 내가 수행하고 있던 게임은 (비공식적 접촉, 강연, 회의 참석, 그리스 신문 기고 등을 통해) 문화적 위계상 한참 아래에서 수행되는 게임에 큰 영향을 미쳤다. 다른 한편, 런던에서는 지적 및 문화적 공동체 범위가 훨씬 넓

⁑

15) 이 점에 관해서는 다음을 보라. P. Loizos and A. Papataxiarchis, op. cit.

어서 내가 가진 문화자본은 낮은 편이었다.

정치적 차원(G)에서도 유사한 불일치가 존재했다. 그리스에서는 정치에 직접 관여하는 것(이를테면, 특정 정당에 가입하는 것)을 줄곧 거절했음에도 나의 정치 자본이 그리 미약하지는 않았다. 영향력 있는 몇몇 정치인이 내 친구이거나 동료였고, 내가 「비마(Vima)」(그리스의 주요 고급 일요 신문)에 정기적으로 기고하는 글들은 당시의 정치적 논쟁에 일정한 영향을 미쳤다. 한편, 영국에서 나의 정치 자본은 극히 미미했다.

위의 사실에 비추어볼 때, 아버지의 위계화된 공간은 나보다 훨씬 통일되고 명확했음이 이제 분명하게 드러났다. 예컨대 아버지의 중년 시절 경력을 보면, 아버지의 사업 결정에 직접 영향을 받는 위계상 아버지 아래에 있는 사람들(피고용인, 노동자, 면화 상인 등)은 모두 명확하게 한정된 지리적 지역, 즉 라미아 지역과 피오티스 주의 주변 촌락 및 소도시에 집중되어 있었다. 나의 경우에는 나보다 문화 자본을 적게 가진 사람들 그리고 나의 저술에 직접 영향을 받는 사람들(그리스 사회학, 발전 사회학, 사회학 이론에 관심을 가진 학생 및 젊은 사회학자들)은 모두 세계 곳곳(특히 영어권 세계뿐 아니라 남미, 지중해 지역, 일본까지)에 흩어져 있다.[16] 달리 말하면, 지리적, 문화적, 사회적으로 구분되어 있으면서도 밀접하게 연관되어 있는 나의 두 공간은 '포스트모던/후기 모던'한 사회적 상황의 모호함, 일과성, 불분명함을 나타낸다. 그러한 상황은 이전 시대에 국민 국가의 출현과 지배로 생겨난 다소 엄격하고 명확한 국가적 위계를 대체하는 사회적 융합과 다양한 '지방적/지구적' 결합으로 특징지어진다.

∴

16) 나의 첫 저작 『조직과 관료제: 근대 이론의 분석(Organization and Bureaucracy: An Analysis of Modern Theories)』(London: Routledge & Kegan Paul, 1975)의 일본어 번역판은 경영학, 산업 사회학, 조직 사회학 강의 교재로 활용되었다.

3) 경제 자본과 문화 자본: 유사성과 이질성

부르디외가 제시한 자본의 유형학이 갖는 큰 강점은 다양한 제도적 영역의 논리들을 하나에서 다른 하나로 환원시키지 않고 그 속에서 유사성 또는 이질성을 찾아볼 수 있는 개념 도구를 제공한 점이다. 부르디외는 본원적 우위성이라는 모든 관념을 거부하고, 상이한 '장'들(즉 제도적 공간)은 고유의 논리와 동학을 가지고 있으며 동시에 근본적인 유사성을 지닌다고 강조한다. 그리하여 경제 영역에서의 자본 획득 투쟁은 물론 사회 및 문화 영역에서의 자본 획득 투쟁에 대해서도 말할 수 있고 또 그렇게 하는 것이 바람직하다고 강조한다.

그런데 부르디외는 『호모 아카데미쿠스』에서 이질성이 아니라 유사성을 강조하는 경향을 보인다. 이를테면, 대학교수들 간의 냉혹한 경쟁도 경제적 시장에서 일어나는 흉포한 경쟁과 별반 다르지 않다는 것이다. 그렇지만 나는 아버지의 상황과 비교하여 몇 가지 체계적인 차이를 ('역할/규범적' 기대 수준에서) 확인할 수 있다. 내가 보는 한에서 부르디외는 프랑스 학계에 대한 분석에서 이러한 차이를 강조하지 않았다. 사업가로서 아버지의 역할에서 볼 때, 성공은 (지배적인 사업 도덕성이 부과하는 한도 내에서) 경제 자본의 증대, 투자의 확대, 회사 이윤의 증대와 어느 정도 자동적으로 일치했다. 경제적 게임의 근본적인 논리를 지탱하고 있는 도구주의는 숨어 있거나 질적인 것이 아니었다. 사람들은 돈을 벌기 위해 열심히 일했고 위험을 감수했다. 아버지의 경영계에서는 이러한 노골적인 도구적 지향은 숨길 일도 아니고 부끄러워할 일도 아니었다.

그런데 학계에서는 명성과 인정을 획득하기 위한 투쟁은 덜 노골적이었다(그 투쟁은 경제 영역에서 돈을 버는 것과 동등하다). (적어도 내가 대학에 처음으로 자리를 잡게 된 1960년대 말 영국 학계의 상황에서) 지배적인 규범적 기대는 학자의 삶의 주요한 추동력이 명성이나 영예가 되어서는 안 되고 인류 지식을 증진하려는 사욕 없는 욕망이어야 한다는 것이었다. 인정은 그 자체가 주요 목표가 아니라 상대적으로 덜 중요하고 어느 정도 의도하지 않은 부산물로 여겨졌다.

이러한 비도구주의적인 규범적 동기 때문에, 학문을 등한시하고 명성과 경영 능력 같은 명예에 더 많은 관심을 쏟는 '학문적 기업가'가 결코 지배적인 모델이 아니었다는 것은 놀랄 일이 아니다. 이것은 한 사람의 기질이 아무리 실제로 도구적이라 해도 역할 기대 수준에서는(즉 사회적 위치 수준에서는) 학문 공동체의 협력 관계, 공평무사한 지식 추구 등이 강조하는 바를 진지하게 고려해야만 한다는 것을 의미했다. 파슨스의 용어법을 사용하면, 학문적 가치와 규범 수준에서는 도구적인 것이 아니라 표출적인 것을, 즉 학생과 동료들에 대해 자기 지향이 아니라 공동체 지향을 강조했다. 물론 이러한 규범적 강조가 세속적인 학자를 초연한 성인으로 바꿔놓지는 않았다. 그러나 그것은 아비투스 수준에는 심대한 영향을 미쳤다. 인정을 '축적하려는' 기질은 전반적으로 미약해졌다. 그것은 다른 이유가 아닌 연말에 공식적인 '실적' 평가를 받는 것을 걱정하지 않고서 항상 '느긋하게' 생활할 수 있는 길(이것은 논문을 적게 쓰거나 질을 무시하고 '신속하게 결과물'을 내라는 압력에 굴복하기를 거부하는 것은 의미한다)을 택할 수 있었기 때문이다. 또 한 사람의 저작이 양적(대체로 표면적인) 측면에서 그리 인상적이지 못할 경우 해당 학부와 학교, 대학의 전국 순위를 떨어뜨린다고 학교 감독관이나 학장으로부터 질책을 받게 되기 때문이었다.

이 같은 '신사다운' 느슨한 분위기가 학문적 수준을 전반적으로 저하시키지는 않는다는 것은 흥미로운 일이었다. 물론 이러한 제도를 악용하는 소수의 사람들은 늘 있기 마련이다. 그러나 내가 보기에 전체적으로 그런 악용 사례는 주변적이었고, 그것이 학부 전체의 실적에 미치는 영향은 미미했다. 이러한 현상은 주로 적어도 사회학에서는 대부분의 학자들이 자신이 하는 일을 하루 8시간 근무하는 직업으로 보지 않고 하나의 소명으로 보고 있다는 사실에 연유한다고 생각한다. 이것은 관료제적 통제가 아닌 내적 또는 전문 직업적 통제를 진짜로 효과적인 통제로 만들었다. 그것은 '느슨한' 분위기에도 불구하고 연구와 강의 모두에서 산출된 저작의 질이 매우 높았음을 의미한다(이것은 아주 명백히 다소 인상주의적인 평가이지만, 그것은 분명 내가 그리스, 스위스의 프랑스어 사용 지역, 영국에서 경험한 대학교육의 비교에 기초하고 있다).

그러므로 내가 학문의 길로 접어든 초기에는 그리고 아버지의 경제자본 획득 투쟁과 나의 문화자본 획득 투쟁 사이에는 기본적으로 유사성이 있었음에도 불구하고, 그 두 게임 사이에는 몇 가지 중요한 질적 차이가 있었다. 대처 정부가 표방한 신자유주의적 가치가 점차 득세하게 되면서 학문적 태도에 경영자적 에토스가 침투하여 아예 그것을 대체하여 학술적 영역의 상대적 자율성을 침해하기 시작한 1980년대와 1990년대에 들어서면서 그런 차이는 급격히 줄어들었다. 고도로 공식화된 회계 감사와 관행적인 실적 평가가 한층 교묘하고 더욱 비공식적인(그러면서 더 효과적인) 통제를 대체하기 시작하면서 동료 사회에서는 서로 저작에 압박을 받게 되었다. 초연한 학자의 이상이 '학문적/문화적' 기업가의 이상으로 대체된 것이다(즉 대량의 연구 기금을 끌어들이는 사람, 미디어 스타, 사회적 네트워크를 동원할 줄 아는 사람, 국가 관료와 정치인, 사업가, 학자들과 자연스럽게 협조할 수 있는 사람이 높은 평가를 받았다). 학부에서 높은 실적을 쌓으려면 대학원 과정 연구의 학문 수준을 낮춰야 했다.[17] 학생들은 교수들이 가르치는 한 분과학문의 핵심 요소에 대한 관심은 줄어들고, '소비자 선택'을 증진하는 것만 대폭 강조한다. 간단히 말해, 대학은 자율적 논리를 상실하고, 화려한 슈퍼마켓이나 직업소개소 같은 것이 되어버려 경제자본 획득 투쟁과 문화자본 획득 투쟁이 점점 유사해져가고 있다. 물론 여기서 하나의 우위를 간파할 수 있다. 즉 학문에 자체의 논리와 동학을 부과한 것은 바로 경제적 시장이다. 사업과 학문 간에는 여전히 유의미한 차이들이 있으며, 둘 간의 상호 침투가 전적으로 단방향적인 것이 아닌데도, 대처 집권기에 영국에서는 학문이 경영에 영향을 미친 것이 아니라 경영이 학문에 주요한 영향을 미친 것은 명약관화한 사실이다. 대학의 입장에서 볼 때 그 결과는 꽤나 부정적이다.

∴

17) 이 점에 관해서는 다음 글을 보라. N. Mouzelis, "The Future of the LSE: An Alternative View", *LSE Magazine*, Autumn/Winter 1992, section 3.

사회학 이론의 진단과 처방

1. 니코스 무젤리스는 누구인가

무젤리스는 1939년 그리스 태생으로 현재 런던정경대학 사회학 명예교수로 있으며, 역사 사회학, 조직 사회학, 발전 사회학, 사회 이론 등 다양한 분야에 걸쳐 수십 편의 논문과 다수의 저작을 출간한 열정적인 사회학자다. 무젤리스는 스위스 제네바에서 경영학과 사회학을 전공했고 영국의 런던정경대학에서 박사 학위를 받았다. 영국 레스터 대학에서 강사직으로 있다가 1970년부터 런던정경대학으로 자리를 옮겨 약 30년 동안 봉직하고 2002년부터 같은 대학 명예교수로 있다. 무젤리스는 이러한 학문적 활동 외에도 노동아카데미 과학위원회 및 비정부기구(PAREMVASSI) 의장직을 맡았고, 그리스어 학술지『시민사회(*Civil Society*)』 편집위원장을 역임했다.

무젤리스는 이미 28세에『조직과 관료제(*Organization and Bureaucracy: An Analysis of Modern Theories*)』(1967)를 출간하여 세계적으로 알려졌다. 이 책은 출간과 함께 모국어인 그리스어는 물론 스페인어, 일본어로 번역되었고, 1975년 제2판이 출간되는 등 수차례 거듭하여 출간되었으며, 현재에도 관료제 연구의 교과서로 널리 이용되고 있다. 이후 무젤리스는 제3세계 주변부 국가의 정치, 발전, 농업 등에 관한 연구에 치중하여 수많은 논문을 집필했으며, 『현대 그리스: 저발전 국면』(1978), 『주변부의 정치: 발칸 반도와 남미의 초기 의회주의와 후기 산업화』(1986) 등의 저서를 남겼다.

1990년대부터 무젤리스의 관심은 사회학 이론으로 방향을 급격하게 선회했다. 1990년에 발표한 논문 「구조화 이론의 재구조화(Restructuring Structuration Theory)」를 필두로 사회학 이론에 관한 다수의 논문을 저술했다. 무젤리스가 다루는 내용은 구조주의 이론과 상호작용 이론에 대한 평가가 주를 이루지만, 거기에 그치지 않고 두 이론 각각의 거시 편향성과 미시 편향성을 극복하려고 노력한다. 그의 이러한 측면은 1990년대 이후에 출간된 저작을 보면 분명하게 나타난다. 1990년에 출간된 『포스트마르크스주의적 대안: 사회 질서의 구성』이 그 출발점이라면, 1992년에 출간된 『사회학 이론으로 돌아가기: 사회 질서의 구성』은 사회학 이론의 임무가 무엇인지를 분명하게 밝힌 작품이라 하겠다. 이후 『사회학 이론, 무엇이 문제인가 — 진단과 처방』(1995), 『모던과 포스트모던의 사회 이론화: 간극 잇기』(2008)를 출간함으로써 사회학 이론 연구에 전념하고 있으며, 현재 『후기 근대성의 정신성 측면(Aspects of Spirituality in Late Modernity)』을 집필 중에 있다. 아쉽게도 아직 우리나라에서는 무젤리스의 글이 단편적으로 소개되었지만(예컨대 『포스트마르크스주의?: '라클라우/무페' 논쟁』, 이경숙, 전효관 공편, 1992, 민맥, 참조) 번역된 저작이나 본격적으로 소개된 글은 없는 실정이다.

2. 『사회학 이론, 무엇이 문제인가―진단과 처방』에 대하여

『사회학 이론, 무엇이 문제인가―진단과 처방』은 무젤리스가 사회학 이론에 관심을 쏟기 시작하면서 펴낸 비교적 초기의 저작에 속한다. 무젤리스가 사회학 이론에 관심을 가지기 시작한 1990년대는 세계적으로 현실 사회주의가 몰락하고 신자유주의가 맹위를 떨치며 글로벌 자본주의가 형성되어가던 시기다. 이른바 냉전 시대에서 탈냉전 시대로 전환한 것이다. 냉전 시대는 자본주의와 사회주의라는 두 이념이 대결하며 각자의 체제 우위를 강조하는 전체론적 이론화가 주도하는 시대였다. 이러한 현실적 배경 하에서 전후에 현대 사회학에서 이론적으로 가장 큰 영향을 미친 것이 파슨스의 구조기능주의다. 사회를 하나의 체계로 설정하고 사회의 구성 요소들이 기능적으로 통합되어 균형을 유지하는 것으로 보는 파슨스의 구조기능주의는 이론적으로 완결된 것으로 간주되었다. 하지만 이러한 체계 균형론적 이론화는 두 가지 측면에서 비판을 받아왔다. 하나는 과잉 체계화로 인해 인간의 자율성 및 주체성을 간과하여 인간 행위를 체계의 산물로 취급한다는 것이고, 다른 하나는 사회의 불균형 또는 갈등을 이론화에서 배제하고 있다는 것이다.

이러한 측면들은 1960년대 이래 나타난 사회 불균형의 확산과 갈등 표출에 대한 구조기능주의의 설명력 약화에 의해 한층 설득력을 발휘하며 대안적 이론화들이 표면화되기 시작한다. 이러한 이론화들은 한편으로는 체계적 측면보다는 개인의 행위에 초점을 두는 미시사회학으로 그리고 다른 한편으로는 구조와 같은 외재적 요소보다 인간의 내면적 측면을 우선시하는 해석 사회학으로 전환된다. 구체적으로는 전자는 합리적 선택 이론, 후자는 상징적 상호작용 이론, 민속방법론 등으로 전개되며 사회학 이론의 발전을 주도한다.

이처럼 사회학 이론은 구조 및 체계를 강조하는 객관적 거시사회학과 개인의 행위를 강조하는 주관적 미시사회학으로 분기하며 각자 독립적으로 발전되었다. 특히 급진적 행위 중심 이론화의 경우 급기야 구조기능주의의 부정을 넘어 폐기로 나아가는 경우도 있었다. 그 결과 사회학 이론은 서로 상반되는 두 개의 방향으로 이론화가 전개되며 양자 간에 깊은 간극과 불화가 조성되었고, 사회학 이론이 각자의 방향으로 발전과 분화를 거듭하면서 둘 사이의 간극은 서로 건너갈 수 없을 만큼 넓어졌다.

그 넓어진 공백 사이로 언어학, 정신분석학 등이 침투하면서 이론과 이론, 학문과 학문 사이의 경계를 허물며 사회학 이론의 전통을 해체하고 사회를 언어, 상징, 담화, 무의식으로 되돌려놓으려는 경향이 일며 사회학 이론의 본토를 잠식해갔다.

이에 한편에서는 넓어진 구조와 행위, 거시와 미시의 간극을 이어 둘 간의 이론적 조화를 이루려는 시도가 여러 사회학자들에 의해 진행되었다. 이러한 시도는 크게 세 가지 형태로 전개되었다. 하나는 거시와 미시를 결합하려는 것이고, 다른 하나는 둘을 연결하려는 것이고, 또 하나는 둘을 초월하려는 것이다.

이 모든 것이 체계 중심적 이론화로 경도된 파슨스의 사회학 이론과 행위 중심으로 경도된 각종 해석적 미시사회학이 지닌 이론적 편향성과 경직성에 대한 대안으로 양자 간의 화해, 극복, 통일을 성공했다고 자처했고 사회학 이론계에서 일정한 정도 공인을 받기도 했다.

하지만 무젤리스는 파슨스의 구조기능주의 이후에 나온 이 모든 이론화들이 구조기능주의의 경직성을 극복하는 대안도 아닐뿐더러 심지어 사회학 이론 본연의 영토를 훼손하기까지 하며 그 성과가 부질없는 것이거나 (tribal) 잘못된(wrong) 것으로 판단하고 이를 바로잡으려고 노력해왔다.

그래서 무젤리스는 파슨스의 구조기능주의 이후 전개된 학문적 흐름의 주요 성과의 잘못된 부분을 치유하는 한편 거기에 그치지 않고 그에 대한 진단을 내림으로써 건강한 사회학 이론의 모습을 되찾고자 한다.

3. 이 책의 구성과 전개

이 책은 크게 두 개의 부분으로 구성되어 있다. 책 제목에 나타났듯이 앞부분은 파슨스의 구조기능주의에 대한 대응으로 출현한 사회 이론에 대한 진단으로 구성되어 있다. 뒷부분은 파슨스의 체계 중심적 이론을 한 축으로 하는 거시적 접근과 그 대척점을 구성하고 있는 미시적 접근의 분열 또는 불화를 연결하려거나 화해시키려는 이론적 시도에 대한 치료로 구성되어 있다.

본론에 들어가기 전에 저자는 사회학 이론이 보편성과 경험적 연구라는 두 개의 축을 중심으로 전개되어왔다고 지적한다. 전자는 사회의 보편적 법칙을 추구하는 것으로 경험적으로 증명될 수 없는 것이며, 후자는 경험적 사실에 기초하여 거시적 현상을 조망하는 이론적 통찰이 결여되는 경향이 있으며, 지금까지 사회학 이론은 두 방향으로 발전되어왔다는 것이다. 현대 사회학 이론에서 가장 큰 영향을 미친 파슨스의 구조기능주의는 보편성을 추구하는 완성태로 여겨졌다. 하지만 파슨스의 거시적 체계 이론은 경험적 적용의 불가능성과 사회 갈등을 허용하지 않는 완전 균형론 두 측면에서 비판을 받아왔다.

전자에 대해서는 경험 지향적인 각종 미시적 접근 방법이 그리고 후자에 대해서는 사회 불균형을 인정 또는 강조하는 갈등 이론으로 대안적 사회 이론이 발전되었다. 하지만 후자는 마르크스주의와 일정 정도 연계되어 전체론적 지향을 벗어나지 못하는 반면, 전자는 체계로부터 벗어나 인간 행위의 자율성을 강조하는 방향으로 전개하면서 행위의 원천을 두고 해석을 달리하며 많은 미시사회학 이론이 대거 출현하게 되었다.

미시사회학은 두 가지 방향으로 전개되는데, 하나는 인간의 의식적 자율성을 강조하는 것이고 다른 하나는 인간 행위의 원천을 이해관계로 보는 것이다. 전자는 파슨스의 구조기능주의가 구조 또는 체계라는 인간 의식 밖의 외재적 조건이 인간의 행위를 규정 또는 결정한다고 보는 데 반대하며, 인간은 구조에 의해 움직이는 수동적 존재가 아니라 일반화된 타자에 대한 상황적 판단에 의해 이루어진다는 것으로 미드의 상징적 상호작용론을 위시하여 현대에 와서는 현상학적 사회학, 민속방법론, 연극학적 사회학 등으로 발전되어왔다.

후자는 파슨스의 이해와는 달리 인간 행위의 원천은 규범이 아니라 이해관계에 따르는 것으로 보는 호만스(G. Homans)의 교환 이론을 위시하여 합리적 선택 이론, 게임 이론이 대표적이다. 이러한 접근은 전자와 달리 인간 행위의 원천을 객관적 상황에 주관적 해석이 아니라 비용과 이익 등 손익 계산에 따라 행동하는 것으로 순전히 개인 위주로 사회적 관계를 설명하고 있다.

이 책의 구성을 구체적으로 살펴보면 제1부에서는 파슨스의 구조기능주의 이후 전개된 사회 이론의 한계에 대한 진단에 치중한다. 1장과 2장에서는 구조기능주의가 갖는 과잉 체계에 대한 대응으로 체계 중심적 거시적 접근을 탈피하고 미시적 접근을 강조한 두 이론이 갖는 이론적 한계를 진단한다. 1장에서는 구조기능주의가 인간의 자율적 상황 판단을 무시하고 인간 행위를 기계적 기능으로 환원한 것에 대응하여 상황에 대한 인간의 주관적 판단능력을 강조하는 해석 사회학에 대해 논의한다. 2장에서는 구조기능주의가 갖는 체계의 추상성을 탈피하고 인간 행위의 원천을 가시적인 이해관계에 중점을 두며 개인의 직접적인 행위 자체를 중시하는 합리적 선택 이론이 갖는 이론적 한계에 대해 논의한다.

여기서 무젤리스는 이 두 미시적 접근은 미시 대 거시 그리고 행위 중심 대 구조 중심이라는 사회학 이론의 해묵은 쟁점에 대해 적절한 해법을 내놓지 못하고 오히려 미시적 영역의 극단으로 나아감으로써 미시와 거시의 간극을 한층 넓혀놓아 사회학 이론의 양극화를 조장했다고 주장한다.

3장에서는 이처럼 사회학 이론의 양극화가 심화되면서 그 틈새를 파고들어온 포스트구조주의 이론이 사회학 이론에 미친 영향을 논의한다. 포스트구조주의는 사회의 모든 경계를 타파하는 포스트모더니즘과 마찬가지로 사회학 이론의 주요 경계인 구조-행위의 구분, 더 나아가서는 모든 분과학문들 간의 구분을 철폐하고자 한다. 무젤리스는 이러한 초경험적 탈분화 전략은 사회의 구성, 재구성, 변화에 대한 경험적 연구에 기반하지 않고 사회를 언어로 환원하여 조악한 개념들만 늘어놓음으로써 사회학 이론의 발전을 저해하는 것으로 파악한다.

제2부에서는 진단에서 시험적 치료로 초점을 옮겨가서 파슨스 식 구조기능주의와 각종 해석적 미시사회학 간의 간극이 빚어낸 사회학 이론의 양극화를 해소하려는 사회학 내의 여러 이론적 시도가 가진 문제를 치료한다. 이러한 시도로 엘리아스의 결합태 사회학(4장)과 부르디외의 아비투스 이론 및 기든스의 구조화 이론(6장)을 비판적으로 검토한다. 이들 이론은 파슨스의 체계 과잉적 속성을 넘어 '미시-거시' 또는 '구조-행위'를 연결하거나(엘리아스) 통합 또는 초월(부르디외 및 기든스)하려고 노력하지만 실제로 그렇지 못하다는 것을 보여주고자 한다.

또 제2부에서는 파슨스 식 구조기능주의를 효과적으로 재구조화하여 '구조-행위' 쟁점을 보다 적절하게 처리하고자 마르크스주의의 주요 개념들, 즉 기술, 전유, 이데올로기를 도입한다(5장). 이로써 구조 중심으로 경도된 알튀세르의 구조주의적 마르크스주의와 행위 중심으로 경도된 쉐보르스키의 합리적 선택 마르크스주의, 나아가서는 포스트구조의의 영향을 받은 포스트마르크스주의에 대한 치료도 같이 제기한다. 7장과 결론에서는 기능주의적 이론화와 관련된 일정한 난제들을 해결하려고 시도하는 동시에 경험 지향적 사회학자들이 미시적 분석 수준에서 중위 및 거시적 분석 수준으로 옮겨가도록 도와주는 일련의 개념적 도구를 마련해나간다.

마지막 부록에서는 무젤리스 자신이 겪은 일상 생활에서의 경험을 자신의 아버지의 경험과 비교하여 부르디외의 자본 개념이 일상적 경험 연구에 어떻게 적용될 수 있는지를 보여주고 있다.

4. 파슨스 기능주의의 문제

1) 파슨스 이론의 추상성

무젤리스는 사회학 이론을 ① 어떤 새로운 사실에 대해 말해주고 있는 일련의 상호 연관된 실재적(substantive) 진술로서의 이론과 ② 도구로서의 이론의 구성을 촉진하거나 그 기반을 마련해주는 도구로서의 이론으로 구분하고 이를 일반성 II와 일반성 III으로 지칭한다. 무젤리스는 파슨스의 구조기능주의의 완결판으로 거론되고 있는 『사회 체계(The Social System)』는 일반성 II에 해당한다고 지적한다(본문 17쪽 참조).

이러한 일반성 II에 입각한 사회학 이론이 그 자체로 잘못된 것은 아니지만 파슨스의 기능주의가 갖는 지나친 보편성과 추상성은 사회를 설명하는 구체성을 결여하고 있어 줄곧 비현실적이라는 비판을 받아왔고 급기야 파슨스 추종자들 중에서도 이를 보완, 시정하려는 움직임이 생겨났다. 로버트 머튼(Robert Merton)의 중 범위 이론(middle range theory), 닐 스멜서(Niel Smelser)의『집합 행동론』및『산업혁명과 사회 변동』은 파슨스 구조기능주의의 근간을 유지하면서 경험적 연구를 통해 일반성 III을 추구하려는 시도로 평가되고 있다. 이후 전개된 사회학 이론도 파슨스 이론의 추상성, 보편성에 대한 공격이 주를 이루었다.

이처럼 사회학 이론은 파슨스 이래 보편성과 경험적 연구를 보완 또는 절충하려는 시도로 또 포스트구조주의 같이 둘 간의 구분을 폐기하려는 시도로 점철되어왔다. 하지만 무젤리스는 이 두 유형의 이론을 구별하는 것이 필수적이라고 주장한다. 무젤리스에 따르면, "그간 '도구/수단'으로서의 이론과 최종 '산물/논제'로서의 이론의 구분을 매우 자주 무시하거나 거부해온 탓에 사회과학자들끼리도 서로 동문서답을 하는 결과를 빚었다. 그리하여 법칙적, 보편적, 초역사적 사회 이론에 대한 반토대주의의 공격이 일반성 II보다 일반성 III에 적용될 때 훨씬 더 적절하고 효과적이었다." (본문 18쪽 참조)

한편 파슨스 이론의 추상성이 갖는 공허함을 주장하며 경험 지향적 연구가 득세하며 두 이론적 지향 간의 간극이 점점 벌어져가고 때로는 불화를 빚기도 하는 사실을 개탄하며 둘을 연계하려는 많은 시도가 이루어진다(특히 엘리아스, 부르디외, 기든스). 하지만 무젤리스는 이러한 이론적 분화에 대해 개탄하거나 부정적으로 보지 않고 그것을 "사회학 내의 분업이 증대함에 따라 나타난 불가피하고 불가항력적인 결과"로 본다. 즉 검증 가능성이 없다고 비난하는 것은 잘못된 것이라고 일침을 가한다. 그에 따르면, "현대 사회학 이론의 주목적은 실재적 이론(일반성 III)을 창안하는 것이 아니라 (흥미로운 질문을 유발하고 상이한 분석 수준들 사이에 방법론적으로 적절한 연계를 수립하는 식으로 사회 현상을 조망하기 위해) 일련의 개념적 도구(일반성 II)를 구성하는 것이다."(본문 20, 21쪽 참조)

2) 파슨스 이론의 과잉 체계

파슨스의 구조기능주의 이론에 대해 많은 비평가들은 그의 분석이 사회적 행위에 관한 자신의 초기 이론에서 사회 체계 및 그것의 장기적 진화의 이론화로 진전되면서 행위자를 묵살하고 대신 사회 체계의 '체계적/기능주의적' 차원을 지나치게 강조했다고 주장한다. 즉 파슨스의 체계 이론에서 행위자는 핵심적 가치 체계의 수동적 결과로 묘사되거나 아니면 아예 무시되고 있다고 지적한다.

이 때문에 미시적 수준에서 파슨스는 자신의 분석을 단위 행동의 이론화에서 사회 체계의 이론화로 비약적으로 옮겨가는 바람에 개인들 간의 상호작용을 이론화하지 못했다. 이처럼 행위를 등한시한 결과, 핵심적 가치들이 역할 기대로 제도화되고 또 욕구 표출 억제로 내부화됨에 따라, 파슨스의 '역할-수행자'는 오직 규범적 고려 사항에 의해서만 인도되는 것으로 비친다. 다른 한편, 거시적 분석 수준에서 파슨스는 사회를 네 개의 하위 체계(AGIL: 적응, 목표 달성, 통합, 잠재성)로 개념화하고 있어서 행위자가 들어설 여지를 남겨놓지 않은 것으로 파악된다.(본문 23, 24쪽 참조)

파슨스 이후 등장한 사회학 이론은 주로 파슨스의 체계 속에서 꼭두각시로 전락한 행위자를 구출하는 데 초점을 맞추었다. 이른바 '미시-행위 사회학'은 행위자를 사회 분석의 중심에 놓고 행위자를 체계로부터 멀어지게 할수록 성공이라도 하는 듯이 서로 경쟁적으로 과잉 체계에서 탈체계로 치닫기 시작했다.

이러한 경쟁은 두 방향으로 이루어진다. 하나는 사회를 행위자라는 원자로 분해하여 사회가 순전히 개인의 자발적 행위로 구성되는 것으로 보는 것이고, 다른 하나는 사회를 인간의 의식적 산물로 보는 것으로 인간의 주관적 해석 능력을 중시하는 것이다. 전자가 탈체계라면 후자는 비체계라 할 수 있다. 이 책에서는 전자의 대표적인 이론으로 합리적 선택 이론과 게임 이론 등이 있다면, 후자의 대표적인 이론으로는 가핑클의 민속방법론 등 현상학적 사회학을 들 수 있다.

이들 이론은 행위자를 체계로부터 해방(?)시켜 파슨스 구조기능주의가 갖는 과잉 체계의 경직성을 벗어나 사회학 이론의 지평을 넓히는 데는 기여했으나 무젤리스는 사회의 기본 속성인 위계와 맥락을 전혀 고려하지 않은 탓에 사회의 구성, 재구성, 변화를 설명하는 데는 실패했다는 진단을 내린다.

다른 한편 행위 지향적 이론의 진전으로 체계-행위자 간의 간극이 넓어지면서 둘 간의 경계가 허술해진 틈을 타고 사회학 이론 주변의 여러 분과학문들이 침범해 들어와 사회학의 본토까지 잠식하는 형국으로 발전되었다. 그 대표적인 주범이 포스트모더니즘, 포스트구조주의 등 각종 포스트 이론들이다. 포스트구조주의자들은 마르크스주의적 전체론은 물론이고 파슨스의 영향을 받은 조야한 실증주의와 사회학의 이론적 편협성을 거부하며 언어학, 기호학, 정신분석학 등의 분야에서 제기된 철학적 쟁점과 이론적 발전으로 관심을 돌렸다. 사회학의 전통적인 구조-행위 장벽을 무너뜨리고 내부 지향적인 분과학문의 지평을 넓히려는 욕망을 가진 푸코(Foucault)와 데리다(Derrida) 같은 철학자나 라캉(Lacan) 같은 인접 분과학문의 선구자들이 이제는 사회 이론의 담론에서 중심적인 인물로 부상하게

된 것이다(본문 26, 27쪽 참조)

하지만 무젤리스에 따르면, '행위-구조' 및 '미시-거시' 구분은 포스트구조주의들처럼 총체적으로 거부 또는 폐기할 것이 아니라 각각의 특성을 유지, 보존하여 서로 소통을 강화해야 한다고 지적한다. 또 포스트구조주의는 사회의 구성을 담론이나 텍스트로 환원하여 이것들이 불균등하게 권한을 부여받은 행위자들을 통해 위계화되는 방식을 보여주지 못함으로써 복잡 사회의 위계적 특성 그리고 이론과 경험적 연구 간의 단절 또는 매우 빈약한 연계를 철저히 무시하는 결과를 낳게 되었다고 평가한다.

3. 합리적 선택 이론의 비합리성(?)

1) 사회적 맥락의 결여

앞서 지적했듯이 구조기능주의의 전체론적 지향에 대한 대응은 두 가지 방향으로 전개되었다. 하나는 행위자들이 다양한 사회적 기법을 이용하여 일상적 상호작용을 이루어내는 복잡한 방식을 강조하는 상징적 상호작용 이론을 비롯한 각종 해석 사회학이다. 다른 하나는 개인의 행위의 원천은 이해관계(interest) 또는 이익에 있으며, 이러한 이익의 교환이 사회 질서의 바탕이 된다고 보는 고전 자유주의 경제학 이론을 바탕으로 한 각종 개인주의 사회학이다. 이러한 개인주의 사회학은 현대에 와서 교환 이론으로 발전되었으나 이후 합리적 선택 이론, 게임 이론 등으로 발전된다. 무젤리스는 주로 합리적 선택 이론에 대해 많은 지면을 할애하는데, 이는 합리적 선택 이론이 구조기능주의의 체계 중심적 이론화에 대항하는 방법론적 개체주의의 극단에 있기 때문인 것으로 판단된다.

합리적 선택 이론은 개인은 합목적적 행위자로서 자신의 이익을 합리적으로 추구하는 존재로 설정하며 구조기능주의의 물화에 맞서고자 한다. 하지만 합리적 선택 이론은 이익은 어디서 나오는지, 이익이 존재하면 행위자는 아무런 제약 없이 그 이익을 취할 수 있는지 등에 대한 질문을 하지 않고, 모든 인간을 추상적 존재로 상정한다. 구체적으로 한 개인의 계급, 계층적 지위, 성, 인종, 연령 등 사회적 속성에 관계없이 모두가 하나의 독립적인 개인일 뿐이며 그들이 처한 사회적 조건은 고려하지 않는다.

이처럼 합리적 선택 이론은 체계 중심적인 거시적 추상화에 의한 물화를 비켜가기 위해 인간 행위에 초점을 맞춘 미시적 영역의 구체성으로 내려왔지만 사회적 맥락에 관계없이 존재하는 추상적 존재로 개인을 상정함으로써 경험적으로 검증할 수 없는 일반화로 귀결된다는 것이 무젤리스의 판단이다.

이러한 사회적 맥락의 결여는 게임 이론에서도 여실히 드러난다. 죄수의 딜레마, 무임승차 이론 등으로 대표되는 게임 이론에서 개인은 순전히 전략적 행위자다. 이러한 전략적 행위 역시 인간의 합리성을 전제로 하며, 현실적이긴 하지만 사회적 맥락을 벗어난다.

2) 역사적 맥락의 결여

무젤리스는 합리적 선택 이론은 사회적 맥락뿐 아니라 역사적 맥락도 결여하고 있다고 지적한다. 합리적 선택 이론의 대표적인 이론가인 콜맨의 좌절 혁명 이론은 혁명의 역사성 결여를 보여주는 전형이다. 콜맨의 좌절 혁명 이론은 거시적 조건의 향상, 즉 경제 발전이 개인의 좌절을 낳고 이

좌절감이 사회 변화 즉 혁명을 유발한다는 것이다. 이 이론은 그간 거시적 수준에서 논의된 혁명에 대한 설명을 미시적 수준에서 설명하여 거시와 미시를 연계하려는 시도로 평가되고 있다.

하지만 콜맨의 혁명 이론에서 혁명의 직접적인 조건은 거시적 현상의 양적 변화와 개인이 갖는 기대의 양 간의 모순에 의한 것으로 양적인 요소에 치중하고 있다. 즉 거시적 조건의 역사성, 좌절을 겪는 사회적 범주(농민, 노동자, 여성 등등)에 대한 설정이 빠져 있고, 혁명을 통한 새로운 사회의 방향에 대한 설명, 즉 혁명의 목적에 대해서도 온당하게 설명하지 못하고 있다. 이러한 점은, 배링턴 무어, 테다 스카치폴, 에릭 울프 등 사회학적 지향의 역사학자들에 의한 역사적 맥락에 기초한 분석과는 아주 대조적이라고 무젤리스는 평가한다.

요컨대 콜맨의 합리적 선택 이론은 거시와 미시를 연계하려는 사회학 이론의 일반화를 구축하려고 노력했으나 역사적 맥락을 결여한 탓에 비실재적인(unsubstantial) 일반화로 귀결되고 말았다.

이처럼 합리적 선택 이론은 사회적, 역사적 맥락을 벗어난 일반화 이론의 구성에 치중하면서 역사적 사실에 기초하기보다는 논리 연역적 접근 방법을 구사하기에 이른 것이다. 이로써 "새로운 사실에 대해 무언가를 말해주어야 하는" 사회학 이론 본연의 모습이 자취를 감추고 형식주의적, 초역사적, 통문화적 논리 싸움으로 확장되는 결과를 낳게 되었다고 무젤리스는 평가한다.

그렇지만 무젤리스는 사회과학에서 일반화를 구성하는 것 자체에 대해 반대하지는 않는다. 다만 역사적 맥락을 상실한 초역사적, 초문화적 일반화에 반대한다. 그러므로 무젤리스는 거시-미시 또는 구조-행위를 추상적으로 연계하려는 노력보다는 그 자체를 인정하고 그것들을 역사적, 사회적 맥락 속에서 파악하는 노력이 필요하다고 역설한다.

3) 위계의 상실

굳이 무젤리스의 주장을 따르지 않더라도, 사회 질서는 수직적 질서이고 모든 사회적 관계 역시 수평적 관계가 아닌 수직적 관계라는 것은 모든 사회학 이론의 엄연한 전제다. 무젤리스 역시 위계적 측면을 고려하지 않은 사회학 이론은 부질없거나 잘못된(trivial or wrong) 것이라고 평가한다. 파슨스 이후 출현한 해석 사회학과 개인주의 사회학이 행위자를 구조 또는 체계의 꼭두각시로 전락시킨 파슨스의 구조기능주의로부터 행위자를 구출하는 데는 성공했지만(?) 사회학 이론의 기본 전제인 위계적 측면을 경시 또는 무시하는 오류를 범한 것이다.

그 대표적인 예로 무젤리스는 합리적 선택 이론과 게임 이론을 든다. 합리적 선택 이론에서 등장하는 행위자는 고전 경제학의 가정대로 무차별적 개인이다. 합리적 선택 이론에서 개인의 선택은 순전히 추상적 개인의 자율적 선택이다. 실제로 지배 계급이냐 피지배 계급이냐, 그리고 자본가냐 노동자냐, 흑인이냐 백인이냐, 여성이냐 남성이냐, 성인이냐 어린이냐 등에 따라 개인의 선택의 기회와 폭은 달라진다. 이러한 사회적 범주들은 수평적으로 배열되어 있는 것이 아니라 수직적으로 배열되어 있고, 이들의 사회적 관계는 위계적이다.

게임 이론에서도 마찬가지 현상이 나타난다고 무젤리스는 지적한다. 요컨대 모든 사회적 게임은 위계적 게임이다. 사회적 게임의 수행자는 동등한 주체가 아니다. 모든 사회적 게임은 위계적 질서 속에서 수행된다. 국가, 회사 등 게임이 수행되는 사회 모든 영역이 위계적으로 배열되어 있기 때문이다.

물론 게임 이론이 말하고자 하는 '상황에 대한 행위자의 결정'을 무젤리스가 폄하하려는 것은 아니다. 하지만 기본 전제인 위계적 측면을 상실한 '상황에 대한 행위자의 결정'을 강조하는 게임 이론에서 행위자는 이정표 없이 즉흥적으로 상황에 대처하는 길 잃은 행위자가 되고 만다.

이러한 위계의 실종은 포스트구조주의에서 한층 적나라하게 드러난다고 무젤리스는 본다. 합리적 선택 이론과 게임 이론이 행위자를 구조에서 구출하려고 한 데 비해 포스트구조주의는 구조 자체를 분쇄하려 한다. 인간의 완전한 자율성을 강조하는 포스트구조주의는 구조의 예속으로부터 인간을 구출한다. 완전한 자유를 획득한 인간은 구조적 배열이 구축해놓은 위계적 질서로부터 해방된다. 궁극적으로 인간의 행위를 규정하는 것, 주체를 규정하는 것은 아무것도 없다. 때문에 포스트구조주의의 주창자 푸코에게는 역설적이게도 '주체의 죽음'만이 존재한다. 보드리야르는 더 나아가 '기호의 지배'를 주장한다. 기호에는 차별도 위계도 없다.

무젤리스는 이처럼 위계를 무시한 사회학 이론은 구조기능주의의 물화를 비켜가려고 노력하면서 행위자를 전면에 부각시키려고 노력하지만 결국에는 사회적 위계를 무시하여 상대주의로 빠진다고 지적한다.

4. 구조-행위 초월에서 자율적 소통으로: 엘리아스, 부르디외, 기든스를 넘어서

무젤리스는 포스트구조주의의 '구조-행위' 구분의 폐기가 가져온 사회학 이론의 혼돈에서 사회학 이론을 구출하려고 시도한 세 이론가 — 엘리아스, 부르디외, 기든스 — 가 가진 이론적 난점에 대해 언급한다. 이들은 구조기능주의의 구조적 함정도 벗어나고, 사회적, 역사적 맥락을 고려하지 않은 채 개인의 행위에 매몰되지도 않으며, 포스트구조주의처럼 모든 사회 현실을 기호 또는 언어로 대체하여 모든 사회적 경계를 타파하는 극단적 논리에 빠지지도 않는, 구조와 행위를 통합하려는 야심찬 시도를 하고 있다.

하지만 무젤리스는, 행위-구조 구분은 잘못된 것이며 문제를 해결하기보다는 더 많은 문제를 낳는다고 그것을 기각하려는 포스트구조주의의 시도뿐 아니라 두 개념을 융합하려 하거나 하나를 다른 하나로부터 다소 자동적으로 이끌어내서 그 같은 구분을 '초월하려는' 그 어떤 시도도 이론적 궁지에 빠질 수밖에 없다고 생각한다. 즉 그러한 시도는 환원주의로 귀착되든가 아니면 행위-구조 이분법의 논리를 간직하면서 다른 용어법을 통해 그것을 표현함으로써 뒷문으로 그 구분을 다시 도입하게 된다는 것이다(본문 148쪽 참조).

1) 엘리아스의 결합태 사회학에 대하여

엘리아스의 결합태 사회학은 미시와 거시를 통합하려는 전형적인 시도 가운데 하나다. 결합태 사회학은 결합태 개념이 행위와 구조 개념을 모두를 수반하므로 행위와 구조와 관련된 통상적인 구분을 극복했다고 주장한다. 즉 결합태 개념은 행위 주체(개인 또는 집합)도 언급하고 그들의 갈등적 또는 협동적 상호의존성(구조)도 언급한다는 것이다. 엘리아스는 행위자는 '닫힌 원자'가 아니며 그들의 상호 관계를 떼어놓고서 이해할 수가 없으며, 그래서 행위와 구조를 구분하는 것은 있을 수 없으며, 그러한 구분은 필경 물화로 귀결될 수밖에 없다고 주장한다(본문 160쪽 참조).

이런 점에서 일반적으로 엘리아스의 결합태를 파슨스의 구조기능주의와 정반대에 있다고 평가하는 것과는 달리 무젤리스는 엘리아스의 결합태적 구조가 어떤 점에서는 파슨스의 제도적 구조와 닮은꼴이라고 이해한다. 즉 엘리아스는 거시적인 역사적 시간 속에서 전개되는 집단들 간의 실질적 관계에 대해 언급하고 파슨스는 규범들, 역할들, 제도들 간의 가상의 관계에 우선적인 초점을 맞춘다. 엘리아스는 행위자들 간의 현실적인 '갈등/협력'을 강조하고, 파슨스는 규범적 기대들 간의 '양립 불가능성/양립 가능성'에 대해 말한다(본문 162쪽 참조).

무젤리스는 또한 결합태적 구조와 제도적 구조를 구분하려는 시도에 대해서도 반대한다. 이 둘은 모두 사회 전체가 어떻게 구성되고 재생산되는지를 이해하는 데 없어서는 안 되는 필수 불가결한 것이며, 그중 하나를 다른 하나로부터 이끌어내려는 그 어떤 시도도 필경 사회 세계를 편향되게 설명하거나 빈약하게 설명하게 된다(본문 162쪽 참조).

그러므로 파슨스가 결합태적 구조를 묵살하고 제도적 구조를 과잉 강조하여 사회가 재생산되고 변화되는 방식을 목적론적이고 물화시켜 설명하고 있다면, 엘리아스는 후자를 버리고 전자를 과잉 강조하여 물화는 비켜가지만 신념 체계의 상대적 자율성을 철저히 간과한다. 무젤리스가 지적하고자 하는 바는 엘리아스는 결합태 개념에 우위성을 부여한 탓에 (분업, 상호의존, 경쟁, 독점, 평온 등의 정도 같은) 문화적 맥락이 다를 경우 유사한 구조적 조건들이 근본적으로 상이한 유형의 자기 '절제/무절제'로 이어질 수 있음을 깨닫지 못한다는 점이다. 즉 결합태적 구조와 제도적 구조는 따로 떼어놓고는 이해할 수 없지만 독립적으로 변화할 수 있으며, 결과적으로 전자로부터 후자를 이끌어낼 수 없다는 것이다.

2) 부르디외의 아비투스에 대하여

부르디외는 구조와 행위 양 극단을 연결하기 위해 구조와 행위 사이에 아비투스라는 매개변수를 설정하여 구조에 의한 행위의 자동적 결정과 행위의 무정형성으로부터 탈피를 시도한다. 좀 더 구체적으로 말하면 파슨스의 역할 이론과 해석 사회학을 잇는 연결 고리로서 아비투스라는 공간을 설정한다. 이로써 아비투스는 인간 의식 밖에서 인간 행위를 결정하는 고정된 실체가 아니라 인간 행위에 의해 끊임없이 재구성되는 '발생적 도식'이다. 하지만 무젤리스는 부르디외의 아비투스 개념은 의도적 또는 자원주의적 요소를 수반하지 않는다고 주장한다.

부르디외가 말하는 아비투스는 구조처럼 영구적으로 고정되어 있지 않다. 인간 의식 안에 있는 '내면화된 구조'일지라도 그것은 비인격적이며 준–자동적인 특성을 띠기 때문이다. 즉 행위자들이 자신들의 다양한 관행을 낳는 발생적 도식을 반드시 인식하고 있지는 않기 때문에 준–자동적이며, 행위자들의 특이성에만 의거해서는 이러한 도식을 설명할 수 없기 때문에 비인격적이다. 아비투스는 '객관적' 사회구조의 내부화로서 유사한 사회화 과정을 경험한 모든 사람들이 공유하는 실체다.

이런 점에서 무젤리스는 부르디외의 아비투스 개념이 레비스트로스의 숨은 규약과 일정한 유사성을 가진다고 본다(본문 214, 215쪽 참조). 물론 무젤리스는 아비투스는 레비스트로스의 무의식적 규약만큼 '숨어 있지' 않고 또 부르디외가 초기의 구조주의 국면을 지난 후 사회 현상은 레비스트로스의 규약이 의미하는 질서, 균형, 논리적 일관성을 드러내지 않는다고 생각하게 되었다는 점에서 차이가 있다는 점을 인정하기는 한다.

그럼에도 불구하고 무젤리스는 부르디외의 아비투스는 이론적 논리가 아닌 실천적 논리에 기초함으로써 구조주의처럼 경직되지 않고 상황적 논리에 따라 변화하는 매우 유연하고 다의적이며 다성질적이라는 점을 인정한다. 즉 부르디외의 아비투스는 의사소통 기법의 유연성, 순응성, 실용성 즉 가핑클과 제자들이 탐구한 민속방법과 친화성을 드러내는 것으로 보고 무젤리스는 그것을 구조주의와 '현상학적/민속방법론적' 접근 방법 사이의 빠진 연결 고리로 본다. 요컨대 아비투스 개념은 규약과 민속방법 사이에 위치한다(본문 215쪽 참조).

이로써 아비투스는 상호작용 상황에 대립하는 것이 아니라 보완하는 것이며, 부르디외는 자신이 생각한 것과는 반대로 그의 저작은 가핑클의 민속방법론 또는 미드의 상징적 상호작용론, 콜맨의 합리적 선택 이론을 대체하거나 초월한 것이 아니라 그것들을 보완한 것일 뿐이다.

3) 기든스의 구조의 이중성에 대하여

구조-행위 구분을 초월하려는 노력이라는 점에서 보면 기든스는 누구 못지않게 적극적이라 할 수 있다. 그러한 노력은 그의 '구조의 이중성' 개념에 녹록히 들어 있다고 자신뿐 아니라 많은 사회학 이론가들이 평가하고 있다. 하지만 무젤리스는 부르디외의 아비투스 경우처럼 기든스의 핵심 개념인 구조의 이중성도 구조주의 사회학과 해석 사회학을 종합 또는 '초월'하지는 못했다고 주장한다.

하지만 무젤리스의 주장을 단순화하면, 기든스의 구조의 이중성은 '구조-행위' 구분의 이원론을 완전히 대체 또는 극복하지 못했다. '주체/객체' 접근 방법을 탈피하지 못하면 구조를 '매개/결과'로 볼 수밖에 없는데 구조의 이중성도 여기에 해당한다. '주체-객체' 구분을 벗어나려면 행위와 구조를 융합 또는 초월해야 하고, 행위자를 순전히 전략적으로 보아야 하는 악순환이 전개된다.

이 모든 점에서 기든스의 '구조의 이중성' 개념은 모순적이고 그리하여 그가 제시한 유용하지만 독창적이지 못한 제도적 분석과 전략적 행위 분석의 구분을 위태롭게 한다고 무젤리스는 평가한다. 미시—거시 구분을 '초월하려는' 기든스의 시도는 완벽하게 유용한 두 개의 구분(즉 '미시—거시' 구분과 록우드 식의 '체계 통합—사회 통합' 구분)을 별로 유용하지 않은 구분으로 대체하는 것으로 결말이 났다. 그뿐 아니라 그로 인해 미시를 대면적 상호작용에 연계하게 되었는데, 이러한 연계는 행위를 미시에 그리고 구조를 거시에 연계시키는 것만큼이나 부당한 것이다(본문 243쪽 참조).

결국 행위 대 구조 논쟁을 초월하여 구조 사회학과 해석 사회학을 통합하려는 그의 야망이 성취되지 못한 것이다. 오히려 '구조의 이중성' 개념은 전략적 행위를 강조하는 접근 방법과 제도를 강조하는 접근 방법을 잇기는커녕 그 둘 사이에 넘을 수 없는 장벽을 세워 효과적인 통합을 불가능하게 만들었다. 무젤리스는 그 둘을 효과적으로 통합하기 위한 근본적인 선결 조건은 이중성 및 이원론 측면에서 '주체/객체'의 관계 또는 '행위/제도화된' 규칙의 관계를 개념화하는 것이라고 제안한다(본문 242쪽 참조).

이처럼 사회학 이론의 당면 과제는 '초월하는' 것, 즉 완고하면서 완전히 '새로운' 것을 무리하게 추구하는 것이 아니다. 하물며 다른 모든 패러다임의 논리를 저버리고 어느 한 패러다임의 (주관주의적 또는 객관주의적) 논리에 제왕의 지위를 부여하는 것도 아니다. 사회학 이론의 과제는 적절한 개념 도구를 구성하여 여러 패러다임들 사이에 다리를 놓고 여러 이론적 접근 방법들 간의 소통을 증진하는 것이다(본문 226쪽 참조). 기든스 역시 이런 점에서 실패한 것이다.

4. 전략적 이론에서 전술적 이론으로

무젤리스는 파슨스 이후 지금까지 사회학 이론이 잘못 전개되어온 점을 결론 부분에서 압축적으로 묘사하고 있다.

파슨스 이후 전개된 사회학 이론은 미시와 거시 그리고 행위와 제도적 구조를 잇는 데 연이어 실패함으로써 그 계기를 상실하게 만들었다. 이제는 이론 지향적 사회학자들이 인식론적 쟁점 또는 언어학, 기호학, 정신분석학 같은 분과학문들 내에서의 논쟁에 주요 에너지를 쏟고 있다. 사회학적-이론적 쟁점에서 철학적, 언어학적, 정신분석학적 쟁점으로 초점이 이동하면서 이론과 경험적 연구 간의 연계는 약화되었다. 사회학 이론 자체의 저발전 또는 침체는 철학이나 인접 분과학문의 발달에서 이끌어낸 통찰을 사회 체계, 특히 사회적 체계의 구성, 재생산, 변화에 대한 경험적 연구를 방해하지 않고 촉진하게 하는 개념 도구로 효과적으로 번역하는 것은 불가능하게 되었음을 의미한다.

그 결과 사회학 본연의 전형적인 다원주의는 마침내 무정부 및 불협화음 상태로, 즉 서로 대립하는 이론적 학파들 간의 소통이 전면적으로 결여되는 상태로 변질되었다. 또한 포스트모더니즘에 의해 미시-거시, 행위-체계, 표현-대상 같은 근본적인 구분이 폐기되었다. 이것은 분과학문들 간 및 하위 분과학문들 간 경계의 폐기와 결부되어 무엇이든 드나들 수 있는 완전히 자유로운 상태로 귀결되었으며, 사회의 분석이 ('텍스트', 무의식, 기표의 사슬, 욕망 등) 다양한 환원론적 설명에 의해 뒤르케임 이전의 기준으로 퇴보해버렸다. 달리 말하면, 우리는 이론적 탈분화의 상황에 직면하게 되거나 고전 사회학자들과 그 추종자들이 앞서 성취해놓은 것에 기초하는 대신에 아주 조야하고 유약하며 심지어 기괴한 형태의 사회학적 분석으로 후퇴한 이론적 원시 상태에 직면하게 된다(본문 289쪽 참조).

무젤리스는 다른 이론가들의 저작을 재구성하여 정교화한 개념 도구와 구분들이 '미시-거시', '행위-구조' 쟁점 또는 기능주의적 분석 본연의 문제점에 대한 최종적 또는 근본주의적 해법이 아님을 강조한다. 그러한 것들은 속성상 끊임없이 변화하고 있는 한 연구 분야에 대한 시험적 제언 또는 지침일 뿐이다. 무젤리스가 말하는 사회학 이론의 주요 과제는 (파슨스나 기든스처럼) 충분히 완성된 개념 구조를 제공하고 또 특정 사회학적 문제에 대해 경험적 비교 연구에 유용한 시험적이고 유연하며 개방적이고 과도적인 틀을 제공하는 것이다. 즉 파슨스와 기든스의 전략적인 거대 이론화에 덧붙여 오늘날 우리에게 필요한 것은 머튼이나 굴드, 록우드가 발전시킨 것과 같은 전술적인 소박한 이론화다. 이때 '소박함'은 머튼 식의 중범위(middle range)를 뜻하는 것이 아니라 총체적 지도를 제시하는 대신에 '왜곡된 의사소통'을 줄이고 특정 문제 영역에 대한 흥미로운 경험적 질문을 제기하는 데 유용한 소수의 상호 연관된 개념들을 정교하게 하는 것을 의미한다(본문 293쪽 참조).

무젤리스가 강조하는 바는 이론을 지향하는 사회학자로서 우리의 일차적 관심은 철학적 기초 또는 보편적 일반화에 대한 모더니즘적인 가망 없는 탐구도 아니어야 하고, 사회 세계에 대한 아주 조야하고 환원론적인 설명으로 빠지는 이론적 탈분화를 추구하는 포스트모더니즘적인 공허한 노력도 아니어야 한다는 것이다. 그리고 그는 만약 우리가 모더니즘에 반대하여 사회과학에서 유일하게 흥미를 끄는 실체적 일반화(일반성 II)가 시공간적으로 맥락을 충분하게 고려하는 일반화이어야 한다는 점을 받아들인다면, 그리고 포스트모더니즘에 반대하여 사회학 이론의 자율적 논리를 받아들인다면, 우리는 사회 세계에 대한 경험적 탐구를 위한 기반을 마련할 수 있는 일련의 상호 연관된 도구들을 소박하게 그리고 잠정적으로 만들어내는 데 관심을 집중해야 한다고 촉구한다(본문 293쪽 참조).

그렇다고 일반성 II를 구성하는 데 게을리해서는 안 된다는 점을 강조한다. 무젤리스에 따르면, 사회학은 본래 복합적인 패러다임을 가진 학문이기에 사회학 이론의 주요 임무는 '구획화된' 분화를 '개방된' 분화로 바꾸려고 노력함으로써 또 전형적인 '교조주의/배타주의'가 빚어낸 무의미하고 파괴적인 논전 그리고 이론적 탈분화라는 조야한 전략으로 사회학적 분석의 다양한 논리를 부수려는 포스트모더니즘 식의 시도에 대항함으로써 사회학 이론의 다원주의를 유지, 향상해야 하기 때문이다. 그럼으로써 우리는 각 이론적 지향점 또는 전통의 내적 논리와 동학을 존중하며 동시에 그것들 간의 사고와 통찰의 자유로운 소통을 가로막는 모든 장애물을 제거하게 될 고도로 분산된 '민주적' 또는 '대화적' 연방체를 구성하는 것이다. 이것을 효과적으로 달성하려면, 포스트모던 사회학 이론은 지적 유행의 폭정, 기존의 것을 모두 버리고 '초월해야' 한다는 강박적 요구, 진리 가치에 무관하게 낡은 것을 무시하고 새로운 것만 자동적으로 채택하려는 편견에 매몰되어서는 안 된다.

5. 마치며

구조주의, 구조기능주의, 마르크스주의 등 메타 이론적 접근 방법이 영향력을 상실하는 가운데 1970년대부터 발아한 각종 포스트 이론들이 대안 없이 활개를 치게 되었다. 급기야 극단적 포스트 이론이 내놓은 해법은 결국 해체 이론으로 치달으며 마치 사회 이론이 실종되는 듯한 분위기에 접어들게 되었다.

이러한 지적 배경 하에서 무젤리스의 시도는 구조기능주의에 대한 비판에서 시작하지만 그렇다고 그에 대한 대응으로 나온 행위 지향적 상호작용주의에 대한 옹호로 그치는 것이 아니다. 또한 구조기능주의의 미시적 상황에 대한 경시 그리고 상호작용주의의 거시적 상황에 대한 무시 모두를 비판하는 양비론적 입장에 선 것도 아니다. 무젤리스는 그의 저작 부제에서 보듯이 거시와 미시를 잇는 가교를 마련하고자 한다. 이 책 역시 그러한 시도의 산물이다.

이러한 가교를 잇고자 한 노력은 무젤리스가 처음은 아니다. 그간 많은 이론가들이 구조기능주의 미시에 대한 경시 그리고 상호작용주의의 거시에 대한 묵과가 지닌 한계를 극복하고자 노력해왔다. 엘리아스의 결합태 이론, 기든스의 구조화 이론, 부르디외의 아비투스 개념 등이 그 대표적인 예다. 하지만 무젤리스는 이 책에서 이들 이론이 미시와 거시를 연결하는 가교를 완성하지 못한 것으로 평가한다. 이 책의 목적은 이러한 한계를 진단하고 치료하는 것이다.

이런 점에서 이 책은 파슨스의 구조기능주의에서 현대 사회 이론에 이르는 사회학 이론의 흐름을 일목요연하게 보여주고 있다. 또한 이러한 현대 사회학 이론의 흐름을 소개, 설명하는 데 그치지 않고, 각 이론의 한계가 무엇인지 즉 증상은 무엇인지를 밝혀내고자 한다. 나아가 이러한 증상을 치유하고자 나온 여러 치료법이 가진 문제도 들추어낸다. 그리고 마지막으로 올바른 진단을 내린다. 그가 내린 진단이 포스트구조주의적 입장을 견지하고는 있어 그 진단이 유효한지는 또 한 번 평가할 문제지만, 미시와 거시를 연계하려고 한 그의 시도는 이 시대에도 유효하다고 할 수 있다.

끝으로, 무젤리스가 보는 현대 사회학 이론의 주목적은 실재적 이론(일반성 III)을 창안하는 것이 아니라 (흥미로운 질문을 유발하고 상이한 분석 수준들 사이에 방법론적으로 적절한 연계를 수립하는 식으로 사회 현상을 조망하기 위해) 일련의 개념적 도구(일반성 II)를 구성하는 것이다(p.8, 조판 후 다시 확인).

참고 문헌

Alexander, J. C. (ed.), *Neofunctionalism*(London: Sage, 1985).

_____ *Action and its Environments*(New York: Columbia University Press, 1988).

_____ "Against historicism/for theory: A reply to Levine", *Sociological Theory*, vol. 7, 1989.

_____ and Colomy, P. (eds), *Differentiation Theory and Social Change*(New York: Columbia University Press, 1990).

_____ et al. (eds), *The Micro-Macro Link*(Berkeley: University of California Press, 1987).

Almond, G. and Verba, S., *The Civic Culture*(Princeton: Princeton University Press, 1963).

Althusser, L., *For Marx*(London: Allen Lane, Penguin, 1969).

_____ and Balibar, E., *Lire le capital*(Paris: Maspero, 1973).

Anderson, P., *Arguments within Marxism*(London: New Left Books, 1980).

Archer, M., "Morphogenesis vs. structuration", *British Journal of Sociology*, vol. 33, 1982.

_____ *Culture and Agency*(Cambridge: Cambridge University Press, 1988).

Baker, K., *Inventing the French Revolution*(Cambridge: Cambridge University Press, 1990).

Ball, S. (ed.), *Foucault and Education: Discipline and Knowledge* (London and New York: Routledge, 1990).

Barbalet, J. M., "Social closure in class analysis: A critique of Parkin", *Sociology*, vol. 16, no. 4(Nov. 1982).

Barber, B., *Science and the Social Order*(New York: Free Press, 1952).

Baudrillard, J., *La Société de consommation*(Paris: Gallimard, 1970).

_____ *Pour une critique de l'économie politique du signe*(Paris: Gallimard, 1972).

_____ *L'Echange simbolique et la mort*(Paris: Gallimard, 1976).

_____ *De la seduction*(Paris: Denoel–Gouthier, 1979).

_____ *The Mirror of Production*(St Louis: Telos, 1981).

_____ *Simulacres et simulation*(Paris: Ed. Galileo, 1981).

_____ *Les stratégies fatales*(Paris: Grasset, 1983).

Bellah, R. M., *Beyond Belief*(New York: Harper & Row, 1970).

Bernauer, J. and Rasmussen, D. (eds), *The Final Foucault*(Cambridge Mass.: MIT Press, 1988).

Bhaskar, R., *The Possibility of Naturalism: A Philosophical Critique of the Contemporary Human Sciences*(Brighton: Harvester Press, 1979).

Blau, P., "Microprocesses and macrostructures", in K. S. Cook (ed.), *Social Exchange Theory*(London: Sage, 1987).

Boltanski, L. and Thevenot, C., *De la justification: Les economies de la grandeur*(Paris: Gallimard, 1991).

Boudon, R., "The individualistic tradition in sociology", in J. Alexander et al. (eds), *The Micro-Macro Link*(Berkeley: University of California Press, 1987).

Bourdieu, P., *Outline of a Theory of Action*(Cambridge: Cambridge University Press, 1977).

_____ *Homo Academicus*(Cambridge: Polity Press, 1988).

_____ *In Other Words: Essays Towards a Reflexive Sociology* (Stanford: Stanford University Press, 1990).

_____ *The Logic of Practice*(Cambridge: Polity Press, 1990).

_____ and Passeron, J. C., *Reproduction in Education, Society and Culture*(London: Sage, 1970).

_____ and Wacquant, L. J. D., *An Invitation to Reflexive Sociology*(Cambridge; Polity Press, 1992).

Boyne, R., "Power−knowledge and social theory: The systematic misrepresentation of contemporary social theory in the work of Anthony Giddens", in C. G. A. Bryant and D. Jary (eds), *Giddens' Theory of Structuration*(London: Routledge, 1991).

_____ and Rattansi, A. (eds), *Postmodernism and Society*(London: Macmillan, 1990).

Braithwaite, R. B., *Scientific Explanation*(London: Cambridge University Press, 1964).

Brunhoff, S., *Etat et capital*(Grenoble: Presses Universitaires de Grenoble,

1978).

Bryant, C, G. A. and Jary, D. (eds), *Giddens' Theory of Structuration* (London: Routledge, 1991).

Burchell, G., Gordon, C. and Miller, P. (eds), *The Foucault Effect* (London: Harvester Press, 1991).

Callinicos, A., *Making History: Agency, Structure and Change in Social Theory*(Cambridge: Polity Press, 1987).

Campbell, J. K., *Honour, Family, and Patronage: A Study of Institutions and Moral Values in a Greek Mountain Community* (Oxford: Clarendon Press, 1964).

Chomsky, N., *Language and Responsibility*(Brighton: Harvester Press, 1979).

Cohen, G. A., *Karl Marx's Theory of History: A Defence*(Oxford: Clarendon Press, 1978).

_____ "Comments on the Debate", *Theory and Society*, 1982, 11.

Coleman, J. H., *The Foundations of Social Theory*(Cambridge, Mass.: Harvard University Press, 1990).

Collins, R., "Micro−translation as a theory−building strategy", in K. Knorr−Cetina and A. V. Cicourel (eds), *Advances in Social Theory and Methodology: Towards an Integration of Micro- and Macro-Sociologies*(Boston and London: Routledge. & Kegan Paul, 1981).

_____ "On the microfoundations of macrosociology", *American Journal of Sociology*, vol. 86, 1981.

_____ *Weberian Sociological Theory*(London: Cambridge University

Press, 1986).

_____ "Interaction ritual chains, power and property: The micro-macro connection as an empirically-based theoretical problem", in J. Alexander et al. (eds), *The Micro-Macro Link*(Berkeley: University of California Press, 1987).

Colomy, P., "Uneven differentiation and incomplete institutional-ization: Political change and continuity in the early American nation", in J. C. Alexander and P. Colomy (eds), *Differentiation Theory and Social Change*(New York: Columbia University Press, 1990).

_____ "Strategic groups and political differentiation in the antebellum United States", in J. C. Alexander and P. Colomy (eds), *Differentiation Theory and Social Change*(New York: Columbia University Press, 1990).

_____ (ed.) *The Dynamics of Social Systems*(London: Sage, 1992).

Cook, K. S. (ed.), *Social Exchange Theory*(London: Sage, 1987).

Cowan, J., "Going out for coffee? Contesting the grounds of gendered pleasures in everyday sociability", in P. Loizos and E. Papataxiarchis (eds), *Contested Identities: Gender and Kinship in Modern Greece*(Princeton, N.j.: Princeton University Press, 1991).

Crook, S., "The end of radical social theory? Radicalism, modernism and postmodernism", in R. Boyne and R. Rattansi (eds), *Postmodernism and Society*(London: Macmillan, 1990).

Deutsch, K., *The Nerves of Government*(New York: Free Press, 1963).

Dodier, N., "Action as a combination of 'common worlds'",

Sociological Review, vol. 41, no. 3(Aug. 1993).

Domingue, J. D., "Sociological theory and the problem of collective subjectivity", Ph.D. thesis(London School of Economics, 1993).

Dreyfus, H. L. and Rabino, P., *Michel Foucault: Beyond Structuralism and Hermeneutics*(Brighton: Harvester Press, 1982).

Dunning, E. and Rojek, C. (eds), *Sport and Leisure in the Civilizing Process: Critique and Counter-Critique*(London: Macmillan, 1992).

_____ and Sheard, K., *Barbarians, Gentlemen and Players* (Oxford: Martin Robertson, 1979).

_____ , Murphy, P. and Williams, J., *The Roots of Football Hooliganism*(London: Routledge, 1988).

Eisenstadt, S. N., *The Political System of Empires*(New York: Free Press, 1963).

_____ with Abitbal, M., Chazan, N. and Schahar, A., "Modes of structural differentiation, elite structure and cultural visions", in J. C. Alexander and P. Colomy (eds), *Differentiation Theory and Social Change*(New York: Columbia University Press, 1990).

Elias, N., *What is Sociology?*(London: Hutchinson, 1978).

_____ *The Civilizing Process* (2 vols)(Oxford: Blackwell, 1978 and 1982).

_____ *Involvement and Detachment*(Oxford: Blackwell, 1987).

_____ *The Society of Individuals*(Oxford: Blackwell, 1991).

Elster, J., *Making Sense of Marx*(Cambridge: Cambridge University Press, 1985).

_____ (ed.), *Rational Choice*(Oxford: Blackwell, 1986).

_____ *The Cement of Society: A Study of Social Order*(Cambridge: Cambridge University Press, 1989).

Fielding, N. C. (ed.), *Actions and Structure: Research Methods and Social Theory*(London: Sage, 1988).

Fontana Books, *The Fontana Dictionary of Modern Thought*(London: Fontana Books, 1977).

Foucault, M., *The Order of Things*(New York: Random House, 1970).

_____ *The Archaeology of Knowledge*(New York: Pantheon, 1972).

_____ "Truth and power", in C. Gordon (ed.), *Power and Knowledge*(Brighton: Harvester Press, 1980).

_____ "The confessions of the flesh", in C. Gordon (ed.), *Power and Knowledge*(Brighton: Harvester Press, 1980).

_____ *The Use of Reason*(New York: Pantheon, 1985).

_____ *The Care of the Self: History of Sexuality*(New York: Pantheon, 1986).

Fuchs, S., "The constitution of emergent interaction order. A comment on Rawls", *Sociological Theory*, vol. 6, 1988.

_____ "Second thoughts on emergent interaction order", *Sociological Theory*, vol. 7, 1989.

Garfinkel, H., *Studies in Ethnomethodology*(Cambridge: Polity Press, 1984).

Geras, N., "Post−Marxism?", *New Left Review*, no. 163(May−June 1987).

Giddens, A., *Central Problems in Social Theory*(London: Macmillan,

1979).

_____ "Commentary on the debate", *Theory, Culture and Society*, vol. 2, 1982.

_____ *The Constitution of Society*(Cambridge: Polity Press, 1984).

_____ "Structuralism, post–structuralism and the production of culture", in A. Giddens and J. Turner (eds), *Social Theory Today*(Cambridge: Polity Press, 1987).

_____ and Turner, J. (eds), *Social Theory Today*(Cambridge: Polity Press, 1987).

Goffman, E., "The interaction order", *American Sociological Review*, vol. 48, 1983.

Gordon C. (ed.), *Power and Knowledge*(Brighton: Harvester Press, 1980).

Gutting, G., *Michel Foucault's Archaeology of Scientific Reason* (Cambridge: Cambridge University Press, 1986).

Habermas, J., *The Theory of Communicative Action*, vol. 1: *Reason and the Rationalisation of Society*(London: Heinemann, 1984).

_____ *The Theory of Communicative Action*, vol. 2: *Lifeworld and System: A Critique of Functional Reason*(Cambridge: Poliry Press, 1987).

Harker, R. et al. (eds), *An Introduction to the Work of Pierre Bourdieu*(London: Macmillan, 1990).

Hirsch, T., "The state apparatus and social reproduction: Elements of a theory of the bourgeois state", in J. Holloway and S. Piciotto (eds), *State and Capital: A Marxist Debate*(London: E. Arnold, 1978).

Holloway, J. and Piciotto, S. (eds), *State and Capital: A Marxist Debate*(London: E. Arnold, 1978).

Jenkins, R., *Pierre Bourdieu*(London: Routledge, 1991).

Johnson, T., Dandeker, C. and Ashworth, C., *The Structure of Social Theory: Dilemmas and Strategies*(London: Macmillan, 1984).

Jones, C., "The return of the banished bourgeoisie", *Times Literary Supplement*(29 March 1991).

Jones, R., "Educational practices and scientific knowledge: A genealogical reinterpretation of the emergence of physiology in post−revolutionary France", in S. Ball (ed.), *Education, Discipline and Knowledge*(London and New York: Routledge, 1990).

Kellner, D., *Jean Baudrillard: From Marxism to Postmodernism and Beyond*(Cambridge: Poliry Press, 1989).

King, D. S. and Wickham−Jones, M., "Social democracy and rational workers", *British Journal of Political Science*, vol. 20(Oct. 1990).

Kitchener, R. E, "Holistic structuralism, elementarism and Piaget's theory of rationalism", *Human Development*, vol 28, 1985.

Knorr−Cetina, K., "The micro−sociological challenge of macro−sociology: Towards a reconstruction of social theory and methodology", in K. Knorr−Cetina and A. V. Cicourel (eds), *Advances in Social Theory and Methodology: Towards an Integration of Micro- and Macro-Sociologies*(Boston and London: Routledge & Kegan Paul, 1981).

_____ "The micro social order: Towards a reconceptualisation", in

N. C. Fielding (ed.), *Actions and Structure: Research Methods and Social Theory*(London: Sage, 1988).

_____ and Cicourel, A. V., *Advances in Social Theory and Methodology: Towards an Integration of Micro- and Macro-Sociologies* (Boston and London: Routledge & Kegan Paul, 1981).

Laclau, E., *Politics and Ideology in Marxist Theory*(London: New Left Books, 1977).

_____ *New Reflections on the Revolution of Our Time*(London: Verso, 1990).

_____ and Mouffe, C., *Hegemony and Social Strategy: Towards a Radical Democratic Politics*(London: Verso, 1985).

Lash, S., *The Sociology of Postmodernism*(London: Routledge, 1990).

Layder, D., *Understanding Social Theory*(London: Sage, 1994).

Lechner, F. J., "Fundamentalism and sociocultural revitalization", in J. C. Alexander and P. Colomy (eds), *Differentiation Theory and Social Change*(New York: Columbia University Press, 1990).

Levine, D., "Parsons' structure (and Simmel) revisited", *Sociological Theory*, vol. 7, 1989.

Levy, M., *The Family Revolution in China*(Cambridge, Mass.: Harvard University Press, 1949).

Lipset, S., *The First New Nation*(New York: Doubleday, 1963).

Lockwood, D., "Social integration and system integration", in G. K. Zollschan and W. Hirsch (eds), *Explorations in Social Change*(London: Routledge, 1964).

_____ *Solidarity and Schism: 'The Problem of Disorder' in Durkheimian and Marxist Sociology*(Oxford: Oxford University Press, 1992).

Loizos, P. and Papataxiarchis, E. (eds), *Contested Identities: Gender and Kinship in Modern Greece*(Princeton, N.J.: Princeton University Press, 1991).

Luporini, C., "Reality and historicity: Economy and dialectics in Marxism", *Economy and Society*, vol. IV, no. 2(May 1975).

Lyotard, J. F., *La Condition postmoderne*(Paris: Minuit, 1974).

McIver, R. M., *Social Causation*(New York: Harper, 1942).

McLleland, D. C., *The Achieving Society*(Princeton, N.J.: Van Nostrand, 1961).

Mann, M., *The Sources of Social Power*, vol. 1, *A History of Social Power from the Beginning to A. D. 1760*(Cambridge: Cambridge University Press, 1986).

March, J. G. and Simon, H. A., *Organizations*(New York: John Wiley, 1958).

Mavrogordatos, G., *Stillborn Republic: Social Conditions and Party Strategies in Greece 1922-1936*(Berkeley, Los Angeles, London: University of California Press, 1983).

Mennell, S., *Norbert Elias: Civilizations and the Human Self-Image*(Oxford: Blackwell. 1989).

Merton, R. K., *Social Theory and Social Structure*(Glencoe Ill.: Social Press, 1963).

Mills, C. W., *The Sociological Imagination*(New York: Oxford University Press, 1959).

Moore, B., *The Social Origins of Dictatorship and Democracy*(London: Allen Lane, 1967).

Mouzelis, N., "Silverman on Organizations", *Sociology*, vol. 3, no. 1(Jan. 1969).

_____ "System and social integration: A reconsideration of a fundamental distinction", *British Journal of Sociology*(Dec. 1974).

_____ *Organization and Bureaucracy: An Analysis of Modern Theories*(London: Routledge & Kegan Paul, 1975).

_____ "Ideology and class politics: A critique of Ernesto Laclau", *New Left Review*, no. 112(Nov.−Dec. 1978).

_____ *Modern Greece: Facets of Underdevelopment*(London: Macmillan, 1978).

_____ "Types of reductionism in Marxist theory", *Telos*(Fall 1980).

_____ *Politics in the Semi-Periphery: Early Parliamentarism and Late Industrialization in the Balkans and Latin America*(London: Macmillan, 1985).

_____ "Marxism versus Post−Marxism", *New Left Review*, no. 167(Jan.−Feb. 1988).

_____ "Restructuring structuration theory", *Sociological Review*(Nov. 1989).

_____ *Post-Marxist Alternatives: The Construction of Social Orders*(London: Macmillan, 1990).

_____ _Back to Sociological Theory: The Construction of Social Orders_(London: Macmillan, 1990).

_____ "The interaction order and the micro–macro distinction", _Sociological Theory_, vol. 9, no. 2(Nov. 1991).

Nadel, S. E, _The Theory of Social Structure_, vol. 1(London: Routledge, 1962).

Olson, M., _The Logic of Collective Action: Public Goods and the Theory of Goods_(Cambridge, Mass.: Harvard University Press, 1965).

O'Neil, J. (ed.), _Modes of Individualism and Collectivism_(London: Heinemann, 1973).

Paige, J. M., _Agrarian Revolution_(New York: Free Press, 1975).

Papataxiarchis, E. and Paradellis, T. (eds), _Identities and Gender in Modern Greece_(in Greek)(Athens: Kastaniotis, 1992).

Parsons, T., _The Social System_(London: Routledge, 1951).

_____ _The Evolution of Societies_(Englewood Cliffs, N.J.: Prentice Hall, 1977).

_____ "On building social systems theory: Some of its functions", in his _Social Systems and the Evolution of Action Theory_(New York: Free Press, 1977).

_____ _Social Systems and the Evolution of Action Theory_(New York: Free Press, 1977).

_____ and Smelser, N., _Economy and Society_(London: Routledge & Kegan Paul, 1956).

_____ et al. (eds), _Theories of Societies_(New York: Free Press, 1960).

Piaget, J., *Introduction à L'épistémologie génétique*, vol. III(Paris: Presses Universitaires de France, vol. 3, 1950).

Pierce, C. S., *The Collected Papers of Charles Saunders Pierce*, ed. C. Hartshorne and P. Weiss(Cambridge, Mass.: Harvard University Press, 1932–1935).

Popkin, S., *The Rational Peasant*(Berkeley: University of California Press, 1979).

Poulantzas, N., *L'Etat, le pouvoir, le socialisme*(Paris: Presses Universitaires de France, 1978).

Przeworkski, A., *Capitalism and Social Democracy*(Cambridge: Cambridge Univerrsity Press, 1986).

Rawls, A. W., "The interaction order sui generis: Goffman's contribution to social theory", *Sociological Theory*, vol. 5, 1987.

_____ "Interaction vs. interaction order. Reply to Fuchs", *Sociological Theory*, vol. 6, 1988.

Roemer, J. E., *Analytical Foundations of Marxian Economic Theory*(Cambridge: Cambridge University Press, 1986).

_____ (ed.), *Analytic Marxism*(Cambridge: Cambridge University Press, 1986).

_____ *Free to Lose*(Cambridge, Mass.: Harvard University Press, 1988).

Rogers, E. M., *Mordernization among Peasants: The Impact of Communication*(New York: Rinehart & Winston, 1969).

Sahlins, M. D. and Service, E. R. (eds), *Evolution and Culture*(Ann Arbor, Mich.: University of Michigan Press, 1960).

Simon, H. A., *Administrative Behaviour*(New York: Macmillan, 1961).

Skocpol, T., *States and Social Revolutions: A Comparative Analysis of France, Russia and China*(London and New York: Cambridge University Press, 1979).

Smelser, N., *Social Change in the Industrial Revolution: An Application of Theory to the Lancashire Cotton Industry 1770-1840* (London: Routledge & Kegan Paul, 1962).

_____ "Evaluating the model of structural differentiation in relation to educational change in the nineteenth century", in J. C. Alexander (ed.), *Neofunctionalism*(London: Sage, 1985).

Taylor, M. (ed.), *Rationality and Revolution*(Cambridge: Cambridge University Press, 1988).

Thompson, E. P., *The Making of the English Working Class*(London: Allen Lane, Penguin, 1963).

Thrift, N., "Bear and mouse or bear and tree? Anthony Giddens' reconstitution of social theory", *Sociology*, vol. 19, no. 4.

Turner, J. J., *A Theory of Social Interaction*(Cambridge: Polity Press, 1990).

Wallerstein, E., *The Modern World System: Capitalist Agriculture and the Origins of the European World Economy in the Sixteenth Century*(New York and London: Academic Press, 1974).

Weber, M., *The City*(London: Macmillan, 1958).

Wilkes, C., "Bourdieu's class", in R. Harker et al. (eds), *An Introduction to the Work of P. Bourdieu*(London: Macmillan, 1990).

Wolf, E., *Peasant Wars of the Twentieth Century* (London: Faber & Faber, 1971).

Zollschan, G. K. and Hirsch, W. (eds), *Explorations in Social Change* (London: Routledge & Kegan Paul, 1964).

찾아보기

AGIL   24, 30, 49, 160, 173, 174, 177~184, 187, 188, 191, 192, 194, 196~198, 254, 265, 276, 281, 290, 336

가핑클, 해럴드(Harold Garfinkel)   44, 63, 131, 205, 216, 226, 337, 346

게임 이론   69, 71, 93, 332, 337~339, 341, 342

결합태   48, 73, 81, 82, 92, 147, 149~152, 155~157, 159~162, 164~168, 175, 178~182, 184, 188, 191, 196, 197, 199, 200, 232, 245, 247, 250, 251, 257, 259, 264, 265, 273, 274, 290, 291, 298, 333, 343, 344

계열체(랑그)   216

고프먼, 어빙(Erving Goffman)   44, 45, 47, 63, 205, 211, 212, 302

관료제   83, 327

구조의 이중성   232, 234, 235, 239, 241, 242, 244, 245, 247, 248, 265, 346, 347

구조화 이론   28, 149, 201, 232~234, 269, 291, 333, 351

구주조의   15, 107, 131, 139, 193, 215, 218, 232, 233, 238, 239, 255, 328, 334, 343, 345, 346, 350

규범   48, 66, 85~89, 91, 160~162, 181, 184, 187~190, 193~195, 201~205, 220, 250, 252, 258, 262, 266, 272, 273, 290, 323, 332, 344

규범/역할   187, 188, 190, 290

기능주의   28~31, 69, 70, 92, 106, 107, 147, 148, 150, 160, 168, 174, 175, 182, 189, 193, 196, 197, 207, 208, 220, 225, 249~253, 255~264, 287, 288, 303, 304, 333, 334

기든스, 앤서니(Anthony Giddens)   18, 28, 31, 115, 116, 149, 150, 161, 188, 199, 201, 230~234, 238~245, 247, 259, 265, 269, 271, 288, 291, 300, 316, 318

기질 47, 155, 202~216, 223, 224, 226, 227, 230, 244, 245, 253, 265~269, 272, 273, 282, 292, 302, 309~313, 315~319, 323

기호 111, 122, 139~143, 342, 343

기호 물신주의 141

담론 107~109, 113, 114, 116, 117, 120, 121, 123, 125~137, 184, 296, 297, 337, 338

담론성(discursivity) 120, 136

데리다, 자크(Jacques Derrida) 111, 112, 130, 337

라캉, 자크(Jacques Lacan) 27, 130, 337

라클라우, 에르네스토(Ernesto Laclau) 112, 130, 133, 134, 136~138, 329

록우드, D 163, 192, 239~241, 243, 293, 299, 347

루만, 니클라스(Niklas Luhmann) 45

마르크스주의 15, 25~27, 31, 41, 69, 70, 97, 100, 124, 132, 133, 138, 140, 147, 149, 162~164, 168, 184~186, 189, 190, 197, 229, 230, 241, 291, 331, 333,

334, 337, 350

목적론 92, 104, 106~108, 133, 255, 258, 303

무어, 배링턴 (Barrington Moore) 80, 98, 340

무페, 샹탈(Chantal Mouffe) 130, 132~135, 137, 138, 328

문명화 과정 150, 152, 154~156, 159

문화 자본 227, 276, 280~284, 307, 311, 314~317, 320~322

물화 23, 25, 31, 41~43, 65, 69, 92, 159, 160, 164~166, 181~183, 185, 188, 197, 252, 257, 258, 264, 265, 298, 303, 339, 342~344

미드, 조지 허버트(George Herbert Mead) 63, 202, 205, 206

미시사회학 27, 30, 37, 41, 46, 47, 50~53, 61~63, 65, 82, 93, 121, 137, 200, 217, 247, 264, 270, 288, 299, 300, 303, 329, 330, 332, 333

미시적 권력기술 104

반토대주의 15, 18, 96, 98, 100, 102, 335

방법론적 개체주의 51, 53, 56, 69, 75

방법론적 상황주의 52~56

방법론적 전체주의 51

베버, 막스(Max Weber) 63, 82~84, 101, 119, 159, 284

보드리야르, 장(Jean Baudrillard) 138~142, 342

부르디외, 피에르(Pierre Bourdieu) 18, 28, 31, 149, 150, 199~204, 206, 214~217, 219~232, 239, 244~247, 265, 267, 268, 271, 276, 281, 288, 292, 300, 305, 307, 315, 316, 322, 333~335, 342, 345, 346, 351

브로델, P. A. 페르낭(Paul Achille Fernand Braudel) 57, 58, 60, 98, 230

사회 자본 227, 276, 277, 279, 280, 280~284, 284, 307, 315

사회 체계 23, 45, 46, 48~50, 70, 76, 104, 107, 152, 160, 170~172, 176, 177, 179, 180, 183, 187, 192~194, 202~204, 207, 233, 234, 236, 237, 239, 240, 254, 257, 288, 290, 299, 336, 348

사회 통합 66, 67, 133, 163, 165, 178, 190, 195, 240~243, 257, 299, 347

사회적 게임 47, 206, 211, 213, 216, 220, 221, 224, 226, 227, 236, 237, 244, 253, 254, 265, 269, 272, 279, 292, 299, 302, 316, 317, 341

상대적 자율성 35, 83, 104, 129, 136, 143, 166, 183, 186, 267, 324, 344

상호작용 30, 41~48, 50~54, 62~64, 66, 69, 76, 82, 112, 118, 136, 141, 160, 161, 179, 200, 202, 205~209, 211~214, 217, 220~230, 232, 233~236, 239, 243~245, 247, 248, 253, 254, 263~269, 272, 273, 275, 282, 285, 290, 292, 298, 301, 302, 328, 329, 338, 346, 347, 351

상호작용 상황 45, 47, 202, 205~214, 220, 221, 224~227, 230, 232, 244, 247, 248, 253, 254, 265~269, 346

상호작용론 205, 225, 226, 346

상호주관성 43

생체권력(bio-power) 101

선택적 친화력 83, 136

소쉬르(Saussure, Ferdinand de) 111, 215, 233

스멜서, 닐 요셉(Neil Joseph Smelser) 17, 18, 29, 169~173, 175, 180, 196, 335

스카치폴, 테다(Theda Skocpol) 80, 340

시뮬라크라 140~143

시쿠렐, 아롱 빅터(Aaron Victor Cicourel) 44, 56

신기능주의자 170, 290

실용주의 32, 147,

아비투스(habitus) 18, 18, 28, 200, 201, 203~206, 208, 210, 214~217, 219~ 227, 229, 232, 244, 245, 247, 248, 265, 267, 269, 271, 292, 309, 316, 323, 333, 345, 346, 351

아이젠슈타트, 새뮤얼 노아(Samuel Noah Eisenstadt) 169, 173~175, 178, 196, 197

알렉산더, 제프리(Jeffrey Alexander) 29, 170, 174

알튀세르, 루이(Louis Althusser) 16, 20,

104, 132, 163, 165, 255, 256, 334

엘리아스, 노베르트(Nobert Elias) 28, 31, 147, 150~162, 164, 166, 168, 199, 246, 288, 290, 300, 316, 333, 335, 342~344, 351

엘스터, 욘(Jon Elster) 85, 87, 89, 90

역할 이론 200, 202, 345

울프, 에릭(Eric Wolf) 80, 340

위계 49~52, 54, 56, 60~63, 65, 66, 81, 109, 122, 128, 129, 132, 205, 232, 237, 238, 265, 273~279, 281~284, 288, 292, 300, 301, 305, 308, 315, 317, 319, 320, 321, 337, 341

이데올로기 31, 78, 79,174, 184~190, 192, 196, 197, 255, 291, 298, 301, 334

이해관계 85~91, 118, 119, 172, 208, 252, 332, 333, 338

장(場, field) 217, 219, 222~224, 228

전유 31, 184~192, 194~197, 291, 298, 298, 301, 334

조우(encounter) 42, 43, 45~47, 52, 54~ 57, 59, 62, 98, 211, 212, 224, 243

주체의 분산 102~104

지위 47, 48, 139, 173, 204~206, 208~213,
    226, 227, 279, 280, 282, 284, 292, 308,
    309, 315, 339

체계 통합 66, 67, 133, 163, 165, 178, 190,
    195, 240~243, 257, 262, 299, 347 163

코완, 제인(Jane Cowan) 209

콜로미, 폴(Paul Colomy) 29, 170, 176,
    192~196

콜린스, 랜달(Randall, Collins) 52~56, 58

콜맨, 제임스(James Coleman) 75

크노르 세티나, 카린 (Karin Knorr-Cetina)
    56

터너, 조너선(Jonathan Turner) 62~64

토대주의 34, 95, 265, 287, 295, 296

통합체(파롤) 216

파슨스, 탤컷(Talcott Parsons) 16, 18, 20~
    31, 33, 41, 43, 48, 49, 61, 65, 70, 88,
    94, 104, 106, 107, 147, 149, 150, 152,
    158, 160~162, 164~166, 168, 169,
    171~175, 177~184, 186~189, 191~
    193, 195~200, 202~204, 206~208,

217, 220, 225, 230~233, 250, 253~258,
    272, 276, 281, 287, 288, 290, 293, 297,
    323, 329, 330~337, 341, 343, 344, 348,
    349, 351

포스트구조주의 15, 26, 27, 30, 31, 35, 37,
    94, 95, 118~123, 130, 131, 137, 138,
    143, 149, 242, 299, 300, 333, 335, 337,
    342, 343, 351

포스트마르크스주의 334

포스트모더니즘 26, 94, 103, 142, 143,
    289, 293, 294, 333, 337, 348~350

푸코, 미셸(Michel Foucault) 27, 98~108,
    114, 116, 117, 125, 128, 130, 131, 337,
    342

푹스, 스티븐(Stephen Fuchs) 45~47

합리적 선택 이론가 25, 71~74, 82, 85, 92,
    93

해석사회학 31, 69, 93

지은이

:: **니콜스 무젤리스** Nicos Mouzelis

1939년 그리스 태생으로 영국의 런던정경대학(LSE)에서 박사학위를 받고 1970년부터 동 대학에서 약 30년 동안 사회학 교수로 봉직했으며 현재는 명예교수로 있다. 노동아카데미 과학위원회 위원장, 학술지 *Civil Society*의 편집위원장을 역임하는 등 사회활동에도 적극적으로 참여했다. 역사사회학, 조직사회학, 발전사회학, 사회학이론 등 다양한 분야에 걸쳐 수십 편의 논문과 다수의 저작을 출간한 열정적인 사회학자로 평가된다. 이미 28세에 저술한 *Organization and Bureaucracy: An Analysis of Modern Theories* (1967)으로 명성을 떨쳤다. 그 밖에 제3세계 국가의 정치, 발전, 농업에 관한 많은 논문과 저작을 남겼고, 1990년대부터 사회학 이론연구에 치중했다. 대표적인 논저로 "Restructuring Structuration Theory", *Modernity and the Secularization Debate* (1990), *Post-Marxist Alternatives: The Construction of Social Orders* (1992), *Modern and Postmodern Social Theorizing: Bridging the Divide* (2008) 외 다수가 있다.

옮긴이

:: **정헌주**

고려대학교에서 사회학과에서 수학했고 동 대학원에서 노동사회학, 사회계급이론을 전공하여 학위를 받았으며 고려대학교 노동문제연구소 연구실장을 역임했다. 현재 고려대학교 한국사회연구소 연구교수로 있으며 학부와 노동대학원에서 강의를 하고 있다. 사회학 이론과 세계화에 관심을 갖고 이와 관련한 다수의 저서와 역서를 출간했다. 주요 저서로는 『정보사회의 빛과 그늘』(공저), 『현대사회와 미디어비판』(공저)가 있고, 번역서로는 『새로운 계급정치』, 『지구시대』, 『현대사회이론의 흐름』(공역), 『지구화의 실상과 허상』(근간) 등 다수가 있다.

:: 한국연구재단총서   학술명저번역 539

사회학 이론, 무엇이 문제인가
진단과 처방

1판 1쇄 찍음 │ 2013년 5월 2일
1판 1쇄 펴냄 │ 2013년 5월 13일

지은이 │ 니코스 무젤리스
옮긴이 │ 정헌주
펴낸이 │ 김정호
펴낸곳 │ 아카넷

출판등록 2000년 1월 24일(제2-3009호)
100-802 서울시 중구 남대문로5가 526 대우재단빌딩 16층
전화 │ 6366-0511(편집) · 6366-0514(주문)
팩스 │ 6366-0515
책임편집 │ 김일수
www.acanet.co.kr

Printed in Seoul, Korea.

ISBN 978-89-5733-285-6 94330
ISBN 978-89-5733-214-6 (세트)